Harald Rainer Derschka
Der Schwabenspiegel

Der Schwabenspiegel

übertragen in heutiges Deutsch
mit Illustrationen aus alten Handschriften

von

Dr. phil. Harald Rainer Derschka

Verlag C. H. Beck München

Die Deutsche Bibliothek – CIP-Einheitsaufnahme

Der Schwabenspiegel / übertr. in heutiges Dt. von Harald Rainer Derschka. – München : Beck, 2002
ISBN 3-406-49293-2

Verlag C. H. Beck im Internet:
beck.de

ISBN 3 406 49293 2

Wilhelmstraße 9, 80801 München
Druck: Kösel GmbH & Co. KG
Wartenseestr. 11, 87435 Kempten

Satz: Dr. Karlheinz Hülser, Verlag am Hockgraben
Friedrichstr. 34, 78464 Konstanz

Umschlag: Christiane Rauert, München

Gedruckt auf säurefreiem, alterungsbeständigem Papier
(hergestellt aus chlorfrei gebleichtem Zellstoff)

Vorwort

Die Idee zu einer eingehenderen Beschäftigung mit dem Schwabenspiegel erwuchs während zweier rechtshistorischer Seminare, die Herr Prof. Dr. Hans-Wolfgang Strätz, Herr Dr. Stefan Koos und ich im Wintersemester 1998/99 und im Sommersemester 1999 an der Juristischen Fakultät der Universität Konstanz anboten.

Im Verlaufe dieser Lehrveranstaltungen wurde den Teilnehmern wie den Veranstaltern deutlich, daß der Schwabenspiegel einen respektablen Versuch darstellt, das menschliche Zusammenleben zu ordnen, und daß er durchaus mehr Aufmerksamkeit verdiente, als ihm üblicherweise zuteil wird. Allerdings erwies sich der Einstieg in den Text als nicht unproblematisch; und daß ein mittelhochdeutsches Rechtsbuch wie eine Tageszeitung gelesen werden kann, stand von vorneherein nicht zu erwarten. Die weite Entfernung zwischen der Gegenwartssprache und der Sprache sowie dem Denken des 13. Jahrhunderts ließ eine Übertragung als wünschenswertes Hilfsmittel erscheinen, um schneller zu den eigentlichen, inhaltlichen Fragen vorzudringen.

Dem eher mäßigen Interesse der Forschung am Schwabenspiegel entspricht die geringe Aufmerksamkeit, welche seine einzige durchgehend illustrierte Handschrift fand. Mag die rechts- und kulturhistorische Bedeutung ihrer Bilder auch nicht an die der illustrierten Sachsenspiegel-Handschriften heranreichen, so sind sie es gleichwohl wert, einmal veröffentlicht und in die rechtsikonographische Diskussion eingebracht zu werden. Ergänzt werden sie durch Bildmaterial aus weiteren mit Illustrationen versehenen Schwabenspiegel-Handschriften.

Besonderen Dank möchte ich Herrn Prof. Dr. Hans-Wolfgang Strätz aussprechen: Er regte die Beschäftigung mit dem Schwabenspiegel an; und im Klima seines Konstanzer Lehrstuhls für Deutsche Rechtsgeschichte, Kirchenrecht und Bürgerliches Recht durften meine ungeordneten Notizen zur Vorbereitung einer Lehrveranstaltung zu diesem Buch reifen. Auf seine Empfehlung hin unterstützte die Universität Konstanz einen Bibliotheksaufenthalt in Brüssel. In der Handschriftenabteilung der dortigen Königlichen Bibliothek unterstützte mich Ann Kelders in zuvorkommender Weise; auf die Existenz der Brüsseler Bilderhandschrift hatte mich Dr. Tobias Fischer aufmerksam gemacht. Prof. Dr. Gerd Dicke, Eichstätt, damals Konstanz, und Dr. Norbert H. Ott von der Bayerischen

Akademie der Wissenschaften verdanke ich manchen wertvollen Hinweis im Umfeld der Übersetzung und der Bilder. Ein herzliches Dankeschön geht ferner an Dr. Stefan Koos, der den Landrechtsteil für die Registerarbeiten als Textdatei zur Verfügung stellte, und an Consuela Mayer, die die fehlenden Textteile ergänzte. Das Register selbst konnte in dieser Form nur erstellt werden mit Hilfe von Dr. Karlheinz Hülser, Verlag am Hockgraben in Konstanz, und seiner nahezu unerschöpflichen Phantasie bei der Anwendung der elektronischen Datenverarbeitung auf kulturwissenschaftliche Studien. Schließlich möchte ich Hans-Dieter Burneleit danken, der meine Arbeit im Programm des Verlags C. H. Beck plaziert und ihr äußeres Erscheinungsbild dementsprechend mitgeprägt hat.

Konstanz, im Juni 2002 — Harald Rainer Derschka

Inhaltsverzeichnis

Abkürzungen

Art.	Artikel
CIC	Corpus Iuris Civilis
Dig.	Digesten
DRWB	Deutsches Rechtswörterbuch
Dsp.	Deutschenspiegel
HRG	Handwörterbuch zur deutschen Rechtsgeschichte
Hs./Hss.	Handschrift/en
Inst.	Institutionen
Ldr.	Landrecht
Lnr.	Lehenrecht
MGH	Monumenta Germaniae Historica
s. v.	*sub voce*
Ssp.	Sachsenspiegel
Swsp.	Schwabenspiegel
Urswsp.	Urschwabenspiegel
ZRG GA	Zeitschrift der Savigny-Stiftung für Rechtsgeschichte, Germanistische Abteilung
ZRG KA	Zeitschrift der Savigny-Stiftung für Rechtsgeschichte, Kanonistische Abteilung

Einführung

Überblick

Der Schwabenspiegel ist vielleicht das detaillierteste und farbigste, sicherlich aber dasjenige deutsche Rechtsbuch des hohen Mittelalters, welches am gründlichsten unterschätzt wird. Das vorliegende Buch will zur Begegnung mit dem Schwabenspiegel einladen. Durch ihn wird ein Teil jener mittelalterlichen Welt, in welcher er beheimatet war und seine Wirkung entfaltete, vor unseren Augen lebendig. Der Schwabenspiegel beinhaltet nämlich ein weites Panorama von Bestimmungen und Rechtsregeln, wie sie in den weltlichen Gerichten im Deutschland des späteren 13. Jahrhunderts zur Anwendung kamen. Somit verrät er uns, welche Ereignisse und Konflikte im Leben unserer mittelalterlichen Vorfahren von Belang waren und wie man versuchte, mit ihnen umzugehen. Zum erleichterten Einstieg in die Welt des Schwabenspiegels werden sein Landrechtsbuch und sein Lehenrechtsbuch hier erstmals in neuhochdeutscher Sprache wiedergegeben.

Das erste Buch des Schwabenspiegels enthält das **Landrecht** in drei Teilen; seine inhaltlichen Schwerpunkte liegen etwa folgendermaßen:

Die Grundlagen der Rechtsordnung und der Gerechtigkeit (Vorwort – Art. I 1 I): Gott verlangt vom Menschen, daß auf Erden Recht und Gerechtigkeit herrschen; deshalb erteilte er den Menschen seine Gebote. Auf dieser Grundlage stehen das geistliche Recht des Papstes und das weltliche Recht des Kaisers; das gute Gewohnheitsrecht bildet die dritte Säule des irdischen Rechtes.

Die Menschen und ihr Besitz (Art. I 3 a – I 85): Der Schwabenspiegel thematisiert vor allem den ererbten Besitz, weshalb neben dem eigentlichen Erbrecht auch Probleme des Eherechtes, der freien oder unfreien Abstammung und der Vormundschaft behandelt werden.

Das Gericht und sein Personal (Art. I 86 – I 117 c): Im Land- und im Stadtgericht des 13. Jahrhunderts urteilen keine studierten Juristen, sondern ehrbare Männer, deren Qualifikation in ihrer Erfahrung liegt. Der Schwabenspiegel nennt die Anforderungen an Richter, Fronboten, Fürsprecher, Ratgeber, Büttel und Zeugen. Ferner stellt er einzelne Verfahrensregeln und Beweismittel vor, von der einfachen Zeugenbefragung bis hin zum Zweikampf.

Der König und das Reich (Art. II 118 – II 145): An der Spitze des Reiches steht der König, den die Kurfürsten in Vertretung des Volkes nach einem festgelegten Verfahren wählen. Er ist der oberste Gerichtsherr, von ihm empfangen die geistlichen und weltlichen Fürsten und Fürstinnen ihre Gerichtsherrschaften.

Einzelbestimmungen (Art. II 145 – III 377 V): Der Rest des zweiten sowie das dritte Landrechtsbuch machen deutlich mehr als die Hälfte des gesamten Landrechtstextes aus; sie ergänzen die vorangegangenen Teile um eine Fülle von Detailregelungen, zu denen die lebendigsten und konkretesten Abschnitte des Rechtsbuches gehören. Da wären die zahlreichen Deliktsarten, die vor Gericht zur Verhandlung kommen: Viele davon beziehen sich auf eine ländliche Lebens- und Arbeitswelt, auf Ackerbau und Viehzucht; andere lassen eine entwickelte und differenzierte Wirtschaftsordnung erkennen, wie etwa die Bestimmungen über Zins und Wucher.

Die zweite Hälfte des zweiten Landrechtsteiles kennt eine Reihe von Sonderregelungen für Frauen, Geistliche, Juden, Behinderte oder Rechtlose. Dazwischen finden sich etwa Exkurse über die Bedeutung schriftlicher Aufzeichnungen von Rechtsakten, Auszüge aus dem mosaischen Gesetz, baurechtliche Bestimmungen, Regelungen für den Schadensersatz, die Jagd oder den Straßenverkehr und vieles andere mehr. Auch die staatlichen Kompetenzen in Gestalt der Münz-, Markt- und Zollhoheit werden immer wieder thematisiert.

Den Abschluß bildet das **Lehenrecht**. Seiner Bedeutung für die hochmittelalterliche Gesellschafts- und Wirtschaftsordnung entsprechend ist es zu einem eigenen Buch zusammengefaßt. Hier finden wir die rechtlichen Grundlagen des Verhältnisses zwischen einem Herrn und seiner Lehnsmannschaft. Derartige Systeme sozialer Beziehungen finden in der modernen Mediävistik besondere Aufmerksamkeit.

An Anschaulichkeit in einem ganz wörtlichen Sinne gewinnt der Schwabenspiegel, wenn wir die insgesamt **über neunzig Bilder aus spätmittelalterlichen Schwabenspiegel-Handschriften** heranziehen; die meisten von ihnen sind bislang noch nie veröffentlicht worden. Die Masse dieser Illustrationen stammt aus der einzigen bekannten Bilderhandschrift des Schwabenspiegels, die heute in der Königlichen Bibliothek zu Brüssel verwahrt wird.

Wie bereits angedeutet, versteht sich dieses Buch als ein erster Zugang zum Schwabenspiegel. Deshalb ist dieser Rechtstext hier erstmals durch ein ausführliches **Register** erschlossen, welches zugleich einen Einblick in die Rechtssprache des späteren 13. Jahrhunderts vermittelt. Die Notwendigkeit eines solchen Registers ergibt sich allein schon aus der streckenweise unsystematischen Anordnung der einzelnen Rechtsmaterien, welche keine schnelle und zuverlässige Orientierung im Text erlaubt. Denn nur die einleitenden Abschnitte sowie das Lehenrecht erfuhren eine sorgfältigere Redaktion und eine plausible thematische Ordnung. In den übrigen Textteilen herrscht demgegenüber auf weiten Strecken eine eher assoziative Anordnung des Stoffes vor.

Zur Entstehung und Wirkung des Schwabenspiegels

Um das Jahr 1275 verfaßten ein oder mehrere uns namentlich unbekannt gebliebene Autoren im **Augsburger Franziskanerkloster** jenes Land- und Lehenrechtsbuch, welches seit dem 14. Jahrhundert als „Kaiserrecht" aufgefaßt wurde und zu Beginn des 17. Jahrhunderts das Etikett „Schwabenspiegel" erhielt, unter dem es heute bekannt ist.[1] Die wichtigste Grundlage dieses Rechtsbuches ist der Sachsenspiegel, mit dem man sich in Augsburg im dritten Viertel des 13. Jahrhunderts offenbar sehr intensiv beschäftigte: Das Resultat dieser Sachsenspiegel-Aneignung sind der sogenannte „Augsburger Sachsenspiegel" und der „Deutschenspiegel"; ihnen entnahm der Schwabenspiegler das Material für sein Rechtsbuch.[2] Darüber hinaus floß eine Vielzahl weiterer Quellen in den Schwabenspiegeltext ein, wobei die Tendenz des Deutschenspiegels, römisches und kanonisches Recht sowie Reichsgesetze einzubeziehen, weitergeführt wurde; damit ist der Schwabenspiegel ein Schlüsselwerk zur Frührezeption. Ferner wären etwa die Volksrechte und religiöse Quellen, voran die Bibel und die Schriften der Franziskaner Berthold von Regensburg und David von Augsburg, zu nennen.[3]

---

1 Neuere Überblicksdarstellungen mit zahlreichen Literaturverweisen: Johanek, Peter s. v. Schwabenspiegel in: Die deutsche Literatur des Mittelalters, Verfasserlexikon 8. Berlin, New York 1992, Sp. 896–907. – Trusen, Winfried s. v. Schwabenspiegel in: Handwörterbuch zur Deutschen Rechtsgeschichte IV. Berlin 1990, Sp. 1547–1551. – Nehlsen-von Stryk, Karin s. v. Schwabenspiegel in: Lexikon des Mittelalters VII. München 1995, Sp. 1603–1605. – Oppitz, Ulrich-Dieter. Deutsche Rechtsbücher des Mittelalters I: Beschreibung der Rechtsbücher. Köln, Wien 1990, S. 34–42. – Krause, Hermann. Kaiserrecht und Rezeption. Abhandlungen der Heidelberger Akademie der Wissenschaften, philosophisch-historische Klasse 1952/1. Heidelberg 1952, S. 91.

2 Eckhardt, Karl August; Hübner, Alfred. Deutschenspiegel mit Augsburger Sachsenspiegel und ausgewählten Artikeln der oberdeutschen Sachsenspiegelübersetzung (MGH, Fontes iuris Germanici antiqui in usum scholarum separatim editi). Hannover 1930; dazu das Schema auf S. XIII.

3 Klebel, Ernst. Zu den Quellen des Schwabenspiegels. In: Wegener, Wilhelm (Hg.). Festschrift für Karl Gottfried Hugelmann I. Aalen 1959, S. 273–293. – Kantorowicz, Hermann U. Zu den Quellen des Schwabenspiegels. In: Neues Archiv der Gesellschaft für ältere deutsche Geschichtskunde 38 (1913), S. 688–700. – Oberleitner,

Obschon einigen Abschnitten des Schwabenspiegels offensichtlich die Endredaktion versagt blieb, scheint er dem damaligen Bedürfnis nach einer Zusammenfassung des Land- und Lehenrechtes genau entsprochen zu haben: Seine Bedeutung für das konkrete Rechtsleben seiner Zeit geht allein schon daraus hervor, daß sein Landrechtsteil in **nahezu vierhundert Handschriften** und Fragmenten überliefert ist; hinzu kommen tschechische, lateinische, französische und niederdeutsche **Übersetzungen.**[4] Gerhard Eis rechnet diese Zahlen auf einen ursprünglichen Bestand von „etwa 57000" Exemplaren hoch; ob unser Wissen über die mittelalterliche Bücherproduktion und die seitherigen Bestandsverluste hierfür wirklich hinreicht, stehe allerdings dahin.[5] Wie auch immer: Noch die heute erhaltenen Handschriften reichten aus, eine jede größere Stadt seines Verbreitungsgebietes mit einem Schwabenspiegel auszustatten; und die Fragmente beweisen das ohnehin Selbstverständliche, daß vom einstigen Bestand einiges wegkam. An der ehedem flächendeckenden Versorgung des oberdeutschen Raumes mit Schwabenspiegel-Handschriften kann also kein Zweifel bestehen.[6]

Und dennoch spielt der Schwabenspiegel in der rechtshistorischen Forschung nur eine untergeordnete Rolle, insbesondere im Vergleich mit dem ungleich intensiver bearbeiteten Sachsenspiegel: Während dessen

Elisabeth. Römisches Recht im Schwabenspiegel. Seminararbeit Univ. Wien, Ms. masch. 1946, S. 40: unmittelbar seien die Institutionen in den Schwabenspiegel eingeflossen, mittelbar die übrigen Teile des CIC.

4 Johanek s.v. Schwabenspiegel wie Anm. 1, Sp. 896f. Vgl. Grosse, Rudolf. Schwabenspiegelhandschriften im Sachsenspiegelland. In: Lück, Heiner; Schildt, Berndt (Hgg.). Recht – Idee – Geschichte. Beiträge zur Rechts- und Ideengeschichte. Zugl. Festschrift Rolf Lieberwirth. Köln u.a. 2000, S. 185–199.

5 Eis, Gerhard. Vom Werden altdeutscher Dichtung. Literarhistorische Proportionen. Berlin 1962, S. 15, geht von einer Verlustproportion von einem erhaltenen auf 150 verlorene mittelalterliche Bücher aus und begründet dies sehr lakonisch mit den vage bekannten Auflagen spätmittelalterlicher Meßbücher und Frühdrucke. Esch, Arnold, Überlieferungs-Chance und Überlieferungs-Zufall als methodisches Problem des Historikers. In: Historische Zeitschrift 240 (1985), S. 529–570; hier S. 555, hält die Ungleichmäßigkeit von Überlieferung dagegen, die er an instruktiven Beispielen demonstriert. – Im konkreten Fall des Schwabenspiegels könnte man damit argumentieren, daß er vor allem in offiziösen Kontexten beheimatet war; die Wahrscheinlichkeit archivalischer Überlieferung ist demnach deutlich größer als bei literarischen Handschriften aus privatem Besitz.

6 Gerade in städtische Kontexten entstand im späten Mittelalter eine Fülle von Abschriften; und noch am Ende des 15. Jh.s konnte ein studierter Jurist gegebenenfalls selbstverständlich auf die *gewonhait des lannds zuo Swaben* zurückgreifen: Mauz, Jörg. Prozeßakte Ulrich Molitoris. In: Bulletin of the Faculty of Foreign Studies, Sophia University Tokyo, 33 (1998), S. 53–86; hier S. 75.

Erforschung bis in feine Verästelungen vordringt und nicht wenig zur Popularisierung ihres Gegenstandes beiträgt,[7] blieb die Beschäftigung mit dem Schwabenspiegel innerhalb der rechtsgeschichtlichen Forschung – und außerhalb ohnehin – ein eher randständiges Unterfangen. Ausschlaggebend hierfür war nicht etwa ein geringerer Quellenwert des Schwabenspiegels, sondern vielmehr das Erkenntnisinteresse der Rechtshistoriker, welches sich in der Bewertung der beiden Spiegel des 13. Jahrhunderts auch von außerwissenschaftlichen Kriterien leiten ließ.

Als im mittleren 19. Jahrhundert das Verhältnis von Sachsen- und Schwabenspiegel geklärt wurde, bestand noch kein Konsens über die Höherbewertung des Sachsenspiegels. Zwar wußte man um das höhere Alter des Sachsenspiegels wie auch um den Umstand, daß der Schwabenspiegel viel Material aus dem Sachsenspiegel bezog; andererseits anerkannte man den weiten Gesichtskreis des Schwabenspieglers, der es eben nicht bei einer Übersetzung des Sachsenspiegels ins Oberdeutsche beließ, sondern das Material eigenständig bearbeitete und vor dem Hintergrund seiner gediegenen Kenntnis weiterer Rechtsquellen nicht unerheblich bereicherte. So fällte etwa noch Heinrich Zoepfl ein recht ausgewogenes Urteil: Soweit der Schwabenspiegel auf dem Sachsenspiegel beruhe, erscheine er „wirklich als eine Nachbildung und zwar regelmässig als eine paraphrasirende, selbst oft von Missverständnissen nicht freie Copie der norddeutschen Compilation: jedoch hat sich der süddeutsche Compilator nicht ängstlich an sein Vorbild gehalten".[8] Bemerkenswert ist hier, daß

---

[7] Kisch, Guido. Sachsenspiegel-Bibliographie. In: ZRG GA 90 (1973), S. 73–100. Nachdruck in: Ders. Ausgewählte Schriften 3: Forschungen zur Rechts- und Sozialgeschichte des Mittelalters. Sigmaringen 1980, S. 82–106. Ergänzungen und Fortsetzungen in: Schmidt-Wiegand, Ruth (Hg.). Text-Bild-Interpretation. Untersuchungen zu den Bilderhandschriften des Sachsenspiegels I: Textband (Münstersche Mittelalter-Schriften 55/I). München 1986, S. 280. Oppitz, Rechtsbücher I wie Anm. 1, S. 87–94. – Die Popularität des Sachsenspiegels zeigt sich etwa in Aktualisierungsbemühungen, wie sie mittelalterlichen Rechtstexten eher selten zuteil werden: Vergleiche zwischen dem Sachsenspiegel und dem heute geltenden Recht finden sich bei Lück, Heiner. Über den Sachsenspiegel. Entstehung, Inhalt und Wirkung des Rechtsbuches. Halle an der Saale 1999, S. 75–79. Ferner Riedl, Eckhard. Die Bilderhandschriften des Sachsenspiegels und das Bürgerliche Gesetzbuch (Archäologische Mitteilungen aus Nordwestdeutschland, Beiheft 22). Oldenburg 1998. Anfang 2001 inserierte der Internet-Buchhändler Jokers eine Ausgabe des Sachsenspiegels gar mit der überraschenden Feststellung: „Zwischen 1220 u. 1230 verfasst – heute immer noch aktuell!"

[8] Zoepfl, Heinrich. Deutsche Rechtsgeschichte. Stuttgart [3]1858, S. 129. Warnkönig, Leopold. Juristische Encyclopädie oder organische Darstellung der Rechtswissenschaft mit vorherrschender Rücksicht auf Deutschland. Erlangen 1853, S. 240f. läßt ebenfalls keine Bevorzugung des Sachsenspiegels erkennen.

sowohl der Sachsen- als auch der Schwabenspiegel gleichermaßen als Kompilationen aufgefaßt sind.

Denn in der Folgezeit setzte sich diejenige Auffassung durch, die den Verlust der Reinheit und Ursprünglichkeit bedauerte, welchen die Entwicklung des Landrechtes während des 13. Jahrhunderts verschuldet hätte. Dies deutet sich bereits bei Jacob Grimm an, welcher den „trefflichen Sachsenspiegel" voller Poesie sah, demgegenüber habe „der Schwabenspiegel sammt dem Kaiserrecht [...] einen sehr geringeren Gehalt".[9] Vor dem Hintergrund einer nationalen und kulturkämpferischen Vereinnahmung des Sachsenspiegels erschien der Schwabenspiegel dann vollends als Machwerk; seinem Schöpfer warf man, fast schon paradoxerweise, die Reichhaltigkeit seines Quellenmateriales als Versäumnis vor. Karl von Amira schrieb über das Landrecht des Schwabenspiegels und verwandter Rechtsbücher: „Außerdem aber zeigt es sich getrübt durch romanistische und kanonistische Einflüsse, überhaupt durch eine in der Auswahl ihrer Quellen wenig kritische Buchgelehrsamkeit, wodurch sich die Schriftsteller von ihrem großen sächsischen Vorgänger ebenso scharf unterschieden wie durch ihre Ziele. Das schlichte ‚speculum' eines erlebten Rechts weicht mehr und mehr einer gekünstelten Spekulation."[10] Die hier aufscheinende Stilisierung des Sachsenspiegels zum unverfälschten Protokoll des reinen deutschen Rechtes ist schlichtweg falsch: Auch der Sachsenspiegler betrieb gelehrte Spekulation und machte sich kanonistische Anschauungen zu eigen.[11] Der Unterschied zwischen Sachsenspiegel und Schwabenspiegel ist in dieser Hinsicht bei weitem nicht so groß, wie diese und ähnliche Äußerungen glauben machen.

Gleichwohl wurde diese Polarisierung im Kontext der nationalsozialistischen Geschichtsauffassung noch weiter verschärft. Claudius Freiherr von Schwerin befand knapp: „Der Schwabenspiegel ist 1274/75 von einem Geistlichen in Augsburg verfaßt worden unter nicht immer verständiger Heranziehung fränkischer, römischer und kirchenrechtlicher Quellen, daher auch nicht von der den Sachsenspiegel auszeichnenden rein deut-

---

9 Grimm, Jacob. Von der Poesie im Recht. In: Zeitschrift für geschichtliche Rechtswissenschaft 2 (1815), S. 25–99; hier S. 36; monographischer Nachdruck Darmstadt 1963, S. 16.

10 Amira, Karl v. Grundriß des germanischen Rechts (Grundriß der Germanischen Philologie 5). Straßburg ^{3}1913, S. 63.

11 Kolb, Herbert. Über den Ursprung der Unfreiheit. Eine Quaestio im Sachsenspiegel. In: Zeitschrift für deutsches Altertum und deutsche Literatur 103 (1974), S. 289–311. Hugelmann, Karl Gottfried. In den ban mit rechte komen (Ssp. Landr. III 54 § 3). In: ZRG KA 38 (1917), S. 33–97.

schen Art."[12] Ausgehend von der im Schwabenspiegel vertretenen, päpstlichen Auffassung von der Zweischwerterlehre unterstellte man ihm „eine Tendenz, die Kirche auf Kosten von König und Reich zu stärken"[13] – ein beinahe anachronistischer Vorwurf, war doch der Existenzkampf zwischen Kaisertum und Papsttum in den 1270er Jahren längst anderen, für das Königtum nicht minder gefährlichen Konfliktkonstellationen gewichen. Damit nicht genug; es finden sich sogar Stellungnahmen wie die folgende:

„Der Schwabenspiegel, ein halbes Jahrhundert jünger als der Sachsenspiegel, steht im Gegensatz zu dem großen Werk Eike von Repgows unter dem Einfluß des romanischen Rechts. Hier hat die Wollust Freude an Verstümmelung und an Quälerei. Hier kommt das alttestamentarische Auge um Auge, Zahn um Zahn zur vollsten Geltung. Hier atmet der Geist eines Petrus Lombardus, der darin erst die höchste Seligkeit der Gläubigen im Himmel erblickt, daß sie hinabsehen können in die Hölle, wo die Verdammten Pein und Folter leiden. So sehr steht der Schwabenspiegel im Banne Roms, daß er es schon offen ausspricht, was wenige Jahre später Bonifaz VIII. in seine Bulle Unam sanctam nahm, daß beide Schwerter, das weltliche sowohl wie das geistliche, des Papstes seien, und daß der Papst das erstere dem Kaiser nur zur Vollstreckung seiner Befehle gegeben. Die Staufer waren tot. Und Schwaben lag Rom näher als das nordische Sachsen."[14]

Die ideologische Standortgebundenheit derartiger Tiraden ist unverkennbar;[15] bemerkenswert ist, daß der Grundtenor ihrer Wertungen auch

---

[12] Schwerin, Claudius Frh. v. Germanische Rechtsgeschichte. Ein Grundriß. Berlin 1936, S. 155. Dabei kann man nicht einmal sagen, daß sich Schwerin dem nationalsozialistischen Gesinnungsdiktat mit überbordender Begeisterung unterworfen hätte: Simon, Wolfgang. Claudius Freiherr von Schwerin. Rechtshistoriker während dreier Epochen deutscher Geschichte. Frankfurt a.M. u.a. 1991, S. 127–224. Den Erfordernissen gegenwärtiger „political correctness" entspricht es dagegen, Eike v. Repgow eine jüdische Verwandte nachzuweisen: Kaller, Paul. Der Sachsenspiegel in hochdeutscher Übersetzung. München 2002, S. 1.

[13] Bechert, Rudolf; Wiefels, Josef. Deutsche Rechtsgeschichte (Schaeffers Grundriß des Rechts und der Wirtschaft 22,1). Leipzig [14]1935, S. 72.

[14] Selchow, Bogislav v. Die Not unseres Rechts. Eine Wegschau. Leipzig 1932, S. 151.

[15] Inzwischen etabliert sich die Analyse des Mißbrauchs, welchem der Sachsenspiegel im Dienste einer affirmativen Geschichtspolitik ausgesetzt war, als eigenes Forschungsfeld; vgl. Lück, Heiner. Mummenschanz für „Deutsches Recht". Die Eike-von-Repgow-Feiern auf Burg Falkenstein und in Reppichau/Dessau 1933 und 1934. In: Lieberwirth, Rolf (Hg.). Rechtsgeschichte in Halle. Gedächtnisschrift für Gertrud Schubart-Fikentscher (Hallesche Schriften zum Recht 5). Köln u.a. 1998, S. 35–51. Vgl.

dort durchscheint, wo ihre Argumentation keine Rolle spielt. Die folgenden, willkürlich großen Büchern der deutschen rechtshistorischen Literatur entnommenen Urteile lassen an Deutlichkeit nichts zu wünschen übrig: „Den Vergleich mit dem Sachsenspiegel hält der Schwabenspiegel nicht aus. Er ist stellenweise weitschweifig, unkritisch, unklar."[16] – „An geistigem Gehalt steht der Schwabenspiegel hinter dem Sachsenspiegel zurück. Vor allem fehlt ihm die rechtsschöpferische Kraft."[17] – „An innerem Wert kann der Schwabenspiegel mit dem Sachsenspiegel in keiner Weise verglichen werden. [...] Dem Schwabenspiegler ist es nicht gelungen, das aus verschiedensten Quellen geschöpfte Material zu einer Einheit zusammenzuschweißen. Er ist eine wenig zuverlässige, unkritische Kompilation eines im praktischen Rechtsleben kaum bewanderten Mannes."[18]

Diese Bewertungen zeitigen für die rechtsgeschichtliche Forschung die bereits erwähnte, durchaus unglückliche Konsequenz, daß der Schwabenspiegel noch lange nicht in dem Maße untersucht und ausgewertet ist, wie das seiner Bedeutung entspräche.[19] Die vorliegende Übertragung ins Neuhochdeutsche möchte dem Schwabenspiegel nun zu größerer Aufmerksamkeit verhelfen; nur nebenbei sei bemerkt, daß es für den Sachsenspiegel schon seit längerem eine Reihe respektabler Übertragungen gibt.[20] Dabei muß es nicht einmal vorrangig um die rechtsgeschichtliche

---

Willoweit, Dietmar. Deutsche Rechtsgeschichte und „nationalsozialistische Weltanschauung": Das Beispiel des Hans Frank. In: Stolleis, Michael; Simon, Dieter (Hgg.). Rechtsgeschichte im Nationalsozialismus. Beiträge zur Geschichte einer Disziplin. Tübingen 1989, S. 25–42; hier S. 31.

[16] Schröder, Richard; Künßberg, Eberhard Frh. v. Lehrbuch der deutschen Rechtsgeschichte. Berlin, Leipzig [6]1922, S. 730; voraus geht allerdings eine deutlich freundlichere Würdigung des Schwabenspieglers.

[17] Conrad, Hermann. Deutsche Rechtsgeschichte I: Frühzeit und Mittelalter. Ein Lehrbuch. Karlsruhe 1954, S. 479.

[18] Planitz, Hans. Deutsche Rechtsgeschichte. 2. Aufl. bearb. v. Eckhardt, Karl August. Graz, Köln 1961, S. 140.

[19] So enthält der Schwabenspiegel eine ganze Reihe höchst aufschlußreicher Bestimmungen über das Münzwesen seiner Zeit (siehe insbes. Ldr. 363 II m. Anm.). Gleichwohl hat W. Jesse das Landrechtsbuch – das er überdies zum „Landsknechtsbuch" verballhornt – für sein verdienstvolles Quellenbuch längst nicht in angemessenem Maße ausgeschöpft: Jesse, Wilhelm. Quellenbuch zur Münz- und Geldgeschichte des Mittelalters. Halle 1924, Nr. 73, S. 24f.

[20] Sachße, Carl Robert. Sachsenspiegel oder Sächsisches Landrecht mit Uebersetzung und reichhaltigem Repertorium. Heidelberg 1848. – Rotermund, Gustav. Der Sachsenspiegel (Landrecht) ins Hochdeutsche übertragen. Hermannsburg [2]1935. – Hirsch, Hans Christoph. Eike von Repgow: Der Sachsenspiegel (Landrecht) in unsere heutige Muttersprache übertragen und dem deutschen Volke erklärt. Berlin, Leipzig

Erforschung des Schwabenspiegels gehen; im Zeichen eines wachsenden kulturhistorischen Interesses an alten Texten jedweder Art möchte die Übertragung bewußt einer disziplinen- und fächerübergreifenden Wissenschaft dienen. So bat der bekannte Anthropologe Christopher R. Hallpike im Vorwort seines fundamentalen Werks über die Grundlagen des Denkens primitiver Völker um die Überprüfung seiner Schlußfolgerungen durch die „Kollegen in der Anthropologie und, so hoffe ich, durch die Psychologen, die Altphilologen, die Mediävisten, die Sinologen, die Ägyptologen, die Philosophie- und Wissenschaftshistoriker und natürlich durch alle jenen, die sich für die Entwicklung der menschlichen Intelligenz interessieren".[21] Ein Mediävist nahm diese Anregung ernst und wagte eine Anwendung der Ergebnisse Hallpikes auf den Schwabenspiegel.[22] Dabei zeigte sich, wie so oft, daß das geistes- und kulturgeschichtliche Potential dieses Textes noch lange nicht voll ausgeschöpft ist. Im Zeichen interdisziplinärer historischer Forschung könnte der Schwabenspiegel fruchtbare Antworten auf Fragen geben, die über den vergleichsweise engen Horizont der rechtshistorischen Interpretation hinausgehen, wenn sie denn gestellt werden; sei es von Historikern anderer Fachrichtungen, sei es von Soziologen, Anthropologen oder Psychologen. Ich würde mir jedenfalls eine verstärkte Beschäftigung mit dem Schwabenspiegel durch fachfremde Wissenschaftler wünschen; die vorliegende Übertragung erleichtere ihnen den Zugang.

1936. – Ders., Eike von Repgow: Sachsenspiegel Lehnrecht (Schriften der Hallischen Wissenschaftlichen Gesellschaft 3). Halle 1939. – Eckhardt, Karl August. Sachsenspiegel: Landrecht in hochdeutscher Übertragung (Germanenrechte N.F.: Land- und Lehnrechtsbücher). Hannover 1967. – Koschorreck, Walter. Die Heidelberger Bilderhandschrift des Sachsenspiegels, Kommentarband. Frankfurt a.M. 1970. – Schott, Clausdieter; Schmidt-Wiegand, Ruth. Eike von Repgow: Der Sachsenspiegel. Zürich 1984. – Schmidt-Wiegand, Ruth (Hg.). Eike von Repgow: Sachsenspiegel. Die Wolfenbütteler Bilderhandschrift, Kommentarband. Berlin 1993. – Schmidt-Wiegand, Ruth (Hg.). Der Oldenburger Sachsenspiegel, Textband. Graz 1995. – Kaller, Sachsenspiegel (wie Anm. 12).

[21] Hallpike, Christopher Robert. Die Grundlagen primitiven Denkens. Stuttgart 1984, S. 13.

[22] Derschka, Harald Rainer. Der Schwabenspiegel und die kognitive Entwicklung des Menschen – neue Fragen an einen alten Text. In: ZRG GA 118 (2001), S. 100–147. – Vgl. auch Fried, Johannes. Der Weg in die Geschichte. Die Ursprünge Deutschlands bis 1024 (Propyläen Geschichte Deutschlands I). Berlin 1994: Der Abschnitt über „Wissen und Verstehen", S. 144–161, reflektiert unverkennbar Argumentationsfiguren Hallpikes. Dazu Röckelein, Hedwig. Psychohistorie und Mediävistik. In: Goetz, Hans-Werner. Moderne Mediävistik. Stand und Perspektiven der Mittelalterforschung. Darmstadt 1999, S. 288–299; hier S. 293.

1. Teil
Übertragung der Rechtstexte ins Neuhochdeutsche

Die vielen erhaltenen Schwabenspiegel-Handschriften weichen in der Auswahl und der Anordnung der Artikel vielfach voneinander ab. Sie lassen sich grob vier Klassen, allerdings mit diversen Unterordnungen, zuweisen. Solche Bedingungen stellen Herausgeber vor nahezu unüberwindliche Schwierigkeiten; und die Geschichte der Schwabenspiegel-Editionen ist nicht frei von Schiffbrüchen. Diese Fülle von Varianten war, nebenbei bemerkt, der eingehenderen Beschäftigung mit dem Schwabenspiegel nicht eben förderlich: Diejenigen Gelehrten, die sich den Schwabenspiegel ernsthaft vornahmen, suchten zunächst einmal, Ordnung in das Überlieferungsdickicht zu bringen;[1] die immensen Schwierigkeiten, mit denen dieses Vorhaben verbunden war und ist, banden viel Energie, welche der eigentlichen, inhaltlichen Erforschung des Schwabenspiegels vorenthalten blieb.

Als Textgrundlage der vorliegenden Übertragung dient die 1840 posthum veröffentlichte Tübinger Ausgabe des Freiherrn Friedrich Leonhard Anton von **Laßberg**.[2] Die Problematik der Laßberg-Ausgabe ist hinreichend bekannt: Laßberg beabsichtigte nicht die Rekonstruktion des Urtextes oder auch nur die Edition einer herausragenden Handschrift, sondern die Edition seines Schatzes; das war die Donaueschinger Schwa-

---

1 Vgl. Kisch, Sachsenspiegel-Bibliographie wie Anm. 7, Anh. S. 94–97. Vor allem ist hier die Leistung Karl August Eckhardts zu nennen, der durch seine Editionen und Neudrucke besonders repräsentative Handschriften und frühe Drucke aus den einzelnen Überlieferungsklassen zugänglich machte: Eckhardt, Albrecht. Werksverzeichnis Karl August Eckhardt (Bibliotheca rerum historicarum, Studia 12). Aalen 1979, Nrn. 97–118, S. 56–73. Der schwierigen Überlieferungssituation entspricht allerdings die heillose Konfusion in Eckhardts diversen Reihen und Unterreihen, die ohne das genannte Werksverzeichnis seines Sohnes undurchschaubar bliebe.

2 Der Schwabenspiegel oder schwäbisches Land- und Lehenrechtsbuch, nach einer Handschrift vom Jahr 1287 herausgegeben von Dr. F.L.A. Freiherrn von Lassberg mit einer Vorrede von Dr. A.L. Reyscher. Tübingen 1840 (Bibliotheca rerum historicarum, Neudrucke 2: Der Schwabenspiegel). Hg. Eckhardt, Karl August. Aalen 1972.

benspiegel-Handschrift, die sein Vater Joseph von Laßberg in Weinfelden (südlich von Konstanz im Thurgau) erworben hatte.[3] Die Lücken dieses Fragmentes ergänzte Laßberg mit den entsprechenden Textteilen aus der Zürcher Handschrift.[4] Das ist freilich ein problematisches Verfahren, zumal diese beiden Handschriften verschiedene Bearbeitungsstufen repräsentieren und zudem im Druck nicht voneinander abgesetzt sind.[5] Gleichwohl gibt es gute Gründe, sich gerade auf Laßberg zu stützen: Die Kontamination unterschiedlicher Handschriften ist ein weniger gewichtiges Problem, als man meinen möchte, zumal die Wahl auf zwei oberdeutsche Handschriften des späten 13. Jahrhunderts fiel, die Übergänge mithin nicht allzu kraß ausfallen. Darüber hinaus unterscheiden sich die verschiedenen Textklassen des Schwabenspiegels in erster Linie durch die Menge und die Anordnung des Materiales, das sie überliefern, und erst in zweiter Linie durch inhaltliche Varianten. Solche inhaltlichen Varianten und Ergänzungen sammelte Laßberg aus weiteren ihm bekannten Schwabenspiegelhandschriften. Nicht zuletzt aufgrund dieser Materialfülle wurde die Laßberg-Ausgabe zur Arbeitsgrundlage für die mediävistische Forschung jenseits der engen textphilologischen Fragestellungen. In nunmehr dritter Auflage erfuhr sie eine weitere Verbreitung als alle anderen Editionen, und ihre Artikeleinteilung setzte sich als zitatorischer Standard durch. Mithin ist sie angesichts des Zwecks dieser Übertragung eine durchaus naheliegende Wahl.

Damit hat es nun nicht sein Bewenden. Zur Überprüfung unklarer Lesarten wurde die Laßberg-Ausgabe mit weiteren Überlieferungssträngen verglichen. Für die Kurzformen wurde Karl August Eckhardts Monumenta-Ausgabe herangezogen.[6] Für die Langformen bot sich freilich

---

3 Jetzt: Karlsruhe, Badische Landesbibliothek, Hs. Donaueschingen 738. Oppitz, Ulrich-Dieter. Deutsche Rechtsbücher II: Beschreibung der Handschriften. Köln, Wien 1990, Nr. 421, S. 466f.; dazu ders., Rechtsbücher I (oben S. 5 A. 1), S. 39 (Zuordnung zur Normalformen-Klasse III c). Zum Entstehungszusammenhang: Schott, Clausdieter. Der „Codex Lüzelnheimeri" – Schreiber und Auftraggeber der Breisgauer Schwabenspiegelhandschrift. In: Hauck, Karl u.a. (Hgg.). Sprache und Recht. Beiträge zur Kulturgeschichte des Mittelalters. Festschrift für Ruth Schmidt-Wiegand, Bd. 2. Berlin, New York 1986, S. 797–813.

4 Zürich, Zentralbibliothek Ms Z XI 302. Oppitz, Rechtsbücher II (wie vorstehend), Nr. 1630, S. 886f.; dazu ders., Rechtsbücher I (oben S. 5 A. 1), S. 38 (Zuordnung zur Langformen-Klasse II a).

5 Zur Entstehung der Laßberg-Edition Laßberg (oben S. 13 A. 2), S. V ff. (Reyscher), S. XXIX ff. (Eckhardt). So konnten sich in diese Edition handfeste Widersprüche einschleichen (z.B. die Zahl der Heerschilde in Lnr. 47 (Laßberg-Fragment) und Lnr. 132 (Zürcher Hs.)).

6 Schwabenspiegel Kurzform I und II. Hg. Eckhardt, Karl August (MGH, Fontes iuris Germanici antiqui, n.s. IV, I/II). Hannover 1960; künftig: Kurzform.

der Vergleich mit der Zürcher Handschrift an; sie liegt der Laßberg-Ausgabe ja wenigstens teilweise zugrunde und gilt als besonders ursprünglich und repräsentativ für die gesamte Langformen-Klasse.[7] Gelegentlich zitiert sind die Langformen E[8] und H[9]; ergänzend ließ sich auch der altfranzösische Miroir de Souabe[10] aus Freiburg im Üechtland heranziehen. Besonderes Augenmerk erhielt die systematische Textklasse in Gestalt der Ausgabe Hieronymus' von der Lahr aus dem Jahre 1766.[11] Denn von der Lahr beschränkte sich, ähnlich wie später Laßberg, nicht auf den Abdruck einer Handschrift, sondern stellte aus einer größeren Zahl ihm bekannter Handschriften und Editionen eine Unmenge abweichender Lesarten zusammen. Zudem ließ von der Lahr parallel zum mittelhochdeutschen Schwabenspiegeltext eine lateinische *Interpretatio* abdrucken, der zwei ältere Übersetzungen des mittelhochdeutschen Textes in ein barockes Gelehrtenlatein zugrundeliegen.[12] Ergänzend wurde die Neuausgabe der Ambraser Handschrift herangezogen, welche bereits Hieronymus von

7 Schwabenspiegel Langform Z: Fassung Zü. Hg. Eckhardt, Karl August (Bibliotheca rerum historicarum, Land- und Lehnrechtsbücher 8). Aalen 1974; künftig: Langform Z.

8 Schwabenspiegel Langform E. Hg. Eckhardt, Karl August und Irmgard (Bibliotheca rerum historicarum 6: Studia iuris Suevici III). Aalen 1976; künftig: Langform E.

9 Schwabenspiegel Langform H. Hg. Eckhardt, Karl August und Irmgard (Bibliotheca rerum historicarum 7: Studia iuris Suevici IV). Aalen 1979; künftig: Langform H. Sie enthält einige in die Übertragung aufgenommene Zusatzartikel zum Landrecht (unten S. 232–235).

10 Daniels, Alexander v. Land- und Lehenrechtbuch. Sächsisches Land- und Lehenrecht. Schwabenspiegel und Sachsenspiegel. 2 Bde. Berlin 1863; künftig: Daniels, droit paisain. Daniels Vermutung, Laßbergs Zürcher Handschrift sei die direkte Vorlage für die französische Fassung gewesen (Vorrede, S. IX/X), kann aufgrund charakteristischer Unterschiede so nicht zutreffen (z.B. hat Langform Z in Ldr. 72: *lex essencia*, Daniels, droit paisain hingegen richtig: *lex aelia sentia*; dagegen Langform Z in Ldr. 73 a richtig: *ob er ein fromden sluoge*, Daniels, droit paisain fälschlich: *que se il avait une fame tuée*, in Übereinstimmung mit anderen Handschriften der Langformenklassen III c u. d, darunter eine Zürcher Hs. des 15. Jh.s (Oppitz, Rechtsbücher II (oben S. 14 A. 3), Nr. 1629, S. 886)).

11 Schwäbisches Landrecht und Lehenrecht, edidit Hieronymus von der Lahr. Hg. Eckhardt, Karl August (Bibliotheca rerum historicarum, Neudrucke 7). Aalen 1974; künftig: Lahr.

12 In seinem Vorwort zur Neuausgabe bemerkt K. A. Eckhardt (Anm. 33, S. XXV), daß diese Übersetzungen ins Lateinische unter zeitbedingten Mängeln litten; uns Heutigen stünde der mittelhochdeutsche Text ohnehin näher als das barocke Gelehrtenlatein: eine Einschätzung, der man begründet widersprechen kann. Wohl ließen sich einige (aber nicht allzu viele) Beispiele für Mißverständnisse anführen. Allein, zuweilen greift von der Lahr in seinen Anmerkungen korrigierend ein, und etliche Übersetzungsprobleme erscheinen als geradezu virtuos gelöst.

der Lahr in Gestalt einer älteren Druckausgabe verwendet hatte.[13] Ferner wurde der Urschwabenspiegel benutzt, d.h. Karl August Eckhardts Versuch, einen Urtext zu rekonstruieren.[14] All diese Textzeugnisse erbrachten neben zahlreichen unerheblichen Abweichungen gegenüber dem Wortlaut der Laßberg-Ausgabe auch einige relevantere inhaltliche Varianten. Sie sind in die Anmerkungen zur Übertragung aufgenommen, wobei freilich keine Vollständigkeit angestrebt werden konnte. Schließlich ließen sich etwelche Unebenheiten des Schwabenspiegeltextes im Rekurs auf seine wichtigsten Quellen, namentlich den Sachsenspiegel[15], den Deutschenspiegel[16], den Auctor vetus de beneficiis[17] und die Institutionen[18] glätten.

Die **Übertragung eines Rechtstextes aus dem Mittelhochdeutschen** in die neuhochdeutsche Gegenwartssprache gestaltet sich, obschon eine ganze Reihe von Hilfsmitteln zur Verfügung steht,[19] schwieriger als die Über-

---

13 Der Schwabenspiegel in seiner ältesten Gestalt. Landrecht hg. v. Wilhelm Wakkernagel, Lehnrecht hg. v. Heinrich Christian v. Senckenberg. Hg. u. bearb. Eckhardt, Karl August (Bibliotheca rerum historicarum, Neudrucke 3). Aalen 1972; künftig: Wakkernagel/Senckenberg.

14 Urschwabenspiegel. Hg. Eckhardt, Karl August (Bibliotheca rerum historicarum 4: Studia iuris Suevici I). Aalen 1975; künftig: Urswsp. Zugrunde liegt ein aus dem Urschwabenspiegel und einer Handschrift der Normalformen-Klasse zusammengesetztes Fragment der Stadtbibliothek Freiburg.

15 Sachsenspiegel Landrecht. Hg. Eckhardt, Karl August (MGH, Fontes iuris Germanici antiqui, n.s. I, I). Göttingen ²1955; künftig: Ssp. Ldr. – Sachsenspiegel Lehnrecht. Hg. Eckhardt, Karl August (MGH, Fontes iuris Germanici antiqui, n.s. I, II). Göttingen ²1956; künftig: Ssp. Lnr.

16 Studia iuris Teutonici. Deutschenspiegel. Hg. Eckhardt, Karl August (Bibliotheca rerum historicarum, Studia 3). Aalen 1971; künftig: Dsp. – Eckhardt/Hübner, Deutschenspiegel (oben S. 5 A. 2); künftig: Dsp. 1930.

17 Auctor vetus de beneficiis. Hg. Eckhardt, Karl August (MGH, Fontes iuris Germanici antiqui, n.s. II, Bd. I u. II). Hannover 1964, 1966; künftig: Auctor vetus.

18 Institutiones. Hg. Krüger, Paul (CIC I). Berlin ⁵1889.

19 Lexer, Matthias. Mittelhochdeutsches Wörterbuch. 3 Bde. Leipzig 1872–1878 bzw. Matthias Lexers Mittelhochdeutsches Taschenwörterbuch. Stuttgart ^{38}1992. – Benecke, Georg; Müller, Wilhelm; Zarncke, Friedrich. Mittelhochdeutsches Wörterbuch. 3 Bde. Nachdruck Hildesheim 1963. – Grimm, Jacob und Wilhelm. Deutsches Wörterbuch. 16 Bde. Leipzig 1854–1971. – Schweizerisches Idiotikon / Wörterbuch der schweizerischen Sprache. Bish. 15 Bde. Frauenfeld 1881ff. – Deutsches Rechtswörterbuch (Wörterbuch der älteren deutschen Rechtssprache). Bish. 9 Bde. Weimar 1914ff.; künftig: DRWB. – Wörterbuch der mittelhochdeutschen Urkundensprache auf der Grundlage des Corpus der altdeutschen Originalurkunden bis zum Jahr 1300. Bish. 1 Bd. Berlin 1986. – Handwörterbuch der deutschen Rechtsgeschichte. Hgg. Erler, Adalbert; Stammler, Wolfgang. 5 Bde. Berlin 1971–1998; künftig: HRG. – Hellbach, Johann Christian. Wörterbuch des Lehnrechts. Leipzig 1803, Nachdruck Neustadt a.d. Aisch 1995.

tragung eines literarischen Textes. Für ein Gedicht etwa mag eine Vielfalt von Interpretationsalternativen geradezu als Beweis seiner Originalität und seines literarischen Wertes gelten; demgegenüber erfordern die Funktion und der Verwendungskontext von Rechtstexten deren größtmögliche Eindeutigkeit. Dieses Ziel erreicht der Schwabenspiegel nicht in jedem Fall; und das war auch kaum anders zu erwarten. Noch im 16. Jahrhundert, als der Buchdruck zu einer Steigerung der Produktion deutscher Fachprosa führte, standen Autoren vor großen und bisweilen unüberwindlichen Schwierigkeiten, wenn sie ihr vorhandenes Praxiswissen in eine kohärente sprachliche Form überführen wollten. Michael Giesecke konstatiert, „daß die muttersprachlichen landschaftlichen Schreibdialekte bis in die frühneuhochdeutsche Zeit hinein (und auch darüber hinaus) in der Tat erhebliche Schwierigkeiten in der situationsunabhängigen Darstellung von Sachverhalten besessen haben".[20]

So lassen sich denn auch etliche Artikel des Schwabenspiegels nur dann nachvollziehen, wenn es gelingt, den Inhalt des Textes als eine konkrete Situation, als eine Folge von „Bildern im Kopf" vorzustellen. Der Schwabenspiegler nimmt nämlich häufig wenig Rücksicht auf die Erfordernisse kontextunabhängigen Textverstehens; die für das Mittelhochdeutsche charakteristische Vielbezüglichkeit der Pronominalformen schlägt sich in einer Fülle abenteuerlicher Subjektwechsel nieder. Im folgenden, keineswegs singulären Beispiel, welches die Ladung zum Landgericht thematisiert, vertritt das Personalpronomen „er" sechs Male die Stelle des Subjektes, aber vier Male ist der Kläger [A], zwei Male der Beklagte [B] gemeint: *und gebiutet ein man* [A] *dem andern* [B] *fur, und* er [B] *kumt fur, und ienr* [A] *claget nit, und hat* er [B] *koste gehabt, die sol* er [A] *im* [B] *ablegen; und gebiut* er [A] *im* [B] *dristunt fur, und kumt* er [A] *dannoch nit fur, ienr* [B] *si siner clage ledic, umb was* er [A] *in* [B] *beclaget hat, und* [er, A] *sol im sine koste ablegen, in* [A] *letz dann ehafte not, so kom* [er, A] *fur den rihtaer und behab die, als hie vor an dem buoche stat* (Ldr. 314 I).

Daraus erhellt, daß die Übertragung eine erläuternde Funktion besitzen muß, wenn sie in einen problemlos les- und verstehbaren neuhochdeutschen Text münden soll, der aber – und das ist ganz wichtig – keine Eindeutigkeit vorspiegeln darf, wo sie nicht besteht. Wo immer eine Auswahl zwischen zwei oder mehr plausiblen Lesarten getroffen werden mußte, findet sich der Entscheidungsprozeß in den Anmerkungen the-

[20] Giesecke, Michael. ‚Volkssprache' und ‚Verschriftlichung des Lebens' in der frühen Neuzeit. Kulturgeschichte als Informationsgeschichte. In: Ders. Sinnenwandel, Sprachwandel, Kulturwandel. Studien zur Vorgeschichte der Informationsgesellschaft. Frankfurt a. M. 1992, S. 73–121; hier S. 88.

matisiert. In Fällen wie dem eben zitierten wird versucht, wenigstens die Unschärfen auszuräumen, nötigenfalls unter Explizierung des Subjektes in eckigen Klammern. Weniger problematisch als diese Unklarheit bezüglich des Subjektes ist die zuweilen doch lästige, vom Neuhochdeutschen abweichende Verwendung der Negationen: etwa wenn eine doppelte Negation im Gegensatz zur Gegenwartssprache als Verstärkung der Negation auftritt oder *dehein* ebensogut „einer" wie auch „keiner" bedeuten kann. Was den Satzbau angeht, war es zuweilen erforderlich, tendenziell eher parataktische Hauptsatzreihen in hierarchische Gefüge von Haupt- und Nebensätzen aufzulösen. Gleichwohl sollte der mittelhochdeutsche Sprachduktus nicht ganz verlorengehen und wird deshalb überall dort bewahrt, wo er unserem modernen Sprachgefühl nicht nachgerade zuwiderläuft; Inkonsistenzen in der Folge von Numerus und Genus von Personalpronomen etwa sind nur dort berichtigt, wo die Verständlichkeit dies unbedingt erfordert.

Die gleiche Absicht liegt der **Wortwahl** zugrunde. Ohne weiteres verständliche Termini der mittelhochdeutschen Rechtssprache sind beibehalten und erforderlichenfalls modifiziert (z.B. besitzt das Verbum „antworten" im Schwabenspiegel eine differenziertere Bedeutung als in der Gegenwartssprache und wird überwiegend durch „sich verantworten" wiedergegeben). Nicht mehr geläufige Begriffe sind beibehalten, wenn ihre Bedeutung aus dem Kontext einwandfrei hervorgeht (etwa Fluchtsal, Leibgedinge, Gewette). In wenigen Fällen wurde versucht, nicht mehr gebräuchliche und schwer zu erschließende Rechtsbegriffe durch einigermaßen adäquate moderne Termini zu ersetzen (etwa „Anwartschaft" statt „Gedinge" im Lehenrecht, „Beweismittel" statt „Schub" im Landrecht). Demgegenüber ist etwa „Gewere" als einer der Zentralbegriffe des älteren deutschen Sachenrechts zu vielschichtig, um einfach mit „Besitz" wiedergegeben zu werden, und bleibt deshalb so stehen.[21] Einige lehenrechtliche Termini, welche die Gegenwartssprache überhaupt nicht oder nur in völlig abweichender Bedeutung kennt (z.B. „Schildlehen", „anfallen") werden ebenfalls beibehalten und in den zugehörigen Anmerkungen erklärt; anderenfalls würden umständliche Umschreibungen erforderlich.

Schwierigkeiten bereiten die im Verhältnis zum Neuhochdeutschen vielfach deutlich weiter gespannten **Wortbedeutungen**. Beispielsweise steht der Terminus *geziuc* sowohl für den Zeugen als auch für das Zeugnis

[21] Brunner, Otto. Land und Herrschaft. Grundfragen der territorialen Verfassungsgeschichte Österreichs im Mittelalter. Darmstadt ^{6}1970, S. 252f. (mit Literaturverweisen). Ishikawa, Takeshi. Die Gewere im Sachsenspiegel. In: Festschrift für Hans Thieme zu seinem 80. Geburtstag. Hg. Kroeschell, Karl. Sigmaringen 1986, S. 59–82.

oder den Zeugenbeweis; und nicht in jedem Fall läßt sich die tatsächlich gemeinte Bedeutung auch zweifelsfrei angeben. Solche changierenden Bedeutungen – wie auch echte Homonymien – betreffen nicht nur Rechtsbegriffe; so begegnet uns etwa der *gotte* in ein und demselben Artikel als Taufgeistlicher, Taufpate und Patenkind.

Einer der Gründe für die angedeuteten Schwierigkeiten liegt darin, daß dem Verfasser des Schwabenspiegels noch keine ausgebildete deutsche Rechtssprache zur Verfügung stand; vielmehr läßt sich gerade auch am Schwabenspiegel der Ablösungsprozeß der **Rechtssprache** aus der Gemeinsprache mitvollziehen.[22] Nicht zuletzt deshalb erschien ein Register als wünschenswertes Hilfsmittel, den Schwabenspiegel nicht nur sachlich, sondern auch sprachlich zu erschließen. Das hier abgedruckte **Register** erfüllt zugleich die Funktion eines Glossars, insofern neuhochdeutsche Übersetzungen oder Erläuterungen der mittelhochdeutschen Lemmata aufgeführt werden. Erscheint allein schon die Übertragung einer einzelnen Textstelle als problematisch, so erweist sich die Subsumtion mehrerer Textstellen unter einem einzigen Lemma und damit ihre Festlegung auf eine einzige Bedeutung zuweilen erst recht als willkürlich; mehr noch als die Übertragung des Rechtsbuches ins Neuhochdeutsche besitzt das Glossar einen Behelfs- und Kompromißcharakter.

Die hier vorgelegte Übertragung sowie die Erschließungshilfen ersetzen demnach für wissenschaftliche Belange nicht die Lektüre des Originaltextes; aber sie können die Orientierung erleichtern. Es ist mir bewußt, daß ein vertieftes hermeneutisches Arbeiten mit dem Text etliche Unschärfen meiner Übertragung aufweisen wird; für allfällige Verbesserungsvorschläge bin ich dankbar.

---

[22] Uhlig, Brigitte. Die Verba dicendi im Rechtswortschatz des späten Mittelalters, untersucht an einigen Handschriften des Schwabenspiegels. In: Beiträge zur Erforschung der deutschen Sprache 3 (1983), S. 243–268; hier S. 267f.

Erster Landrechtsteil

Vorwort

(a) Herr, Gott, himmlischer Vater. In deiner freundlichen Güte erschufst du den Menschen in dreifacher Würde. Die erste ist, daß er nach dir gebildet ist: Das ist eine hohe Würde, für die dir das ganze Menschengeschlecht stets danken soll; denn dazu haben wir viel Veranlassung, seit du, vielgeliebter Herr und himmlischer Vater, uns mit der Würde deiner Göttlichkeit geadelt hast.

Die zweite Würde, die du, Herrgott und allmächtiger Schöpfer, den Menschen hast zukommen lassen, ist folgende: Diese ganze Welt, die Sonne und den Mond, die Sterne und die vier Elemente Feuer, Wasser, Luft und Erde, die Vögel in den Lüften, die Fische im Wasser, die Tiere im Walde, die Würmer in der Erde, Gold und Edelsteine, den süßen Geschmack der edlen Gewürze, die leuchtenden Farben der Blumen, die Früchte der Bäume, Korn und Wein und alle Kreatur hast du, Herr, ganz dem Menschen zu Dienst und zu Nutze geschaffen durch die Verbundenheit und die Liebe, die du zum Menschen hegst.

Die dritte Würde, mit der du, Herr, den Menschen aufgewertet und geadelt hast, ist die, daß der Mensch die Würde und die Ehre und die Freude und die Wonne, die du selbst bist, mit dir in Ewigkeit genießen soll. Den Dienst und den Nutzen der Welt hast du, Herr, dem Menschen umsonst gegeben als Mahnung und als Aufforderung. Weil das so viel ist, was du, Herr, dem Menschen bereits umsonst gegeben hast, soll der Mensch deswegen eingedenk sein, daß es unermeßlich viel ist, was du ihm für seinen Dienst noch geben willst. Darum soll ein jeder Mensch Gott mit rechtem Ernst dienen und mit seiner ganzen Treue; denn der Lohn ist so unermeßlich groß, daß das Herz ihn sich nicht vorstellen kann, die Zunge des Menschen ihn nicht aussprechen kann, die Augen ihn nicht sehen und die Ohren ihn nicht hören können. Der allmächtige Gott helfe uns, daß wir ihm für diese hohe Würde danken und den großen Lohn verdienen.

(b) Weil uns Gott in so hoher Würde geschaffen hat, will er auch, daß wir ein würdiges Leben führen, indem wir einander Wertschätzung und Ehre, Treue und Aufrichtigkeit entgegenbringen und nicht Haß und Neid gegen einander hegen. Wir sollen in Frieden und Eintracht miteinander leben. Ein Leben in Frieden hat unser Herr lieb: Denn er selbst kam wegen nichts anderem vom Himmel auf die Erde als wegen des rechten Friedens, den er uns zum Schutze vor dem Teufel und vor der ewigen Marter schuf, wenn wir selbst es wollen. Und deshalb sangen die Engel bei der Krippe, als unser Herr und Gott geboren ward: Gloria in excelsis deo et in terra pax hominibus bone voluntatis – Deine Ehre, Herrgott, im Himmel, und ein guter Friede auf Erden allen denen, die guten Willens sind; die haben immer Freude im Himmelreich. Und als Gott hier auf Erden war, war dies in ganz ähnlicher Weise sein Wort: Pax vobis. Das heißt: Der Friede sei mit euch; und das sagte unser Herr allezeit zu seinen Jüngern und auch zu anderen Leuten. Und daher sollen wir merken, wie lieb der allmächtige Gott den Frieden hat. Und wie er von der Erde wieder auf gen Himmel fuhr, sprach er wieder zu seinen Jüngern: Der Friede sei mit euch. Und er verpflichtete den guten St. Peter, ein Pfleger des rechten Friedens zu sein, und gab ihm die Gewalt, den Himmel all denen aufzuschließen, die den rechten Frieden hielten, und demjenigen den Himmel zu verschließen, der den Frieden bräche. Also ist gesprochen: Alle diejenigen, die die Gebote des allmächtigen Gottes brechen, haben auch den rechten Frieden gebrochen. Es ist auch nur billig und recht von Gott, daß man dem, der die Gebote unseres Herrn bricht, den Himmel verschließt. Denn Gott hat uns jetzt geholfen, daß wir mit rechtem und friedlichem Lebenswandel ins Himmelreich gelangen können. Vor Gottes Geburt gab es das nicht; wie sehr ein Mensch in der ganzen Welt auch Wohltaten übte, konnte er doch nicht ins Himmelreich kommen.

(c) Gott schuf zuerst Himmel und Erde und danach den Menschen; den setzte er in das Paradies. Er brach den Gehorsam zum Schaden für uns alle. Darum gingen wir in die Irre wie Schafe ohne Hirten, so daß wir das Himmelreich nicht erlangen konnten, bis uns Gott den Weg dorthin durch sein Martyrium wies. Darum sollen wir Gott immer dafür loben und ehren mit unserem ganzen Herzen und unserer ganzen Seele und unserer ganzen Macht, daß wir nun so zu den ewigen Freuden kommen, wenn wir wollen, woran ehedem so vielen heiligen Patriarchen und Propheten gelegen war. Diese Gnade und Seligkeit ist uns Christenmenschen zuteil geworden, daß wir uns nun das Himmelreich verdienen können. Und tut das einer nicht und bricht die Gebote unseres Herrn, so richten er und diejenigen, denen er die Gewalt dazu verliehen hat, deswegen billigerweise über ihn. Da ist der Papst, der an Gottes Statt auf der Erde bis zum jüngsten Tage richten soll. Dann will Gott selbst richten über Böse und Gut und über all die kleinen und großen Vergehen, über die hier nicht gerichtet wird. Und darum will man mit diesem Buch allen, die im Gericht Verantwortung übernehmen sollen, lehren, wie sie zu Recht richten sollen, wie viele heilige Männer, die in den Zeiten des alten Bundes und des neuen Bundes gute Richter waren und so gerichtet haben, daß sie durch ihr Gericht in den Besitz der ewigen Freude kamen. Und wer anders richtet, als dieses Buch es lehrt, der soll wissen, daß Gott am jüngsten Tage im Zorn über ihn richten wird.

(d) Da Gott „Friedensfürst“ heißt, ließ er zum Schirm der Christenheit zwei Schwerter auf Erden, als er gen Himmel fuhr. Die verlieh unser Herr beide an St. Peter, eines für das geistliche Gericht, das andere für das weltliche Gericht. Das weltliche Gerichtsschwert leiht der Papst dem Kaiser; das geistliche ist für den Papst bestimmt, auf daß er damit richte.

(e) Dem Papst ist bestimmt, zu festgesetzter Zeit auf einem weißen Pferde zu richten; und der Kaiser soll dem Papst den Steigbügel halten, damit der Sattel sich nicht löst. Dies bedeutet, daß der Kaiser und andere weltliche Richter mit der Acht erzwingen sollen, was dem Papst so widersteht, daß er es mit dem geistlichen Gericht nicht bezwingen kann.

(f) Wenn ein Mann sechs Wochen und einen Tag im Bann ist, soll ihn der weltliche Richter in die Acht tun; und ebenso soll man in den Bann tun, wer sechs Wochen und einen Tag in der Acht ist. Dieses Recht setzten der Papst St. Silvester und Kaiser Konstantin, der Sohn St. Helenas.

(g) Diese beiden setzten dieses Recht und einen großen Teil des anderen Rechtes in diesem Buche, und daß ein jeglicher Christenmensch dreimal im Jahr das Ding des Vogtes aufsuchen soll, wenn er zu seinen Jahren gekommen ist; das ist der Fall, wenn er einundzwanzig Jahre alt ist. Dann soll der Mann das Ding des Vogtes aufsuchen in dem Bistum, worin er ansässig ist, oder in dem Land oder dem Gericht, worin er Gut besitzt.

(h) Hier nennen wir drei Arten von freien Leuten. Von denen heißen die einen Semperfreie; das sind die freien Herren, wie die Fürsten und diejenigen, die andere Freie als Lehnsmannen haben. Die anderen heißen Mittelfreie; das sind diejenigen, die die Lehnsmannen anderer freier Männer sind. Die dritten Freien sind die freien Landsassen; diese sind Bauern und sitzen auf dem Lande. Von denen haben alle ihr besonderes Recht, das wir später nennen.

Art. 1. Das Ding des Vogtes

(a) Wo ein Gericht ist, dort soll ein Büttel sein oder auch mehr als einer; dieser soll zum Ding des Vogtes laden. Es ist Recht und Gewohnheit, daß man dreimal im Jahr zum Ding des Vogtes lädt, sei es über sechs Wochen, sei es über zwei Wochen.

Es ist Sitte, daß man einen Burggrafen hat, der soll richten über unrechtes Maß und über unrechte Meßgefäße, mit denen man Getränke ausschenkt, und über alles Maß, und über unrechtes Gewäge, und über das, was zu Haut und zu Haar geht, und über den Handel mit Lebensmitteln. Über das alles soll ein Burggraf richten. Der Vogt soll den Totschlag richten und alle frevelhaften Verwundungen und das Schwertzükken und den Hausfriedensbruch und was sonst Frevel und Unzucht heißt. Hernach sagen wir mehr über das Gericht und wie man über eine jegliche Sache richten soll, damit den Leuten nichts verloren geht durch ein unrechtes Gericht.

(b) Weil unser Herr den Menschen in so hoher Würde geschaffen hat, hat er auch die Menschen all die Sachen gelehrt, mit denen sie zum Himmelreich kommen sollen, zu dem Gott die Menschen erwählt hat. Das erweist man an vielen Stellen in der Heiligen Schrift. Als Gott Moses die zehn Gebote auf dem Berg Sinai übergab, wußte er wohl, daß die Leute vielerlei Streit miteinander haben würden. Und er gab ihnen nicht allein die zehn Gebote: Er gab ihnen dreizehn Gebote und sechshundert Gebote; das geschah darum, daß er denen entnehmen sollte, wie er über eine jede Sache richten sollte.

Und gemäß denselben Geboten haben all die Könige und all die Richter in der Zeit des alten Bundes stets ihr Gericht abgehalten, bis zur Zeit des neuen Bundes. Da hielten die Päpste und die Kaiser ihr Gericht gemäß denselben Geboten ab; und also stehen auch in diesem Buch keine Art von Landrecht oder Lehenrecht und keine Art von Urteilen, die nicht mit Recht in Rom bestimmt wurden[1] und sich aus Karls Recht ableiten und aus den Büchern der Dekrete und Dekretalen; denn in denselben Büchern findet man alles Recht, dessen das geistliche und das weltliche Gericht bedarf. Aber dieses Buch spricht nur vom weltlichen Gericht; und darum heißt dieses Buch „Landrechtsbuch“. All das Recht, das in diesem Buche steht, geht über alles Landrecht und geschriebene Recht, mit Ausnahme der guten Gewohnheit, wie wir hernach sagen.

(I) Von dem König Konstantin: Der König Konstantin gab dem Papst Silvester zum geistlichen ein weltliches Gewette von sechzig Schilling, damit man alle diejenigen, die vor Gott nicht mit ihrem Leibe büßen wollten, mit ihrem Gut dazu zwinge.

Folgendermaßen sollen das weltliche und das geistliche Gericht zusammenstimmen: Was dem einen widerstehen will, das zum Gehorsam und zur Gerechtigkeit zu zwingen, helfe das andere.

Der Bann schadet der Seele; er nimmt aber nicht den Leib und mindert die landrechtliche Stellung nicht; danach folge des Königs Acht. Die Ver-

---

[1] Urteile *von romscher phahte* (Laßberg/Langform Z); *von recht mit roemscher pfafhait* (Urswsp. Ldr. 1 b, S. 359); systematische Form: *mit recht von römischer priesterlicheyt* (Lahr Ldr. V, 7; S. 15).

festung nimmt dem Mann den Leib, wenn er in ihr ergriffen wird, aber nicht sein Recht, solange er darin ist.

Art. 2. Von sieben Heerschilden

Origenes weissagte ehedem in alter Zeit, daß sechs Welten sein sollten, und jede Welt nach tausend Jahren vergehen sollte, und in der siebenten Welt sollte die Welt ganz untergehen und der Tag der Sühne kommen. Nun kündet die Heilige Schrift, daß mit Adam die erste Welt begann, mit Noah die zweite, mit Abraham die dritte, mit Moses die vierte, mit David die fünfte, mit Gottes Geburt die sechste. Und diese sechs Welten sind nach je tausend Jahren vergangen. Nun sind wir in der siebenten Welt ohne gewisse Zahl, denn die sechstausend Jahre sind um, und die siebente Welt besteht so lange, wie Gott es will. Und in derselben Weise sind die sieben Heerschilde angeordnet: Der König hat den ersten Heerschild. Es haben die Bischöfe und die Äbte und die Äbtissinnen, wenn sie Fürsten sind, den zweiten Heerschild, die Laienfürsten den dritten, die freien Herren den vierten, die Mittelfreien den fünften, die Dienstmannen den sechsten. Und in gleicher Weise, wie man nicht weiß, wann die siebente Welt ihr Ende findet, weiß man nicht, ob der siebente Heerschild lehnsfähig ist oder nicht;[2] das sagt aber hernach das Lehenbuch.

Art. 3. Von der Zahl der Sippe

(a) Nun merkt auch, wo die Zahl der Sippe ihren Ausgang nimmt, und wo sie ein Ende nimmt. Durch das Haupt sind Mann und Weib versinnbildlicht, denn das Haupt ist der höchste Teil des Leibes über allen Gliedern, die der Leib hat. Und deshalb sind ein Mann und ein Weib, die recht und redlich die Ehe eingingen, durch das Haupt versinnbildlicht. Denn wenn sie recht und redlich die Ehe eingingen, gibt es keinen Zwiespalt; sie sind wie ein Leib. Diese Kraft haben sie durch die heilige Ehe. Denn die heilige Ehe ist von den sieben Sakramenten eines der höchsten, das Gott erteilt. Daher kommt die Kraft, daß sie ein Leib sind, und daher werden sie auch durch das eine Glied des Leibes, das „Haupt“ heißt, versinnbildlicht.

---

[2] Statt des folgenden Satzes schließt in der systematischen Form folgender Abschnitt an: Ein jeglicher Mann, der kein Eigenmann und ehelich geboren ist, hat den siebenten Heerschild. Wer den siebenten Heerschild nicht hat, der hat kein Lehenrecht. Verleiht ein Herr ihm gleichwohl etwas, hat er ein Recht daran wie der, der den sechsten Heerschild hat. Ihr Lehenrecht unterscheidet sich jedoch, wie das Lehenbuch hernach bescheidet (Lahr Ldr. VIII, 7–10; S. 19).

Und wenn sie eheliche Kinder gewinnen, werden diese durch die dem Haupte nächstgelegenen Glieder versinnbildlicht. Das sind die Achseln, wo die Arme an die Schultern stoßen; und die Kinder heißen Geschwister und haben die erste Zahl der Sippe, mit der man die Verwandtschaft berechnet. Dem widersprechen ungelehrte Leute; aber es muß vor den wahren Meistern wahr sein; und wer die Zahl der Sippe anders berechnen will, als es hier steht, der irrt. Also haben die Geschwister, die ohne Unterschied von einem Vater und einer Mutter stammen, die erste Sippe. Gibt es aber darin einen Unterschied unter den Kindern, so gehören sie nicht zu einem Glied, sondern zweigen zu einem anderen Glied ab.

Nehmen auch zwei Brüder zwei Schwestern, und der dritte Bruder nimmt ein fremdes Weib, so sind ihre Kinder doch gleich nah miteinander versippt, so daß ein jedes das Erbe des anderen antreten kann, wenn sie ebenbürtig sind.

Und die Kinder der Geschwister stehen am zweiten Glied vom Haupt weg, das ist der Ellenbogen; die haben auch die zweite Sippe. Und dann haben die Kinder der Kinder die dritte Sippe; sie stehen an dem dritten Glied, wo die Hand an den Arm stößt. So stehen die vierten Kinder am vierten Glied; das ist dort, wo der Mittelfinger an die Hand stößt. Die fünften Kinder stehen am fünften Glied, vom Haupt an gezählt, das ist das zweite Glied des Mittelfingers. Die sechsten Kinder stehen am dritten Glied des Mittelfingers. Die siebenten Kinder stehen vorne am Fingernagel; sie heißen „Nagelmagen". Und alle, die zwischen dem Haupt und dem Nagel an gleicher Stelle, die Glieder vom Haupt weg an beiden Armen bis zu den Nägeln gezählt, an die Sippe stoßen, erben auch in gleicher Weise; und je näher ein Mann in der Sippenzählung steht, desto eher erbt er.

(b) Ein jeglicher Mann beerbt seinen Verwandten bis zur siebenten Zahl der Sippe. Doch hat der Papst erlaubt, bis zur fünften Sippe ein Weib zu nehmen. Der Papst kann kein Recht setzen, mit dem er unser Landrecht und unser Lehenrecht einschränken könnte.[3]

Art. 4. Ebenfalls von der Sippe

Nimmt ein Sohn zu Lebzeiten seines Vaters ein Weib[4], und derselbe Sohn gewinnt dann ebenfalls Söhne und stirbt hernach, noch bevor sein Vater

---

3 Lahr fügt aus der Straßburger Hs. (nach Schilter, vgl. Oppitz, Ulrich-Dieter. Deutsche Rechtsbücher II: Beschreibung der Handschriften. Köln, Wien 1990; Nr. 1387, S. 802f.) eine Übersetzung von Ssp. Ldr. II, Art. 20; S. 148f. ein.

4 Andere Textformen: ein Weib, das ihm ebenbürtig ist.

ihm sein Erbe zugeteilt hat, so nehmen die Söhne desselben Sohnes je einen gleichen Erbteil an ihres Vater Statt; aber sie nehmen alle zusammen nur den Teil eines Mannes, nämlich so viel, wie ihr Vater geerbt haben sollte. Das kann den Kindern der Töchter nicht zuteil werden, daß sie einen gleichen Teil nehmen; es sei denn, es gibt keine Söhne.

Art. 5. Wie man Söhnen und Töchtern das Erbe zuteilen soll

(a) Ein Mann hat Söhne und Töchter und erlebt den Zeitpunkt, zu dem er einem Sohn sein Erbe zuteilt oder einer Tochter oder mehreren Kindern; und er stirbt dann und hinterläßt noch mehr Söhne und Töchter, und hinterläßt seinem Weib fahrendes Gut oder anderes Gut: Soll die Mutter ihnen etwas von dem fahrenden Gut geben? Wir sprechen also: Ist der Vater ohne letztwillige Verfügung gestorben, so daß er keine Bestimmung über das fahrende Gut traf, so soll man einen Teil für die Seele geben, und danach unter dem Weib und den Kindern, die noch nicht ausgesteuert sind, gleich teilen. Und haben die Kinder einen Bruder, der eine Kirche oder eine Pfründe hat, weil er ein Pfaffe ist, und er hat eine Kirche oder eine Pfründe, aus der er seinen Unterhalt bestreiten kann, so teilen die Geschwister mit ihm das fahrende Gut [nicht][5]. Wie viele Einkünfte er aus seinem geistlichen Besitz haben soll, soll man gemäß seinem Adel und seiner Ehrbarkeit ermessen. Der Pfaffe erbt Eigen mit seinen anderen Geschwistern.

(b) Das Gut, das der Mann bei seinem Tode hat, heißt Erbgut. Wer das Erbe annimmt, soll zu Recht die Schuld bezahlen, die der tote Mann bezahlen sollte, wenn man um sie weiß. Kennt man sie nicht, soll man sie selbsiebent auf den toten Mann bezeugen. Hat aber der tote Mann die Schuld öffentlich erklärt, als er noch gesund war oder als er bereits auf dem Sterbebett lag, und jener, dem man sie bezahlen soll, kann das selbdritt bezeugen, so hat er sein Gut behauptet und die sieben Zeugen widerlegt.[6]

(c) Niemand ist verpflichtet, für einen anderen gestohlenes oder geraubtes Gut, Spielschulden oder Zinsen zu bezahlen; ebensowenig, wenn er etwas gegen ein Gericht getan hat. Ist aber auf ihn eine Schuld bezeugt

5 Fehlt in Laßberg/Langform Z; ergänzt nach den anderen Textformen.

6 Der Hinweis auf die sieben Zeugen ist mißverständlich und fehlt daher in den anderen Textformen und auch in anderen Langformenklassen (vgl. Langform E, Ldr. 5 b, S. 109). Gemeint ist lediglich, daß der Gläubiger die Schuld gemeinsam mit sechs Männern bezeugen muß; wenn der Schuldner sie aber vor seinem Tode öffentlich bekannt hat, genügen dem Gläubiger zwei weitere Zeugen.

(mit Ausnahme der Leute[7], die ich hiervor genannt habe), sollen die Erben die bezeugten Schulden dem Richter und dem Kläger büßen. Ist aber keine Schuld auf den toten Mann bezeugt, so büßen auch die Erben nicht.[8]

Art. 6. Von der Bürgschaft

Dies handelt von der Bürgschaft: Wird ein Mann oder eine Frau Bürge für jemand anderen, und es werden noch mehr Leute mit ihm Bürgen, und sie werden ohne Unterschied Bürgen, so klagt jener [der Gläubiger] gegen einen von ihnen, gegen welchen er will. Aber es spricht ein Meister, der Adrianus heißt und viele Landrechte gemacht hat, er solle sie alle ansprechen, denn die Leute könnten böse Absicht vermuten, wenn er nur einen anspricht und die anderen nicht.[9] Ist einer unter ihnen, der nichts zahlen kann, sollen die anderen den Schaden davon gleichmäßig haben. Und stirbt einer von den Bürgen, so sollen seine Erben seinen Teil für ihn geben, mit Ausnahme seiner Lehen: Davon zahlt niemand, außer seine eigenen Schulden. Und hat jener, dessen Bürgen sie geworden sind, nichts womit er zahlen könnte, müssen sie zahlen. Und verkündet er, daß sie nicht seine Bürgen geworden seien, sollen sie ihn selbdritt überzeugen;[10] und haben sie niemanden, der ihnen beim Schwören hilft, helfen sie sich gegenseitig, die Schuld zu beschwören.

---

7 In anderen Textformen heißt es: Ist eine Schuld auf ihn erzeugt mit Ausnahme derjenigen, die ich jetzt genannt habe. D. h. es werden nicht Leute davon ausgenommen, als Zeugen auftreten zu können; sondern es werden Schulden des Verstorbenen davon ausgenommen, von den Erben bezahlt zu werden. Dies bezieht sich dann sicher auf die im ersten Satz genannten Formen der Schuld. Nimmt man aber den in Laßberg/Langform Z fehlenden Schlußabschnitt dieses Landrechtsartikels (folgende Anmerkung) hinzu, könnte man auch vermuten, daß die Erben als Zeugen ausgeschlossen werden sollen.

8 In den systematischen Formen folgt dieser Satz: Hat er aber das Gut mit den Erben zusammen aufgebraucht, sollen sie es bezahlen. Haben sie es aber nicht genossen, bezahlen sie es nicht, auch wenn es auf den Toten bezeugt ist (Lahr Ldr. CCLXI, 4; S. 312) – gemeint ist das gestohlene etc. Gut.

9 Dies bezieht sich auf eine *epistula divi Hadriani* aus Inst. II, 20, 4 (Institutiones. Hg. Krüger, Paul (CIC I). Berlin [5]1889, S. 38).

10 Hier fragt sich, welche Subjekte man an Stelle der Personalpronomina dieses Satzes ergänzen soll. Lahr stellt drei Möglichkeiten zur Disposition: 1. Und verkündet *der Gläubiger*, daß sie nicht seine Bürgen geworden seien, sollen sie ihn selbdritt überzeugen. 2. Und verkündet *der Erbe des verstorbenen Bürgen*, daß sie nicht seine Bürgen geworden seien, sollen sie ihn selbdritt überzeugen (angesichts des folgenden Satzes wohl die plausibelste Annahme). 3. Und verkündet *der Schuldner*, daß sie nicht seine Bürgen geworden seien, sollen sie ihn selbdritt überzeugen (Lahr Ldr. CCCXXXI, 6, Anm. (R), S. 388).

Art. 7. Die Bürgschaft

Ein Mann spricht: Ich will euch einen Bürgen stellen, der anderswo wohnhaft ist. Will man da mit Recht verfahren, so soll jener seinen Brief an den, gegenüber dem er Bürge wurde, senden; und zwar zur Sicherheit mit einem Siegel. Sendet er dorthin aber einen Boten, der dem Mann an seiner Statt die Bürgschaft gelobt, soll man Leute hinzuziehen, mit denen man ihn überzeugen soll, wenn er leugnen wolle. Und ist ein toter Mann jemandes Bürge gewesen, müssen die Erben jenem zahlen, gegenüber dem er Bürge war; es sei denn, der tote Mann habe sie mit bestimmten Worten davon ausgenommen wie: Ich werde euch gegenüber Bürge dergestalt, daß meine Erben ledig sind, wenn ich sterbe.

Art. 8. Stirbt einer, der viele Schulden zahlen muß, so hinterläßt er den Erben kein Gut

Hat ein Mann Zahlungsverpflichtungen, und er stirbt und hinterläßt nichts, womit sein Weib oder andere Erben sie bezahlen können, so sollen diese der Zahlungsverpflichtung vor Gott und den Leuten ledig sein. Und nimmt das Weib einen anderen Mann mit solcherart Gut, womit ihre Verwandten sie ausstatten und das sie vorher nicht hatte, so zahlen weder der Mann noch das Weib die Schulden des ersten Mannes außer so viel, zu wie viel Gott sie beide ermahnt.

Art. 9. Wenn einer, der Schulden zahlen soll, ein Weib nimmt

Stirbt einem Mann das Weib, und er soll viel zahlen, und er hat nichts, womit er zahlen könnte, und er nimmt ein anderes Weib, und die bringt ihm fahrendes Gut ein, so zahlt er von diesem fahrenden Gut. Das ist daher festgesetzt, daß der Mann der Vogt des Weibes ist und ihr Meister. Gibt sie ihm anderes Gut als fahrendes Gut, kann er davon nur mit ihrem Willen zahlen. Hat sie aber Erben, die das Erbe nach ihrem Tode erhalten, so kann der Mann das Gut nicht an sich nehmen, um seine früheren Schulden zu bezahlen. Gewinnen sie aber gemeinsame Erben, so kann der Mann das Gut, das sie ihm gab, an sich nehmen, solange sie leben, wenn sie davor keine Erben hatte.[11]

[11] In der systematischen Form folgt: Wenn es keine Erben gibt, kann man mit Worten ausbedingen, daß das fahrende Gut bei ihr bleibt, indem sie oder einer ihrer Verwandten spricht: Wir bedingen aus, daß ihr mit dem fahrenden Gut nichts tun könnt, außer gemäß unser beider Willen und Notwendigkeit und mit dem Willen eurer Wirtin (Lahr Ldr. CCLXIII, 6f.; S. 313. Dgl. Urswsp. Ldr. 9, S. 363).

Art. 10. Wie man gegenüber den Erben Zahlungsverpflichtungen nachkommen soll

Stirbt ein Mann und hinterläßt Erben, so ist man diesen schuldig, was man ihm zahlen sollte; das soll man beweisen, wie es Recht ist.

Art. 11. Wie man Gelübde einhalten soll

(**a**) Wer etwas borgt oder entleiht, soll es zurückzahlen; und was er gelobt, soll er fest einhalten. Will er es aber leugnen, soll man ihn überzeugen, wie es Recht ist. Geschieht etwas vor Gericht, soll man deswegen nicht eigens schwören, sondern bei seinem Eid sprechen; es sei denn, es gehe dem Mann an den Leib oder an einen Teil des Leibes.

(**b**) Geschieht es, daß ein Mann an einem Richter oder seinem Boten frevelt, so ist er diesen die doppelte Buße dessen schuldig, was für jeden anderen Mann sonst nur einfach erhoben wird.

(**c**) Und wo man sieben Zeugen vor Gericht anführt, soll man den Richter als zwei zählen und seinen Boten ebenso.

Art. 12. Drei Arten von Recht

Niemand kann für sich selbst ein anderes Recht erwerben als das, das er von Geburt hat. Er kann auch durch eine Untat bewirken, daß ihm ein schlechteres Recht zuteil wird, wie wir hernach sagen. Ein Mann kann vor Gericht etwas Unrechtes sagen, so daß ihm ein schlechteres Recht zuteil wird, als wenn er schwiege. Jedes Kind behält das Recht seines Vaters.

Art. 13. Wer kein Zeuge sein kann

Wir sollen euch hier alle diejenigen aufzählen, die keine Zeugen sein können: die Kinder, die noch nicht mit vierzehn Jahren zu ihren Tagen gekommen sind; und Weiber, es sei denn in Angelegenheiten, die Fragen der rechten Geburt betreffen, wie wir hernach sagen; und zuchtlose Menschen; und Menschen, die so dumm sind, daß sie es durch ihre Dummheit und Disziplinlosigkeit dazu gebracht haben, daß ihr Gut vor Gericht ihren Verwandten, die ihre Pfleger sind, übertragen wurde; Menschen ohne Verstand; und Blinde und Irre, die auf nichts hören; und Stumme und Gebannte und Geächtete und Ketzer und meineidige Leute, die dessen vor Gericht überzeugt sind: Die alle können keine Zeugen sein.

Art. 14. Wie der Vater das Gut des Sohnes erben kann

Stirbt ein Kind, dem der Vater bereits Gut zugeteilt hat, sei es fahrendes Gut oder anderes Gut, und es handelt sich um einen Sohn, und der stirbt ohne Weib und ohne Kinder, so erbt der Vater mit Recht das Gut des Sohnes. Weder der Bruder noch die Schwester können es erben, denn es ist vom Vater her gekommen. Und hat der Sohn anderes Gut erworben als das, das ihm der Vater gab, und Gott erlaubt ihm, eine letztwillige Verfügung zu treffen, so kann er das Gut bei gesundem Leibe oder auf dem Sterbebett geben, wem er will. Und hat er keine letztwillige Verfügung getroffen, sollen die nächsten Erben das Gut nehmen und der Seele ihren Teil geben.[12]

Art. 15. Wie ein Kind das Erbe des Vaters und der Mutter verwirken kann

Ein Kind kann durch vierzehn Vergehen das Erbe seines Vaters und seiner Mutter verwirken.

(I) Das erste ist: Wenn der Vater ein Eheweib hat, das die Stiefmutter des Sohnes ist, und der Sohn liegt sündhafterweise bei ihr, obwohl er darum weiß, oder bei einem ledigen Weib, das der Vater gehabt hat, so hat er alles Erbe verloren, das er erwartet. Das bezeugen wir mit David im Buch der Könige: Als Absalon wissentlich bei der Gemahlin seines Vaters lag, verwirkte er damit die Huld seines Vaters und sein Erbe.[13]

(II) Das andere ist: Wenn ein Sohn seinen Vater einfängt und ihn widerrechtlich einschließt, und der Vater stirbt in der Gefangenschaft, so hat der Sohn sein Erbe verloren.

---

[12] Wackernagel/Senckenberg Ldr. 15, S. 17 fährt fort: und man soll den Leuten davon gelten. Das kommt davon, daß es der Bruder erarbeitet hat. Leben weder der Vater noch ein Bruder noch die Mutter noch eine Schwester, so nehmen es die nächsten Verwandten. Ein jeglicher Mensch ist Erbe, wenn er die Verwandtschaft bis zur siebenten Sippe abzählen kann, wie das Buch hiervor sagt (vgl. Lahr, Anh. zu Lnr. LV, S. 60). – Vgl. Wackernagel/Senckenberg, Addendum 425 (zu Ldr. 297), S. 344: Wenn ein Sohn ohne den Vater Gut erarbeitet: Gewinnt ein Sohn bei Lebzeiten des Vaters Gut durch ritterlichen Dienst, im Gericht oder wie auch immer er es verdient, können keiner seiner Verwandten oder der Vater oder die Mutter oder ein Bruder oder eine Schwester darüber verfügen. Er tut mit dem Gut was er will, solange er lebt, und auch auf seinem Sterbebett, weil er es verdient hat.

[13] Als der schöne Absalon wissentlich bei der Gemahlin seines Vaters lag, verwirkte er damit die Huld seines Vaters und sein Erbe. Deshalb fürchtete er um seinen Leib, daß er erschlagen würde; da half ihm Gott (Urswsp. Ldr. 15 (1), S. 365).

(III) Das dritte ist: Wenn ein Sohn Dinge über seinen Vater spricht, die für den Vater eine Leibesstrafe nach sich ziehen; es sei denn, es geht um Dinge, die sich gegen das Land oder den Fürsten des Landes, in dem sie wohnhaft sind, richten.

(IV) Das vierte ist: Wenn er ein Dieb ist oder wissentlich mit bösen Leuten, die nicht rechtschaffen sind und die bescholten sind, zusammen wohnt.

(V) Das fünfte ist: Wenn ein Sohn seinen Vater auf die Wange geschlagen oder wie auch immer er ihn feindselig geschlagen hat.

(VI) Das sechste ist: Wenn er ihn kräftig bescholten hat; denn unser Herr spricht in den zehn Geboten folgendermaßen: Ehre Vater und Mutter, so verlängerst du dein Leben auf der Erde. Denn wenn der Mensch dadurch sein Leben verwirkt, so daß Gott seine Tage und seine Zeit, die er leben sollte, verkürzt, dann hat er sein Erbe damit billigerweise verloren.[14]

(VII) Das siebente ist: Wenn er von seiner Rede großen Schaden davongetragen hat.

(VIII) Das achte ist: Wenn er den Vater an einer letztwilligen Verfügung gehindert hat, indem er die Türe zuschloß, als er auf dem Sterbebett lag, und weder Brüder noch andere Leute und Pfaffen zu ihm ließ, mit denen er für seine Seele Verfügungen treffen sollte. Dieses Recht und viel anderes gutes Recht setzte Kaiser Justinian;[15] und über dieses Recht spricht ein Heiliger ein gutes Wort. Er spricht folgendermaßen: Wer immer dies gesetzt hat, es ist ein gutes Gesetz, daß man einen Menschen auf dem Sterbebett nicht an seiner letztwilligen Verfügung hindern soll; denn er will ihn seiner ewigen Seligkeit berauben. Wenn der Mensch auf seinem Sterbebett liegt, kann er seine letztwillige Verfügung so treffen, daß er für immer erlöst ist. Wenn die Seele ihn aber verläßt, kann er sich nicht mehr dafür oder dagegen entscheiden.

(IX) Das neunte ist: Wenn der Sohn gegen des Vaters Willen ein Spielmann wird und Gut für Ehre nimmt, wogegen der Vater nie Gut für Ehre nahm.

(X) Das zehnte ist: Wenn er wegen irdischen Geldes nicht für den Vater Bürge werden will.

---

[14] Urswsp. Ldr. 15 (1), S. 365 ergänzt: wenn er Vater oder Mutter schilt oder schlägt.

[15] Dies bezieht sich auf Cod. I, 2, 1: *Habeat unusquisque licentiam sanctissimo catholicae venerabilique concilio decedens bonorum quod optavit delinquere. Non sint cassa iudicia. Nihil est quod magis hominibus debetur quam ut suprema voluntatis, postquam iam aliud velle non possunt, liber sit stilus et licitum quod iterum non redit arbitrium* (Codex Iustinianus. Hg. Krüger, Paul (CIC II). Berlin [4]1888, S. 12).

(XI) Das elfte ist: Wenn er den Vater nicht aus der Gefangenschaft auslösen will.

(XII) Das zwölfte ist: Wenn der Vater irre wird, wegen einer Krankheit oder warum auch immer er seinen Verstand verliert, und der Sohn ihn vor den Folgen seines Irreseins nicht bewahrt.

(XIII) Das dreizehnte ist: Wenn der Sohn in unrechter Weise mehr als die Hälfte des Gutes seines Vaters vertut.

(XIV) Das vierzehnte ist: Wenn eine Tochter so ungeraten ist, daß sie ohne den Willen des Vaters Männer zu sich legt, solange sie unter fünfundzwanzig Jahre alt ist. Wird sie über fünfundzwanzig Jahre alt, kann sie wohl ihre Ehre verlieren, aber nicht mehr ihr Erbe.

(XV) Durch diese Vergehen verliert ein jeglicher Sohn sein Erbgut. Und durch die ersten drei Vergehen verliert der Vater sein Recht gegenüber seinem Kind, so daß er es noch zu seinen Lebzeiten von seinem Gut scheiden muß. Und soll der Sohn an seine Stelle treten, so soll er ihm das Lebensnotwendige geben und soll ihm das in Ehren geben gemäß der Ehre, wie er gelebt hat.

Art. 16. Wie man sich wegen Burgen vor Gericht verantworten soll

Wer eine Burg hat, soll alle, die auf ihr Burglehen haben – sie sind auf der Burg ansässig oder nicht –, und alle, die auf ihr unter seinem Schirm sind oder auf seine Kosten leben, vor Gericht vertreten. Und verbietet ihm jemand, einen Geächteten zu beherbergen, so darf er ihn nur für eine Nacht beherbergen. Tut er das nicht, handelt er wider das Recht.

Art. 17. Vom Recht der Schwaben

Die Schwaben sprechen ihr Urteil unter ihresgleichen auf rechter schwäbischer Erde. Ziehen sie es vor ein höheres Gericht, müssen sie sich dem Gericht unterwerfen, wenn sie in der Minderheit sind.[16] Das schwäbische und das sächsische Recht unterscheiden sich nicht, außer bezüglich der Annahme eines Erbes und dem Erteilen eines Urteils.

16 Lahr sieht diesen Abschnitt zu Recht als „etwas dunckel“ an und gibt folgenden, nicht unplausiblen, aber durch einen krassen Subjektwechsel erkauften Rekonstruktionsvorschlag an: Ziehen die Schwaben ein Urteil vor ein höheres Gericht, muß dieses Gericht nach den schwäbischen Gesetzen richten, auch wenn nur die Minderheit des Gerichtspersonals die schwäbischen Gesetze gutheißt (Lahr Ldr. CCCXCVIII, 2, S. 475 u. Anm.).

Art. 18. Was ein jeglicher Mann als Morgengabe geben soll

Nun vernehmt, was ein jeglicher Mann von ritterlichem Stande seinem Weib als Morgengabe geben kann.[17] Er kann des Morgens am Bette, oder wenn er zu Tisch geht, oder am Tisch seinem Weib ohne die Erlaubnis seiner Erben einen Knecht und eine Magd, die zu ihren Jahren gekommen sind, sowie Zäune und Gebäude auf dem Erdboden geben. Stirbt der Mann, so soll sie innert sechs Wochen oder nach dem dreißigsten Tag diesen Grund räumen, und sie soll ihn so räumen, daß sie das Erdreich nicht verletzt. Sie soll es aber gemäß dem Rat ehrbarer Leute [den Erben] zum Auslösen anbieten.[18]

Der freie Herr gibt seiner Frau als Morgengabe etwas, das einen Ertrag von hundert Mark erbringt; ich rede von Fürsten und anderen hohen freien Herren. Die mittelfreien Herren können etwas geben, das zehn Mark einbringt, die Dienstmannen der Fürsten etwas, das fünf Mark einbringt. Was die anderen Leute betrifft, die brauchen nichts zu geben als das beste Reitpferd oder Roß oder ein Stück Vieh. Ist ein Eigenmann ein Ritter, braucht er nicht mehr zu geben als ein Roß oder ein Stück Vieh; auch der Kaufmann braucht nicht mehr zu geben, als hiervor gesagt ist. Von seinem fahrenden Gut kann er seinem Weib als Morgengabe zehn Mark geben und ein Stück Vieh und ein Roß. Und nichts anderes gilt für den freien Bauern und andere freie Leute, die keine Ritter sind; sie können ihren Weibern Rösser und Rinder geben und von jedem nur eines und zehn Mark. Der Eigenmann braucht nur ein Schaf oder eine Geiß oder fünf Schilling seiner Landpfennige zu geben. Und was das Buch von den Schillingen sagt, gilt von Schillingen, bei denen je zwölf [Landpfennige] einen Schilling ausmachen. Ein römischer König kann seiner Frau geben, was er will, mehr oder weniger; ihm ist keine Zahl vorgeschrieben. Gibt der König ihr aber Reichsgut, so hat die Frau kein Recht daran, und wird ein anderer König, so hat er es mit Recht inne.

Art. 19. Vom Leibgedinge

Ein Mann kann seinem Weib sein Eigengut als Leibgedinge geben mit der Zustimmung der Erben, wenn sie zu ihren Tagen gekommen sind.

---

17 Andere Textformen fügen folgende Bestimmung an: …, ohne die Erlaubnis seiner Erben (Urswsp. Ldr. 18 (4), S. 366. Kurzform Ldr. 18, S. 61).

18 Andere Textformen fügen folgenden Satz an: Wieviel diese [ehrbaren Leute] zu zahlen heißen, soll sie annehmen; und hat der Mann keine Erben, so biete sie es dem an, an den der Grund übergeht (Urswsp. Ldr. 18 (4), S. 367. Vgl. Langform H, Ldr. 18, S. 158).

Art. 20. Von der Morgengabe

Ein Mann will die Morgengabe seines Weibes verkaufen oder versetzen oder wie auch immer veräußern, sei es mit ihrem Willen oder ohne ihren Willen. Wenn sie deshalb zu seinen Lebzeiten klagt, soll man für sie wegen dieser Morgengabe richten. Wenn sie auf ihre zwei Brüste und ihre zwei Zöpfe, wenn sie diese hat, schwört, daß es nie ihr Wille war, soll der Richter die Morgengabe wieder in ihre Gewalt überantworten; und will sie nicht darauf verzichten, muß man ihr allen Ertrag erstatten, den das Gut unterdessen erbracht hat. Und der Richter, der für sie gerichtet hat, soll auch für den richten, der das Gut von ihrem Ehemann kaufte; oder ein anderer Richter soll es richten, der es zu Recht tun kann. Wenn der Ehemann lebt, soll er den Schaden, der ihm [dem Käufer] entstanden ist, vollständig erstatten. Ist er tot, sollen das die Erben tun von dem Gut, das sie geerbt haben – und nicht vom Gut der Frau –, wenn Gut vorhanden ist, sei es Eigengut oder fahrendes Gut oder anderes Gut mit Ausnahme von Lehen. Und ist da kein Gut, so sind die Erben dessen ledig. Und geschieht es, daß ihr Mann stirbt, und sie entledigt sich nach seinem Tode freiwillig ihrer Morgengabe, hat das dennoch keinen Bestand. Sie kann ihre Morgengabe niemandem gewähren, außer auf eine Weise: Sie soll nämlich ihre Morgengabe mit ihrer Hand in die Hand dessen, dem sie sie gibt, mit folgenden Worten aufgeben: Ich verzichte auf meine Morgengabe und gebe euch dieses Gut, daß es euer Besitz sei und nicht meiner. Und sie soll den Menschen, dem sie es gibt, mit Namen nennen, es sei Weib oder Mann, und sie soll auch das Gut nennen. Danach soll sie einen Eid auf ihre Brüste schwören, daß sie das Gut niemals wieder fordere; so und nicht anders hat es Bestand.

Art. 21. Vom Leibgedinge der Frauen

Niemand kann den Frauen ein Leibgedinge nehmen; auch nicht die Erben, mit deren Zustimmung es ihnen gegeben wurde. Stirbt auch ihr Mann, so hat sie es doch mit Recht inne; verwirkt auch ihr Mann sein Gut durch eine Untat, kann man ihr es nicht mit Recht abnehmen.

(I) Wie der Mann die Gewere bezeugen soll: Wer ein Lehen oder ein Leibgedinge seiner Mutter oder sonst einer weiblichen Verwandten als sein Eigen anspricht, muß die Gewere am Eigen mit sechs semperfreien Männern bezeugen, oder er verliert es.

Art. 22. Wie ein Mann seinen Verwandten ein Gut vermachen soll, solange er lebt

Ein Mann will seinem Verwandten ein Gut vermachen für die Zeit nach seinem Tode. Will er ihm das absichern, soll er ihm darüber ein Schriftstück geben mit anhängenden Siegeln,[19] oder er soll vor seinen Richter oder seinen Herrn fahren und soll seine Zeugen mitbringen und andere, die dabei gewesen sind. Und will er es ihm ganz beständig machen, so bestimme er ihm von diesem Gut einen Zins. Damit hat er die Gewere daran und kann das Gut nicht mit Recht verlieren. Hat er aber Erben, so müssen diese widersprechen, wenn sie das wollen, oder sie versäumen es.

Und gerät der Mann, der diese Übergabe getan hat, in ehafte Not, so soll er das Gut nehmen, um damit seiner ehaften Not abzuhelfen. Und will ihm jener das verwehren, so soll er vor seinen Herrn oder vor den Richter fahren und soll seine ehafte Not beschwören, das sind Hunger und Frost und unschuldige Gefangenschaft. Wenn er das tut, soll der Richter jenem gebieten, daß er ihm das nicht verwehre.[20]

Es kann der Mann, dem die Gabe gegeben ist, sie gegenüber jenem, der sie ihm gab, verwirken, so daß sie ihm ohne Bedingung wieder ledig wird: Wie das Buch hiervor spricht, wie ein Sohn das Erbe seines Vaters verwirkt, so verwirkt auch jener die Gabe. Die Übergabe heißt beständig, wenn sie vor dem Richter geschieht. Sie heißt beständig, wenn sie schriftlich geschieht. Am allerbeständigsten ist die, die mit der Übergabe der Gewere geschieht.

(I) Merke also, wie der Mann sein Eigen übergeben kann, so daß es beständig ist: Niemand kann sein Eigen rechtskräftig weggeben, außer auf dem Vogtding. Kein Mann verantworte sich, wenn man ihn vor Gericht wegen seines Eigens verklagt, bevor das Vogtding stattfindet,[21] wenn er das Eigen in seiner Gewere hat; manchmal heißt das Vogtding auch Buding.

---

[19] Andere Textformen sprechen von einer Handfeste mit dem Siegel eines Bischofs oder eines Laienfürsten oder eines Klosters oder einer Stadt oder eines Stadtherrn (Urswsp. Ldr. 22, S. 368).

[20] Die systematische Form fügt folgenden Abschnitt an: Dann erhält er mit Recht sein Gut. Und wer es erhält, der hat es mit Recht inne, und hat das Recht daran. Hat er ihm das Gut aber mit folgenden Worten gegeben, indem er also spricht: Ich gebe dir das Gut, ohne es jemals wieder zu fordern, und gebe dir den Nutzen und die Gewere daran, so kann er es niemals zurückfordern, welche Not auch immer ihn bedrängt (Lahr Ldr. CCCXI, 5f.; S. 364).

[21] Das soll heißen: bevor ihn der Vogt eigens in dieser Sache geladen hat.

Gibt einer sein Eigen gegen den Willen seiner Erben und nicht auf dem Vogtding hin, sollen die Erben vor den Richter fahren und das Gut beanspruchen, und der Richter soll es den Erben überantworten.

Manchmal urteilt man, der Richter solle das Gut in seine Gewalt nehmen, wenn jener stirbt und es an mehr Erben als nur einen fällt, und keiner die Gewere daran hat; dann kann es der Richter mit Gewalt und mit Recht in seine Gewalt nehmen. Und wer es mit Recht behauptet, in dessen Gewalt soll der Richter es uneingeschränkt überantworten.

Art. 23. Von der Heimsteuer der Frauen

Gibt ein Mann seinem Weib fahrendes oder anderes Gut als Heimsteuer, kann er ihr dieses Gut nicht mehr abnehmen, solange er anderes Gut hat. Zwingt ihn aber ehafte Not dazu, nimmt er es mit Recht an sich. Gibt sie ihm dieses Gut, so soll er zuerst sein Gut aufbrauchen und dann das ihre.

Nimmt der Mann aber das Gut an sich, das sie ihm brachte, und er stirbt, und sie kann selbdritt bezeugen, daß es nicht ihr Wille war, so soll man der Frau ihr Gut wieder überlassen; es sei denn, der Mann ging hin und beschwörte, daß ihm sein Sinn sagte, daß er Recht hätte. Das ist deshalb festgesetzt, weil die Frauen nicht für Gut arbeiten können wie die Männer und auch deshalb, weil es den Frauen weniger als Männern ansteht, um Almosen zu gehen.

Art. 24. Wenn ein Mann von seinem Weib geschieden wird

Wird der Mann von seinem Weib geschieden, wenn sie beide nicht wußten, daß sie zu Unrecht beieinander saßen, so behält sie ihr eigenes Gut und ihre Morgengabe und ihr Leibgedinge, das er ihr gab, und sein Eigen mit der Zustimmung seiner Erben, wenn diese zu ihren Tagen gekommen sind. Der Erbe, der noch nicht zu seinen Tagen gekommen ist, hat durch die Übergabe, die sein Vater getan hat, keinen Schaden.

Art. 25. Vom Erbteil der Witwe

(a) Wenn ein Mann stirbt, der ein Weib hinterläßt und keine Kinder, sollen die Erben bis zum dreißigsten Tag nach dem Tode zu der Witwe auf das Gut fahren; dadurch verhindern sie, daß etwas von dem Gut, das ihnen gebührt, verloren geht. Mit dem Rat der Erben soll die Frau das Begräbnis begehen; und sie soll bis zum dreißigsten Tag auf dem Gut sitzen. Vom Erbe soll man zuallererst dem Gesinde seinen verdienten Lohn zahlen, der ihnen für die Zeit bis zum Tag, als ihr Herr starb, gebührt. Man soll das Gesinde bis zum dreißigsten Tag behalten, damit sie sich in dieser Zeit versorgen können.[22] Wollen es die Erben aber, so sollen sie ihr volles Jahr abdienen und vollen Lohn empfangen. Ist ihnen zu viel Lohn gegeben worden, brauchen sie den nicht zurückzugeben, wenn man sie vor der Frist wieder entläßt. Entlohnt man sie jährlich oder monatlich, sollen sie das auf die Heiligen beschwören.[23] Wer gedient hat, um Unterstützung zu finden, muß die Erben an ihre Pflicht zur Gnade ermahnen.

(b) Stirbt ein Diener, bevor er den Lohn erhält, der ihm versprochen war, ist man seinen Erben nicht mehr zu geben schuldig, als er verdient hat und ihm gebührt bis zum Zeitpunkt seines Todes.

Danach muß die Frau mit den Erben die Speisen teilen, die nach dem dreißigsten Tage noch auf dem Hof vorrätig sind, wenn sie diese hat oder wenn sie anderswo, jedoch in ihrer Gewalt, sind. Wenn er ein Dienstmann war, so soll die Frau sein gesatteltes Roß oder das beste Reitpferd, das er hatte, und den besten Harnisch, den er für seinen Leib hatte, und sein bestes Schwert seinem Herrn geben. Danach soll sie den Erben ein Bett und ein Polster geben, ein Kissen, ein Badetuch, zwei Bettücher, ein Tischtuch, zwei Becken und zwei Handtücher; das heißt, eine „gemeine Hinfahrt" zu geben, und es ist auch Recht. Die Leute setzten vielerlei dazu, was nicht dazugehört. Und wenn die Frau diese Dinge nicht hat, soll sie sie nicht geben, wenn sie ihren Unschuldseid leistet, daß sie sie nicht hat. Und sie muß um jegliches Ding einen eigenen Eid ablegen. Kann man ihr aber etwas nachweisen, nimmt man ihr deswegen nicht das Recht.[24]

Art. 26. Von der Totleibe

Wenn zwei Männer als Erben zu einer Totleibe geboren sind, so soll der ältere vorweg das Schwert nehmen; das übrige teilen sie ebenmäßig auf. Wenn zwei oder mehr als zwei Männer ein Gut teilen, so soll der älteste teilen und der jüngste seinen Teil auswählen. Wenn die Söhne noch nicht zu ihren Jahren gekommen sind, soll der älteste Bruder das Schwert seines

---

[22] Die systematische Form hat deutlicher: bis sie sich anderswo verdingen können (Lahr Ldr. CCLXVII, III, 4; S. 316).

[23] Die Vorlage Ssp. Ldr. I, Art. 22, § 2; S. 87 hat deutlicher: Versagt man ihnen aber den Lohn eines ganzen oder eines halben Jahres, sollen sie den auf die Heiligen beschwören.

[24] Die systematische Form gibt den letzten Satz folgendermaßen wieder: *wes mann aber sy beweisen mag, da nymmet man ir recht nit für noch darumbe* (Lahr Ldr. CCLXVII, IV, 15; S. 318). Lahr faßt *recht* hier als Eid auf; demnach solle der Frau keinen Eid mehr leisten dürfen, nachdem sie einmal überführt wurde, Teile des Erbes zu verheimlichen.

Vaters als Totleibe nehmen; und er ist der Vogt der Kinder, bis diese zu ihren Jahren gekommen sind. Dann soll er ihnen die Totleibe wiedergeben und all ihr Gut; es sei denn, er könne ihnen keine Rechenschaft ablegen,[25] wohin er es gegeben hat, oder es geschah ihm durch Raub und Diebstahl Abbruch daran, oder es ging ohne seine Schuld durch Unglück verloren. Er ist auch der Vormund der Witwe, solange sie ohne Mann bleibt, wenn sie will und wenn er ihr ebenbürtig ist. Nach der Totleibe soll die Frau ihre Morgengabe nehmen und alles, was dazu gehört und was man fahrendes Gut nennt. Das sind Schafe und Geißen und Schweine und Rinder und Gänse und Hühner und alles Geflügel und Schränke, wenn sie nicht befestigt sind, und Garn und die Betten, die sie einbrachte, Polster und Kissen, die sie einbrachte, alle Bettlaken, Tischtücher und Leuchter und Becken und alle Frauenkleider, Fingerringe und Armgold, ihr Kopfputz, Psalter und alle Bücher, die zum Gottesdienst gehören, Sitzbänke und Truhen, die nicht befestigt sind, Teppiche und Umhänge und Sitzbezüge und alle Bänder. Das alles gehört zum fahrenden Gut der Frauen,[26] wie auch zum Nähen zurechtgeschnittene Leinwand. Wenn unverarbeitetes Gold oder Silber da ist, gehört das den Erben und nicht den Frauen. Wenn der Ehemann eines dieser Dinge versetzt hat, sollen es die Erben auslösen, wenn es an sie fällt, und nicht die Frau.

Art. 27. Wer sein Kind ins geistliche Leben gibt[27]

Gibt man ein Kind unter sieben Jahren ins Kloster, und es verläßt es wieder, bevor es vierzehn Jahre alt ist, behält es sein Landrecht und sein Lehenrecht und alles, was es erben soll, als ob es nie ins Kloster gegeben worden wäre. Dieses Recht hat auch eine Jungfrau, aber nur wenn sie unter zwölf Jahre alt ist. Begibt sich aber ein Knabe von über vierzehn Jahren ins Kloster, hat er sich des Landrechtes und des Lehenrechtes und seines Erbteils entledigt. Seine Lehen sind dem Herrn ledig und sein Erbe geht an seine nächsten Verwandten. Für eine Jungfrau gilt dasselbe Recht, wenn sie älter als zwölf Jahre ist.

Streiten sie aber ab, daß sie zu ihren Tagen gekommen sind, wie hiervor gesprochen ist, so sollen der Vater oder die Mutter oder andere Ver-

---

[25] Die systematische Form hat plausibler: Er soll es ihnen wiedergeben *und soll* ihnen Rechenschaft darüber ablegen etc. (Lahr Ldr. CCLXX, III, 4; S. 322).

[26] Die systematische Form fügt ein: es gibt noch mancherlei Dinge, die den Frauen gehören (Lahr Ldr. CCLXX, IV, 10; S. 323).

[27] In der systematischen Form geht dem Text des Artikels noch folgender Satz voran: Der Priester teilt das Erbe mit den Brüdern, nicht aber der Mönch (Lahr Ldr. CCLXXI, I; S. 324).

wandte, die es wissen, selbdritt hingehen und schwören, daß sie die Jahre vollendet haben, wie hiervor gesprochen ist; dann haben sie ihr Recht verloren. Hat man aber keine Zeugen, soll man den Knaben mit diesem Zeugnis überführen und überzeugen: Man soll ihm oben an den Mund unter die Nase greifen; findet man da ein kleines Haar, ist das ein Beweis. Man soll ihm unter die Achsel greifen; findet man da ein kleines Haar, ist das ein zweiter Beweis. Man soll ihm zwischen die Beine ans Gemächt greifen; findet man da ein kleines Haar, ist das der dritte Beweis. Damit stellt man fest, daß er vierzehn Jahre alt ist oder älter. Die Jungfrau kann man nicht mit diesen Dingen überführen. Man soll sie mit Zeugen überführen, wie hiervor gesprochen ist.

Nehmen der Knabe oder die Jungfrau den geistlichen Stand an, können sie das innerhalb eines Jahres rückgängig machen, wie alt auch immer sie sind; und verlassen sie das Kloster vor Ablauf dieses Jahres wieder, so haben sie ihr Landrecht nicht verloren. Man kann den Knaben mit den Brüdern, die zusammen mit ihm geistlich lebten, als er dort war, überzeugen, ob er ein Jahr oder mehr geistlich lebte. Und schwören sie das vor ihren Oberen auf ihren Gehorsam, hat der Jüngling verloren und muß bis an sein Ende Mönch sein, oder er muß abtrünnig sein von Ewigkeit zu Ewigkeit. Und ebenso überzeugt man das Mädchen mit Frauen.[28]

Art. 28. Wer ohne die Erlaubnis seines Weibes geistlich wird

Hat ein Mann ein Weib zur Ehe und begibt sich ohne ihre Einwilligung und ohne ihre Zustimmung in den geistlichen Stand, und sie fordert ihn auf dem Sendgericht wieder aus dem geistlichen Stand heraus, so hat er sein Landrecht und seine anderen Rechte nicht verloren, aber seine Lehen sind ledig. Denn ein jeglicher Mann kann seinen Heerschild ohne die Erlaubnis seines Weibes niederlegen, so daß er auf sein Schwert verzichtet und trotzdem bei seinem Weibe bleibt.

Art. 29. Von der Totleibe

Welcher Mann nicht von ritterlichem Stande ist und keinen Heerschild hat, erbt, was er erben soll, mit Ausnahme der Totleibe. Totleibe heißt das, was ein Mann an fahrendem Gut hinterläßt und an anderen Dingen, die hiervor genannt sind.

[28] Lahr fügt anschließend noch aus der Straßburger Hs. (oben S. 26 A. 3) eine Übersetzung von Ssp. Ldr. II, Art. 22, § 3; S. 151 an (Lahr, Anh. zu Ldr. CCLXXI, S. 326).

Art. 30. An wen das Gut dessen fällt, der ohne Erben stirbt

Wenn ein Mensch stirbt, es sei ein Weib oder ein Mann, und sie sterben ohne Erben und hinterlassen Gut, sei es fahrendes Gut oder anderes Gut: Haben sie einen Herrn, dessen Eigenleute sie sind, soll man es diesem überantworten, wenn er es fordert; gehören sie an ein Gotteshaus, gilt dasselbe Recht. Fordert es niemand, und es befindet sich auf dem Lande, so soll es der Landrichter an sich nehmen; und befindet es sich in einer Stadt, so soll es der Stadtherr oder der Stadtrichter an sich nehmen. Er soll es über Jahr und Tag in seiner Gewalt behalten. Wenn deswegen jemand kommt, der ein Recht daran hat, soll man es ihm ohne irgendeine Minderung herausgeben. Kommt aber jemand nach dem Jahr und beschwört, daß ihn ehafte Not gehindert habe, soll man es ihm überantworten. Ehafte Not ist Gefangenschaft, und wenn ein Mann im Reichsdienst ist oder im Dienst für seinen Herrn oder im Dienst für Gott, und wenn ihn eine Krankheit hindert. Und wenn er eines davon beschwört mit seinen zwei Fingern oder selbdritt, wenn er die Möglichkeit dazu hat, so soll man ihm mit diesem Gut Gerechtigkeit widerfahren lassen. Und soll der tote Mensch eine Schuld zahlen, soll man die zuerst begleichen.[29]

Art. 31. Wie ein Mensch letztwillig über sein Gut verfügen kann

Liegt ein Mensch, der nicht eigen ist, auf seinem Sterbebett und hat keine Erben, wie hiervor gesprochen ist, so kann er über sein Gut letztwillig verfügen, wie er möchte. Ist er einem Gotteshaus zinspflichtig, soll er ein Viertel seines Gutes dahin geben; und stirbt er ohne letztwillige Verfügung, fällt es ganz an das Gotteshaus; es sei denn, man muß davon Schulden zahlen.

Art. 32. Vom Erbe des Reiches

Das Reich und die Schwaben können ihr Erbe nicht versäumen, solange sie es bezeugen können. Dieses Recht gab König Karl den Schwaben. Das geschah zu den Zeiten, als die Römer den Papst geblendet haben. Der hieß Papst Leo und war der leibliche Bruder König Karls. Darum belagerte König Karl die Stadt Rom, und Herzog Gerold von Schwaben fiel als erster in Rom ein, und durch die Hilfe der Schwaben gewann König Karl Rom und besiegte die Römer. Und folgendes verlieh er den Schwaben: Wenn man wegen der Not des Reiches streiten sollte, sollen die

[29] Andere Textformen fügen anschließend noch aus der Straßburger Hs. (oben S. 26 A. 3) eine Übersetzung von Ssp. Ldr. II, Art. 7; S. 134 an (Urswsp. Ldr. 301 I (106), S. 419. Lahr, Anh. zu Ldr. CCLXXIV, S. 329f.).

Schwaben vor allen anderen Stämmen streiten; und ihr Hauptmann soll der Herzog von Schwaben sein. Ist er nicht da, so soll es der Marschall des Reiches sein. Dieses Recht gab er ihnen und anderes, sehr gutes Recht. Und andere Könige haben ihnen auch sehr gutes Recht gegeben, das wir hernach nennen und das sie durch ihre Tugend verdienten.

Art. 33. Das Recht der einzelnen Länder

Ein jeglicher Mann, der aus einem Land in ein anderes kommt, und vor Gericht eines Gutes wegen Recht sucht, muß das Recht des Landes nehmen, in dem das Gut liegt, und nicht das Recht seines Landes.

Art. 34. Von der Teilung

Ein Mann und ein Weib können kein Gut geteilt innehaben. Stirbt der Mann, erbt das Weib nur so, wie es hiervor gesprochen ist. Ein Weib kann ihr Gut nicht ohne ihres Mannes Willen hingeben, noch ein Mann ohne seines Weibes Willen, außer wie es das Buch hiervor sagt.

Art. 35. Wie ein Weib ihr Leibgedinge verliert

Ein Weib kann ihrem Mann nichts von ihrem Erbe geben, das zu erben sie erwartet, das sie gleichwohl noch nicht geerbt hat. Das gleiche kann auch der Mann für sein Weib nicht tun; und ebenso kann niemand einem anderen irgendein Erbe geben, das er noch nicht geerbt hat. Auch kann kein Weib etwas als Eigen beanspruchen, was ihr Leibgedinge ist, noch kann sie es nach ihrem Tode ihren Erben hinterlassen. Und spricht sie es zu Lebzeiten als ihr Eigen an und kann das nicht beweisen, so hat sie durch die unrechte Ansprache ihr Leibgedinge verloren; und so soll es jeglichem Menschen geschehen.

Art. 36. Vom Leibgedinge

(a) Vom Leibgedinge sollen wir deutlich[30] sprechen und über die Leibgedinge ausführlich Bescheid geben. Hat ein Mann von einem Gotteshaus ein Leibgedinge, so soll er deswegen einen Brief mit Siegel des Kapitels nehmen; und ist da ein Propst als Pfleger, soll er auch dessen Brief nehmen. Und nimmt er die Briefe und kann dann zusätzlich neben sich zwei benennen, die sahen und hörten, wie ihm diejenigen das verliehen, die die Macht hatten, es ihm zu verleihen – auch wenn die, die es ihm geliehen haben, tot sind –, und der Mann hat das Gut in seiner Gewere, so be-

[30] Langform H, Ldr. 36 a, S. 165: kurz; Urswsp. Ldr. 36 a (22), S. 375: –.

hauptet er es weiterhin mit Recht selbdritt. Und hat er das Gut nicht in seiner Gewere, und der, der es ihm verlieh, ist tot, muß er das selbsiebent erzeugen.

Wir sprechen, daß Briefe besser sind als Zeugen. Denn während die Zeugen sterben, bleiben die Briefe immer beständig; sie heißen „Handfeste": Da hilft ein toter Zeuge wie ein lebender. Und wer ein Leibgedinge von Laien hat, der nehme dieselben Beweismittel. Und hat ein Laie kein Siegel und ist in einer Stadt ansässig, soll man ihm das Stadtsiegel geben, wenn sie eines hat. Hat sie keines, nehme er das Siegel des Richters. Hat er keines, so nehme er das Siegel des Stadtherrn; so hat er Sicherheit. Und geschieht es auf dem Lande, so nehme er das Siegel des Landrichters, wenn er eines hat.

(b) Und bestreitet der Herr dem Mann, daß er ihm von dem Gut einen Zins gegeben habe, so soll dieser ihn selbdritt mit denen überzeugen, die es gesehen haben, daß er den Zins von ihm empfing, oder mit seinem Boten, dem er die Vollmacht dazu gab; so hat er sein Gut behauptet.

Und erhält ein Mann ein Gut, aus dem zwei oder einer[31] ihr Leibgedinge haben, und er nennt die Berechtigten, aber gibt nicht an, welcher nach dem Berechtigten, der es nun in der Gewere hat, den Nutzen daraus ziehen soll, so sollen, wenn dieser Berechtigte stirbt, die weiteren Berechtigten, die genannt sind, den Nutzen miteinander haben. Und wird ein Berechtigter bestimmt, so daß er nach dem ersten Berechtigten den Nutzen daraus haben soll, und dieser stirbt, so soll er den Nutzen daraus haben, solange er lebt. Will der, der das Gut erhalten hat, es wegen ehafter Not veräußern, und er hat kein anderes Gut als dieses, so kann er es mit Recht veräußern, ohne daß die anderen Berechtigten ihn daran hindern können. Wollen sie ihn aber daran hindern, so komme er vor seinen Richter und klage ihm das. Der Richter soll die Berechtigten laden und ihnen gebieten, daß sie das Leibgedinge dem Herrn aufsenden; denn derjenige, der es erhielt, soll damit tun, was er will. Kommen sie dem nicht freiwillig nach, soll der Richter sie dazu zwingen. Denjenigen, die gar nicht erst kommen, soll man ihr Leibgedinge mit einem Urteil absprechen; es sei denn, ehafte Not habe sie gehindert. Haben die Berechtigten aber ihr Gut dafür gegeben und eine Vereinbarung getroffen, daß er das Gut nicht gegen ihren Willen veräußern kann, und sie haben zusätzlich zu sich zwei Zeugen dafür, oder es steht in ihrer Handfeste, so können sie das Gut gegen ihren Willen nicht mehr verlieren; sein Leibgedinge kann er veräußern.

---

31 Gemeint ist freilich, wie in anderen Textformen: mehrere; vgl. Urswsp. Ldr. 36 b (22), S. 376.

Will man das Gut veräußern, soll man es dem Herrn anbieten, bevor man es anderen Leuten anbietet. Und will er so viel dafür geben wie andere Leute, so gebe man es ihm. Will er das nicht, so gebe er sein Recht, wem er will. Und wem er es gibt, der soll dem Herrn den Zins geben. Und weist der Herr den Zins zurück, so ziehe er Zeugen dafür hinzu, daß er ihm den Zins angeboten habe, und behalte den Zins bis zu dem Zeitpunkt, zu dem er abermals Zins zahlen soll. Dann biete er, wiederum unter Zeugen, den einen mit dem anderen dar. Das soll er allzeit tun, und wenn er den Zins nicht will, soll er ihn ohne Abzug liegen lassen.

Art. 37. Wer Leibgedinge als Lehen verleiht

Verleiht jemand einem anderen ein Leibgedinge als Lehen, so hat jener es nur so lange inne, wie das Lehen besteht. Hat aber jener mit ihm vereinbart, daß er ihm das Leibgedinge beständig geben soll, muß er das mit Recht tun, oder er muß ihm etwas geben, was ihm lieber ist. Und ist der, der das Leibgedinge verliehen hat, tot, und hat Gut hinterlassen, so soll der, der das Gut mit Ausnahme der Lehen[32] erbt oder geerbt hat, den Leuten ihren Anspruch daraus zahlen. Das ist Recht, denn niemand soll den anderen betrügen. Hat es der Herr festgelegt, als er die Leibgedinge verlieh, indem er also sprach: Wird meinem Herrn mein Lehen ledig, so will ich, daß die Leibgedinge ledig sind, und die Erben können das selbdritt erzeugen, so brauchen sie ihm seinen Schaden nicht zu ersetzen.

Art. 38. Von verdächtigen Erben

Nun vernehmt von einem Weib, das ein Kind trägt nach dem Tode ihres Mannes: Gebiert sie und geniest eines Kindes, und sie hat als Zeugen dessen zwei Männer oder zwei Frauen, die ihre Mühen gesehen haben und das Kind lebendig gesehen haben, so behauptet das Kind das Erbe seines Vaters. Und stirbt es danach, so erbt auch die Mutter, was der Vater geerbt hätte.[33] Und alle Anwartschaften, die sein Vater jemandem auf seine Lehen erteilt hat, sind dem Herrn ledig. Wird das Kind aber zur Kirche gebracht, braucht die Frau keinen weiteren Zeugen als den Pfaffen, der es begraben oder getauft hat. Und wer es tot in der Kirche gesehen hat, ist auch ein Zeuge.

---

32 Gemeint ist: wer nur die Lehen erbt, braucht den Anspruch nicht zu befriedigen.

33 In der systematischen Form folgt: wenn sie ihm ebenbürtig ist (Lahr Ldr. CCLXXIX, 2; S. 333).

Art. 39. Vom Eigen

Ein Mann gibt sein Eigen seinen Erben ohne die Erlaubnis des Richters. Liegt das Eigen aber auf dem Lande oder in einem Dorf, soll er eine halbe Hufe behalten, auf der man einen Wagen wenden kann. Davon soll man dem Richter dienen; und löst er beim Richter dieses Recht ab, so kann er sein Gut verkaufen; mancherorts ist dies Gewohnheit, mancherorts nicht. Verhindert der Richter, daß der Mann sein Gut verkaufen kann, so soll der Mann vor den Herrn kommen, von dem der Richter das Gericht hat, und soll gegen den Richter klagen, daß dieser ihn zu Unrecht gehindert habe. Der Herr soll ihm erlauben, das Gut zu verkaufen; und hat der Richter ihm einen Schaden verursacht, so soll der Herr ihm befehlen, diesen zu begleichen.

Art. 40. Wie man ein Kind beschelten kann

Wenn ein Weib ihren ersten Mann nimmt und sie bekommt vor der rechten Zeit ein Kind, kann man das Kind an seinem Recht beschelten. Bekommt ein Weib nach dem Tode ihres Mannes ein Kind nach der rechten Zeit, kann man es auch an seinem Recht beschelten, denn es ist zu spät gekommen. Will man diese beiden Arten von Kindern von diesem Vorwurf reinigen, so soll man die Frist für männliche Kinder mit mindestens einundvierzig Wochen berechnen – die eine Woche ist ihnen als Gnade hinzugesetzt –; für weibliche Kinder soll man die Frist mit vierzig Wochen ohne die eine Woche berechnen. Die Gerichtsverhandlung soll vor der Geistlichkeit stattfinden. Und kann man die Kinder überführen, daß sie zu spät oder zu früh geboren sind, erben sie das Gut ihres Vaters nicht. Sie erben auch das Gut der Mutter nicht. Es erben jeweils die nächsten Verwandten.

Art. 41. Von rechtlosen Leuten[34]

Lohnkämpfer und ihre Kinder und alle, die unehelich geboren sind oder die für Diebstahl oder Straßenraub büßten, indem sie gerichtlich dazu gezwungen wurden, oder die vor Gericht Haut und Haar verloren haben, sind rechtlos. Diejenigen, die unehelich geboren sind, gewinnen ihr Recht wieder, wenn sie sich ehelich verheiraten. Sie erben aber kein Gut von ihren Verwandten; aber ihre Kinder erben von ihren Verwandten ihr Erbgut.

---

34 In der systematischen Form folgt eine Übersetzung von Ssp. Ldr. I, Art. 37; S. 100 (Lahr Ldr. CCCCXV, I; S. 487 mit Anm. (f)).

Art. 42. Wie man Raub und Diebstahl richtet

Man soll allen Raub und allen Diebstahl zweifach vergelten, wenn man gerichtlich dazu gezwungen wird; gibt man ihn aber ohne Zwang zurück, so soll man ihn einfach vergelten. Nimmt der Räuber oder der Dieb von dem Gut etwas weg und braucht es auf, muß er es zweifach vergelten, egal ob er dazu gezwungen wird oder nicht.

Was der rechte Straßenraub ist und an wem man den rechten Straßenraub begehen kann, das soll euch dieses Buch sagen. Man begeht an niemandem den rechten Straßenraub, außer an drei Arten von Leuten: an Pfaffen und an Pilgern und an Kaufleuten; an Pfaffen, wenn sie wie Pfaffen reisen, wenn sie also beschoren sind wie Pfaffen und geistliche Gewänder tragen, und wenn sie ohne Rüstung und ohne Waffen fahren. Man begeht auch am Gesinde der Pfaffen, das bei ihnen auf der Straße reitet oder mit ihnen auf der Straße geht, den rechten Straßenraub, sowie an Pilgern, die von ihrem Leutpriester Stab und Tasche genommen haben oder die das vierzigtägige Fasten einhalten, und an Kaufleuten, die mit ihrem Kaufschatz von Land zu Land und von Zunge zu Zunge und von einem Königreich in das andere fahren; an allen denen begeht man den rechten Straßenraub.

Und ist der Straßenraub fünf Schilling wert, so soll man den Straßenräuber henken, und zwar nicht am gewöhnlichen Galgen; man soll einen Galgen an der Landstraße errichten, und ihn daran aufhängen. Und reut es die, die den Straßenraub begangen haben, und sie geben ihn ohne Zwang zurück, indem sie niemand dazu zwingt, so haben sie ihr Recht nicht verloren. Muß man sie aber gerichtlich dazu zwingen, so haben sie ihr Recht verloren und können keinem Mann mehr zu seinem Recht verhelfen; und alle, die dieser Tat, die hiervor genannt ist, schuldig sind, sind auch von aller Zeugenschaft ausgeschlossen.

Beschuldigt man sie aber wegen dieser Tat, und man kann sie durch Beweismittel oder Zeugen überführen, so soll man über sie richten, wie dieses Buch sagt. Hat man weder Zeugen noch Beweismittel, so soll man ihren Eid nicht wie den Eid eines aufrichtigen Mannes betrachten. Man soll ihm drei Wahlmöglichkeiten vorlegen: die Wasserprobe, das heiße Eisen auf der Hand zu tragen, oder bis an den Ellenbogen in einen Kessel mit kochendem Wasser zu greifen. Beweist er damit seine Unschuld, ist er der Klage ledig.[35] Und hat der Straßenräuber den Straßenraub aufge-

[35] Die Freiburger Hs. wie auch die systematische Form fügen folgenden Satz ein: Wegen anderen Raubes soll man die Leute enthaupten (Urswsp. Ldr. 42 (28), S. 379. Lahr Ldr. CLXIII, VI, 17; S. 204).

braucht, muß er ihn zweifach vergelten, und hat man ihn gerichtlich überführt, muß er ihn ebenfalls zweifach vergelten, auch wenn er noch vorhanden ist.

Art. 43. Vom Straßenraub

Kommt einer wegen des rechten Straßenraubes in die Acht und ist vierzehn Nächte darin, so soll ihn das geistliche Gericht in den Bann tun. Und wenn er über sechs Wochen in beidem ist, so ist er ehrlos und rechtlos, und seine Lehen sind seinem Herrn ledig; er sei ein freier Mann oder ein Dienstmann oder ein Eigenmann: Wer auch immer er ist, er hat dasselbe Recht. Und hat er Erben, die sein Eigen oder seine Lehen oder sein sonstiges Gut erben sollen, sollen diese nicht für seine Missetat zahlen. Und gehören sie an ein Gotteshaus, soll ihr Eigen an dieses fallen; gehören sie einem Laienfürsten, soll ihr Eigen ebenso an diesen fallen; oder sind sie sonst jemandes Eigenleute, soll ihr Eigen ebenso an diesen fallen. Haben sie fahrendes Gut, falle das an den Mann, dem man davon zahlen soll. Zuerst soll man dem zahlen, den der Mann beraubt hat. Der Richter soll über den Leib richten, wenn er dazu die Gelegenheit hat.

Art. 44. Von guter Gewohnheit

Wir sollen hier von guter Gewohnheit sprechen. Was gute Gewohnheit ist, ist gut und recht. Denn wenn sie recht ist, ist sie auch gut. Gute Gewohnheit und rechte Gewohnheit widersprechen nicht dem geistlichen Recht und der menschlichen Zucht, noch der Ehre und der Seligkeit der Seele. Diese Gewohnheit heißt beständige und rechte Gewohnheit und des Landes gute Gewohnheit. Gute Gewohnheit ist so gut wie das geschriebene Recht, das diese Schrift festhält.

Vom geschriebenen und vom ungeschriebenen Recht: Bürgerliches Recht ist, was eine jede Stadt sich selbst setzt.[36] Das heißt Bürgerrecht, was eine jegliche Stadt sich selbst als Recht setzt mit dem Willen des Königs oder ihres Fürsten und mit dem Rat weiser Leute und wie es Recht ist und wie es hiervor gesprochen ist. Man kann die Gewohnheit mit den Leuten beschwören; so ist sie ungeschrieben so gut wie geschrieben. Was der Kaiser und die Fürsten den Städten an Rechten gegeben haben, und welche Rechte sie sich selbst mit ihrer Gunst gesetzt haben, das ist Recht, auch wenn es nicht geschrieben ist. Und wären die Rechte

[36] Dies bezieht sich auf Dig. I, 1, 9: *Nam quod quisque populus ipse sibi ius constituit, id ipsius proprium civitatis est vocaturque ius civile, quasi ius proprium ipsius civitatis* (Digesta. Hg. Mommsen, Theodor (CIC I). Berlin [5]1889, S. 1).

alle schriftlich festgehalten, wäre das deshalb gut, weil man sie desto weniger vergäße. Wer in den Städten Rechte festsetzen will, soll sie weisen Leuten vorlegen; und gefallen sie diesen, so sollen sie beständig sein.

Wenn durch das Eintreten eines neuen Rechtsfalles die Notwendigkeit erwuchs, ein Gesetz zu beschließen, so galt vielmehr, daß die Konsuln es zunächst diktierten und dann das Volk fragten, ob das, was sie diktiert hatten, als Gesetz betrachtet werden sollte. Und wenn es ihm gefiel, bestätigte es die Versammlung der Konsuln und des Volkes kraft ihrer Machtvollkommenheit; und in gleicher Weise bestätigt jeder Amtsträger, der die gesetzgebende Gewalt innehat, das Votum des Volkes. Freilich hält man die vielfältigen Gewohnheiten für Recht wie das, was durch den Willen aller gebilligt wird etc.[37]

Art. 45. Die in der Reichsacht sind

Alle, die über Jahr und Tag in der Reichsacht sind, beurteilt man als rechtlos. Man spricht ihnen ihr Eigen und ihre Lehen ab. Die Lehen sind dem Herrn ledig, wenn sie nicht zuvor darüber eine Verfügung getroffen haben;[38] das Eigen fällt an die königliche Gewalt. Es sei denn, die Erben widersprechen innert Jahr und Tag, wie es Recht ist, mit Zeugen und legen dar, daß es ihr rechtes Erbe sein soll. Versäumen die Erben das Jahr, können sie damit das Erbe verlieren, wenn sie die Möglichkeit gehabt hätten, einen Richter einzuschalten. Und können die Erben keinen Richter einschalten, so schadet das ihnen nicht, wie lange es auch immer aus ihrer Gewere ist. Es sei denn, einen Erben hindert ehafte Not, so daß er nicht erscheinen konnte; die soll man beweisen, damit er sein Recht behält.[39] Was ehafte Not ist, sagen wir nachher.[40]

---

37 Lahr gibt im Anschluß daran einen Artikel aus der Würzburger Hs. des Zacharias Uffenbach (Oppitz, Rechtsbücher II (oben S. 15 A. 3); Nr. 1613, S. 880) wieder: Welche Rechte diejenigen, die hernach geschrieben stehen, gefunden und bestätigt haben: Alle hernach genannten fanden die Rechte, die in diesem Buch geschrieben stehen, nämlich der heilige Papst Silvester und der König Konstantin und der edle Kaiser Justinian und der heilige Kaiser Ludwig und dessen Sohn, der edle Lothar. Die liebten Gott und fürchteten ihn. Darum setzten sie mit Bedacht und mit der Lehre weiser Meister all die Landrechte, die in diesem Buch geschrieben stehen (Lahr, Anh. zu Ldr. VII, S. 17).

38 Langform H, Ldr. 45, S. 170 ergänzt: die rechtens war.

39 Dieser Satz bezieht sich freilich nicht auf den unmittelbar vorangehenden (zu dem er ja nicht im Gegensatz steht), sondern auf den vorausgegangenen, der den Fall thematisiert, daß die Erben ihre Jahresfrist versäumen, obschon sie in dieser Sache vor Gericht hätten gehen können.

40 In der systematischen Form folgt noch: Die Erben sollen dem Richter bestätigen, daß das Gut nicht mehr in die Gewalt des Geächteten komme. Lassen sie es wieder in

Art. 46. Vom Eigen des Dienstmannes

Das Eigen der Dienstmannen kann niemals in die königliche Gewalt gelangen, noch aus der Gewalt ihrer Herren, noch aus der Gewalt ihrer Gotteshäuser, ohne daß sie ihr Recht daran verwirken; ebenso das Eigen der Eigenleute. Das fällt an ihre Herren, denen sie gehören. Man soll aber dem Kläger daraus die Entschädigung zahlen und dem Richter seine Buße geben und man soll den Leuten davon die Schulden zahlen.

Art. 47. Von unehelichen Kindern

Ein Mann kann durch Ehebruch kein eheliches Kind gewinnen. Gewinnt ein Mann aber einen unehelichen Sohn, so kann der Papst ihn zu einem ehelichen Kind machen, und ebenso der Kaiser nach seinem Recht, wie wir hernach sagen. Aber weder der Papst noch der Kaiser kann ihnen das Recht geben, daß sie ihre Verwandten beerben, als ob sie bereits im Mutterleib eheliche Kinder gewesen wären. Bekommen sie aber eheliche Kinder, so beerben diese ihre Verwandten wohl, wenn sie denn zu ehelichen Kindern gemacht worden sind, wie hiervor gesprochen ist.

Art. 48. Von rechtlosen Leuten

Wenn Leute ihr Recht durch Diebstahl oder Straßenraub verloren haben, können sie sich nicht durch ihre Eide reinigen, wenn man sie ein zweites Mal des Raubes oder Diebstahls beschuldigt. Man soll sie vor die drei Wahlmöglichkeiten stellen, sich durch das heiße Eisen, den wallenden Kessel oder durch einen Zweikampf zu verteidigen;[41] ich rede vom rechten Straßenräuber.

Art. 49. Von den Treulosen

Wer vor Gericht als treulos beurteilt oder aus dem Reichsdienst heerflüchtig wird, dem spricht man sein Erbe und sein Lehenrecht ab, nicht aber seinen Leib. So verfahre man, wenn der Herr nicht flieht. Flieht der Herr selbst, so bricht nach dessen Flucht niemand die Treue.

---

seine Gewalt kommen, fällt es ans Reich und sie müssen dem König büßen (Lahr Ldr. CLXXIX, 8f.; S. 230).

[41] Urswsp. Ldr. 48 (33), S. 328: das heiße Eisen, das Wasserurteil, oder bis zum Ellenbogen in den wallenden Kessel zu greifen oder sich gegen einen Kämpfer zu wehren.

Art. 50. Von Mädchen und von Witwen

Klagt ein Mädchen oder eine Witwe vor dem Landgericht oder vor einem anderen Gericht über ihren Vormund, daß er sie ihres Eigens oder anderes Gutes beraubt hätte, und er wird darum auf drei Gerichtstage geladen, und er kommt auch am dritten Tage nicht, so soll der Richter ihn mit einem Urteil balmunden; das heißt, daß man ihm jegliche Vormundschaft und jegliche Vogtei absprechen soll und daß er nie mehr Pfleger sein kann. So soll der Richter der Vormund der Frau sein, bis daß sie einen findet, und er soll sie wieder in das Gut einsetzen, dessen sie jener beraubt hatte. Und kommt der Pfleger der Frau vor Gericht und wird mit zwei Männern überführt, daß er ein ungetreuer Pfleger gewesen ist, so richte es der Richter, wie das Buch sagt. Dieses Recht haben auch die Waisen gegenüber ihren Pflegern.

Art. 51. Ein Kind von achtzehn Jahren

Wenn ein Mann achtzehn Jahre alt wird, so hat er seine vollen Tage. Will er es, so kann er einen Vormund haben; will er es, so kann er auf ihn auch verzichten. Aber König Karl hat festgesetzt, er solle bis zum Alter von fünfundzwanzig Jahren Pfleger haben.

Art. 52. Wie lange ein Mann sein Gut innehaben soll

Solange sich der Mann mit einem Schwert gürten und sich mit einem Schild und einer Lanze auf ein Roß setzen kann, wenn man ihm einen Baumstumpf von einer Daumenelle Höhe neben das Roß stellt und ihm den Stegreif hält, und solange er mit diesen Dingen eine Meile weit reiten kann, solange kann er sein Gut innehaben oder aufgeben, als ob er vierzig Jahre alt wäre.[42]

Art. 53. Daß niemand ohne seinen Vormund vor Gericht komme

Wer seinen Vormund nicht vor Gericht mitbringt, es sei Weib oder Mann, kann dort nicht klagen. Der Richter soll ihnen einen anderen Tag geben, zu dem sie ihren Vormund mitbringen.

---

42 Andere Textformen (Urswsp. Ldr. 52 (65), S. 395f. Lahr Ldr. CCCLXXXIV, S. 462f.) geben diesen Artikel in einer Form wieder, die der Vorlage Ssp. Ldr. I, Art. 52, § 2; S. 109f. entspricht.

Art. 54. Wann der Mann zu seinen Tagen gekommen ist

Etwelche Leute sagen, daß der Mann zu seinen Tagen gekommen ist, wenn er sechzig Jahre alt ist. Das ist nicht so. Wir beweisen aus dem Psalter und mit der Heiligen Schrift, daß der Mann zu seinen Tagen gekommen ist, wenn er achtzig Jahre alt ist.

Art. 55. Wann ein Knabe ein Weib nehmen soll

Wenn der Jüngling vierzehn Jahre alt geworden ist, nimmt er wohl ein eheliches Weib ohne die Einwilligung seines Vaters. Hat er keinen Vater, sondern einen anderen Pfleger, tut er es auch wider dessen Willen,[43] wenn der Knabe und die Jungfrau ihr Fleisch miteinander gemischt haben. Und ist das nicht geschehen, so kann man sie trennen. Wenn die Jungfrau zwölf Jahre alt wird, ist sie zu ihren Tagen gekommen. Und nimmt sie einen Ehemann wider ihres Vaters oder anderer Verwandter Willen, ist die Ehe doch gültig. Will man es dem Jüngling nicht glauben, soll man es erweisen, wie hiervor geschrieben ist.[44]

Art. 56. Wie man fahrendes Gut beanspruchen soll

Hat ein Mann etwas, das fahrendes Gut heißt, ohne einen rechten Widerspruch durch jemanden, der mit ihm im Lande ist, über drei Jahre in seiner Gewere, und sein Gewissen sagt ihm, daß er ein Recht daran hat, so hat er es mit Recht inne. Sagt ihm aber sein Gewissen, daß er kein Recht daran hat, so hat er es zu Unrecht, egal wie lange er es in seiner Gewalt hat. Hat er es inne, wie ich zuvor sprach, so wird es nie mehr beansprucht. Und ist Vieh darunter und man nimmt es ihm mit Recht, so soll er den ganzen Ertrag herausgeben, der davon angefallen ist, abzüglich des Futters. Hindert denjenigen, der es zu Recht erben soll, die ehafte Not, so soll man ihn laden, bis er kommt; so soll man Recht gewähren.

Hat ein Mann etwas von anderem Gut, das nicht fahrendes Gut heißt, in seiner Gewere, und er hat es ohne einen rechten Widerspruch von jemandem, der mit ihm im Lande ist, über zehn Jahre in seiner stillen Gewere, so kann derselbe keine Ansprüche mehr darauf erheben, wenn er es mit gutem Gewissen innehat, wie ich es vorher gesagt habe. Und hat es ein Mann gegenüber denen, die außer Landes sind, über zwanzig Jahre

43 Urswsp. Ldr. 55 (39), S. 383 ergänzt: und es gilt beständig und er behält sein Landrecht.

44 Andere Textformen geben den letzten Satz deutlicher wieder: Will man es dem Jüngling nicht glauben, soll er sein Alter beweisen, wie es hiervor geschrieben ist, und die Jungfrau auch, wie es hiervor geschrieben ist (Urswsp. Ldr. 55 (39), S. 383).

in seiner Gewere, so hat er das Recht daran; es sei denn, einer sagte aus, daß er außerhalb oder innerhalb des Landes gefangen war. Kann er das mit denen, die wissen, daß es wahr ist, beweisen, so soll man ihm wegen allem, was er beansprucht, Gerechtigkeit widerfahren lassen. Die Kaiser und die Könige haben dieses Recht gesetzt. Jedoch haben sie längere Fristen für ihr Gut gesetzt; besonderes Recht haben sie auch den Schwaben für ihr Gut gegeben, wie hiervor geschrieben steht. Auch haben die Kaiser den Städten besonderes Recht verliehen und gute Gewohnheiten, von denen ein Teil in diesem Buche steht. Denn guter Gewohnheit widerspricht dieses Buch nicht, denn gute Gewohnheit ist gut und recht.

Art. 57. Wer unwissentlich gestohlenes oder geraubtes Gut kauft

Wenn ein Mann gestohlenes oder geraubtes Gut kauft, ohne es zu wissen, und das länger als drei Jahre in seiner Gewere hat: ist das zu Recht seines oder nicht? Wir sprechen über gestohlenes und geraubtes Gut an dieser Stelle in gleicher Weise. Wie lange auch immer ein Mann es innehat: kommt jemand deswegen, muß man ihm Gerechtigkeit widerfahren lassen. Kommt der, dem es zu Recht gehört, oder, wenn er tot ist, sein Erbe, und er beschwört selbdritt, daß es ihm gehörte, als es gestohlen oder geraubt wurde, soll man es ihm so gut wiedergeben, wie es an dem Tag war, als er es verlor, und allen Ertrag, der davon anfiel, abzüglich des Futters. Und ist das Vieh ohne seine Schuld in seiner Gewalt eingegangen, soll er es ihm nicht bezahlen; er soll ihm aber den Ertrag geben, den es erbracht hat, wie hiervor gesprochen ist. Und wo jemand zu seinem gestohlenen oder geraubten Gut kommt, soll man es ihm ohne Minderung wiedergeben. Ergreift aber ein Mann sein gestohlenes oder geraubtes Gut bei jemandem, soll man über diesen richten, wie wir hernach sagen, oder er soll die Schuld auf einen anderen schieben.[45]

Art. 58. Wer unwissentlich unrechtes Gut erbt

Stirbt ein Mann und hinterläßt seinen Erben unrechtes Gut, und die Erben wissen nichts davon und verkaufen es als rechtes Gut, und jener, dem es gehörte, kommt dahinter, so soll er sein Gut fordern, wo er es findet und wo sein Gut ist; und er soll es mit den Boten des Richters fordern. Da soll der Richter für ihn richten, wie hiervor gesprochen ist. Und er[46] soll

---

45 Lahr nach Ldr. CCLXIX, S. 321 gibt den letzten Gliedsatz folgendermaßen wieder: *oder er sol sinen schub han, das ist sinen wern.* Als Beweis gelte also das Zeugnis eines Dritten, das dem Angeklagten attestiert, er habe das Gut gutgläubig erworben.

46 Gemeint ist der gutgläubige Käufer, dem das fragliche Gut entzogen wurde; er soll vom Verkäufer dieses Gutes den Kaufpreis erstattet bekommen. Da er gemäß dem

auch gegen jenen klagen, der ihm das Gut gab, wenn er lebt; ist er tot und hat Gut hinterlassen, soll man ihm seinen Schaden ersetzen und ihm sein Gut ohne Minderung wiedergeben. Hernach sprechen wir noch mehr vom Diebstahl und vom Raub. Das Genannte sollen die Erben tun.

Art. 59. Wer Pfleger sein kann oder nicht

Hier sollen wir sprechen, wer zu Recht Pfleger sein kann, oder wer es nicht sein kann. Es kann niemand zu Recht Pfleger sein, es sei denn, er ist fünfundzwanzig Jahre alt. Denn wenn irgend etwas von den Dingen, die in seiner Obhut sind, durch Vorsatz oder Nachlässigkeit des Pflegers verloren geht, muß der Pfleger es bezahlen. Die Pfleger der Kinder und der Frauen – sie heißen etwa Vogt, Pfleger, Sicherbote, Vormund oder Behalter – sollen alle treue Leute sein. Im geschriebenen Recht haben sie alle ihr besonderes Recht[47], aber im Laiengericht betrachten wir einen wie den anderen. Keiner kann Pfleger oder Vogt sein, auch wenn er fünfundzwanzig Jahre alt ist, wenn er nicht verständig und nicht bei guten Sinnen ist: Wie alt auch immer er ist, kann er keiner von allen denen sein, die hiervor aufgeschrieben sind.[48]

Und will man ihnen [den Mündeln] einen anderen Pfleger geben, soll man das tun. Man soll ihnen den Landrichter als Pfleger geben, wenn es auf dem Land ist; und ist es in einer Stadt, so soll man ihnen den Stadtherrn oder seinen Vogt geben.[49] Und man soll ihnen einen Pfleger geben, der ihr Standesgenosse ist, und der ein Verwandter ihres Vaters ist und bei ihnen im Lande wohnt. Und findet man niemanden solchen, so gebe man ihnen einen Pfleger, der ein Verwandter ihrer Mutter ist. Findet man niemanden solchen, so gebe man ihnen einen getreuen Landsmann. Wenn der Knabe vierzehn Jahre alt wird, kann er einen anderen Pfleger nehmen, wenn er beweisen kann, daß dieser ihm Unrecht angetan hat; und ebenso tut es das Mädchen, wenn es zwölf Jahre alt geworden ist.

Einleitungssatz bereits verstorben ist, folgt am Ende des Artikels die Klarstellung, daß seine Erben dies tun sollen.

47 Lahr Ldr. CCCXIX, III, 5; S. 374 ergänzt: im geistlichen Gericht.

48 Lahr Ldr. CCCXIX, V, 6; S. 375 ergänzt: weder Vogt noch Vormund noch wie sie sonst auch heißen.

49 Lahr Ldr. CCCXIX, V, 7; S. 375 faßt diesen Satz folgendermaßen auf: Dies (nämlich das Verordnen eines Pflegers) soll der Landrichter tun, wenn es auf dem Lande geschieht; ist es aber in einer Stadt, soll es vor dem Stadtherrn oder dem Stadtvogt geschehen. – Im Hinblick auf den folgenden Satz ist das zwar plausibler; aus dem Wortlaut der systematischen Form indes geht es nicht ganz einwandfrei hervor.

Art. 60. Wie ein Kind ohne seinen Pfleger nichts tun kann

Es kann kein Kind unter vierzehn Jahren ohne seinen Pfleger etwas tun, was rechtskräftig ist. Und verfügt es schon über Gut, so ist das, was es damit tut, nicht rechtskräftig. Kauft oder verkauft es etwas, und das gereicht zu seinem Vorteil, soll der Pfleger es bestätigen; ist es aber zu seinem Schaden, soll man den Kauf rückgängig machen. Und verspielt das Kind etwas von seinem Gut, soll man es dem Pfleger zurückgeben; und kommt es vor den Richter, muß er [der das Gut im Spiel gewann] dem Richter büßen und das Gut wieder herausgeben.

Art. 61. Wenn ein Kind das Gut des Vaters verspielt

(a) Verspielt ein Kind das Gut seines Vaters, solange es nicht ausgesteuert ist und unter fünfundzwanzig Jahre alt ist, muß man es dem Vater zurückgeben. Und ist es älter als fünfundzwanzig Jahre, sehe sich der Vater vor; denn dann gibt man ihm sein Gut nicht zurück.[50]

(b) Wenn ein Sohn fünfundzwanzig Jahre alt ist, zwingt er seinen Vater zu Recht, daß er sein Gut mit ihm teilen muß.

Art. 62. Wenn ein Pfleger den Kindern Übles antut

Und tut der Pfleger den Kindern etwas an, was er zu Recht nicht tun soll, kann ihre Mutter oder ein anderer Verwandter deswegen Forderungen an ihn stellen, oder der Landrichter, wenn es auf dem Lande ist. In der Stadt kann es der Stadtherr fordern oder sein Vogt; und der Pfleger muß sich ihm verantworten. Und wird er überführt, daß er am Gut der Kinder Übles tut oder getan hat, soll man ihn balmunden, damit er niemals mehr jemandes Pfleger oder Vormund oder Vogt sein kann.

Art. 63. Von den Pflegern

Wird ein Pfleger gefangen, soll man den Kindern einen anderen geben; und wenn er frei kommt, soll er wieder seine Stelle einnehmen. Und kommt den Pflegern durch die Hand der Kinder etwas zu, soll er es zu ihrem Nutzen anlegen. Und tut er etwas zu ihrem Nachteil, können sie deswegen Ansprüche gegen ihn erheben, wenn sie zu ihren Tagen kommen, und er muß sich ihnen verantworten. Und wenn das Kind vierzehn

[50] Andere Textformen ergänzen: ... es sei denn, es ist so töricht, daß es kein Zeuge sein kann, wie hiervor gesprochen ist (Lahr Ldr. CCCXX, I, 2; S. 376. Urswsp. Ldr. 61 a (44), S. 386).

Jahre alt wird, kann es einen anderen Pfleger nehmen, egal, ob er ihm wohl oder übel getan hat. Es soll einen Pfleger nach dem Rat seiner verständigen Verwandten nehmen. Will es nach seinem freien Willen einen auswählen, sollen ihm weder der Richter noch seine verständigen Verwandten das gestatten, sondern sollen ihm den bisherigen Pfleger lassen, wenn er ihm wohl getan hat. Ein jeglicher Jüngling soll einen Pfleger haben, bis er fünfundzwanzig Jahre alt ist. So lange soll er ohne seinen Pfleger nichts mit seinem Gut tun. Und stirbt der Pfleger, so soll das Kind das Gut von dem fordern, in dessen Gewalt es dieses findet. Und hat das Kind sein Gut mit seiner Hand und gemeinsam mit dem Pfleger aufgegeben, und man kann beweisen, daß das Gut nicht zum Nutzen des Kindes angelegt worden ist, soll das Kind gegen die Erben des Pflegers klagen. Und hat er ihnen nach seinem Tode Gut hinterlassen, das er ihnen zuvor nicht bereits zugeteilt hatte, sollen die Kinder davon gelten und nicht von ihrem eigenen Gut. Das ist das Recht derer, die unter vierzehn Jahre alt sind.

(I) Wenn der Pfleger eines Kindes dessen Leute freiläßt: Und läßt der Pfleger eines Kindes dessen Leute frei, kann er das nicht mit Recht tun. Tut er es aber gegen Gut, und man kann das beweisen, wenn das Kind zu seinen Jahren kommt, muß man beständig daran festhalten.[51]

Art. 64. Von Überpflegern

Nun sprechen wir von denen, die Überpfleger haben sollen, bis sie fünfundzwanzig Jahre alt sind.[52] Was die gemeinsam mit ihren Pflegern tun, soll rechtskräftig sein. Das obliegt in Wahrheit den Pflegern, denn die Kinder sind noch nicht so verständig, daß sie für sich selber sorgen können.

In wessen Gewalt die Kinder das Gut finden, gegen den sollen sie ihren Anspruch erheben. Und kann derselbe selbdritt beschwören, daß das Gut den Kindern nützlich war, hat er sein Gut behauptet. Und kann er selbdritt beweisen, wie das Gut angelegt wurde und ob er ein entsprechendes Gut[53] dafür gab, ist er ebenfalls des Anspruchs ledig. Diesen Zeugenbeweis soll man zu Lebzeiten des Pflegers durchführen. Ist er aber tot, soll man

---

51 Richtig wäre das schiere Gegenteil, vgl. unten Ldr. 72.

52 Andere Textformen: Nun sollen wir von denen sprechen, die über vierzehn Jahre alt sind. Die sollen Pfleger haben, bis sie fünfundzwanzig Jahre alt sind (Lahr Ldr. CCCXXII, I, 1; S. 379; ebd. Anm. (a) auch die Erklärung für den Begriff „Überpfleger“: *von den die über sich pfleger sullent haben pis an fünff und tzwaintzigk jar.* – Urswsp. Ldr. 64 (45), S. 387).

53 Systematische Form: Geld (Lahr Ldr. CCCXXII, II, 4; S. 379).

ihn mit sieben Männern, die Standesgenossen des Kindes sind, überzeugen. Ist das Kind semperfrei, soll man es mit seinen Standesgenossen überzeugen. Gegen wen man sonst Zeugen anführen soll, den kann man mit allen Leuten überzeugen, die ihr Recht nicht verloren haben, mit Ausnahme derer, die mit den Metzen gelten:[54] die können keine ehrbaren Zeugen solcher Dinge sein, und die, die eigen sind. Wir nehmen die Semperfreien und die Mittelfreien aus; die kann man, wenn es an ihren Leib oder ihre Ehre oder ihr Eigen geht, nur mit ihren Standesgenossen überzeugen. Anderer Dinge wegen überzeugt man sie mit unbescholtenen Leuten, egal wie frei sie sind. Man überzeugt sie des Raubes und des Diebstahls mit allen Leuten, die ihr Recht nicht verloren haben und die keine Mörder sind.[55]

Art. 65. Wenn ein Pfleger außer Landes fährt

Und will ein Pfleger außer Landes fahren, so sollen ihm [dem Mündel] diejenigen, die hiervor genannt sind, einen anderen geben, der an seiner Stelle stehe, bis er wieder kommt. Es kann ein Vater, wenn er will, zu seinen Lebzeiten seinen Kindern mit Recht einen Pfleger geben. Wem auch immer er vertraut, dem empfiehlt er seine Kinder und ihr Gut an. Wenn er stirbt, soll sich der Pfleger der Kinder und ihres Gutes annehmen. Und niemand kann ihm das mit Recht verwehren; es sei denn, daß er ihnen Übles antue. Dann soll man handeln, wie hiervor gesprochen ist.

Art. 66. Von verdächtigen Pflegern

(a) Nun sollen wir euch bescheiden, gegen welche Pfleger man einen Argwohn hat. Hat ein Vater mehrere Söhne als einen, und von denen ist einer zu seinen Tagen gekommen und die anderen nicht, und der Vater stirbt, und dieser Bruder nimmt sich der Geschwister und des Gutes an, und die Leute sehen, daß er mit dem Gut nicht so verfährt, wie es für die Kinder gut ist, so ist er sogleich verdächtig. Dafür kann ihn die Mutter der Kinder rügen oder ihre Base oder ihre Mutterschwester oder ein Verwandter ihres Vaters oder ein Verwandter ihrer Mutter oder der Herr oder der Richter;[56] die rügen mit Recht alle diejenigen, die Pfleger der

---

54 Gemeint sind Zinspflichtige; vgl. DRWB IX, Sp. 591, s. v. Metze (VII, 1). „Metze" ist hier wohl der eingedeutschte „modius", also Scheffel; vgl. Grimm, Deutsches Wörterbuch VI, Sp. 2152f. s. v. metze.

55 Andere Textformen: Man überzeugt sie des Raubes und des Diebstahls wie auch des Mordes mit allen Leuten, die ihr Recht nicht verloren haben (Lahr Ldr. CCCXXII, III, 11; S. 380. Urswsp. Ldr. 64 (45), S. 387).

56 In der systematischen Form fehlt in dieser Aufzählung die Mutterschwester

Kinder sind; und die Pfleger müssen sich vor ihnen mit Recht verantworten. Und gibt ein Pfleger den Kindern nicht das Notwendige zu essen und zu trinken und anzuziehen, ist er ebenfalls verdächtig. Und wird er zu einem verschwenderischen Mann und vertut sein Gut zu Unrecht, ist er ebenfalls verdächtig. Solange die Kinder noch keine vierzehn Jahre alt sind, können sie gegen ihre Pfleger keinen Argwohn aussprechen. Sie können aber zu denen gehen, die ich hiervor genannt habe, und können ihnen verkünden, daß ihr Pfleger nicht zu ihrem Vorteil wirke. Verdächtig ist auch der, der den Verwandten des Kindes keine jährliche Rechenschaft über das Gut der Kinder ablegt.

(b) Verdächtig ist auch derjenige, welcher der Todfeind des Vaters der Kinder war, als dieser noch lebte. Wie nahe auch immer er mit ihnen verwandt ist: Er ist verdächtig; und man soll ihn den Kindern nicht als Pfleger geben, ebensowenig jemanden, der im Bann oder in der Acht ist. Und tut ein Pfleger ein Ungericht, soll man zuerst die Kinder von seinem Gut bezahlen, wenn er ihnen etwas schuldig ist; und der Richter soll das übrige an sich nehmen und davon dem Kläger und dann sich selbst geben, was Recht ist.

(c) Wer seine Treuepflicht gegenüber den Kindern oder gegenüber der Frau, deren Pfleger er ist, nicht einhält, den soll man balmunden. Das heißt, er soll auch dem Richter mit Pfennigen büßen oder mit der Hand oder mit zehn Pfund.[57] Die Wahl hat der Kläger und nicht der Richter.

Art. 67. Wenn ein Mädchen oder eine Witwe gegen ihren Vormund klagt

(a) Klagt ein Mädchen oder eine Witwe vor Gericht gegen ihren rechten Vormund, daß er ihr Gut unterschlage oder ihr in anderer Weise Übles antue, so soll ihn der Richter laden, wie es Recht ist, und über ihn richten, wie hiervor gesprochen ist.

(b) Und ist ein Mann seinem Weibe nicht ebenbürtig, so ist er doch ihr Vormund und ihr Vogt. Ist sie auch frei, so muß sie doch seine Standesgenossin sein, wenn sie an sein Bett geht. Bekommt sie Kinder, gehören diese zur ärgeren Hand. Wenn der Mann aber stirbt, so ist sie von seinem

(*muome*) und die eigens genannten *muoter mage*; dafür kommt direkt nach der Mutter noch die Großmutter vor (Lahr Ldr. CCCXXIV, I, 4; S. 381).

57 Systematische Form: ... den soll man bestrafen, wie es hiervor geschrieben ist: er soll auch dem Richter mit der Hand oder mit Pfennigen büßen, nämlich zehn Pfund für die Hand (Lahr Ldr. CCCXXIV, IX, 12; S. 382); so faßt auch die französische Übersetzung (Daniels, droit paisain LXII, Sp. 196) die betreffende Bestimmung auf.

Recht frei und behält das Recht gemäß ihrer Geburt. Und nimmt sie nach ihm einen Mann, der wie sie frei ist, so bekommt sie freie Kinder, wie sie es selbst ist.

Art. 68. Wie eine Eigenfrau frei wird

(**a**) Ein Weib ist einem Herrn eigen, und sie nimmt einen Mann und wird schwanger. Ihr Herr ist frei und er läßt sie frei und sie wird frei.[58] Nun frage ich, ob das Kind frei oder eigen ist. Das fragen wir einen Meister des Landrechtes, der heißt Marzellus.[59] Der half den Königen, viele gute Landrechte zu machen. Der spricht also, daß es dem Kind nicht schade, wenn seine Mutter es von seinem Vater empfing, als sie noch eigen war. Gott gebe, daß es geboren wird.[60]

(**b**) Und gibt sich eine Frau zu eigen, die frei ist und ein Kind trägt: Ist das Kind frei oder eigen? Der Meister spricht also: Den Kindern soll es nicht schaden, wenn die Mutter unedel wird, bevor sie geboren werden, wie wenn sie bereits geboren sind. Welches Recht die Mutter hat, dieses Recht haben auch die Kinder.

Wir wissen aus der Heiligen Schrift, daß niemand eigen sein soll. Doch ist es durch Gewalt und Zwang dazu gekommen, daß es nun Recht ist, daß es Eigenleute gibt. Doch kann sich kein freier Mensch zu eigen geben; und widersprechen seine Erben, soll es nicht zu Recht sein.

(**c**) Niemand kann Eigenleute haben außer die Freien und die Gotteshäuser. Alle Dienstmannen heißen gemäß dem geschriebenen Recht eigen; daher können sie keine Eigenleute haben. Gehört ein Dienstmann zu einem Gotteshaus und gibt an, er habe Eigenleute, so sind diese seinem Gotteshaus eigen. Gibt ein Dienstmann eines Fürsten an, er habe Eigenleute, so ist dem nicht so; sie sind dem Fürsten eigen.

---

58 Die systematische Form fügt noch den Halbsatz an: …, denn der Herr läßt sie ledig und frei (Lahr Ldr. LXIII, I, 1; S. 82).

59 Dies bezieht sich auf Dig. I, 5, 5: *Marcianus libro primo institutionum: … Ingenui sunt, qui ex matre libera nati sunt: sufficit enim liberam fuisse eo tempore quo nascitur, licet ancilla concepit. Et e contrario si libera conceperit, deinde ancilla pariat, placuit eum qui nascitur liberum nasci (nec interest iustis nuptiis conceperit an vulgo), quia non debet calamitas matris nocere ei, qui in ventre est* (Digesta, oben S. 47 A. 36, S. 7).

60 Andere Textformen: Gott gebe, daß es frei ist, wenn es geboren wird (Urswsp. Ldr. 68 a (50), S. 389. Lahr Ldr. LXIII, II, 2; S. 83).

Art. 69. Wie die Ämter der Fürsten gestiftet sind

Die geistlichen Fürstenämter und die weltlichen Fürstenämter sind von Anfang an mit vier fürstlichen Amtsträgern eingerichtet: mit einem Truchsessen und einem Marschall und einem Kämmerer und einem Schenken. Diese vier müssen zuerst freie Leute sein; sie können Eigenleute haben. Und kann ein Dienstmann beweisen, daß seine Vorfahren frei waren, als sie sich an dieses Fürstenamt gaben, oder daß er selbst frei war, als er sich an das Fürstenamt gegeben hat, hat er mit Recht Eigenleute. Diese Leute sollen hohe Freie oder Mittelfreie sein.

Art. 70. Von drei Arten von Freien

(a) Die Fürstenämter sind mit Fürsten und mit anderen Dingen eingerichtet worden. Und übergibt ein freier Herr seine Eigenleute einem Fürstenamt,[61] so sind sie nicht Dienstmannen, sondern Eigenleute des Fürsten. Sie stehen nicht unter dem Dienstmannenrecht. Wie wir es von den Fürstenämtern gesagt haben, so ist auch von Anbeginn das Reich eingerichtet worden.

(b) Niemand ist semperfrei, außer wenn sein Vater und seine Mutter und deren Väter und deren Mütter semperfrei waren.[62] Diejenigen, die von mittelfreien Eltern stammen, sind auch mittelfrei. Und ist auch die Mutter semperfrei und der Vater ist mittelfrei, so werden die Kinder mittelfrei. Und ist der Vater semperfrei und die Mutter ist mittelfrei, so werden die Kinder wiederum mittelfrei. Ingenuus heißt auf Latein der höchste Freie, Libertinus der Mittelfreie, Libertus der landsässige Freie. Von denen hat jeder sein besonderes Recht, wie wir hernach sagen.

(I) Von drei Arten von freien Leuten: Welcher Mann von seinen vier Ahnen her, das heißt von seinen zwei alten Müttern und von seinen zwei alten Vätern her, und von seiner Mutter und seinem Vater her an seinem Recht unbescholten ist, dessen rechte Geburt kann niemand bezweifeln; es sei denn, er habe sein Recht verwirkt.

Art. 71. Wer seine Eigenleute in Nöten läßt

Hat jemand Eigenleute, und einer von diesen wird während seines Dienstes krank, und der Herr will ihn nicht unterstützen, wie es nötig ist, und versagt ihm seine Hilfe und vertreibt ihn öffentlich aus seinem Hause und

---

61 Langform H, Ldr. 70 a, S. 178: einem Gotteshaus oder einem Fürstenamt.

62 In der systematischen Form fehlt der Hinweis auf die Großeltern (Lahr Ldr. L, I, 1; S. 67).

kommt ihm nicht zu Hilfe, wenngleich er ihm wohl geholfen haben könnte, so ist dieser Mensch frei, sobald er gesund wird.

Art. 72. Wie ein Kind seine Eigenleute freilassen kann

Ein Kind, das unter siebzehn Jahre alt ist, kann seine Eigenleute nicht freilassen, auch sein Vogt oder sein Pfleger nicht; tut es dennoch jemand, so ist es nicht rechtskräftig. Wir haben geschriebenes Recht, wonach ein männliches Kind niemanden freilassen kann, bevor es zwanzig Jahre alt ist. Gemäß dem Gewohnheitsrecht sagt man auch siebzehn Jahre und für die Jungfrauen sechzehn Jahre und, je nach Gewohnheit, vierzehn Jahre: Da machen die Jungfrauen auch freie Leute. Tun das Mädchen oder der Knabe dies aber vor diesen Jahren, so können sie ihre Leute mit Recht zurückfordern, wenn sie zu ihren Jahren kommen; und sie sind zu Recht ihr Eigen. Die Lex Aelia Sentia verhindert die Freilassung.[63] Das ist deshalb festgesetzt, weil die Kinder nicht den Verstand haben; sie können es noch nicht ohne ihre Pfleger tun.

Art. 73. Wer seinen eigenen Knecht zu Tode schlägt

(a) Die Meister, die dieses Landrechtsbuch gemacht haben durch die Gunst der Könige und den Leuten zum Nutzen, sprechen also: Schlägt jemand seinen eigenen Knecht zu Tode,[64] soll er mit größerem Recht vor Gott büßen und dem Richter eine Buße zahlen, wenn man ihn vor einem Richter beklagt. Man nimmt ihm seinen Leib billiger, als wenn er einen Fremden[65] erschlagen hätte.

(b) Gibt man einer Frau Eigenleute als Heimsteuer mit zu ihrem Mann, so kann er sie nicht ohne ihren guten Willen freilassen. Sie erhebt mit Recht Ansprüche auf sie, ihr Mann sei am Leben oder tot, und behauptet sie mit Recht; das soll sie vor ihrem Richter tun. Will sie zu den Heiligen schwören, daß es nie ihr guter Wille war, so hat sie ihre Leute mit Recht behauptet; und der Richter soll sie in ihre Gewalt überantworten.

---

[63] Dies bezieht sich auf Inst. I, 6, 4: *Eadem lege Aelia Sentia domino minori annis viginti non aliter manumittere permittitur quam si vindicta apud consilium iusta causa manumissionis adprobata fuerint manumissi* (Institutiones, oben S. 28 A. 9, S. 3; dort im folgenden auch die Grenze von 17 Jahren für testamentarische Freilassungen).

[64] Andere Textformen ergänzen: ohne daß eine Schuld oder ein Gerichtsurteil vorläge (Urswsp. Ldr. 73 a (57), S. 391).

[65] Systematische Form: eine Frau (Lahr Ldr. LXIX, 2; S. 88). Gemeint dürfte sein: einen fremden Knecht; vgl. die Vorlage Inst. I, 8, 2: *Nam ex constitutione divi Pii Antonini: qui sine causa servum suum occiderit, non minus puniri iubetur, quam qui alienum servum occiderit* (Institutiones, oben S. 28 A. 9, S. 3).

(I) Wer Eigenleute von Kindern in die Freiheit entläßt: Entläßt jemand Eigenleute von Kindern, ehe diese zu ihren Jahren kommen, wie es hiervor geschrieben ist, so gewinnen sie jene wieder wie die Frau, nur daß sie deshalb nicht schwören sollen.

(II) Wenn Kinder vor ihren Jahren Eigenleute freilassen: Und läßt ein Kind seine Eigenleute vor Erreichen dieser Lebensjahre frei, ist das nicht rechtskräftig. Wer nicht bei Sinnen ist und wer verschwenderisch ist und wer so schwach von Verstand ist, daß er sein Gut in die Gewalt anderer Leute gegeben hat, der kann seine Eigenleute nicht freilassen.

Art. 74. Wie Frauen und Mädchen ihre Güter veräußern können

Ein Weib kann ohne die Erlaubnis ihres Mannes weder das Gut ihres Mannes ausgeben noch ihr Eigen noch ihr Leibgedinge noch ihr Zinsgut noch ihr fahrendes Gut, weil er ihr Vogt ist.[66] Mädchen und Frauen, die keinen Mann haben, veräußern ihr Gut ohne ihren Vormund, wenn sie zu ihren Tagen gekommen sind; es sei denn, es gibt Erben: Die sollen widersprechen, wie es Recht ist.

Art. 75. Vormundschaft

Mädchen und Weiber müssen mit Recht vor jedem Gericht und bei jeder Klage ihren Vormund dabei haben, oder der Richter soll sie nicht anhören. Und hat sie einen Ehemann, der im Lande ist, soll dieser das tun. Und ist er nicht im Lande, so soll sie vor dem Richter einen wählen, der ihres Ehemannes Verwandter sein soll oder ihr eigener Verwandter, damit die Frauen vor den Männern desto besser ihr Recht behaupten und damit sie niemand überzeugen kann, wenn sie vor Gericht etwas sprechen, das ihnen schadet, und sie es abstreiten. Wenn die Frauen einen Eid leisten müssen, sollen sie das selbst tun und nicht ihr Vormund. Ihr Vormund soll für sie den Bürgschaftseid leisten und soll dafür einstehen. Sie soll auch nicht [zum Gericht] reiten oder gehen oder irgendeine Mühe deswegen haben; es sei denn, man benötigte sie dringend. Seine Vormundschaft währt nicht länger, als bis ihr Mann wieder heim kommt, oder solange sie will. Vor jedem Gericht kann sie einen anderen Vormund nehmen und jenen entlassen.

---

[66] Systematische Form: Ein Weib kann ihr Gut ohne die Erlaubnis ihres Mannes nicht hinweggeben noch verkaufen noch hinterlassen, weder Leibgedinge noch Zinsgut noch fahrendes Gut, da er die Gewere gemeinsam mit ihr besitzt; denn er ist auch ihr Vogt (Lahr Ldr. CCCXIII, I; S. 366).

Art. 76. Wenn ein Mann das Gut seines Weibes vertun will

Hat eine Frau einen Mann, der übel geraten ist und ihr Gut veräußern will, das ihr Vater ihr gab oder ein anderer ihrer Verwandten, so kann sie mit Recht widersprechen und es behaupten. Sie soll mit ihrem Vormund klagen.[67] Und sie kann die Aussage, daß er ungeraten ist und eine üble Lebensart hat und daß sie seinetwegen um ihr Gut fürchtet, beweisen: Sie soll das mit zwei Männern neben sich bezeugen, die schwören sollen, daß sie wissen, daß es wahr ist. Dann soll ihr der Richter seinen Boten als Vormund geben;[68] und sie sollen auf das Gut fahren und sich des Gutes bemächtigen. Und wer ihr danach ein Leid deswegen zufügt, ist ein Friedbrecher; und der Richter soll darüber richten, wie es Recht ist. Und hat er ihr eine Morgengabe gegeben, so soll sie diese vor Gericht behaupten, wie hiervor gesprochen ist, und der Richter soll ihre Morgengabe beschirmen.

(I) Wer ein Gut vergibt und keine Gewere daran hat: Gibt jemand einem Mann ein Gut und gewann selbst nie die Gewere daran und weist ihn ohne Recht in das Gut ein, und ein anderer kommt vor das Gericht und klagt um dieses Gut, so weist ihn der Richter mit Recht in das Gut ein. Und dieser hat die Gewere mit Recht und jener nicht, wenn die zwei vor den Richter kommen und um das Gut klagen. Gibt jemand einem Mann ein Gut zu kaufen, das fahrendes Gut heißt, muß er sich für drei Jahre und einen Tag für ihn verbürgen [gegenüber einem Dritten, der einen Anspruch darauf erhebt und] der im Lande ist. Er muß sich dafür verantworten, egal wann er kommt, [wenn dieser Dritte außer Landes war].[69]

(II) Wie ein jeglicher Mann sein Gut mit Recht veräußern kann: Jeglicher Mann kann sein Gut mit Recht veräußern. Wenn er es verkauft oder versetzt oder seinem Herrn aufgibt, oder wenn er gegenüber seinem Herrn die Jahresfrist versäumt, oder wenn der Herr es ihm nimmt, weil es ihm mit rechtem Urteil aberkannt wird, oder er es auf welche Weise auch immer freiwillig aufgibt, so verliert er das Gut mit Recht. Wird aber ein Mann wegen raublicher Gewere angeklagt und man kann ihn dessen überführen, daß er es offensichtlich getan hat, und der Richter wird mit

---

67 Andere Textformen: Sie soll vor den Richter fahren und als erstes einen Vormund nehmen; und der soll ihr zu klagen helfen (Lahr, Anh. zu Ldr. CCCXIII, 2f.; S. 367, nach der Straßburger Hs. (oben S. 26 A. 3). Langform H, Ldr. 76, S. 180).

68 Gemeint ist: Der Richter soll dem Vormund der Frau seinen Boten mit auf den Weg geben (Wackernagel/Senckenberg, Ldr. 60, S. 60).

69 Urswsp. Ldr. 76 I (162), S. 446 fügt an: Dieses Buch sagt hiervor mehr von der Gewere. – Lahr fügt aus der Straßburger Hs. (oben S. 26 A. 3) eine Übersetzung von Ssp. Ldr. III, Art. 82, § 1 bis Art. 83, § 3; S. 265 an (Lahr, Anh. zu Ldr. CCCXIV, S. 369–371).

Recht dazu bestellt, dann soll der Richter auf der Stelle über den Räuber richten. Wir nennen es raubliche Gewere, wenn sich zwei wegen eines Gutes feindlich sind und der eine bemächtigt sich des Gutes ohne Zustimmung des Gerichts, oder beide tun es; so handeln sie wider das Gericht. Kann oder will der Richter nicht richten, so soll jener zu seinem oberen Richter fahren und soll vor diesem klagen; und richtet dieser nicht für ihn, so soll man vor den König fahren und soll vor diesem gegen den Richter, der nicht richten wollte, klagen, und soll ihm die unbereinigte Angelegenheit klagen.

(III) Wenn ein Mann sein Gut ausgibt und wieder empfängt: Gibt ein Mann sein Gut auf und empfängt es wieder zu Lehen, so nutzt dem Herrn diese Aufgabe nicht; es sei denn, er habe das Gut über Jahr und Tag in seiner Gewere. Danach kann er es ihm ohne Nachteil verleihen, so daß der Mann oder sein Erbe es nicht mehr als Eigen beanspruchen können.

Hindert der Richter den Mann mit Unrecht daran, sein Eigen aufzugeben, so kann er das vor dem König vorbringen, wenn dieser ins Land der Sachsen[70] kommt, wie er das vor dem Richter tun sollte, wenn er Zeugen dafür hat, daß der Richter es ihm mit Unrecht verweigerte.

Art. 77. Wer vor Gericht einen Vormund haben muß

Allen denen, die unehelich geboren sind[71], und denen, die sich durch Untaten rechtlos gemacht haben, soll man keinen Vormund geben, mit Ausnahme derer, die unehelich geboren sind und sich verehelicht haben. Denen kann man einen Vormund geben. Dennoch mangelt es ihnen an vielerlei Recht, das diejenigen haben, die ehelich geboren sind, wie wir hernach sagen.

Art. 78. Wie ein Mann kämpfen soll

Wenn man einen lahmen Mann, der keinen Vormund hat, zum Kampfe fordert, so soll man ihm einen Termin setzen; und er soll dann jemanden mitbringen, der für ihn kämpft. Wer auch immer das ist, der es für ihn tut: Man soll ihn nehmen; es sei denn, er habe sein Recht verloren, wie hiervor gesprochen ist. Ist ein Mann an den Händen oder an den Beinen gelähmt und kann das beweisen, und die Lähmung ist dergestalt, daß sie ihn am Kämpfen hindern kann, so ist er mit Recht des Kämpfens über-

70 Müßte wohl heißen: Schwaben (wie Ldr. 114 a) und ist bei der Übersetzung der Vorlage (Ssp. Ldr. I, Art. 34, § 3; S. 98) versehentlich stehengeblieben.

71 Andere Textformen ergänzen: und noch nicht eine Ehe eingegangen sind (Langform E, Ldr. 77, S. 135. Lahr Ldr. CCCXXX, 1; S. 387).

hoben; und hat er schlechte Augen, so ist er ebenfalls des Kämpfens überhoben. Er kann aber einen Kämpfer verpflichten; sei es durch Liebe, sei es durch Pfennige. Will er das nicht tun, so soll der Richter vom Gut des lahmen Mannes einen Lohnkämpfer verpflichten, so billig er kann. Und kann er ihn nicht billiger verpflichten, soll er ihm das halbe Gut geben, aber nicht mehr.

Art. 79. Von der rechten Notwehr

Ein Mann begegnet einem anderen am Tage oder in der Nacht, und der eine greift den anderen an, und niemand steht dabei und niemand sieht das. Der Angreifer folgt ihm nach, wenn er zu entweichen versucht und ihm gerne entkommen würde; er schlägt auf ihn ein, und dieser schlägt zurück und wehrt sich. Und wenn der Angreifer ihn nicht entkommen läßt, so schlägt er ihn in rechter Notwehr zu Tode. Nun fragen wir, wie er die rechte Notwehr beschwören soll. Wir sprechen also: Er soll, so bald als er kann, zum Richter kommen und soll sich mit seinem Leib in die Gewalt des Richters ergeben, und er soll ihm sein Schwert auf Recht geben, und der Richter soll ihn auf rechte Rede aufnehmen.[72] Klagt jemand gegen ihn, soll der Richter ihn vorführen; und man soll den Toten herbeitragen. Und man soll mit Fürsprechen gegen ihn klagen, und er soll mit Fürsprechen antworten. Man soll dem, der jenen erschlagen hat, befehlen, daß er zu den Heiligen schwöre, daß er drei Schritte vor ihm zurückgewichen sei oder mehr, wenn er entweichen konnte, und daß er so jäh auf ihn schlug, daß er ihm nicht entkommen konnte, oder daß es an einer Stätte geschah, wo er ihm nicht entkommen konnte, und daß er sich erst dann wehrte, und daß er das, was er getan hatte, in rechter Notwehr seines Leibes getan habe. Hat der tote Mann aber einen Verwandten von Vaters Seite, und dieser will mit ihm kämpfen, kann er ihm das nicht verweigern; es sei denn, er sei nicht sein Standesgenosse. Und hat der tote Mann keinen Verwandten, ist er ein lediger Mann.[73]

---

[72] Lahr Ldr. CLXVII, 3; S. 208 beschreibt dies wie folgt: und er soll sich dem Richter übergeben und ihm sein Schwert geben als Zeichen, daß er sich dem Urteil des Richters nicht entziehen möchte; und der Richter soll ihn aufnehmen, um ihn mit Recht zu verteidigen.

[73] Andere Textformen kennen ferner folgende Version dieses Artikels: Abermals von der Notwehr: Ein Mann schlägt den anderen in Notwehr zu Tode, und das ist tags oder nachts geschehen, und niemand hat es gesehen. Wie soll er sich verhalten, wenn das geschieht? Er soll alsbald vor den Richter kommen und soll dem Richter auf sein Recht seinen Leib und sein Schwert geben und der Richter soll ihn in Gewahrsam nehmen; und das soll geschehen, bevor man gegen ihn klagt. Und kommen die Kläger vor Gericht und klagen, soll der Richter ihn vorführen; und klagen die Kläger gegen ihn,

(I) Vom Totschlag merke dir: Wegen Totschlages und wegen Straßenraubes kann der Richter keinen Bürgen annehmen ohne den Willen des Klägers, wenn der Kläger zugegen ist. Und bringt ein Mann den anderen in die Acht, und jener kommt danach hervor und kommt aus der Acht, wie es Recht ist, und bezahlt jenem die Schuld, wegen der er ihn verklagt hatte, so soll er dem Richter den Achtschatz geben und soll ihm zehn Pfund Landpfennige geben.

(II) Wie die Kämpfer auf den Ring kommen sollen

(II A) Wer seinen Standesgenossen zum Kampf auffordern will, soll den Richter bitten, daß er sich eines Friedbrechers bemächtigen soll. Das soll mit einem Urteil[74] geschehen. Und wenn der Richter sich seiner bemächtigt hat, soll er ihn fragen, in welcher Weise er den Frieden[75] an ihm gebrochen habe. Da kann der Kläger um ein Gespräch bitten, oder er kann dem Richter sofort antworten. Er soll sagen, in welcher Weise er ihn auf der Straße beraubt hat oder verwundet hat und wo es geschehen ist, oder in welcher Weise auch immer er den Frieden an ihm gebrochen hat.[76] So soll er gegen ihn klagen. Beschuldigt er ihn, er habe ihn verwundet, und die Wunde ist verheilt, so soll er die Narbe zeigen. Dieser Beweis ist noch nicht rechtskräftig; er muß die Wunde selbdritt bezeugen. Wenn jener seinen Eid bietet und keine Zeugen hat, so soll er ihm die Hand niederziehen und soll also sprechen: Herr Richter, mit eurer Erlaubnis verwehre ich ihm den Eid und ziehe ihm die Schwurhand nieder und will es durch einen Kampf mit meinem Leib gegen seinen Leib beweisen, daß ich Recht habe. Dann soll der Richter von beiden Bürgen annehmen. Man soll ihnen gebieten, innert sechs Wochen zu kämpfen.

---

soll er also antworten: Ich leugne nicht, daß ich diesen Mann getötet habe, aber in rechter Notwehr, und will das beschwören, wie es Recht ist. So soll man ihn dazu verurteilen, daß er schwöre, daß er ihn in rechter Notwehr erschlagen habe. Und hat der tote Mann jemanden, der ihm die Schwurhand niederziehen will und der sein Verwandter von Vaters und Mutters Seite ist, der muß [seine Hand] höher halten und er [der Beklagte] muß mit ihm kämpfen. Und hat der Tote niemanden, der für ihn kämpft, so soll der Richter den Mann noch für sechs Wochen und einen Tag in Gewahrsam nehmen. Kommt derweil niemand, ist er vor dem Richter ledig. Und kommt danach jemand und klagt innert Jahr und Tag gegen ihn, muß er sich ihm verantworten. Und kommt danach jemand, der sein Verwandter ist und nicht im Lande war oder im Gefängnis war, soll dieser das zu den Heiligen schwören, und er muß sich ihm verantworten (Urswsp. Ldr. 79 (184), S. 460f. Lahr Ldr. CLXVIII, I; S. 210f.).

74 Systematische Form: Unterschied (Lahr Ldr. CLXXI, I, 1; S. 213).

75 Andere Textformen: die Treue (Urswsp. Ldr. 79 II A (89), S. 409. Lahr Ldr. CLXXI, I, 2; S. 213).

76 Andere Textformen: in welcher Weise auch immer er die Treue oder den Frieden an ihm gebrochen hat (Urswsp. 79 II A (89), S. 409. Lahr Ldr. CLXXI, I, 3; S. 213).

Fordert man einen Mann nach Mittag zum Kampfe, so darf er sich weigern. Fordert ein Mann[77] einen anderen von niedrigerer Geburt zum Kampf, so kann der ihm das nicht verweigern. Und fordert einer den anderen zum Kampfe, und sie beide sind nahe miteinander verwandt, so können sie miteinander kämpfen, wenn ihre Verwandten vorrechnen können, daß sie bis zur fünften Sippe nicht miteinander verwandt sind.[78] Das müssen sieben ihrer väterlichen Verwandten und ihrer mütterlichen Verwandten zu den Heiligen schwören. Ehedem galt es bis zur siebten Sippe, aber nun haben die Päpste erlaubt, Weiber ab der fünften Sippe zu nehmen, und darum haben auch die Könige festgesetzt, daß ein jeglicher Mann mit dem anderen kämpfen soll, wenn er mit ihm über die fünfte Sippe hinaus verwandt ist.[79]

(II B) Der Richter soll dem, den man beschuldigt und gegen den man klagt, einen Schild und ein Schwert leihen. Wenn man dorthin kommt, wo der Kampf stattfindet, soll der Richter zwei Boten zu den beiden schicken, die es sehen, daß man ihnen die Kleidung nach rechter Gewohnheit anlege und sie ausrüste. Sie sollen Leder und Sachen aus Leinen anlegen, so viel sie wollen. Das Haupt und die Füße sollen bar sein, und an den Händen sollen sie dünne lederne Handschuhe tragen und in der Hand ein bloßes Schwert und einen Schild, der nur aus Holz ist. Manchmal ist es Gewohnheit, daß sie nicht mit Schilden kämpfen, sondern mit Buckeln.[80] Sie sollen Röcke ohne Ärmel tragen.[81] Auch soll man den Leuten am Kampfplatz bei ihrem Hals Frieden gebieten, und daß niemand die Kämpfer an ihrem Kampf hindere. Jedem von beiden soll der

77 Urswsp. Ldr. 79 II A (89), S. 410: Hochgeborener.

78 Systematische Form: Sie sind dessen überhoben, miteinander zu kämpfen, wenn sie ihre Verwandtschaft so berechnen können, daß sie bis zur fünften Sippe miteinander verwandt sind, und das müssen sieben väterliche oder mütterliche Verwandte zu den Heiligen schwören (Lahr Ldr. CLXXI, IV, 10; S. 214).

79 Lahr gibt im Anschluß daran die Version des Art. Ldr. 79 II A aus der Straßburger Hs. (oben S. 26 A. 3) wieder; es handelt sich im wesentlichen um eine Übersetzung von Ssp. Ldr. I, Art. 63, §§ 1–3; S. 119–122.

80 Diese beiden Sätze verkürzen die Vorlage Ssp. Ldr. I, Art. 63, § 4; S. 123; und insbesondere hat der Schwabenspiegler nicht verstanden, daß es sich bei den *bokelen* um die eisernen Buckel der Schilde und nicht um eine eigenständige Verteidigungswaffe handelt. Im Sachsenspiegel steht unmißverständlich: Das Haupt und die Füße sollen bar sein, und an den Händen sollen sie nur dünne lederne Handschuhe tragen und in der Hand ein bloßes Schwert, und eines oder zwei umgegürtet – das steht ihnen anheim –, und einen Schild, der nur aus Holz und Leder besteht, mit Ausnahme des Schildbuckels, der wohl aus Eisen ist.

81 Die systematische Form fügt folgenden Satz ein: Man soll den Kampf nach des Landes Gewohnheit ausrichten (Lahr Ldr. CLXXII, I, 7; S. 218).

Richter einen Mann geben, der eine Stange trägt; die soll er über den halten, der fällt. Und bekennt er das, so ist er besiegt; und kann er aufstehen, so soll man ihn aufstehen lassen. Verlangt einer nach der Stange, soll man sie unter ihn stoßen; das soll der Richter erlauben. Man soll für die Kämpfenden einen Ring machen, der zwanzig oder fünfundzwanzig Fuß breit sein soll; wer daraus flieht, ist sieglos. Die Schwerter, die sie tragen, sollen kein Ortband haben. Beide sollen vor dem Richter gegenwärtig sein;[82] und der eine soll schwören, daß das, womit er gegen den anderen geklagt hat, wahr sei; dann soll der andere schwören, daß er unschuldig sei; und beide sollen schwören, daß Gott ihnen bei ihrem Kampfe helfe. Das Sonnenlicht soll man gleich zwischen ihnen teilen, wenn man sie zum ersten Mal gegeneinander antreten läßt. Wird der, gegen den man klagt, überwunden, soll man über ihn richten. Bleibt der sieglos, der gegen ihn klagt, richtet man über ihn: Bleibt der sieglos, der den anderen eines Totschlags beschuldigt, geht es ihm an das Haupt; und dreht es sich um eine Lähmung, so geht es ihm an die Hand. Wegen anderer Wunden, die nicht die Tauglichkeit betreffen oder zur Lähmung führen, soll man nicht kämpfen: Man soll nicht wegen kleiner Wunden kämpfen.[83]

(II C) Will ein Mann Notwehr geltend machen, soll er sie also mit seinem Eid beschwören: Was er da getan habe, habe er in rechter Notwehr seines Leibes getan. Und hat der tote Mann niemanden, der diesen Eid verwehrt mit der Aufforderung zum Kampf, so soll der Richter den Mann, der die Notwehr beschwört, für sechs Wochen und einen Tag behalten. Kommt derweil niemand, der gegen ihn einen Vorwurf erhebt, soll er gegenüber denen, die im Lande sind, ein lediger Mann sein. Gegenüber denen, die außer Landes sind, muß er sich zehn Jahre lang verantworten; er soll dem Richter deshalb bis zu diesem Termin Bürgen stellen. Und stirbt der Richter, oder ein anderer Richter kommt an seine Statt, so ist er diesem die Bürgschaft bis zum selben Termin schuldig wie jenem. Und wenn die zehn Jahre um sind, ist er vor allen Leuten ein lediger Mann.

Ein jeglicher Mann kann sich weigern, mit einem Untergenossen zu kämpfen. Ein jeglicher Mann muß mit seinem Standesgenossen kämpfen. Mancher Mann ist rechtlos und kann doch ein Weib nehmen und eheliche

---

[82] Urswsp. Ldr. 79 II B (90), S. 410 hat wie die Vorlage Ssp. Ldr. I, Art 63, § 4; S. 124: Vor den Richter sollen sie beide gerüstet treten. Die systematische Form des Schwabenspiegels hat statt des *gegeret* der Vorlage *gewarnet* (Lahr Ldr. CLXXII, I, 15; S. 218).

[83] Lahr, Anh. zu Ldr. CLXXII, S. 219–221 gibt im Anschluß daran die Version des Art. Ldr. 79 II B aus der Straßburger Hs. (oben S. 26 A. 3) wieder; es handelt sich im wesentlichen um eine Übersetzung von Ssp. Ldr. I, Art. 63, §§ 3f.; S. 122–124.

Kinder mit ihr haben. Sie müssen aber das Recht ihres Vaters haben; es sei denn, sie wären die Eigenleute eines Herrn oder eines Gotteshauses. Die Kinder, die nicht ehelich geboren sind, erben weder das Gut ihres Vaters noch ihrer Mutter noch irgendeines ihrer Verwandten[84].

(II D) Ebenfalls vom Kämpfen: Eine freie Frau kann fünf Arten von Kindern bekommen, von denen je eines nicht des anderen Standesgenosse ist, nämlich eines, das ihr Standesgenosse ist, wenn ihr Mann ihr Standesgenosse ist. Sie kann einen Mittelfreien bekommen, wenn ihr Mann mittelfrei ist. Sie kann einen Landsassenfreien bekommen, wenn sie einen Landsassenfreien zu sich legt. Sie kann einen Dienstmann gewinnen, wenn sie einen Dienstmann nimmt, und dasselbe gilt für einen Eigenmann.[85]

(III) Wer seinen Standesgenossen zum Kampf fordert

Fordert ein semperfreier Mann einen seiner Standesgenossen zum Kampf, muß er seine vier Ahnen kennen und muß sie auch nennen, wenn es jener will, den er da herausfordert und herausgefordert hat. Und nennt er sie nicht, kann er den Kampf verweigern.

Fordert jemand einen anderen zum Kampf, und dieser entzieht sich ihm mit Recht, so muß er diesem, den er gefordert hat, büßen, und auch dem Richter.

Das sage ich nicht vom Totschlag, denn da steht Leib gegen Leib.

(IV) Merk dir über den, der zuerst zum Kampf kommt, folgendes:

(IV a) Wer von denen, die kämpfen sollen, zuerst in den Ring kommt, der soll den Büttel bitten, daß er seinen Kampfgenossen vorlade. Wenn der, der da angesprochen ist, nicht da ist, soll der Büttel ihn zu Hause auffordern, daß er sich wappnen soll. Und der Richter soll zwei Männer mit dem Büttel senden; und man soll ihn also laden: Ich heische den Mann N. einmal, zweimal, dreimal. Und kommt er dann nicht, sollen sie zu dem Ring gehen und sollen ihn auch dort so auffordern. Man soll bis Mittag warten, und kommt er dann nicht, so soll der Kläger aufstehen und sich zum Kampf bereit erklären und zwei Schwertstreiche ausführen und den dritten in die Erde schlagen. Und je nachdem wie der Wind weht, soll er sich gegen den Wind stellen und sein Schwert in die Erde

---

[84] Andere Textformen: Vorfahren (Urswsp. Ldr. 79 II C 3 (63), S. 394. Lahr Ldr. CLXVII, IV, 15; S. 210).

[85] Lahr Ldr. LII, 6, S. 69 hat ausführlicher: Sie kann einen Eigenmann gewinnen, wenn sie einen Eigenmann zu sich legt; hiervon sei genug geredet. Im Anschluß daran gibt er die Version des Art. 79 II D aus der Straßburger Hs. (oben S. 26 A. 3) wieder; es handelt sich im wesentlichen um eine Übersetzung von Ssp. Ldr. I, Art. 51, §§ 1f.; S. 108.

stecken und hat damit jenen in der Sache, derentwegen er ihn herausforderte, überwunden, als ob er mit ihm gekämpft hätte. Der Richter soll jenen sofort in die Acht tun und soll ihn für meineidig erklären und soll ihn für rechtlos erklären; man soll ihm Eigen und Lehen aberkennen. Das Eigen soll an diejenigen gehen, wie hiervor gesprochen ist. Die Lehen sind den Herren ledig, wenn keine Lehenserben da sind. Das Kind soll nicht an seines Vaters Statt zahlen. Und kommt der nicht zum Kampf, der jenen aufgefordert hat, so gilt für ihn dasselbe Recht. Der Richter soll den Bürgen dessen, der nicht gekommen ist, ansprechen und ihn nötigen, daß er den, dessen Bürge er wurde, herbeibringe. Der Richter soll ihm helfen, diesen dazu zu zwingen. Und kann er ihn nicht herbeibringen, richtet man über ihn wie über den Schuldigen selbst.

(IV b) Man soll auch wegen eines toten Mannes, der erschlagen wird, ohne einen Diebstahl oder einen Raub begangen zu haben, wie wegen Notwehr richten; es sei denn, man finde bei ihm das Diebes- oder Raubgut. Und hat man Beweismittel, so schiebe man die Schuld auf den Toten, als ob er lebte. Und handelt es sich um so viel Gut, daß es todeswürdig ist, und es handelt sich um einen Raub, so soll man den Toten enthaupten.[86] Wurde der tote Mann aber erschlagen, weil er sich nicht fangen lassen wollte, und er hat einen Verwandten, der für ihn kämpfen will, so verwirft dieser die sieben Zeugen. Sind aber Beweismittel da, helfen die Zeugen nichts.

(IV c) Verbürgt sich ein Mann, an einem bestimmten Tag zu kämpfen, und er kommt nicht, und er hat einen Verwandten, der für ihn kämpfen will, so muß dieser den Kampf mit Recht bestehen nach dem Recht, wie es hiervor gesprochen ist.[87]

Art. 80. Wie man vor dem Richter eine Buße bekommt

Wer die Verfolgung nicht aufnimmt, wenn man von Gerichtes wegen nach ihm ruft,[88] oder wer seinen Rechtsanspruch nicht eidlich bekräftigt, wenn er zu klagen beginnt, oder wer einen Mann zum Zweikampf herausfordert oder fängt, und der entzieht sich ihm mit Recht, oder wer zu

---

86 Urswsp. Ldr. 79 IV b (92), S. 412: und ist es ein Diebstahl, so soll man ihn henken.

87 Lahr gibt im Anschluß daran die Version des Art. Ldr. 79 IV aus der Straßburger Hs. (oben S. 26 A. 3) wieder; es handelt sich im wesentlichen um eine Übersetzung von Ssp. Ldr. I, Art. 63, § 5 bis Art. 65, § 3; S. 124–126.

88 Deutlicher Ssp. Ldr. I, Art. 53, § 1; S. 110: Wer nicht folgt, wenn man das Gerüft schreit.

festgesetzten Gerichtsterminen nicht rechtzeitig kommt oder sie gar versäumt, oder aber wer vor Gericht etwas spricht oder tut, was wider das Recht ist,[89] oder die vor Gericht festgestellte Schuld für eine jegliche dieser Sachen nicht zahlt, der zahlt dem Richter die Buße, die da festgesetzt ist nach der Leute guter Gewohnheit. Für jede Schuld, für die der Mann eine Buße erhält, erhält auch der Richter ein Gewette. Doch zahlt man dem Richter oft für ungebührliches Betragen vor Gericht, wofür weder der Kläger noch der Beklagte eine Buße erhalten.

Art. 81. Wer ein Gut beansprucht

Beansprucht ein Mann ein Gut, und der Anspruch wird mit Recht abgewiesen, zahlt er keine Buße und kein Gewette, solange er sich des Gutes nicht bemächtigt. Bemächtigt er sich des Gutes ohne Gerichtsurteil, und es ist während dieser Zeit ein Friede geschworen, so ist er ein Friedbrecher und es geht ihm an die Hand. Ist aber kein Friede geschworen, so büßt er mit Pfennigen nach guter Gewohnheit. Denjenigen, der das Gewette oder die Buße nicht zum rechten Termin gibt, soll der Fronbote pfänden und das Pfand sofort versetzen oder verkaufen, wenn der, dem die Pfennige zustehen, ein Fremder ist. Ist er kein Fremder, soll man das Pfand sieben Tage lang behalten. Wenn es der Besitzer dann nicht einlöst, soll man es versetzen oder verkaufen. Man soll kein Pfand den Juden versetzen außer mit dem Willen jenes Mannes, dem es gehört; es sei denn, er habe es so mit ihm vereinbart, dann ist es rechtens.

Art. 82. Wer dreifacher Buße schuldig wird

Es kann ein Mann wegen eines Frevels einer dreifachen Buße schuldig werden: Begeht er einen Frevel in der Kirche oder auf dem Kirchhof, muß er dem geistlichen [und dem weltlichen][90] Gericht und jenem, an dem er gefrevelt hat, büßen; das sind die drei Bußen.

Art. 83. Wie sich ein Mann für den anderen pfänden lassen soll

Es muß kein Mann[91] erdulden, für seinen Herrn um mehr gepfändet zu werden als um so viel, wieviel er dem Herrn als Zins gibt; dafür lasse er sich pfänden. Hat ein Herr Gotteshausleute zu Lehen, und diese geben

---

[89] Andere Textformen ergänzen: und Unrecht bekommt (Langform E, Ldr. 80, S. 136. Langform Z, Ldr. 80, S. 63).

[90] Fehlt in Laßbergs Fragment, vgl. unten Ldr. Art. 249.

[91] Systematische Form: Zinsmann (Lahr Ldr. CCCXXXV, I, 1; S. 392).

ihren Zins dem Gotteshaus, so soll man sie nicht wegen jenes Herrn pfänden, der sie zu Lehen hat. Wer es dennoch tut, beraubt das Gotteshaus und den Herrn, dessen Lehen sie sind. Und derselbe Herr soll sie beschirmen und sie sollen es ihm klagen, wenn jemand ihnen etwas antut. Der Herr, dessen Lehen sie sind, soll sie in der Weise nutzen, wie sie ihm verliehen sind. Nutzt er sie anders, so soll der Herr, der sie verliehen hat, deswegen klagen, wo er es zu Recht tun soll.[92] Als höchsten Nutzen, den er an ihnen haben soll, soll er ein Vogtrecht nehmen; und zwar so viel, wie viel ihm zuerkannt ist. Nimmt er darüber hinaus etwas, so ist das Unrecht.

Art. 84. Vom Zinsgut

Wer von einem Gut, das kein fahrendes Gut ist, Zins geben soll, soll ihn an dem Zinstag geben, der ihm beschieden wird, wenn man ihm das Gut verleiht.[93] Und gibt er den Zins an diesem Tag nicht, soll er ihn am anderen Zinstag doppelt geben, und so viel an jedem weiteren Tag, solange der Herr den Zins inne hat. Und wenn so viel Zins rückständig ist, wie das Gut wert ist, so soll sich der Herr mit den Boten des Richters des Gutes bemächtigen.

Nun sollt ihr hören, wie er den Zins fordern soll: Er oder seine Boten sollen es tun. Er soll ihn vor seinem Hause fordern, und er soll die Nachbarn hinzuziehen, wenn welche da sind. Sind keine da, so nehme er andere glaubwürdige Leute, damit er es bezeugen kann, wenn man ihm bestreiten wolle, daß er ihn gefordert habe, wie es Recht sei; das soll er selbdritt tun. Und ist sein Haus zu weit weg, so soll er ihn auf dem Gut aufsuchen, von dem der Mann ihm den Zins geben soll. Und an welchem der beiden Orte er den Zins unter Zeugen fordert: Er hat Recht. Kann aber der, der das Gut in seiner Gewere hat, selbdritt bezeugen, daß er den Zins an dem Tag, der ihm beschieden war, gegeben hat, so hat er jene Zeugen widerlegt und sein Gut behauptet, weil er die Gewere hat.

---

[92] Langform Z, Ldr. 83 (82), S. 64: ..., soll der Herr des Gotteshauses klagen, wo er es zu Recht tun soll. Langform H, Ldr. 83, S. 182: ..., sollen sie das dem Herrn des Gotteshauses sagen und klagen. Langform E, Ldr. 83, S. 138: ..., soll das der Herr des Gotteshauses oder sein Vogt klagen, wo er es zu Recht klagen soll.

[93] Langform H, Ldr. 84, S. 182: Wer von einem Zinsgut einen Zins geben soll, soll ihn an dem Tag geben, der ihm beschieden ist. Systematische Form: Wer von einem Zinsgut zahlen soll und nicht von fahrendem Gut, soll ihn [den Zins] an dem Tag geben, der ihm beschieden ist oder wird, wenn man ihm das Gut verleiht (Lahr Ldr. CCCXXXVI, 1; S. 393). Langform E, Ldr. 84, S. 138: Wer von einem Gut, das kein fahrendes Gut ist, einen Zins geben soll, der soll ihn erklären.

Art. 85. Wie man ohne des Richters Erlaubnis pfänden soll

Ein jeglicher Mann kann auf seinem Gut, von dem man ihm Geld[94] gibt, ohne Erlaubnis des Richters pfänden. Verweigert man ihm das Pfand, und das Gut gehört ihm, und der Mann ist sein Eigenmann, nimmt er das Pfand mit Recht. Und ist der Mann nicht sein Eigenmann, so soll er es dem Richter klagen. Der Mann soll ihm ein Pfand überantworten und dem Richter und auch dem Herrn büßen, weil er ihm das Pfand versagte. Das Urteil lautet etwa auf ein Pfund oder auf fünf Schilling, je nach guter Gewohnheit des Landes.

Art. 86. Wie man Richter wählen soll

(a) Ein jegliches weltliches Gericht nimmt seinen Ausgang mit einer Wahl. Es ist also gesprochen, daß kein Herr den Leuten einen anderen Richter geben soll als den, den sie wählen. Der soll keine von diesen Eigenschaften haben, die wir hier nennen: Er soll nicht meineidig sein, er soll auch nicht in der Acht oder im Bann sein, er soll auch kein Jude und kein Ketzer und kein Heide sein. Er soll ein Kind aus rechter Ehe sein. Er soll auch kein Bauer sein.[95] Er soll auch nicht an Händen oder Füßen gelähmt sein, er soll nicht blind sein, auch nicht stumm, auch nicht unverständig. Was sein Alter betrifft, soll er nicht unter einundzwanzig und nicht über achtzig Jahre alt sein. Wer eine dieser Eigenschaften besitzt, kann nicht mit Recht Richter sein.

Jeglicher Richter soll vier Tugenden haben. Diese vier Tugenden heißen Kardinaltugenden und sind die ersten vor allen anderen Tugenden. Die eine ist die Gerechtigkeit, die andere die Weisheit, die dritte die Stärke und die Vierte das Maß. Ein Richter soll so gerecht sein, daß er nichts aus Sympathie oder für Geld oder aus Haß tut, außer das, was gerecht ist. Er soll auch stark sein, damit er sein Herz so stark im Zaume hält, daß es dem Leib niemals etwas rate, was wider das Recht ist. Und wird das Herz mutlos, so soll der Leib so stark sein, daß er dem Unmut widerstehe. Eine Tugend über alle andren geht: Das ist die, die aller Bosheit widersteht. Ein Richter soll auch so standhaft sein, daß er Leib und Gut riskieren soll, um das Recht zu schirmen. Ein Richter soll auch verständig sein und so weise, daß er das Böse vom Guten und das Gute vom Bösen unterscheiden können soll. Kann er das, so hat er die rechte Weisheit. Wenn er Böses

[94] Lahr, Anh. zu Ldr. CCCXXXVI, 1; S. 394 nach der Straßburger Hs. (oben S. 26 A. 3): Pfennige.

[95] Diese Bestimmung fehlt in Langform Z, Ldr. 86 a (85), S. 65. Vgl. Langform H, Ldr. 86 a, S. 183.

unterläßt und Gutes tut, ist er ein weiser Richter. Die besten Tugenden soll er haben: Er soll nämlich Gott fürchten und Treue und Recht lieben und alle unrechten Dinge hassen; dann ist er ein weiser Richter. Er soll auch Maß halten, so daß er weder durch Recht noch durch Unrecht veranlaßt in so unmenschlichen[96] Zorn gerät, daß er jemals etwas wider das Recht tut. Er soll niemals unbeherrscht werden, wie mächtig auch immer er sei, so daß er nie ein unkeusches Wort spricht oder jemanden schilt. Er soll im Gericht weder zu aufbrausend noch zu träge sein. Er soll auch im Essen und im Trinken mäßig sein und in allen Dingen, in denen sich das Maßhalten wohl ziemt. Diese vier Tugenden sind alle gut und edel. Eine nutzt ohne die anderen nichts; und wer eine bricht, hat sie allesamt gebrochen. Diese vier Tugenden ziemen sich für alle Herren und für alle, denen Gott auf Erden ein Gericht und Gewalt gegeben hat. Und seid dessen gewiß: Welcher Herr und welcher Richter diese vier Tugenden nicht hat, den hassen viele und er mißfällt weisen Leuten.

(b) Und welcher Richter ein unrechtes Urteil erteilt oder anderen Leuten gestattet, daß sie unrechte Urteile sprechen, ob er das nun aus Haß oder gegen Bezahlung tut,[97] der verliert Gottes Wohlwollen und Gottes Huld. Vor dem weltlichen Gericht fällen die Richter kein Urteil, weil sie nicht alle weise Leute sind und es sehr wahrscheinlich ist, daß es unter all den Leuten, die vor ihm sind, viel weisere Leute gibt, als er einer ist. Keinem Richter ist gestattet, außer seiner Buße irgendein Gut anzunehmen. Wer Richter anders einsetzt, als hier geschrieben steht, handelt wider Gott und wider die Menschen[98].

(c) Nimmt ein Richter von jemandem, der unrecht hat,[99] ein Gut an, handelt er wie Judas: Der verkauft' unschuldig Blut und wahres Blut, und nahm dafür unrechtes Gut. So hat auch der Richter gehandelt, der seinen Bruder für ein wenig Gut verkauft; er soll wissen, daß er Gottes Huld verloren hat. Und ermahnt ihn Gott, so daß er es rückgängig machen will, so soll er das Gut, das ihm jener für das Unrecht gab, nicht dem zurückgeben, der es ihm gab. Denn er gab es ihm, damit der Richter Unrecht förderte und Recht verhinderte. Die Gabe war sündlich und schändlich; und ebenso übel war, daß der Richter es nahm. Daher soll er es nicht

96 Andere Textformen: unmäßigen (Urswsp. Ldr. 86 a (73), S. 399. Langform Z, Ldr. 86 a (85), S. 66. Lahr Ldr. LXXV, II, 17; S. 93).

97 Systematische Form: aus Furcht, aus Liebe oder gegen Bezahlung (Lahr Ldr. LXXV, III, 23; S. 93).

98 Systematische Form: wider das Recht (Lahr Ldr. LXXV, VI, 26; S. 94).

99 Andere Textformen ergänzen: gegenüber jemandem, der recht hat (Langform Z, Ldr. 86 c, S. 67. Lahr Ldr. LXXV, VII, 27; S. 94).

wieder erhalten, sondern der Richter soll es dem wiedergeben, dem da Unrecht geschah. Diesem ist der Richter weit eher schuldig, allen Schaden zu vergelten, der ihm da durch dieses ungerechte Urteil widerfuhr. Die Richter sollen sich davor hüten, jemandem ein Unrecht anzutun oder zu gestatten, daß ein Unrecht getan wird. Will sich ein Mann, der Richter ist, vor Gott rechtfertigen, soll er darüber nachdenken, wann er Gut zu Unrecht genommen hat und wer seinetwegen Gut zu Unrecht verloren hat; dem soll er das Gut gemäß dem Recht oder aus Liebe wiedergeben. Von den Richtern haben wir genug gesprochen. Was wir von den Richtern gesprochen haben, nämlich wer Richter sein kann oder nicht, das sprechen wir auch von den Fürsprechen.

Art. 87. Von den Fürsprechen

(a) Und alle Eigenschaften, welche die Richter haben sollen, sollen auch die Fürsprechen wie die Richter haben, außer daß sie für ihre Worte Lohn nehmen dürfen und für nichts anderes; es sei denn, sie hätten zusätzliche Mühen, indem sie für jemanden über das Land fahren sollen oder wenn sie Auslagen haben: Dies soll der zahlen, dessentwegen sie fahren. Er soll niemandes Wort sprechen außer dessen, der recht hat. Und sagt ihm sein Gewissen, daß er unrecht hat, soll er sein Wort nicht sprechen. So enthält das unser Landrecht. Gebietet der Richter ihm, er müsse sein Wort sprechen, so sagen wir davon nicht, daß das Recht sei; es ist eine Gewohnheit. Wer das Wort dessen führt, der unrecht hat, kann sich kaum davor bewahren, daß er sich gegen Gott wendet. Hilft er mit seinem Können dem, der unrecht hat, ist das wider Gott. Davor soll er sich also hüten und soll den Richter bitten, daß er ihm erlasse, seine Worte zu sprechen. Tut der Richter das nicht, so soll er nichts anderes sprechen als das, was ihm jener sagt oder was er von anderen Leuten hört.[100] Und schädigt ein Fürsprech wissentlich oder willentlich jemanden, der recht hat, so ist er Gott und jenem schuldig, was er seinetwegen verloren hat. Und spricht er jemandes Wort, und er verspricht, von jemand anderem Gut anzunehmen, oder er hat es bereits genommen, und er schädigt um dieser Zahlung willen den, für den er das Wort führt, so hat er nicht weniger gesündigt als Judas, der Gott verriet und verkaufte. Denn er hat seinen Bruder verkauft; wir alle sind nämlich Brüder in Gott. Er hat auch seine Zunge verkauft. Und klagt ihn einer, dessen Wort er derart ungetreulich geführt hat, vor dem Richter

[100] In den systematischen Formen folgt: Und der [derjenige, der unrecht hat oder der Fürsprech, der ihn trotzdem vertritt?] ist dem Richter die Zunge schuldig oder muß sie mit zehn Pfund auslösen (Lahr Ldr. LXXVI, II, 6; S. 96).

an und kann ihn dessen selbdritt überzeugen, so soll er ihm seinen Schaden zweifach vergelten, als ob das Gut in seinen Schirm übergeben worden wäre. Und er ist dem Richter seine Zunge schuldig oder soll sie mit zehn Pfund auslösen. Er soll um Gottes Lohn das Wort armer Leute führen, und tut er das nicht gern, ist das wider Gott; und der Richter kann ihm mit Recht gebieten, daß er das Wort armer Leute spreche. Und bittet ein Mann den anderen, daß er sein Wort vor Gericht spreche, und er sagt ihm alle seine Geheimnisse über diese Sache, und sie kommen vor den Richter, und jener, gegen den die Sache zur Verhandlung steht, nimmt denselben Fürsprech, den dieser gebeten hatte und dem er seine Geheimnisse gesagt hatte: Kann er das zu Recht verhindern oder nicht?[101] Wir sprechen also: Geht jener hin und sagt dem Richter, daß ihm dieser Mann, gegen den er streitet, seine Geheimnisse über ihren Streit gesagt habe, und der Richter will ihm das nicht glauben, so soll jener, der ihm seine Geheimnisse gesagt hat, hingehen und zu den Heiligen schwören, daß es so sei. Der Richter soll ihm zu Recht erlassen, daß er sein Wort führe, und soll ihm gebieten, daß er das Wort dessen spreche, der ihm seine Geheimnisse gesagt hat. Dieses Recht ist Recht vor geistlichem und vor weltlichem Gericht.

(**b**) Und spricht ein Mann das Wort eines Menschen in einer Sache[102] und die Sache wird aufgeschoben, so kann der Fürsprech niemals mit Recht in dieser Sache gegen ihn sprechen.

Art. 88. Von den Ratgebern

Nun sollen wir von den Ratgebern sprechen. Ist ein Mann so verständig, daß er den Leuten guten Rat geben kann, und ein Mann bittet ihn, daß er ihn in seiner Sache berate, so ist er nicht verpflichtet, ihm umsonst Rat zu geben. Er kann mit Recht sein Gut dafür nehmen, daß er ihn zu seinem Recht berate; und er ist ihm das Gut schuldig. Und ist ihm der Rat nicht nutze, soll er ihm nichts für den Rat geben. Und gibt er jenem einen Rat, der ihm in der Sache schädlich ist, ist er ebenso schuldig wie der falsche Fürsprech, von dem wir hiervor gesprochen haben. Er soll armen Leuten für Gottes Lohn Rat geben. Das ist er ihnen vor Gott schuldig. Von Ratgebern sagen wir hiervor mehr und hiernach mehr.

---

101 Langform Z, Ldr. 87 a, S. 68: Soll er sein Wort sprechen oder nicht?

102 In der systematischen Form folgt: und dieser hat ihm seine Geheimnisse über diese Sache gesagt (Lahr Ldr. LXXVI, VI, 13; S. 97).

Art. 89. Von den Zeugen

Dies handelt von den Zeugen. Hiervor ist gesagt, wer Zeuge sein kann oder nicht. In welcher Sache auch immer der Mann Zeuge ist: Er soll dafür nichts nehmen. Und kommt er vor den Richter und soll jemandem zu seinem Recht verhelfen: Der, über den er schwören soll, kann ihn deswegen verwerfen, weil ihm Gut verheißen sei. Und streitet er ab, daß ihm Gut verheißen oder gegeben sei, soll er sich mit seinen zwei Fingern verteidigen. Oder man soll ihn selbdritt überzeugen mit solchen, die fürwahr wissen, daß jener ihm Gut verhieß und daß er versprach, es anzunehmen, oder es bereits empfangen habe. Wenn er dessen überzeugt wird, soll er es dem Richter mit einer Frevelbuße büßen. Die beträgt etwa ein Pfund, oder ein halbes Pfund, oder fünf Schilling. Für ein Jahr soll er keines Mannes und keines Weibes Zeuge sein. Es ist eine große Untat, wenn einer Gut dafür nimmt, um jemandem Recht oder Unrecht zu verschaffen.[103]

Art. 90. Wie man Recht erkaufen soll

Wenn ein Mann sein Recht nicht anders behaupten kann, als wenn er dem Richter und anderen, die dazu gehören und hiervor genannt sind, Gut gibt, so raten wir ihm folgendes: Bevor er sein Recht verliere, gebe er sein Gut. Es ist besser, ein wenig zu geben, als viel zu verlieren. Gibt er es ungern, und hätte nichts gegeben, wenn er sein Recht anders hätte behaupten können, begeht er keine Sünde, wenn er solcherart Gut hergibt.[104] Alle, die im Gericht wirken, sollen sich davor hüten.[105] Denn der weise Salomo spricht also: Liebt das Recht, alle die ihr auf Erden richtet; das haben die Richter nötig.

Art. 91. Wer zu Haut und zu Haar richten kann

Es kann kein Bauer mit Recht Richter sein und niemand, der sein Recht verloren hat. Entsteht aber bei einer Tat durch Diebstahl oder Raub ein Schaden von weniger als fünf Schilling, so kann die Menge einen Vogt wählen, der darüber richtet, wenngleich ein Königsbann besteht. Ich mei-

---

[103] Langform Z, Ldr. 89 (90), S. 69: Es ist eine große Untat, wenn jemand Geld dafür nimmt, daß er jemandem zu seinem Recht verhilft; es ist viel böser, wenn er ihm zu seinem Unrecht verhilft.

[104] Andere Textformen haben statt des letzten Halbsatzes: Die solches Gut annehmen, begehen eine Todsünde (Urswsp. Ldr. 90 (78), S. 402).

[105] Langform Z ergänzt: damit sie nicht den ewigen Tod durch ihr Gericht verdienen.

ne folgendes: Wo kein Richter ist, der um Wunden richtet, kann man einen wählen, der zu Haut und zu Haar richtet, sei es in Städten oder in Dörfern. Richtet einer anders, als es hier geschrieben steht, wird er an den Leuten schuldig.

Art. 92. Wer Richter über Menschenblut sein kann

Eine Vogtei ist kein rechtes Lehen. Denn wo man Richter nehmen soll, soll man sie nach der Wahl durch die Leute nehmen. Wer keinen Bann vom König hat, kann nicht richten, außer zu Haut und zu Haar. Dies bescheiden wir also: Hat ein geistlicher Fürst Regalien[106] vom König, kann er davon niemandem den Bann leihen, wenn es den Leuten an ihren Leib oder an ihr Blut geht. Vertraut er einem Richter sein Gericht an, damit er über Menschenblut richte, wird er an allen, die ihr Blut vergießen, schuldig. Will er rechtens handeln, so soll er den Richter, dem er sein Gericht verleiht, zum König senden. Und kann er nicht dorthin kommen, so soll der geistliche Fürst seinen Boten zum König senden, damit dieser seinem Richter den Bann mit einem Brief sende; das ist auch Recht. Dieser Dinge bedarf ein Laie, der vom König ein Gericht empfängt, nicht. Der verleiht den Bann seinem Richter; und der Richter kann ihn nicht weiter verleihen. Und hat der Laienfürst verschiedene Gerichte, die über Menschenblut richten sollen, soll er jedem einzelnen den Bann gesondert verleihen.

Der Richter, der den Bann hat, kann alle Arten von Ungericht richten, die in seinem Gericht vorkommen, außer wenn man um Eigen klagt: Darüber kann er oder ein anderer Richter nicht richten, außer auf der rechten Dingstätte; denn dort, wo das Eigen liegt, soll man auch darüber richten und bei des Königs Bann. Wer den Bann einmal empfängt, braucht ihn kein zweites Mal zu empfangen, wenn der König stirbt. Hat der Richter, der den Bann vom König empfangen hat, das Gericht noch inne, wenn der König tot ist, so hat er den Bann gleichwohl mit Recht. Wird er ihm aber genommen, solange der König lebt, und er soll ein zweites Mal Richter werden, so muß er den Bann nach dem Tod des Königs ein zweites Mal empfangen; dann hat er ihn, solange er lebt und Richter ist.

Art. 93. Wie der Richter jegliches[107] Ding gebieten soll

Es kann kein Richter ein Ding gebieten ohne seine Büttel, die das Ding zu Recht gebieten sollen. Man soll den Büttel um das erste Urteil fragen,

---

106 Systematische Form: ein Gericht (Lahr Ldr. LXXXVII, II, 3; S. 108).

107 Andere Textformen: ein *eliches* (rechtmäßiges) Ding (Urswsp. Ldr. 93 (82), S. 406).

nämlich ob er das Ding so geboten habe, wie es Recht sei, und soll ihn fragen, ob er mit Recht allen Lärm und alles ungebührliche Betragen untersagen solle; der Richter soll fragen, ob es an der Zeit sei, und ob man auf den, der zu dieser Zeit noch nicht gekommen ist, warten soll.[108] Das alles soll er den Büttel fragen, und der soll die Antwort erteilen. Und ist die dritte Zeit des Tages vorüber, so ist es wohl an der Zeit, daß man das Ding aufsuchen soll; das nennen die Geistlichen die Terzzeit. Wer dann nicht sofort kommt, soll dem Richter ein Gewette zahlen. Danach soll man mit Fürsprechen klagen, was Anlaß zum Streit gibt. Ein jeglicher Mann kann ohne Fürsprechen klagen und antworten, wenn er den Schaden akzeptiert, der ihm daraus entsteht, wenn er sich ohne Fürsprechen verspricht: Das kann er nicht wieder gutmachen; er muß den Schaden haben. Hat er einen Fürsprech, und der verspricht sich, kann er das mit einem anderen wieder gutmachen. Wenn der Mann einen Fürsprech nimmt, soll der Richter ihn fragen, ob er sich zum Wort seines Fürsprechen bekennen wolle; dann soll er ja sagen. Und wenn er den Fürsprech genommen hat, so muß er an dem festhalten, was der Fürsprech sagt. Manchmal ist es keine Gewohnheit, daß man frage, ob er sich zum Wort seines Fürsprechen bekenne; manchmal ist es die Gewohnheit der Leute. Wenn der Mann den Fürsprech nimmt, soll er nicht öffentlich zu ihm reden, sondern soll ihm zuraunen, was er sagen will. Der Richter soll es gestatten, wenn der Fürsprech eine Unterredung begehrt; und will er sich zu lange besprechen, soll der Büttel ihm gebieten, daß sie wieder vor den Richter kommen sollen. Es kann sich nach der Gewohnheit niemand weigern, in dem Gericht, zu dem er gehört oder worin er ein Gut hat, Fürsprech zu sein, außer es geht um die Angelegenheiten seiner Jungfrauen oder seiner Kinder oder seiner Verwandten oder seines Paten[109], wenn die Klage gegen ihren Leib oder gegen ihre Gesundheit oder gegen ihre Ehre geht, indem man den christlichen Glauben eines Menschen bezweifelt oder ihn des Meineids beschuldigt.

Art. 94. Wenn ein Fürsprech stammelt

Und erklärt ein Richter einen stammelnden Mann zum Fürsprechen, ist das widerrechtlich. Geschieht es aber, so verbessere er alles, was er falsch

---

[108] Andere Textformen: und ob der, der zu dieser Zeit noch nicht gekommen ist, eine Buße zahlen soll (Urswsp. Ldr. 93 (82), S. 406).

[109] Andere Textformen variieren die Aufzählung; systematische Formen: die Angelegenheiten seines Weibes (so zutreffender), seiner Kinder, seines Verwandten, seines Mannes, seiner Herren, seines Paten (Lahr Ldr. LXXXIX, IV, 18; S. 113).

spricht.[110] Ein jeglicher Mann kann in deutschen Landen vor jedem Gericht sprechen, wenn man ihn nicht an seinem Recht beschelten kann, wie hiervor gesprochen ist.

Art. 95. Wie geistliche und weltliche Leute einander beklagen sollen

Wir sprechen also: Wo der Mann Recht fordert, da soll er auch Recht nehmen, mit Ausnahme geistlicher Leute; die können vor weltlichem Gericht klagen, aber man muß sie vor dem geistlichen Gericht beklagen, außer wegen einer Sache: Beklagt ein geistlicher Mann einen weltlichen Mann vor Gericht wegen einer Zahlung,[111] soll der Richter für ihn richten. Und will ihm der Beklagte seine Pfennige sofort geben oder ein Gut als Pfand, soll er das nehmen. Und der Laie beklagt den geistlichen Mann vor dem weltlichen Gericht, und der Richter soll mit Recht für ihn über den geistlichen Mann richten, aber nur um eine Zahlung.

Art. 96. Wen der Fronbote festhalten soll

Für das, was der Kläger oder der, gegen den sich die Klage richtet, vor Gericht schuldig werden, sollen sie Bürgen stellen, wenn sie nicht im Gericht begütert sind. Wer keine Bürgen hat, den soll der Fronbote festhalten.[112]

Wen der Mann als Fürsprech nimmt, der soll sein Fürsprech sein für alles, was er an diesem Tag zu verhandeln hat; es sei denn, er werde ihm mit Recht genommen, oder einer sagt sich vom anderen los.[113]

Art. 97. Wie ein Richter das Urteil erfragen soll

(a) Wir sprechen also: Jeglicher Mann kann seinen Nachteil verschweigen, wenn er will. Das Gericht aber hat seine Forderungen gegenüber jenem, der den Frieden gebrochen hat; danach bemißt sich die Schuld.

(b) Der Richter soll demjenigen einen Fürsprech geben, der zuerst einen begehrte,[114] und danach dem anderen, gegen den sich die Klage richtet. Und er soll die Klage zulassen, bevor er keinen mehr erteilt. Der Richter soll wegen einer jeglichen Sache die Leute befragen. Das meinen wir also,

110 Andere Textformen: Geschieht es aber, so hat der, dessen Wort er spricht, keinen Schaden davon (Urswsp. Ldr. 94 (83), S. 407).

111 Langform Z, Ldr. 95, S. 72 ergänzt: und er will nicht zahlen.

112 Langform Z, Ldr. 96,1, S. 72: Hat einer keine Bürgen, soll der Richter den Fronboten ihn festhalten heißen.

113 Vgl. Ldr. 87 a.

114 Langform Z, Ldr. 97 b (98), S. 73: der klagt.

daß er nicht die Freunde oder Verwandten der Leute zuerst frage; denn das steht dem Richter für gewöhnlich anheim.[115] Weswegen der Richter zuerst um ein Urteil fragt, deswegen soll man auch zuerst eines finden für beide; sowohl für den Kläger als auch für den, gegen den die Klage sich richtet. Ein jeglicher Mann kann um eine Unterredung nachsuchen, wenn man ihn einer Sache wegen anspricht; und zwar für jede Sache gesondert.[116]

Art. 98. Wie man dem Richter Frevel und Wunden büßen soll

(a) Hier sollen wir euch wissen lassen, wie man Frevel[117] und andere Ungerichte büßen soll. Nimmt jemand sein Schwert oder sein Messer unrechtmäßigerweise zu jemandes Schaden in die Hand, so gehört das Schwert dem Richter oder fünf Schilling; die Wahl liegt beim Richter. Und ist das Schwert teurer, so löse es jener aus, dem es gehört, wenn weiter kein Schaden entstanden ist als das Zücken. Geschieht aber deswegen ein Schaden, so büße man diesen, wie es Recht ist. Wegen Blutvergießens, das ohne Verwundung und ohne Lähmung geschieht, zahlt man manchmal fünf Schilling, manchmal ein Pfund, manchmal mehr; je nachdem, welche Gewohnheit in dem Land gilt.[118]

(b) Und klagt ein Mann den anderen an, er habe ihn verwundet, und jener erweist sich dessen als unschuldig, so schuldet dieser [Kläger] dem Richter deswegen nichts; es sei denn, er habe jenen zum Zweikampf gefordert. Und soll ein Mann einem anderen für eine Wunde büßen, die so beschaffen ist, wie hiervor gesprochen ist, so soll man dafür nach dem Rat weiser Leute büßen. Wenn man mit Pfennigen büßen soll, soll man

---

[115] Wohl Fehler beim Abschreiben (*gewonlich* statt *gevarlich*); andere Textformen haben plausibler: denn das wäre parteiisch von dem Richter (Urswsp. Ldr. 97 b (86), S. 408).

[116] Lahr gibt im Anschluß daran einen Artikel aus der Straßburger Hs. (oben S. 26 A. 3) wieder; es handelt sich im wesentlichen um eine Übersetzung von Ssp. Ldr. II, Art. 49, § 1 bis Art. 52, § 1; S. 172f. (Lahr, Anh. zu Ldr. XCII, S. 116f.) mit Ausnahme von (5): Wer Grenzbäume oder Grenzsteine setzt, soll denjenigen dabei haben, der die Sitten anderer Leute kennt (statt Ssp. Ldr. II, Art. 50: der das Land auf der anderen Seite besitzt).

[117] Systematische Form: Frevel und Wunden (Lahr Ldr. CLXV, 1; S. 206).

[118] Systematische Form: Und ist das Schwert wertvoller, so löse er es beim Richter aus und gebe ihm fünf Schilling für das Messer, wenn kein Schaden dadurch entstanden ist. Zückt er es aber und richtet einen Schaden damit an, büße er diesen, wie es Recht ist. Fließende Wunden, die nicht töten oder lähmen, büßt man manchmal mit einem Pfund, manchmal mit fünf Schilling, manchmal mit drei Schilling, manchmal mehr, je nachdem, was auf dem Land und in den Städten Gewohnheit ist (Lahr Ldr. CLXV, 3–5; S. 207).

dem Kläger mehr geben als dem Richter. Es ward nie als Recht gesetzt, daß man dem Richter eine höhere Buße geben soll als dem Kläger. Wir sprechen also: Wenn man entgegen diesem Buch richtet, handelt man wider Gott und wider das Recht. An jedem Ort, wo Richter mit Urteil richten, ist ein Gericht.

Art. 99. Wer einen wegen seiner Treue anklagt

Klagt ein Mann den anderen wegen seiner Treue an, und jener will beschwören, daß er ein treuer Mann sei, kann er ihn mit sieben Mannen dessen überzeugen, daß er die Treue gebrochen hat; er soll auch wissen, womit und wie. Dann soll man ihm die Hand[119] abschlagen. Und hat er keinen Zeugen, kann er mit ihm kämpfen; dasselbe kann man wegen eines Meineids tun.

Art. 100. Von der frischen Tat

(a) Wer seinen Leib oder die Hand oder die Haut oder das Haar verliert, wenn es ihm mit rechtem Urteil abgesprochen ist, der ist rechtlos.

(b) Verbürgt sich jemand vor einem Richter für einen Mann, daß er ihn wegen eines Ungerichtes vor Gericht bringe, und er bringt ihn nicht vor Gericht, so muß er all das erleiden, was jener erleiden sollte.

(c) Wen man auf frischer Tat ergreift, den soll man vor Gericht bringen. Und geht es darum, daß er jenen verwundet oder erschlagen hat: Um was es sich handelt, außer um Diebstahl oder Raub, soll man selbdritt bezeugen; geht es ihm an den Leib, soll man ihn mit sieben Männern überzeugen.[120] Hat man keine Zeugen, soll man kämpfen, wie hiervor gesprochen ist.

Art. 101. Wenn man einen Mann ächten will

Wird jemand vor Gericht beklagt, und er ist nicht da, soll man ihn einmal, ein anderes Mal und ein drittes Mal vorladen; das ist das Recht der Laien. Und kommt er nicht, ächtet man ihn nicht. Man soll den Mann keiner Klage wegen ächten; außer es gehe ihm an den Leib oder an die Hand. Daß man niemanden ächten soll und kein Urteil über ihn sprechen soll, bevor er geladen wird, soll man mit dem Buch Scholastica Historia be-

[119] Systematische Form: die Hände (Lahr Ldr. CXXXVII, 1; S. 169).

[120] Andere Textformen ergänzen: und geht es ihm an die Hand, soll man ihn mit zusätzlich zwei Zeugen [zum Kläger] überzeugen (Langform Z, Ldr. 103 (100 c), S. 74. Lahr Ldr. CLXIV, III, 6; S. 206. Kurzform I b, Ldr. 100 c, S. 178).

weisen. Da findet man es, wo man vom Martyrium unseres Herrn liest.[121] Sie[122] saßen zu Rate, wie sie unseren Herrn Jesus Christus fangen wollten, und sandten ihre Amtleute zu ihm, damit sie ihn fangen sollten. Sie kamen zu unserem Herrn. Er sprach: Sucht ihr mich? Ihr findet mich nicht! Denn wo ich bin, dorthin könnt ihr nicht kommen; denn die Zeit war noch nicht gekommen. Nach meiner Auferstehung suchen mich viele Leute, die mich lebendig nicht sehen oder finden können.[123] Jesus entgegnete den Boten mit so guter[124] Rede, daß sie von dannen gingen und ihn nicht gefangen nahmen, denn sie fanden keine Schuld an ihm. Die Boten kamen zu den Richtern[125] zurück und sprachen: Er ist ein Prophet. Die Richter sprachen: Warum führtet ihr ihn nicht mit euch ab? Da sprachen die Boten: Es redete nie ein Mensch eine so weise Rede, wie er da redete. Wir fanden keine Schuld an ihm. Sie bestraften die Boten und sprachen: Ihr seid auch verführt. Welcher Herr und welcher Fürst auch immer an ihn glaubt, den sollen wir ächten. So ist allen Leuten erlaubt, ihn zu ergreifen. Da saß ein ehrlicher Mann, der war heimlich Jesu Freund; und er trat für ihn ein, wie er es vermochte. Er hieß Nikodemus. Er stand auf und sprach: Es steht in unserem Gesetz[126], daß man niemanden ächten oder verdammen oder verurteilen soll; man soll ihn zuerst anhören. Das heißt soviel wie: Man kann über niemanden ein Urteil sprechen, bevor man ihn vorlädt. Das sprach er Gott zuliebe und in der Meinung, daß er vor ihnen schuldlos geblieben wäre wie vor den Boten, wenn sie ihn und seine weise[127] Rede selbst gehört hätten. Sie sprachen zu Nikodemus: Wir hören aus deiner Rede wohl, daß du ein Galiläer bist und von einem

---

[121] Petri Comestori Historia scholastica, cap. XCVII (quod missi ut tenerent Jesum admirabantur verba eius). In: Adami Scotti opera omnia, accedunt magistri Petri Comestoris Historia scholastica necnon Godefridi Viterbiensis Chronicon. Hg. Migne, Jacques-Paul (Patrologia Latina 198). Turnhout o.J., Sp. 1049–1722; hier Sp. 1586 C/D). Es handelt sich um eine teilweise wortgetreue Paraphrase von Joh. 7, 32–52, allerdings mit sinnstörenden Auslassungen. Der Schwabenspiegeltext steht dem Bibeltext um Nuancen näher; sein juristischer Kommentar zur Stellungnahme des Nikodemus findet sich weder bei Johannes noch bei Petrus Comestor.

[122] Andere Textformen: die Juden (Langform Z, Ldr. 104 (101), S. 75. Lahr Ldr. XCIII, III, 5; S. 118. Kurzform I, Ldr. 101, S. 180).

[123] Andere Textformen ergänzen: sie finden mich aber göttlich (Langform Z, Ldr. 104 (101), S. 75. Lahr Ldr. XCIII, III, 6; S. 119. Kurzform I, Ldr. 101, S. 180).

[124] Andere Textformen ergänzen: und so weiser (Langform Z, Ldr. 104 (101), S. 75. Lahr Ldr. XCIII, III, 8; S. 119. Kurzform I, Ldr. 101, S. 180).

[125] Andere Textformen: zu den Fürsten der Juden und den Richtern (Langform Z, Ldr. 104 (101), S. 75. Lahr Ldr. XCIII, III, 9; S. 119. Kurzform I, Ldr. 101, S. 180).

[126] Urswsp. Ldr. 101 (94), S. 413: und im Landrecht.

[127] Langform Z, Ldr. 104 (101), S. 75: süße.

seiner Jünger verführt bist, und einer seiner Jünger bist. Man sagt, er ist ein Prophet. Nun merkt, wie die Schrift spricht. Sie spricht also: Von Galiläa geht kein Prophet mehr aus. Deshalb soll man niemanden verurteilen[128], bevor man ihn vor Gericht lädt.

Art. 102. Wie man wegen einer Geldschuld richten soll

(a) Klagt ein Mann um eine Zahlung, soll man den Beklagten vorladen, wie hiervor gesprochen ist, und kommt er nicht, so soll man ihn deswegen nicht ächten. Der Richter soll den Kläger zu seinem [des Beklagten] Gut weisen, wenn es in seinem Gericht liegt, und soll seine Buße auch daraus bestreiten; dieses Recht gilt für alle Richter. Allerorten soll man dem Kläger sein Geld und seine Buße vor dem Richter geben. Und fehlt dem Gut etwas an diesem Betrag, soll man den Richter den Schaden haben lassen und nicht den Kläger.

(b) Pfändet man einer Zahlung wegen, soll man das Pfand für acht Tage unverkauft und unversetzt behalten. Und will man dasselbe Pfand als Bürgschaft geben, soll man es bis zum selben Termin ausgeben. Es ist manchmal Gewohnheit, daß man anders damit verfährt. Kommt der Mann innerhalb dieser Zeit nicht, solange das Pfand noch nicht veräußert ist, und er geht nicht zum Richter und reinigt sich nicht von der Schuld, ist er die Zahlung schuldig. Wird darüber hinaus etwas erlöst, wenn das Pfand verkauft wird, soll man es jenem wieder geben; und fehlt etwas, soll man ihn ein zweites Mal pfänden; es sei denn, er befinde sich in ehafter Not.

Art. 103. Wer vorladen soll

(a) Beklagt jemand einen Mann, und der Richter ist nicht daheim, soll ihn der Fronbote laden, wie es Recht ist. Und wenn der Richter kommt, soll er sofort richten und nicht laden; denn das Vorladen ist die Pflicht der Fronboten und nicht der Richter. Kein Richter kann jemanden laden, denn das gehört nicht zu seinem Amt. Ein Richter soll ein Richter sein und kein Fronbote. Gebietet der Richter oder der Fronbote jemandem einen Gerichtstag, und der Richter kommt dann nicht, verliert dadurch niemand sein Recht.

(b) Ihr sollt wissen, daß man alle weltlichen Gerichte von einem römischen König empfangen muß. Daher kann niemand behaupten, daß ein Gericht sein Eigen sei. Wer das behauptet, spricht wider das Recht; des-

[128] Systematische Form: ächten und verurteilen (Lahr Ldr. XCIII, III, 17; S. 120).

halb ist dies festgesetzt: Tut man einen Mann vor einem Richter in die Acht, und er ist sechs Wochen und einen Tag darin, so ächtet man ihn auch im nächsten Gericht und abermals in einem anderen; dann tut man ihn wohl in allen Gerichten in die Acht, die vom römischen König verliehen sind.

Art. 104. Wie man einen Tag für den Zweikampf gibt

Versäumt ein Herr sein Landgericht, indem er nicht dorthin kommt, entsteht den Leuten dadurch kein Nachteil außer dieses eine Landgericht. Und ist jemand geladen, so besteht die Ladung weiterhin; nur dies eine Mal ist in Fortfall gekommen. Und fordert ein Mann den anderen zum Zweikampf, und dieser ist deswegen nicht geladen, aber gleichwohl zugegen, so soll man ihm einen Termin setzen je nach seiner Geburt, damit er sich vorbereiten kann, wie er dessen bedarf. Dem Semperfreien setzt man einen Tag nach sechs Wochen, dem Mittelfreien nach vier Wochen, dem Dienstmann und allen Eigenleuten nach zwei Wochen.

Art. 105. Wie sich der Mann für sein Eigen verantworten soll

Für jedwede Sache, derentwegen man einen Mann beklagt, soll er sich verantworten, wenn er zugegen ist; mit Ausnahme seines Eigens, für das soll er sich verantworten[129], wie dieses Buch hiervor spricht; und für seine Lehen soll sich der Mann vor seinem Herrn verantworten. Dieses Recht setzten der König Konstantin und St. Silvester, der Papst.

Art. 106. Vom Achtschatz

(a) Wer sooft in die Acht kommt, wie hiervor gesprochen ist, schuldet einem jeglichen Richter den Achtschatz. Das ist darum festgesetzt, daß man die Acht fürchte und schnell davon loskommen wolle.

(b) Wenn der Mann über sechs Wochen und einen Tag in der Acht ist, soll der Richter seine bekannten Boten zu dem geistlichen Richter senden, damit dieser ihn in den Bann tue. So soll es auch der geistliche Richter gegenüber dem weltlichen tun; und sobald diesem die Botschaft zukommt, soll er den Gebannten in die Acht tun. Man kann auch jeglichen Mann in jeglichem geistlichen Gericht bannen, wenn er sechs Wochen und einen Tag im Bann ist.

---

[129] Der Gliedsatz: mit Ausnahme … fehlt bei Laßberg und ist nach anderen Textformen ergänzt (Langform Z, Ldr. 109 (105), S. 77. Lahr Ldr. XCIX, 2; S. 124. Kurzform I, Ldr. 105, S. 187). Weitere Lesarten etwa Langform H, Ldr. 105, S. 193. Urswsp. Ldr. 99 (105), S. 415.

Art. 107. Wer sich vor Gericht nicht verantworten will

Wird ein Mann dreimal geladen, und er kommt an die Gerichtsbank und hört, daß er geladen wurde, und will sich doch nicht verantworten, und der Mann, der ihn hat laden lassen, hält seine Klage über drei Gerichtstage aufrecht, so soll der Richter für ihn über alles, worum er klagt, richten. Und er soll den Beklagten in die Acht tun; es sei denn, es handle sich um eine Zahlung: Darum soll man niemanden ächten. Der Richter soll seine Buße nach der Gewohnheit nehmen. Und kommt der, von dem hiervor gesprochen ist, und will aus der Acht kommen, und jener, der seine Ächtung veranlaßte, ist nicht zugegen, so kann der Richter ihn nicht mit Recht aus der Acht entlassen wie wegen einer anderen Schuld. Das kommt von dem großen Frevel, den er beging, als er vor Gericht war, und sich nicht verantworten wollte, und von der großen Schmähung, die er dem Gericht angetan hat. Und kommen sie beide vor den Richter, und jener bittet, daß man ihn aus der Acht entlasse, und er stellt Bürgen, wie es Recht ist, so soll man ihn aus der Acht entlassen, und er soll dem Kläger sein Recht gewähren. Und entschädigt er den Kläger, so ist er doch dem Richter den Achtbann[130] schuldig. Das kommt alles davon, daß er vor Gericht war und sich nicht verantworten wollte. Will er aber abstreiten, daß er dort war, soll man ihn mit denen[131] überzeugen, die ihn da gesehen haben.

Art. 108. Wie man aus der Acht kommen soll

Wer aus der Acht kommen will, soll ohne Bande und ohne Fesseln und ohne Bürgen kommen, und soll dem Richter für das Recht des Klägers und für sein Recht Bürgen stellen; dann soll er ihn aus der Acht entlassen. Und wenn ein Friede geschworen ist, soll er den Frieden schwören, und ist kein Friede geschworen, soll er den Gottesfrieden schwören. Das ist deshalb festgesetzt, weil er, als man ihn in die Acht tat, vom Frieden ausgenommen und ihm die Acht erklärt wurde. Und geschieht das auf einem Landgericht, so soll der Richter dem, der in der Acht war, gebieten, daß er auf drei Landtage komme, damit er sich verantworten könne, wenn jemand gegen ihn klagen wolle. Und kommt er auf die drei Landtage, und niemand klagt gegen ihn, so ist er vor allen, die ihn in die Acht taten, ledig; es sei denn, ehafte Not hindere sie. Wegen ehafter Not brauchen die Kläger keine Boten vor Gericht zu senden, die ihre ehafte Not

---

130 Gleichbedeutend mit Achtschatz (Ldr. 106 a).

131 Andere Textformen: selbdritt (Urswsp. Ldr. 101 (107), S. 416. Lahr Ldr. CI, 7; S. 127. Kurzform I, Ldr. 107, S. 190).

für sie beschwören; denn wenn die Kläger kommen, so muß er ihnen ihr Recht gewähren. Dann sollen sie vor dem Richter ihre ehafte Not beschwören. Und ist jener da nicht zugegen, soll der Richter befehlen, daß er dreimal geladen werde wie beim ersten Male. Nach diesem Recht sollen die Städte dieselbe Sache auch richten.

Art. 109. Wann man über den Geächteten nicht richten kann

An den gebundenen Tagen kann man über keinen Geächteten richten; es sei denn, er werde an den gebundenen Tagen auf frischer Tat ergriffen. Man soll einen Geächteten an gebundenen Tagen aus der Acht entlassen, und wäre es an den heiligen drei Tagen zu Weihnachten, zu Ostern und zu Pfingsten. Mit dem Geächteten verhält es sich wie mit dem Sünder: Wenn der Sünder zu Gott zurückkehren will, soll man ihn empfangen. So soll man auch mit dem Geächteten verfahren. Wegen welcher Schuld auch immer ein Mann in die Acht kommt, den Totschlag ausgenommen: Sein Leib und sein Gut sollen vierzehn Nächte Frieden haben, damit er bei sich nachdenken kann, wie er wieder davon wegkomme. Das soll der Richter tun, ohne daß es dem Kläger oder ihm selbst an seinem Recht etwas schade.

Art. 110. Wenn dem Richter gebüßt wird und nicht dem Kläger

Vor einem Gericht wird wegen eines Ungerichtes geklagt, und es wird ein Mann überführt, und der Richter stirbt oder verliert das Amt, und ihm ist bereits gebüßt, aber dem Kläger noch nicht. Ein anderer Richter wird eingesetzt, und der Kläger geht vor den Richter und klagt ihm das. Wir sprechen also: Was vor jenem Richter geschehen und geurteilt worden ist, soll auch vor diesem fest bestehen. Und wie viele Richter danach noch eingesetzt werden, und wenn der Beklagte diesen allen büßt: Solange der Kläger nicht befriedigt ist, nutzt es dem, der dem Richter büßt, nichts.

Art. 111. Von unrechtem Frevel

Schilt ein Mann den anderen oder stößt ihn oder verwundet ihn oder tut ihm sonst etwas Übles an, den Totschlag ausgenommen, und er will eine Buße, indem man ihm Ehre oder Gut biete, so soll man das gemäß seiner Würde tun. Niemand soll den Leuten eine gleiche Buße erteilen, so daß man dem Knecht wie dem Herrn und dem Eigenmann wie dem Freien in gleicher Weise büße. Das ist weder Gottes Recht noch Landrecht; man soll jedem Mann gemäß seiner Würde büßen und soll dem Richter nach demselben Recht büßen. Verlangt ein Mann zuviel Buße, sollen beider Verwandte das schlichten; und können die es nicht entscheiden, ziehe der

Richter weise Leute zu sich und entscheide es. Der Richter soll den Nachteil und den Schaden des Mannes besehen und bestimme danach die Buße.

Art. 112. Wer dem Richter nicht hinreichend bekannt ist

Wenn zwei vor Gericht gehen und sich einer Zahlung oder anderen Ungerichtes wegen anklagen, sollen sie Bürgen stellen; der eine, [daß er die Klage aufrechterhalte, der andere,][132] daß er sich gegenüber dem Kläger verantworte, wie es Recht ist. Haben sie aber im Gericht Gut, das dem Wert der Klage entspricht, brauchen sie keinen Bürgen zu stellen.

Art. 113. Von den gebundenen Tagen

(a) An gebundenen Tagen soll niemand einen Eid schwören; es sei denn, dieses Buch nehme ihn aus. Wenn man einen Frieden schwört, kann man ihn an gebundenen Tagen schwören; man soll es an denselben Tagen aber vermeiden.[133] Wenn ein Mann auf frischer Tat ergriffen wird, schützt ihn der gebundene Tag nicht. Die Eide, die man an gebundenen Tagen gelobt, soll man nach dem gebundenen Tag erfüllen. Wer so einen Eid einer Schuld wegen für einen bestimmten Termin gelobt, und ihn nicht zur rechten Zeit erfüllt, ist dessen schuldig, wofür er den Eid anbot und gelobte; es sei denn, ihn hindere ehafte Not: Die soll man beweisen. War der Eid vor Gericht gelobt, soll man dem Richter und dem Kläger, dem der Eid gelobt ist, büßen. Ist der Mann bereit, seinen Eid zu erfüllen, wie er es gelobt hatte, und jener will das nicht oder ist nicht da, wenn man ihm den Eid erfüllen soll, so ist der Beklagte des Eides und der Schuld, derentwegen er den Eid gelobt hatte, ledig. Soll man einem Mann aber Silber oder Pfennige oder anderes fahrende Gut zahlen, und ihm wird ein Tag gegeben für seinen Zeugenbeweis oder wegen anderer Dinge, derer er bedarf, und er kommt nicht zu dem Tag, so verliert er die Zahlung dadurch nicht, wenn ihn ehafte Not hindert. Und werden ihm drei Tage gegeben, und er kommt zu dem dritten Tag nicht, und führt seine Zeugen nicht vor, so hat er verloren; es sei denn, ihn hindere ehafte Not. Wird ein Mann gefangen oder etwas hindert ihn, so daß er keinen Boten senden kann, der seine ehafte Not beschwört: Soll er deshalb verloren haben? Nein. Der Richter soll richten, wie es ihm erteilt wird. Wenn der Mann

---

132 Fehlt bei Laßberg, ergänzt nach anderen Textformen (Urswsp. Ldr. 108 (112), S. 420. Lahr Ldr. CVI, 1; S. 131. Kurzform I, Ldr. 112, S. 196).

133 Andere Textformen: Man soll an denselben Tagen richten: denn wenn ein Mann auf frischer Tat ... (Urswsp. Ldr. 109 (113 a), S. 420. Lahr Ldr. CVII, III, 3; S. 132).

aber aus seiner Not freikommt, soll er vor den Richter kommen und seine ehafte Not mit seinen zwei Fingern beschwören. Und was der Richter dieser Sache wegen gerichtet hat, soll er aufheben; und man soll es so verhandeln, als ob er auf dem vergangenen Gerichtstag dabeigewesen wäre.

(b) Sendet ein Mann einen Boten auf einen Gerichtstag, zu dem er selbst nicht kommen kann, und der Bote wird gefangen oder stirbt unterwegs oder ehafte Not hindert ihn: Soll das dem Herrn zum Schaden gereichen? Nein. Der Herr soll auf den anderen Gerichtstag kommen und soll den Knecht, oder wer sein Bote war, mit sich führen; und der soll beschwören, daß ihn ehafte Not verhinderte, und soll sie nennen. Und wenn der Knecht tot ist oder er seiner nicht habhaft werden kann, soll der Herr schwören, daß ihn ehafte Not hinderte, als er kommen sollte, und daß er ihn nicht mitführen konnte. Man soll es so verhandeln, wie hiervor gesprochen ist.

Art. 114. In wie viele Hände ein Gericht kommt

(a) Verwirft man ein Urteil über einen Mann, soll man es zu einem höheren Richter und zuletzt zum König ziehen. Der Richter soll seine Boten mitschicken, die hören, zu welchem endgültigen Urteil man vor dem König kommt. Geschieht das in einer Grafschaft oder einer Mark, sollen die Boten freie Landsassen sein; geschieht es in einer Stadt, sollen die Boten Leute von welcher Art man will sein, wenn sie an ihrem Recht vollkommen sind. Der Richter soll sie verköstigen: Zwei Becher Wein und Brot soll man je zweien geben. Es sollen zwei Herren und sechs Knechte sein. Man soll den Herren vier Rationen geben und den Knechten zwei und jeglichem Pferd vier Garben Hafer[134] für den Tag und für die Nacht und genug Heu. Und man soll die Rosse vorne beschlagen und hinten nicht. Es sollen acht Pferde und acht Männer sein.

Und ist das Urteil auf schwäbischer Erde verworfen, sollen die Boten zum König kommen, wenn dieser nach Schwaben kommt. Und von diesem Tage an über sechs Wochen soll das Urteil gefällt werden; und wenn das Urteil vor dem König gefällt wird, sollen sie das Urteil dem Richter übermitteln, vor dem es verworfen wurde. Kann sich der, der das Urteil verwarf, vor dem König nicht durchsetzen, muß er dem Richter die Kosten zahlen, die ihm durch die Boten entstanden, und muß ihm sein

[134] Andere Textformen: vier Garben oder so viel Hafer, wie davon wird; d. h.: vier Garben oder entsprechend viel gedroschener Hafer (Langform Z, Ldr. 117 (114 a), S. 81. Langform H, Ldr. 114 a, S. 196).

Gewette büßen.[135] Und behält er Recht, so sollen jener, der sich gegen ihn stellte, und seine Nachfolger dasselbe tun.

(b) Ein verworfenes Urteil, das vor einem Grafen verworfen wird, kann man nicht vor den Markgrafen ziehen; es sein denn, der Graf habe die Grafschaft vom Markgrafen. Von welcher höheren Hand das Gericht herrührt, zu dieser kann man ein Urteil ziehen.

(c) Die erste Hand des Gerichtes ist der König. Die andere Hand des Gerichtes ist der, dem es der König verleiht. Die dritte Hand ist der, dem es die andere Hand verleiht. Die dritte Hand kann das Gericht nicht weiterverleihen, wenn es den Leuten an den Leib oder das Blut geht. Wer es doch tut, handelt wider Gott an allen den Leuten, über die die vierte Hand richtet.

Art. 115. Vom Gericht der geistlichen Fürsten

Hat ein geistlicher Fürst ein Gericht, das über das Blut richtet, kann er das seinem Richter verleihen, indem er den Richter mit seinem Brief zum König sendet, damit dieser ihm den Bann leihe. Tut er das nicht, werden er und alle seine Richter vor Gott an allen denen schuldig, über die sie richten, wenn sie deren Blut vergießen. Die weltlichen Herren[136] bedürfen dessen nicht, daß die Richter den Bann vom König empfangen, denn der Laie urteilt selbst über den Totschlag. Das tut der geistliche Fürst nicht; denn damit verlöre er sein Amt. Da er diese Gewalt nicht hat, kann er sie auch nicht verleihen.

(I) Wer wegen eines Ungerichtes beklagt wird: Jemand klagt wegen eines Ungerichtes gegen einen Mann, und der ist nicht vor Gericht, und man lädt ihn, und er kommt. Der andere, der ihn da geladen hat, kommt nicht; oder er kommt, aber will nicht gegen ihn klagen: Er muß dem Richter das Gewette zahlen; und jener ist der Klage ledig; es sei denn, den Kläger hindere ehafte Not. Dann verfahre man so, wie hiervor geredet ist. Hält er seine Klage aber aufrecht, und der Beklagte erweist seine Unschuld, so ist er [der Kläger][137] dem Richter nichts schuldig. Es gibt viele Arten von Schuld, die man einem Richter klagt; und man entlastet den Kläger, so

---

135 Die systematische Form ergänzt: Die Buße besteht darin, daß ein jeder, der das Urteil verwarf und vor dem Herrn, vor den es gezogen ist, unterliegt, dem Richter ein Pfund zahlen muß, und dem eine Buße zahlen muß, vor dem es verworfen wurde (Lahr Ldr. CVIII, II, 10; S. 135f.).

136 Andere Textformen: weltlichen Fürsten und Herren (Urswsp. Ldr. 111 (115), S. 422. Lahr Ldr. CXI, II, 3; S. 140).

137 Etwas deutlicher die Vorlage Ssp. Ldr. II, Art. 8, S. 134.

daß der Kläger dem Richter nichts schuldig ist. Es gibt aber auch viele Arten von Schuld [, für die gilt:] Klagt der Kläger dem Richter, und der Kläger kann die Schuld des Beklagten nicht erweisen, muß der Kläger dem Beklagten büßen und auch dem Richter die ganze Schuld zahlen, die man büßen muß, wenn man sie nicht beweisen kann. Von diesen Arten von Schuld haben wir einen Teil hiervor genannt und hernach wird mehr genannt.[138]

Art. 116. Wer kein Urteil finden kann

(a) Wer um ein Urteil gefragt wird und keines finden kann, soll zu den Heiligen schwören, daß er nicht wisse, was in dieser Angelegenheit Recht sei. Spricht der Richter dann: Ihr sollt herausfinden, was euch rechtens dünke, so spricht der Richter Unrecht, denn es gibt viele Männer, die nicht wissen können, was in jedem einzelnen Falle Recht ist. Dann soll niemand ein Urteil finden; es sei denn, sein Gewissen sage ihm, daß es Recht sei. Und zweifelt er daran, so wird er vor Gott schuldig, wenn er eines willkürlich findet. Wegen eines Urteils kann man nur vor dem Reich[139] kämpfen. Ein Mann findet ein Urteil, und es wird verworfen, und es ist nicht Recht. Der Richter will gleichwohl nicht davon absehen, und jener, dem das Urteil zum Nachteil gereichte, klagt ihn deswegen an; und will er sich von der Schuld reinigen, so soll er zu den Heiligen schwören, daß er nichts besseres wußte. Will er nicht schwören, so soll man ihm die Hand abschlagen; denn dann hat er bei seinem Eid ein unrechtes Urteil gefunden.

(b) Ein Richter fragt einen Mann um ein Urteil. Der urteilt, wie er es vermag, und ihm folgen vielleicht drei Mann oder mehr. Ein anderer findet ein anderes Urteil, und dem folgen auch drei Mann oder mehr. Wem mehr folgen, der hat sein Urteil behauptet, und jene bleiben ohne Buße, wenn niemand ihr Urteil beschilt. Wir nennen das ein bescholtenes Urteil, wenn jemand also spricht: Ich verwerfe das Urteil, denn es ist unrecht, und ich ziehe es dorthin, wohin ich es zu Recht ziehen soll; das ist die Hand, von der der Richter das Gericht empfangen hat. Damit soll man verfahren, wie hiervor gesprochen ist.

---

[138] Lahr gibt im Anschluß daran einen Artikel aus der Straßburger Hs. (oben S. 26 A. 3) wieder; es handelt sich im wesentlichen um eine Übersetzung von Ssp. Ldr. II, Art. 16, § 8 bis Art. 17, § 2; S. 147f. (Lahr, Anh. zu Ldr. CXII, S. 141f.).

[139] Systematische Form: Gericht (Lahr Ldr. CX, II, 5; S. 138); Daniels, droit paisain CXIV, Sp. 348: *consoil de sages de la cort lo roi.*

Art. 117. Vom Urteil fremder Länder nach ihren Sitten

(a) Verwirft der Schwabe das Urteil des Sachsen und der Sachse das Urteil des Schwaben, sollen sie vor den König ziehen; und so verfahre ein jeglicher Landsmann mit dem anderen.

(b) Im Stehen soll man das Urteil verwerfen, im Sitzen das Urteil finden. Im Stehen soll man dem Kläger zahlen, was man ihm vor Gericht schuldig wird; so soll man auch gegenüber dem Richter handeln. Wer das nicht tut, ist dem Richter nach Gewohnheit eine kleine Buße schuldig.

(c) Niemand soll ein Urteil sprechen, als der, der dazu erwählt wird und dem es danach erlaubt wird. Die Erlaubnis dazu gibt der König und der Herr, der von ihm ein Gericht hat. Man soll [die Urteiler] mit dem Rate weiser Leute wählen; und die, die man wählt, sollen auch weise Leute sein. Es sollen in jeglicher Sache mindestens sieben sein; sind es mehr, ist das auch gut.

Zweiter Landrechtsteil

Art. 118. Königliche Ehre und kaiserliche Ehre

Die Deutschen wählen den König. Das erwarb ihnen der König Karl, wie dieses Buch sagt. Wenn er mit dem Willen derer, die ihn erwählt haben, geweiht wird,[1] so hat er die königliche Gewalt und den königlichen Namen. Wenn der Papst ihn weiht, hat er die vollständige Gewalt über das Reich und den kaiserlichen Namen.

Art. 119. Kaiserliche Gerichte

Den König wählt man zum Richter über Eigen und über Lehen und über jegliches Menschen Leib und über alles, was vor ihm zur Klage kommt. Der Kaiser kann nicht in allen Landen sein und über jegliches Unrecht richten. Daher verleiht er den Fürsten und den Grafen und anderen Herren die weltlichen Gerichte. In die vierte Hand kann in deutschen Landen kein Gericht mit Recht gelangen, wo man über Blutvergießen oder über den Totschlag richtet.

Art. 120. Von vier Ländern

In deutschen Landen hat jegliches Land seinen Pfalzgrafen. Die Sachsen haben einen und die Bayern haben einen und die Schwaben haben einen und die Franken haben einen; diese vier Länder waren zuvor Königreiche. Das geschah, als Julius König in Rom wurde und die deutschen Lande bezwang; da wollte Julius nicht, daß über dem ganzen deutschen Reich[2] weitere Königreiche wären außer seines und mehr Könige als er.[3]

---

[1] Andere Textformen ergänzen: und in Aachen auf den Thron gesetzt wird (Urswsp., Ldr. 114 (118), S. 426. Lahr Ldr. XVIII, 2; S. 29. Kurzform I, Ldr. 118, S. 208).

[2] Langform Z; Ldr. 120 (123), S. 86: über dem ganzen Römischen Reich. Systematische Form: über allen deutschen Landen und dem Römischen Reich (Lahr Ldr. XX, 4; S. 30).

[3] Die systematische Form ergänzt: Seit die Römer sie bezwangen sind sie anders benannt, und man nennt sie Herzöge. Doch behielten sie unter diesem Namen Fürsten als Lehnsmannen und Fahnenlehen. Seither haben ihnen die Kaiser aber beides, Fürsten wie Fahnenlehen, entzogen (Lahr Ldr. XX, 5–7; S. 30. Modifikation nach der Vorlage Ssp. Ldr. III, Art. 53, § 1; S. 238).

Art. 121. Wann man den König beklagen soll

(a) Jeglicher Richter soll in seinem Gericht die Buße haben, wie sie ihm gesetzt wird und nach guter Gewohnheit gesetzt ist. Es kann kein Richter zugleich Kläger und Richter sein.

(b) Man kann kein Fürstenamt mit Recht zwei Männern[4] verleihen. Geschieht es aber, so kann keiner von beiden mit Recht daher ein Fürst sein oder Fürst heißen; ebensowenig kann man mit Markgrafschaften oder Pfalzgrafschaften oder Grafschaften verfahren; teilt man sie, haben sie ihren Namen verloren.

(c) Der König soll mit Recht keinen dieser Heerschilde[5] über Jahr und Tag in seiner Gewalt haben; er soll sie verleihen. Tut er das nicht, sollen die Fürsten deswegen und wegen anderem, was er ihnen verwehrt[6], vor dem Pfalzgrafen vom Rhein klagen. Denn der ist zu Recht der Richter über den König; und davon hat die Pfalz viele Ehren.

(I) Niemand kann ein Gerichtslehen haben, es sei denn, er ist semperfrei: Gerichtslehen kann niemand haben, er sei denn semperfrei und er schwöre dem König Huld nach dem Recht des freien Mannes; und auf diese Huld verpflichte man ihn, wenn man sich auf sein Zeugnis beruft.

Art. 122. Wie der König dem Reich schwört

(a) Wenn man den König wählt, soll er dem Reich Huld schwören, und soll vier Dinge in den Eid einbeziehen, nämlich daß er das Recht stärke und das Unrecht schwäche, und daß er das Reich allezeit mehre und nicht ärmer mache. Das schreibt der König in alle seine Urkunden, die er versendet, daß er das Reich zu allen Zeiten mehre und nicht ärmer mache.

(b) Wenn der König auf den Thron zu Aachen gesetzt wird mit der Mehrheit der Fürsten, die ihn gewählt haben, so soll er niemals mehr einen Eid wegen etwas schwören; ausgenommen, daß der Papst ihn beschuldigt, daß er am Glauben zweifle, und wenn er eine Frau zur Ehe nimmt. Das gehört nicht dazu, wie oft es auch immer geschieht, daß er das schwört; denn das ist Recht. Wenn er in einer Sache Zeuge sein soll, soll er hilfsbereit sein, und soll bei der Huld des Reiches aussagen; das soll man glauben. Und wegen der Sachen, derentwegen andere schwören, soll

---

4 Langform Z, Ldr. 121 b (124), S. 86: Herren.

5 Andere Textformen: keine dieser Herrschaften (Urswsp. 121 c (117), S. 427. Lahr Ldr. XXI, IV, 6; S. 31. Kurzform I, Ldr. 121 c, S. 211).

6 Möglicherweise ist nicht der König Subjekt zu *daz in werre*, sondern der Pfalzgraf, *damit er sie beschütze.*

er anstelle eines Eides geloben, und das soll man glauben. Einen lahmen und aussätzigen Mann und einen solchen, der in dem Bann oder in der Acht ist,[7] sollen die Fürsten nicht zum König wählen. Wählen sie aber so einen, lehnen ihn die anderen mit Recht an dem Ort ab, wohin ein Hoftag einberufen wird, wenn man ihn eines dieser Dinge überführt, wie es Recht ist.

Art. 123. Wer als König edel genug ist

(a) Die Fürsten sollen einen König wählen, der ein freier Herr ist, und zwar so frei, daß sein Vater und seine Mutter frei gewesen sind, und deren Väter und deren Mütter frei gewesen sind. Und sie sollen nicht mittelfrei sein. Sie sollen keine Lehnsmannen sein, außer Lehnsmannen der geistlichen Fürsten, und sie sollen Mittelfreie als Mannen haben. Und haben sie ein Weib genommen, wenn man sie wählt, und dieses ist nicht ebenso frei, so soll man sie nicht wählen, denn das wäre wider das Recht.

(b) Wenn der König gewählt wird, hat er das Recht des Landes, in dem er geboren ist, verloren; und er soll fränkisches Recht haben. Er hat das Recht des Standes, in dem er geboren ist, auch verloren, und soll fränkisches Recht haben. Wen man zum König wählt, der soll sein Recht uneingeschränkt haben, wie es die Richter haben sollen, von denen hiervor gesprochen ist, und wie sie sein sollen, wenn man sie wählt. Die Franken haben folgendes Recht: Schlagen sie einen Mann zu Tode, muß man ihren Eid akzeptieren, wenn sie schwören wollen, daß sie unschuldig sind; es sei denn, sie werden auf frischer Tag ergriffen. Werden sie bei der Tat gefangen, so soll man ihren Eid nicht akzeptieren, sondern man richtet über sie wie über andere Leute.

Art. 124. Wer über den König ein Urteil sprechen kann

Über den Leib des Königs kann niemand urteilen, bevor ihm das Reich mit einem Urteil der Fürsten aberkannt ist. Über den Leib und über die Ehre des Königs können nur die Fürsten ein Urteil sprechen. Und streitet er mit jemandem um Gut oder um andere Dinge, die zum Reich gehören, sollen darüber die Fürsten sprechen und die Freien und die Grafen und die Reichsdienstmannen. Und hat ein König Eigen, wenn er erwählt wird, so gibt er es mit Recht an das Reich, wenn er will. Hinterläßt er aber Kinder, so erben die es mit Recht; denn die Kinder erben kein Reichsgut.

---

7 Andere Textformen ergänzen: und einen Ketzer (Urswsp. 122 b (118), S. 427. Lahr Ldr. XXII, III, 8; S. 33. Kurzform I, Ldr. 122 b, S. 213). Kurzform I c ebd. schließt überdies den *walch* aus.

Und stirbt der König ohne Kinder und hat sein Eigen nicht an das Reich gegeben, erben es die nächsten Erben.

Art. 125. Wer über die Fürsten Urteile sprechen und richten kann

Über den Leib und die Gesundheit der Fürsten soll niemand Richter sein als der König. Und fährt der König aus deutschen Landen, soll der König einen Hoftag gebieten an einem Ort, wo er zu Recht sein soll, und da soll er dem Pfalzgrafen vom Rhein die Gewalt geben, daß er an Stelle des Königs der Richter über das Leben der Fürsten sei. Und gibt er ihm diese Gewalt nicht, so hat er kein Recht über sie. Er soll auch alle seine Juden, die in deutschen Landen sind, seinem Kanzler anvertrauen; das ist der Bischof von Mainz. Und vertraut der König ihm die Juden nicht an, so kümmert er sich doch mit Recht um sie.

Art. 126. Der Fronbote des Reiches

Wird jemand von Reichs wegen verurteilt,[8] soll niemand über diesen richten außer der rechte Fronbote. Manchmal heißen sie Richter, manchmal Büttel, manchmal Stockwärter und manchmal anders; und ihr Recht ist: Wenn einer neun Männern oder Weibern den Leib nimmt, so ist der zehnte sein. Den löse man von ihm aus gemäß dem Stand, zu dem man ihn zählt. Dieses Recht sollen sie in allen deutschen Landen haben.

Art. 127. Wie man Fronboten wählt

Wenn der Fronbote vom König oder von anderen Richtern erwählt wird, soll er dem König die Huld schwören. Und alle diejenigen, die über den Leib richten,[9] sollen frei sein oder Landsassenfreie sein. Und wenn man ihn wählt, soll der Richter ihn bei der Hand nehmen und ihn auf einen Stuhl setzen, auf dem ein Kissen sein soll, und er soll ihm die Heiligen auf den Schoß setzen; und er soll schwören, daß er das Recht stärke und das Unrecht schwäche, so weit er es vermöge, und daß er ein treuer Verteidiger seiner Herrschaft sei und ihm nichts als die Wahrheit sage. Wenn das geschieht, hat er die Gewalt, jegliches Gut zu pfänden und an sich zu nehmen, wenn ein Urteil darüber gefällt ist. Tut er damit Unrecht, so kann er dadurch seinen Leib und sein Gut wie jeder andere Mann verwirken. Er soll kein Schwert tragen oder mit sich führen. Und handelt

---

8 Andere Textformen: zum Tode verurteilt (Urswsp. 126 (122), S. 429. Lahr Ldr. XXVII, 1; S. 38).

9 Systematische Form: die über den Leib schwören und die über den Leib richten (Lahr Ldr. XXVIII, 2; S. 38).

jemand widerrechtlich gegen ihn, so soll er die Leute zusammenrufen, und die sollen ihm helfen, Gerechtigkeit zu üben. Und wer sich ihm verweigert, soll dem Richter büßen.

Art. 128. Wie man den Kaiser bannen soll

Den Kaiser soll niemand bannen, außer der Papst. Das soll er nicht tun, außer wegen drei Sachen: Das eine ist, wenn er am Glauben zweifelt; das andere, wenn er sein Eheweib vernachlässigt; das dritte ist, wenn er Gotteshäuser zerstört. Das ist sein Recht, wenn er zum Kaiser geweiht wird. Und tut er davor[10] einem Bischof oder einem anderen Herrn etwas an, so soll der es zuerst dem Pfalzgrafen klagen. Dieser soll es seinem Erzbischof klagen; und der kann ihn mit Recht bannen.

Art. 129. Wie man den König wählt

Wenn man den König wählen will, soll man das zu Frankfurt tun.[11] Und läßt man die Fürsten nicht in die Stadt, so können sie ihn mit Recht vor der Stadt wählen. Und wenn sie den König wählen, so soll er die Stadt und die Leute, die darin sind, in die Acht tun, bevor er den Ort verläßt. Und wenn sie sechs Wochen in der Acht sind, soll der Bischof von Mainz sie in den Bann tun; und wenn sie über sechs Wochen und einen Tag darin sind, so sollen alle Bischöfe sie mit Recht in den Bann tun. Und will der König es, so kann er sie in den Bann des Papstes bringen.

Art. 130. Von der Wahl des Königs

(a) Den König sollen drei geistliche und vier weltliche Fürsten wählen. Der Bischof von Mainz ist Kanzler im deutschen Land; er hat die erste Stimme bei der Wahl. Der Bischof von Trier hat die andere Stimme, der Bischof von Köln die dritte. Unter den Laien hat der Pfalzgraf vom Rhein die erste Stimme bei der Wahl; er ist der Truchseß des Reiches, der dem König die erste Schüssel tragen soll. Der andere ist der Herzog von Sachsen, der Marschall des Reiches, der das Schwert des Königs tragen soll.[12]

---

[10] Das bedeutet wohl: wenn er zwar bereits zum König gewählt, aber noch nicht zum Kaiser gekrönt ist.

[11] Die systematische Form ergänzt: oder auf der Ebene vor der Stadt (Lahr Ldr. XXX, 1; S. 40).

[12] Andere Textformen fügen hier noch die Funktionen der übrigen geistlichen Kurfürsten für das Reich ein: Der Bischof von Köln ist Kanzler für die Lombardei; der von Trier ist Kanzler für das Königreich in Arles. Das sind die drei Ämter, die zu der Kurwürde gehören (Urswsp. 130 a (136), S. 430. Kurzform I, 130 a, S. 222).

Der dritte ist der Markgraf von Brandenburg, der Kämmerer des Reiches; er soll dem König Wasser geben. Der vierte ist der Schenk des Reiches; der soll den Becher des Königs tragen.[13] Diese vier sollen vom Vater und von der Mutter her deutsche Männer sein, oder von wenigstens einer Seite her. Und wenn sie ihn wählen wollen, sollen sie ein Gespräch in Frankfurt vereinbaren. Das sollen der Bischof von Mainz bei dem Bann und der Pfalzgraf vom Rhein bei der Acht gebieten. Sie sollen zu diesem Gespräch ihre Genossen, die mit ihnen wählen sollen, einbestellen, und danach die anderen Fürsten, so viele sie dabeihaben können. Deshalb ist die Zahl der Fürsten als ungerade festgesetzt: Wenn drei für den einen eintreten und vier für den anderen, sollen die drei den vieren folgen. Und so soll immer die Minderheit der Mehrheit folgen; das ist bei jeder Wahl Recht.

(b) Bevor die Fürsten wählen, sollen sie auf die Heiligen schwören, daß ihnen kein Gut verheißen oder gegeben sei, und daß sie weder aus Liebe noch aus Leid noch aus Rache ihre Wahl treffen, was Betrug bedeutete, sondern nach Maßgabe ihres guten Gewissens. Wer anders wählt, als es hier geschrieben steht, handelt wider Gott und wider das Recht. Und wird einer überführt, daß er Gut anzunehmen versprochen hat oder es angenommen hat, so heißt das Simonie, und er hat seine Kurstimme verloren und soll sie nie wieder zurückbekommen; und er gilt darüber hinaus als meineidig. Dies soll geschehen, wenn der König einen Hoftag hält; dorthin soll man denselben einbestellen, sei er ein Laienfürst oder ein geistlicher Fürst. Und kommt er nicht, soll man ihn ein zweites Mal zu einem zweiten Hoftag laden, und zum dritten Male. Und kommt er dann nicht, soll man ihn als meineidig ansprechen; und was er vom Reich hat, ist dem Reich ledig.[14] Und der König soll ihn in die Acht tun. Und ist er ein geistlicher Fürst, soll der König über ihn richten wie über einen Laien, und er soll dem Papst schreiben, wie übel er gehandelt habe und wie er seine Treue zur Christenheit gebrochen habe; und er veranlasse, daß dies vor dem Papst bezeugt wird. Wenn das geschieht, soll ihm der Papst alle seine geistlichen Ehren aberkennen und soll sein Bistum einem anderen Bischof überlassen. Und danach soll er leben, wie der Papst ihm zu leben heißt; denn der Papst hat die volle Gewalt über ihn: Er kann ihm sein Bistum und seine geistliche Ehre lassen; das steht seiner Gnade anheim.

---

[13] Andere Textformen spezifizieren den Reichsschenken: Der vierte ist der König von Böhmen, der Reichsschenk; er soll dem König den ersten Becher reichen. Doch ist zu wissen, daß der König von Böhmen keine Kurstimme hat, wenn er kein deutscher Mann ist (Lahr Ldr. XXXI, II, 8; S. 43). – Der vierte ist der Herzog von Bayern, der Reichsschenk (Urswsp. 130 a (136), S. 430. Kurzform I, 130 a, S. 222).

[14] Systematische Form: das ist alles verfallen (Lahr Ldr. XXXII, 7; S. 49).

(c) Und wird der König derselben Schuld überführt, so hat er das Reich zu Unrecht. Deshalb soll man ihn vor dem Pfalzgrafen vom Rhein beklagen. Wegen dieser Schuld kann niemand Zeuge über ihn sein außer die Fürsten, seien es Laien oder Geistliche.

(d) Die Fürsten des Reiches sollen keinen Herrn haben, der ein Laie ist, den König ausgenommen; sonst können sie keine Fürsten sein.

Art. 131. Fahnenlehen

Es gibt kein Fahnenlehen, durch das ein Mann Fürst sein kann, außer er empfange es mit seiner eigenen Hand vom König. Wer ein Lehen von einem empfängt, der es vor ihm empfangen hat, der heißt nicht der Vorderste an diesem Lehen und kann nicht Princeps, also Fürst heißen.

Art. 132. Szepterlehen

(a) Wenn man Bischöfe oder Äbte oder gefürstete Äbtissinnen wählt, können diese keine Lehen verleihen, bevor sie vom König ihr Recht empfangen haben. Der Kaiser soll allen geistlichen Fürsten ihr Recht mit dem Szepter verleihen und den weltlichen Fürsten mit der Fahne.

(b) Der König soll kein Fahnenlehen über Jahr und Tag in seiner Gewalt haben; er soll es wieder verleihen.

Art. 133. Von der Gewalt des Königs

In welche Stadt, die im Reich liegt, der König kommt, da hat er für die Zeit, die er darin ist, die Münze, den Zoll und das Gericht. Er soll alles richten, was in der Stadt und auf dem Land zu richten ist; ausgenommen das, worüber zu richten man schon begonnen hat: Das sollen die Richter, die darüber zu richten begonnen haben, fertig richten.

Art. 134. Vom Recht des Königs

In welches Land oder welche Stadt der König kommt, soll man ihm die Gefangenen überantworten, die darin sind; und sein Bote soll sie übernehmen. Und wer sich seinem Boten verweigert, den soll er in die Acht tun. Der König soll auch für diejenigen das Recht sprechen, die gegen die Gefangenen klagen; oder er ist kein gerechter Richter.

Art. 135. Wie man Landgerichtstage halten soll

(a) Über achtzehn Wochen soll ein jeglicher Fürst und ein jeglicher Herr, der ein Gericht vom König empfangen hat, sein Landgericht halten. Kein

Herr soll sein Landgericht auf einen Feiertag legen; denn dann ist jeglicher Mann davon befreit, es aufzusuchen.

(b) Kein Herr kann einen Fronboten haben, der nicht frei ist; und er soll dazu zumindest mit einer halben Hufe belehnt sein. Diese sollen die Leute töten, und sonst niemand. Tötet ein anderer jemanden, so werden der Richter und der, der es tut, vor Gott an den Leuten[15] schuldig.

(c) Man soll mit dem Gericht warten von der Zeit an, wenn die Sonne aufgeht, bis zum Mittag. Wer dann nicht kommt, der zu Recht kommen soll, und der Richter ist da, der muß ein Gewette zahlen. Und kommt der Richter nicht dorthin, wird auch niemand ein Gewette schuldig; und ist jemand geladen, so ist er der Ladung ledig und auch des Gerichtstages.

Art. 136. Wohin der König einen Hoftag gebieten soll

Fünf Stätten liegen in Sachsen, wohin der König einen Hoftag gebieten soll: die erste zu Grone, die zweite zu Wallhausen, die dritte zu Goslar, die vierte zu Allstedt, die fünfte zu Merseburg. Da soll der König mit Recht seinen Hoftag halten. Sieben Fahnenlehen liegen im Lande Sachsen: das Herzogtum Sachsen, die Pfalz[16] und die Mark Brandenburg sowie die Landgrafschaft Thüringen, die Mark Meißen, die Mark Lausitz, die Grafschaft Aschersleben. Es sind zwei Erzbistümer im Lande Sachsen und fünfzehn andere Bistümer. Dem von Magdeburg ist der Bischof von Naumburg untertan und der von Merseburg und der von Meißen und der von Brandenburg und der von Havelberg und der von Kammin. Der Bischof von Mainz hat drei unter sich im Lande Sachsen: den von Halberstadt und den von Hildesheim und den von Paderborn. Dem von Köln ist der von Osnabrück untertan und der von Minden und der von Münster. Der Erzbischof von Bremen hat unter sich den von Lübeck und den von Schwerin und den von Ratzeburg.

Art. 137. Wohin der König einen Hoftag gebieten soll

(a) Der König verkündet, er solle in alle Städte, die Bistumssitze sind, Hoftage gebieten. Dem widerstritten die geistlichen Fürsten; die haben nun von ihrem Streit abgelassen. Er soll seinen Hoftag auch nach Frankfurt gebieten und nach Nürnberg und nach Ulm und in andere Städte, die zum Reich gehören; dorthin kann er mit Recht zu Unterhandlungen laden.

---

15 Systematische Form: an dem Blut und an den Leuten (Lahr Ldr. XXXVII, III, 5; S. 54).

16 Gemeint ist die sächsische Pfalzgrafenwürde der Wettiner; vgl. Ssp. Ldr. III, Art. 62, § 2; S. 247.

(**b**) Hat ein Herr eine Hauptstadt, das ist ein Bistumssitz, und er hat dort ein Blutgericht, und darin wird einer in die Acht getan, und es gehören andere Gerichte zu diesem Gericht, die nicht in Hauptstädten sitzen, so ist der, der in der Hauptstadt in die Acht getan ist, in allen Städten geächtet, die dem Herrn, dessen Eigen oder Lehen sie sind, gehören. Und wird ein Mann in einem Niedergericht in die Acht getan, so ist er nur in diesem einen Gericht geächtet.

(**c**) Wer wissentlich den Geächteten beherbergt, sei es in Städten oder auf Burgen oder wo man ihn sonst beschirmen kann, und er ist bereits vierzehn Tage in der Acht gewesen, so trifft alle, bei denen der Geächtete ist, dieselbe Schuld. Will sich aber jemand von diesem Vorwurf reinigen, da er nicht wußte, daß er in der Acht war, schwöre er zu den Heiligen und sei entlastet. Behält man ihn aber öffentlich und freventlich in einer Stadt, und man kann das selbdritt bezeugen, und die Stadt hat eine Mauer, so soll man diese auf die Erde niederbrechen. Hat sie eine Palisade, tue man dasselbe. Hat sie beides nicht, aber einen Graben, so soll man diesen einebnen. Hat sie nichts davon, soll man die Stadt abbrennen, ohne daß die Leute Schaden nehmen, die keine wissentliche Schuld daran haben. Jenen entsteht kein Leid und kein Schaden außer zu Lasten der Bürger; die Bürger sollen ihn bezahlen. Dasselbe Gericht soll man über die Burgen abhalten oder über die Dörfer oder wo man sonst Geächtete wider dieses Recht beherbergt, wie hiervor geschrieben ist; dadurch soll der Geächtete verhaßt sein.

Art. 138. Wie der König einen Hoftag gebieten soll

Wenn der König einen Hoftag gebieten will, soll er ihn sechs Wochen im voraus gebieten und soll ihn den Fürsten und anderen Herren mit Siegelurkunden ankündigen. Sie sollen den Hoftag in deutschen Landen aufsuchen und nicht darüber hinaus; und wer nicht dorthin kommt, ist dem König ein Gewette schuldig. Der Fürst zahlt einhundert Pfund von der Münze, die er vom König zu Lehen hat. Und hat er mehr als eine Münze zu Lehen, so soll er ihm die schwersten und die besten Münzen geben. Ein freier Herr zahlt fünfzig Pfund; und hat er von ihm eine Münze zu Lehen, so gilt dasselbe Recht. Und hat er keine Münze, so gebe er ihm die Münzen des Bischofs, in dessen Bistum er ansässig ist. Der Mittelfreie zahlt in gleicher Weise zwanzig Pfund, der Dienstmann zehn Pfund und alle weiteren Leute zehn Pfund. Das ist folgendermaßen festgesetzt: Versäumt ein Mann den ersten Hoftag, so gibt er dieses Gewette; versäumt er den zweiten, so gibt er es ein weiteres Mal; versäumt er den dritten, soll der König ihn mit dem Urteil der Fürsten in die Acht tun, und es sollen mindestens sieben Fürsten sein. Und ebenso soll man die Freiherren und jeden Mann mit seinen Genossen in die Acht tun. Wegen dieser Schuld hat ein jeder Mann folgendes Recht: Wenn er sechs Wochen und einen Tag in der Acht ist, tut man ihn mit Recht in den Bann. Dieses Recht gilt umgekehrt auch für den Bann. Wie man über die geächteten und über die gebannten Leute richten soll oder welches Recht sie haben, ist hiervor beschrieben. Dieses Gewette gilt nicht für alle Richter; man zahlt es einem jeden Richter nach seinem Recht oder nach guter Gewohnheit. Man soll auch einem jeglichen Mann für seinen Schaden gemäß seiner Geburt und seiner Würde büßen. Man soll bei der Buße auch nicht darauf achten, was der Mann gewesen ist; man soll darauf achten, was der Mann nun ist.

Art. 139. Wie Laienfürsten hofhalten sollen

(**a**) Ein jeglicher Fürst erhält Buße nach der Gewohnheit seines Landes; so erhalten auch die anderen Herren und die Richter je nach Gewohnheit ihre Buße.

(**b**) Doch wir nennen die alten Bußen, die die Könige für die Herren festgesetzt haben: Manche Laienfürsten haben das Recht, daß sie Hoftage bei sich einberufen; dieses Recht haben sie vom König. Wir sollen euch sagen, wem sie den Hoftag gebieten sollen. Ist es ein Herzog oder ein anderer Laienfürst, und es sitzen Bischöfe in seinem Fürstentum, so sollen die seinen Hoftag besuchen; so sprechen wir, wenn die Stadt, deren Fürst[17] er heißt, in seinem Fürstentum liegt. Wieviel anderes Gut er auch immer in seinem Land hat: Deswegen sucht er seinen Hoftag nicht auf. All das Recht, das der König gegenüber denen hat, die seinen Hoftag nicht besuchen, hat der Herzog gegenüber denen, die seinen Hoftag nicht besuchen. Dieses Recht haben alle Laienfürsten, die mit Recht Hoftage gebieten sollen, für ihre Höfe. Kein Laienfürst kann mit Recht einem anderen Laienfürsten seinen Hoftag gebieten, wenn dieser das Recht hat, ebenfalls Hoftage zu halten. Hat er dieses Recht nicht, und er hat Gut, Burgen oder Städte in seinem Land, so soll er mit Recht seinen Hoftag besuchen. Dieses Recht haben sie auch über die Grafen und die Freien und die Dienstmannen, die folgendes Gut in ihrem Land haben, nämlich Burgen und Städte. Haben sie anderes Gut in ihrem Land, so sind sie mit Recht davon befreit, ihren Hoftag aufzusuchen. Und sind sie nicht im deutschen Sprachraum ansässig oder so, daß sie nicht in acht Tagen zum Hoftag gelangen können, sind sie mit Recht davon befreit. Sie sollen aber einen geborenen Dienstmann dorthin senden; und wenn der Herr den

[17] Langform Z, Ldr. 139 b (140), S. 95: Bischof und Fürst.

Hoftag beschließt, so soll er vortreten und soll für seinen Herrn geloben, daß er an dem, was auf dem Hoftag an guten Dingen festgesetzt sei, festhalten werde, solange er soll[18]. Und geschieht es, daß ein Herr aus ehafter Not nicht dorthin kommen kann, so sende er seinen Dienstmann und heiße ihn die Not mit seinem Eid beschwören. Und wenn der Hoftag zu seinem Ende kommt, tue er, wie hiervor gesprochen ist. Der freie Herr sende seinen Eigenmann, der Mittelfreie seinen Eigenmann, der Dienstmann sende seinen Verwandten. Die sollen handeln wie die Vorgenannten.

Art. 140. Wie die Erzbischöfe ihren Send gebieten sollen

(a) Die Erzbischöfe gebieten ihren Send mit Recht denen, die in ihrem Erzbistum sitzen, und haben gegenüber diesen dasselbe Recht, das die Fürsten gegenüber denen haben, die ihren Hoftag nicht besuchen.[19] Und was diese mit der Acht erzwingen, das sollen sie mit dem Bann erzwingen. Sie gebieten auch allen Bischöfen, die zu ihrem Erzbistum gehören, den Send.

(b) Die anderen Bischöfe, die unter ihnen stehen, gebieten mit Recht ein christliches Ding. Sie gebieten mit Recht allen Fürsten und allen Herren, die zu ihrem Bistum gehören, dorthin zu kommen, und allen Christen, die zu ihren Tagen gekommen sind, die also fünfundzwanzig Jahre alt sind. Und wer dort nicht hinkommt, über den richten sie mit dem Bann, und wie hiervor geschrieben steht, und wie es das Dekretum und die Dekretalen sagen.

Der Hoftag des Königs und die Hoftage der Fürsten sind zum Frieden und zur Gnade der Christenheit eingerichtet; daher soll man sie gerne aufsuchen und sich auch gerne an das halten, was man dort gebietet. Der Send der Bischöfe und die christlichen Dinge sind zum Nutzen der Seelen eingerichtet, und damit man dort lehrt, wie man christlich glauben soll,[20] und wie man den Glauben durch gute Werke erhalten und vervollkommnen soll; denn guter Glaube ohne gute Werke ist ein totes Ding, und gute Werke ohne den Glauben gelten vor Gott ebensowenig.

---

18 Systematische Form: kann (Lahr Ldr. XLIII, II, 12; S. 61).

19 Andere Textformen: die ihren Hoftag mit Recht besuchen sollen (Urswsp. Ldr. 140 a (139), S. 436. Lahr Ldr. XLIV, 1; S. 61. Kurzform I, Ldr. 140 a, S. 243).

20 Andere Textformen ergänzen: und wie und was man glauben soll (Urswsp. Ldr. 140 b (140), S. 437. Lahr Ldr. XLV, II, 6; S. 62) bzw. zu Gottes Ehre und zum Nutzen unserer Seele (Kurzform I, Ldr. 140 b, S. 244f.).

Art. 141. Von den Pfalzgrafen und Markgrafen

Jeglicher Pfalzgraf und Markgraf hält, auch wenn er kein Fürstenamt hat, doch mit Recht bei seiner Huld eine Umfrage unter den Leuten ab, wenn er zu Gericht sitzt; es sei denn, ein neuer Friede wäre geschworen: Dann soll er, wenn der Friede geschworen ist, bei diesem Eid fragen.

Art. 142. Wie ein jeglicher Mann seinen Heerschild niedert

Wird ein Mann Lehnsmann seines Standesgenossen, hat er damit seine Geburt und sein Landrecht nicht verschlechtert; er hat damit seinen Heerschild geniedert. Das ist also gesprochen: Die Laienfürsten sind im dritten Heerschild; und wird einer von ihnen Lehnsmann eines Laienfürsten, so hat er den dritten Heerschild verloren und fällt in den vierten, denn er ist sein Standesgenosse. Und wird ein freier Herr, der im vierten Heerschild ist, Lehnsmann seines Standesgenossen, so fällt er in den fünften. Und wird ein Mittelfreier, der im fünften Heerschild ist, Lehnsmann seines Standesgenossen, fällt er in den sechsten. Und wird ein Dienstmann, der im sechsten Heerschild ist, Lehnsmann seines Standesgenossen, fällt er in den siebenten. Das Lehenbuch sagt hernach, welches Recht die haben, die im siebenten Heerschild sind.

Art. 143. Wie nah ein Markt am anderen liegen soll

(a) Man soll keinen Markt näher als zwei Meilen zum anderen legen. Man soll ohne die Erlaubnis des Landrichters auch keine Burg bauen und keine Dörfer befestigen und keine Berge befestigen. Man soll auch keine Stadt bauen ohne die Erlaubnis dessen, dessen Eigen die Stadt ist; ist sie sein Lehen, hat er dasselbe Recht.

(b) Ohne die Erlaubnis des Landrichters kann man so tief in die Erde graben, wie ein Mann die Erde noch mit einer Schaufel herauswerfen kann, ohne daß er sich auf einen Schemel stellt. Man kann ohne seine Erlaubnis über der Erde drei Stockwerke hoch mit Holz oder Steinen bauen, aber ohne Zinnen und ohne Brustwehr.[21] Man kann auch ohne seine Erlaubnis einen Hof zu ebener Erde mit einer Mauer umfrieden, die so hoch ist, daß ein Mann, der auf einem Roß sitzt, mit einer Hand oben auf die Mauer fassen kann, und zwar ohne Zinnen und ohne Brustwehr und ohne sonstige Wehrbauten. In derselben Weise kann ein Mann auch

[21] Andere Textformen ergänzen: und ohne Erker und ohne irgendeine Art von Wehrbau (Urswsp. Ldr. 143 b (143), S. 438. Lahr Ldr. CCXXXVIII, II, 2; S. 288).

einen Hof mit Holz umzäunen. Man kann auch keine Burg ohne die Erlaubnis des Königs oder des Landrichters wieder errichten, wenn sie mit einem Urteil gebrochen ist. Bricht man ein Haus mit Gewalt oder läßt ein Herr es freiwillig[22] oder aus Armut verfallen, so kann man es ohne Erlaubnis wieder errichten.

Art. 144. Dem seine Burg abgewonnen wird

(a) Gewinnt man jemandem sein Haus mit Unrecht ab, so soll er das dem König klagen oder dem Landrichter, in dessen Gericht es liegt. Der soll für ihn richten, und soll das Haus geradewegs wieder fordern. Und überantwortet man es ihm nicht, so soll der Richter sich all dessen bemächtigen, was jener hat, und soll ihn auf drei Gerichtstage laden. Und kommt er ohne Geleit dorthin, so soll er nach Recht über ihn richten. Hat er ihm Gewalt und Unrecht angetan, so richte er über ihn wie über einen Räuber. Er soll ihn auch ohne den Richter fangen, wenn er ihm begegnet, und soll ihn dem Richter überantworten. Wenn man jemandem mit Unrecht sein Haus vorenthält, so kann solange niemand eine Klage deswegen erheben, weder wegen etwas, was zuvor darauf geschah, noch wegen etwas, was zu dieser Zeit darauf geschieht, denn er hat es nicht in seiner Gewalt.

(b) Wird ein Haus oder eine Burg mit einem Urteil jemandem aberkannt, so soll der Richter zuerst drei Schläge dagegen schlagen. Danach sollen alle Leute mit Äxten herangehen und zuschlagen, bis das Gebäude oberhalb der Erde ganz zerstört wird. Man soll es nicht abbrennen. Man soll weder Holz noch Steine wegführen noch irgend etwas von dem, was sich auf der Hofstatt befindet; es sei denn, das wäre durch einen Diebstahl oder Raub dorthin gekommen: Dann soll sich der Richter dessen bemächtigen und es behalten, bis jemand kommt, der ein Recht daran hat. Handelt es sich um eine Burg, so sollen alle, die in dem Gericht ansässig sind, mit ihrer eigenen Speise drei Tage lang mithelfen, den Graben oder den Berg mit Schaufeln einzuebnen, wenn sie durch die Boten des Richters dazu geladen werden.

Art. 145. Mit welcher Zucht man im Gericht stehen soll

Die Schöffen sollen über eine jegliche Sache das Urteil sprechen und sonst niemand. Der Richter und die Schöffen sollen weder Hauben oder Hütlein oder Hüte tragen noch Kapuzen oder Handschuhe anhaben. Die

[22] Andere Textformen ergänzen: oder wegen eines Feuers (Urswsp. Ldr. 143 b (143), S. 438. Lahr Ldr. CCXXXVIII, IV, 6; S. 288).

Mäntel sollen sie auf ihren Schultern haben. Sie sollen unbewaffnet sein; es sei denn, die Not zwinge sie dazu. Sie sollen fastend das Urteil über den Leib eines jeglichen Menschen finden. Das ist Recht, daß man über keines Menschen Leib ein Urteil sprechen soll, wenn man gegessen oder getrunken hat;[23] man soll nüchtern sein. Das soll man in jedem Gericht so einhalten. Und wer gegessen hat und ein Urteil über den Leib eines Menschen spricht, der wird an dem Menschen schuldig.[24]

Art. 146. Wenn ein Weib von ihrem Mann geschieden wird

Wird ein Weib mit Recht von ihrem Mann geschieden, so behält sie doch ihr Leibgedinge, das er ihr für ihren Leib gab, ausgenommen sein Eigen und das Gebäude, das darauf steht. Was sie zu ihm einbrachte, das führt sie weg, wenn es da ist. Brachte sie fahrendes Gut zu ihm, so soll sie das mit sich führen. Ist es verloren, und man kann das beweisen, wie es Recht ist, muß sie es entbehren.[25] Eine Frau kann nach dem Tode ihres Mannes Lehen haben, wenn da kein Lehenserbe ist; wie das geschehen kann, findet man im Lehenrechtsbuch.

---

[23] Dieser Konditionalsatz fehlt in Laßberg/Langform Z und ist nach anderen Textformen ergänzt.

[24] Urswsp. Ldr. 145 (146), S. 439f. ergänzt nach der Freiburger Hs.: Wer ein Urteil spricht, soll es mit Recht im Sitzen finden; und wer ein Urteil verwirft, der soll aufstehen, oder er zahlt dem Richter ein Gewette. Wer dem Richter ein Gewette zahlt, soll es im Stehen tun. Wer dem Kläger ein Gewette in Pfennigen oder eine andere Buße zahlt, soll das im Stehen tun; und wer das nicht tut, zahlt dem Richter eine Buße. Man soll dem Kläger eher als dem Richter zahlen. Jeder Mann, gegen den man klagt, soll antworten, wenn er die Sprache beherrscht. Antwortet er ihm nicht, soll ihm der Richter drei Male gebieten, daß er antworte; und antwortet er ihm dann nicht, so richte der Richter für sich gemäß der Schuld, wie es Recht ist. Und er zahle dem Richter ein Gewette, weil er ihm nicht antworten wollte. Und beherrscht er die Sprache nicht, soll der Richter ihm einen Fürsprech geben, der die Sprache beherrscht. Gibt es keinen, und er hat einen Schaden angerichtet, den man gesehen hat, soll man ihn bezeugen und darüber richten, wie es Recht ist. Und findet man Diebesgut bei ihm, und ein Mann hat das gesehen, so schiebe er die Schuld auf ihn und schwöre, daß er sah, daß er das stahl. So soll man jeden Diebstahl beschwören, von dem man sah, wie er geschah. Und findet man nichts bei ihm und kann keine Untat gegen ihn bezeugen, die jemand gesehen hat, so soll man ihn behalten, bis man einen Mann findet, der seine Sprache beherrscht. Hat aber jemand gehört, wie er die [deutsche] Sprache redete, als er gefangen war, und man kann ihn mit drei Männern dessen überzeugen, so richtet man über ihn, als ob er antwortete. Vor dem Reich verantwortet sich jeder Mann gemäß seiner Geburt, wenn er sein Recht behalten hat, wie es hiervor geschrieben ist.

[25] Systematische Form: muß man es ihr erstatten (Lahr Ldr. CCCCIII, I, 4; S. 480).

Art. 147. Was die Witwe vor den Erben nehmen soll

(a) Einem Weib stirbt der Mann, und sie bleibt mit ihren Kindern auf dem Gut, ohne daß es geteilt wird. Über lang oder kurz, wenn sie sich trennen, nimmt die Frau zunächst ihre Morgengabe. Und hat sie fahrendes Gut, über das ihr Mann bei seinem Tode keine Verfügung getroffen hat, soll man es unter Weib und Kindern zu gleichen Teilen aufteilen, und der Seele ihren Teil geben. Und hat er bei gesundem Leibe eine Verfügung darüber getroffen, soll diese beständig gelten.[26]

(b) Und hat ein Mann Kinder und steuert eines oder mehrere mit fahrendem Gut aus, solange er lebt, und er stirbt danach, so haben diese Kinder nichts vom fahrenden Gut, das er hinterläßt; es sei denn, er habe es zu Lebzeiten so bestimmt.

Art. 148. Vom Erbteil

(a) Ein Mann stirbt und hinterläßt Söhne und Töchter und Eigen, über das er keine Verfügung getroffen hat. Die Kinder, sie seien ausgesteuert oder nicht, sollen das gesamte Eigen teilen und ebenso das, was den Kindern zuvor ausgegeben wurde: Das sollen sie zu dem anderen Gut werfen, das da ist, es sei fahrendes oder anderes Gut; das sollen sie zu gleichen Teilen aufteilen, was an Gut da aufzuteilen ist. Die Kinder, die ausgesteuert sind, haben die Wahl, ob sie das tun oder nicht: Sie haben das, was ihnen zugeteilt worden ist, mit Recht inne; oder sie legen es zu dem Erbe dazu. Und ist ein Ansitz da, auf dem der Vater saß, und er hinterläßt einen Sohn oder mehrere Söhne und Töchter, die nicht ausgesteuert sind, so besitzen die Söhne den Ansitz mit Recht vor den Töchtern. Und ist nichts anderes da als der Ansitz, so steht es der Gnade der Brüder anheim, was sie der Schwester geben. Und hinterläßt er Zinslehen, so gilt dafür dasselbe Erbrecht wie für Eigen; und hinterläßt er ein Leibgedinge, so sollen sie damit verfahren, wie das Buch hiervor sagt.

---

[26] Lahr ergänzt aus der Würzburger Hs. (Langformenklasse II e, oben S. 48 A. 37): Stirbt ein Mann und hinterläßt sein Weib und Kinder, die sie miteinander hatten, und die Frau erbt nach dem Tode ihres Mannes Gut von ihrem Oheim oder einem anderen Verwandten, so stellt sich die Frage, ob die Frau dieses Gut, das ihr durch einen Todesfall oder auf sonst eine Weise zukam, mit ihren Kindern teilen soll oder nicht. Manche sagen, die Frau solle von Rechts wegen mit ihren Kindern teilen, was ihr durch einen Todesfall oder sonst eine Weise zukam, wenn sie zu dieser Zeit mit ihren Kindern auf dem Gut sitzt, ohne daß es aufgeteilt ist. Hat sie es aber zuvor mit den Kindern geteilt, so braucht sie ihnen nichts zu geben (Lahr, Anh. zu Ldr. CCLXXXIII, S. 336).

(b) Und sind unter den Kindern ein oder mehrere Söhne, die ausgesteuert sind, so sollen diese den Ansitz bekommen, wenn er keinen Sohn hinterläßt, der nicht ausgesteuert ist. Und sind die Kinder alle ausgesteuert, seien es Söhne oder Töchter, so fällt der Ansitz zunächst an die Söhne; das ist Recht.

(c) Wir lesen im Buche Mosis von der Erbschaft folgendes: Als Moses das Volk Israel aus Ägypten durch die Wüste führte und sie dem Lande, das Gott ihnen verheißen hatte, nahe gekommen waren, sprach das Volk zu Moses: Moses, du sollst uns das Land zuteilen, wohin wir gehen sollen, so daß jedem so viel zukomme, wie er dort haben sollte. Da setzte er sich nieder und nahm Eleazar zu sich und andere weise Leute und nahm die dazu, die er in das Land gesandt hatte, damit sie das Land erkundeten, und teilte das Land unter den zwölf Stämmen auf, und gab jeglichem so viel, wie er dort haben sollte, und teilte das durch das Los unter ihnen auf, damit ihnen allen Gerechtigkeit widerfuhr. Unter den zwölf Stämmen fuhr ein Herr mit, der hieß Sasalphar; der starb in der Wüste. Der hinterließ keine Söhne und hinterließ fünf Töchter; die erhielten kein Land. Eines Tages, als die Juden einen Festtag feierten, gingen die fünf Jungfrauen zu Moses und Eleazar und sprachen also: Unser Vater ist tot in der Wüste geblieben und ihr habt euer Land geteilt und habt uns das unsere nicht gegeben, obwohl wir zu den zwölf Stämmen gezählt werden. Moses sprach: Wir sollen die Sache vor Gott bringen. Moses verkündete Gott die Angelegenheit; und Gott antwortete also: Wenn ein Mensch ohne Söhne stirbt, so will ich, daß sein Erbe an seine Töchter fällt. Und hat der Mensch weder Söhne noch Töchter, so erbt sein Bruder, und hat er keinen Bruder, so erben seine Vettern, und hat er keine Vettern, so erbt der jeweils Nächste von der väterlichen Verwandtschaft. Das sprechen die Meister: Ist das Gut von der väterlichen Seite gekommen, so erben es die Nächsten, die dazu gehören. Ist es von der mütterlichen Seite gekommen, so gilt dasselbe Wort. Moses handelte nach Gottes Worten und gab den fünf Jungfrauen ihren Teil in dem Land. Also soll man ein Erbe so aufteilen, wie Gott gesprochen hat.

Art. 149. Der eine Witwe nimmt

Ein Mann nimmt eine Witwe, die ein Gut besitzt, das man mit dem Pflug bestellt. Stirbt sie, soll man das Gut zurückgeben. Und ist gesät, nimmt der Mann mit Recht den Ertrag davon; und soll man Geld oder Zins zahlen, so soll man das geben. Stirbt die Frau, bevor das geschieht, so fällt das Gut zu Recht an den, an den es fallen soll. Hat die Frau ein Gut, von dem man Geld oder Zins zahlen soll, und der Zins wird fällig, bevor sie starb, soll man ihn dem Mann geben, wenn er noch auf dem Gut ist.[27]

(I) Vom Zinsgut: Ein Mann verleiht sein Gut, damit darauf gesät wird. Zu welcher Jahreszeit er stirbt, soll man es seinen Erben mit Recht besät zurückgeben, denn er konnte es [dem Lehnsmann] nur so lange gewähren, wie er lebte. Die Erben sollen auch von der Saat jenen, denen das gebührt, einen Zins oder eine Abgabe geben, wie man es jenem gab, der das Gut ausgab; denn er bestellte es nicht mit seinem eigenen Pflug, als er starb.[28]

Art. 150. Wie man ein Gut gegen Geld besetzt

(a) Ein Mann besetzt sein Gut von Jahr zu Jahr gegen Zins. Stirbt er [der Zinsmann][29] danach, sollen es seine Erben beständig haben. Besetzt er seine Hufe und er stirbt danach, haben seine Erben sie beständig, wenn sie wollen.

(b) Man soll den Baumann nicht vor Lichtmeß vom Gut trennen; das ist Recht.

[27] Die systematische Form gibt diesen Artikel deutlich näher an der Vorlage (Ssp. Ldr. III, Art. 76, §§ 3–5; S. 258) wieder: Ein Mann nimmt eine Witwe, die Eigen oder Lehen oder Leibgedinge oder sonstige Zinseinkünfte besitzt. Er bearbeitet das Gut mit dem Pflug. Stirbt sein Weib vor der Aussaat, soll er es vollständig bestellen und besäen und abernten und demjenigen den Zins und die Abgaben davon geben, an den das Gut fällt. Stirbt die Frau aber nach der Saat, wenn die Egge [verbessert nach dem Sachsenspiegel statt Schwabenspiegel: Erde] über das Land gegangen ist, gehört die Saat [verbessert nach dem Ssp. statt Swsp.: Stätte] ihrem Mann, und er ist nicht verpflichtet, irgend jemandem einen Zins oder Abgaben davon zu geben, dem auch sie keinen Zins gab. Sollte man der Frau einen Zins oder Abgaben von diesem Gut geben, und sie stirbt nach dem Zinstag, so verdient der Mann dieses Gut, wie es an die Erben gegangen wäre, wenn sie ohne Mann geblieben wäre (Lahr Ldr. CCCXLII, S. 400).

[28] Lahr fügt folgende Textvariante aus der Straßburger Hs. (oben S. 26 A. 3) ein: Wenn ein Mann sein Gut gegen einen Zins überläßt: Ein Mann verleiht ein Gut gegen die Abgabe eines Zinses für eine festgelegte Anzahl von Jahren, nach welcher man es ihm besät wieder zurückgibt. Stirbt er während dieser Jahre, ist es seinen Erben ledig. Denn er kann es ihm nicht länger überlassen, als er lebt. Die Erben, an welche das Gut fällt, sollen die Erben des Bauern bezahlen, wie der Wert ihrer Arbeit von glaubwürdigen Leuten beschieden wird; denn er bestellte es mit seinem Pflug, als er starb. (Lahr, Anh. zu Ldr. CCCXLIII, S. 402). Diese Version steht inhaltlich der Vorlage Ssp. Ldr. III, Art. 77, §§ 1f.; S. 259f. näher. Dort wird die Pflicht der Erben (des Lehnsherrn), die Bauern zu entschädigen (weil sie das Gut bestellen, und nicht der Lehnsherr selbst), etwas klarer thematisiert.

[29] Vgl. Ldr. 218 b; entsprechend sind im Folgesatz die Erben des Zinsmannes, nicht des verstorbenen Hufenbesitzers gemeint.

Art. 151. Dies ist Gerechtigkeit

(a) Der König und ein jeglicher Richter kann mit Recht über seinen Verwandten richten und über seinen Eigenmann und über seine Kinder und über ihren Leib oder Teile ihres Leibes; und sie handeln nicht wider Gott oder wider das Recht oder wider ihre Treue. Keiner kann über sein Eheweib richten oder über Vater und Mutter.

(b) Ein jeglicher Mann soll dem König und anderen Richtern im Gericht helfen, wenn sie mit Recht dazu geladen werden; und er handelt nicht wider seine Treue, wenn er sein Verwandter oder sein Herr ist.[30] Der Mann soll auch mit Recht vor das Haus des Herrn fahren und der Herr vor das Haus des Mannes, wenn er mit einem gerichtlichen Urteil dazu bestellt wird; und er handelt nicht wider seine Treue, wenn er ihm[31] oder denen, die mit ihm sind, weiter keinen Schaden tut außer das, was die Rösser fressen.

(c) Und verwundet ein Mann seinen Herrn in Notwehr oder schlägt ihn zu Tode, oder ein Herr seinen Mann, so handelt er nicht wider seine Treue.

Art. 152. Von der Gastfreundschaft

Der Mann soll seinem Weggefährten, seinem Gesellen und seinem Gastgeber wie auch der Gastgeber seinem Gast, den er beherbergt, und dem, der ins Haus des Gastgebers flieht, um Gnade zu finden, gegenüber jedem helfen, damit er Unrecht abwehre; und er handelt nicht wider seine Treue. Und hat ein Mann ein Unrecht getan und flieht in das Haus eines Mannes, und ist nicht in der Acht, so soll dieser ihn einlassen und seine Türe schließen. Kommt der Richter, soll er ihn dreimal rufen lassen. Er soll den Mann seines Weges schicken, wenn er kann. Wenn der Richter dreimal gerufen hat, soll man ihn einlassen, wenn sie es gehört haben. Tut man das nicht, so muß sich der Gastgeber für den Mann verantworten. Man soll den Richter einlassen und ihn suchen lassen. Findet er ihn, soll er ihn herausnehmen; und geht es um eine solche Schuld, daß der Gastgeber Bürge werden will, soll man ihn nehmen, wenn man ihn gut genug kennt. Wegen des Totschlags oder was dem Mann an den Leib geht, soll der Richter keine Bürgen nehmen.[32] Dieses Recht haben auch die Bürgen:

[30] D.h. wenn er gegen seinen Verwandten oder Herrn aussagen soll.

[31] Ergänzt nach anderen Textformen, fehlt in Laßberg/Langform Z sinnentstellend.

[32] Urswsp. Ldr. 152 (154), S. 444 ergänzt folgenden Satz: Dieses Recht haben auch die Bürgen: Man soll den Wirt als Bürgen nehmen, wenn er hinreichend bekannt ist. Geht die Schuld um den Totschlag oder was sonst dem Mann an den Leib geht, soll der Richter keine Bürgen nehmen.

Flieht jemand zu ihnen, handeln sie nicht wider ihre Treue oder wider das Recht.[33]

Art. 153. Wenn der Herr seine Treue vergißt

Stellt der Mann seinem Herrn nach oder der Herr seinem Mann,[34] handeln sie wider die Treue. Wenn der Mann seinem Herrn etwas antut, soll er ihm einen Gerichtstag vor seinen Mannen geben, und soll dort über ihn Recht sprechen, wie das Lehenbuch sagt. Und handelt der Herr wider seinen Mann, soll dieser das seinen Herrn wissen lassen. Und der soll ihm einen Tag vor seinen Mannen geben und soll das rechtsgültig beilegen, wie das Lehenbuch sagt. Und stellt sich der Herr wider das Recht des Mannes oder Mann gegen den Herrn, so bricht ein jeder von ihnen seine Treue gegenüber dem anderen, wenn er ihm nachstellt. Zieht er aber los, ohne ihm schaden zu wollen, und er tut ihm [versehentlich] einen Schaden an oder die, die mit ihm sind, so soll der Herr diesen Schaden dem Mann gelten oder der Mann dem Herrn; und dies geht nicht wider ihre Treue.

Art. 154. Von der Heerfahrt

Ein Mann ist auf einer Reise und nicht selbst Hauptmann. Greifen Leute ihn und die Seinen an und fügen seinem Herrn oder seinem Mann oder seinem Verwandten Schaden zu, oder wem immer sie ohne seinen Rat und ohne seine Tat Schaden zufügen: Schwört er das selbdritt, so muß er nicht dafür zahlen und handelt auch nicht wider seine Treue.

Art. 155. Wenn man ein Dorf aufbaut

(a) Wenn man ein neues Dorf aufzubauen beginnt, kann dem Herrn des Erdreiches wohl eine Abgabe oder ein Zins fällig werden, so daß den Bauleuten das halbe Korn bleibt und dem Pfaffen der Zehnt; und welche Rechte andere Dörfer haben, die soll auch dieses haben.

(b) Hinterläßt ein Bauer bei seinem Tode ein Eigen, das eine halbe Hufe umfaßt, und er hat keine Erben, so gehört dies seinem Herrn, dessen Eigen er ist, oder seinem Gotteshaus, zu dem er gehört. Und hat er

---

33 Systematische Form: Dieses Recht haben auch die Burgen. Wer zu ihnen flieht, den soll man einlassen; und sie alle handeln nicht wider ihre Treue oder das Recht (Lahr Ldr. CXCVIII, IV, 13f.; S. 250).

34 Manche Textformen ergänzen: und er klagt vor seinen Mannen (Urswsp. Ldr. 153 (155), S. 444. Lahr Ldr. CXCIX, 1; S. 251. Kurzform I, Ldr. 153, S. 264). Wie Lahr ebd. Anm. (g) anmerkt, ist hier die Vorlage (Ssp. Ldr. III, Art. 78, § 8; S. 261: ohne ihn vor seinen Mannen verklagt zu haben) mißverstanden.

anderes Gut, kann er das bei seinem Tod oder bei gesundem Leib geben, wem er will. Und hat er mehr Eigen als eine halbe Hufe, soll das an den Landrichter fallen. Und hinterläßt er fahrendes Gut und hat keine Verfügung darüber getroffen, soll das an den Landesherrn fallen.

(I) Wie Weiber und Männer auf zweierlei Weise vererben merke, wie hiernach geschrieben ist. Wie ein jegliches Weib auf zweierlei Weise vererbt: Ihr Erbe geht an den nächsten Verwandten, ihre Gerade an die nächste weibliche Verwandte. Ein jeglicher Mann von ritterlichem Stande vererbt auf zweierlei Weise: Das Erbe geht an den nächsten Verwandten, welcher Art er auch sei, sein Heergewäte an den nächsten Verwandten von Vaters Seite.

Welcher Mann nicht von ritterlichem Stande ist, dem fehlt das Recht des Heerschildes. Wenn er stirbt, hinterläßt er Erbe, aber kein Heergewäte. Hinterläßt jemand ohne Erben solche Dinge, nämlich Erbe oder Heergewäte oder Gerade, soll man das dem Richter oder dem Fronboten überantworten, wenn er es nach dem dreißigsten Tag herausfordert. Der Richter soll es über Jahr und Tag behalten und warten, ob es jemand mit Recht beansprucht. Danach kann er es zu seinem Nutzen verwenden; es sei denn, daß jener gefangen oder im Reichsdienst unterwegs gewesen sei oder im Dienst für Gott außer Landes. Dann muß man seine Anwartschaft auf das Erbe offenhalten, bis er zurückkommt; denn innert dreißig Jahren und einem Tag verjährt sein Erbe nicht.

Art. 156. Wer Eigenleute freiläßt

(a) Läßt ein Herr seinen Eigenmann frei, erhält dieser das Recht der freien Landsassen; eine höhere Freiheit kann er nicht erlangen.[35] Und läßt ein Laienfürst seinen Dienstmann frei, der von ritterlichem Stande geboren ist, erhält dieser das Recht der Mittelfreien.

(b) Fehlt es in einer Grafschaft an Bütteln[36], soll der Landesherr seine Eigenleute freilassen, damit er aus ihnen Büttel mache, die frei sind.

Art. 157. Der sein Recht verliert

Wer sein Recht vor einem Richter verliert, der hat sein Recht überall verloren. Kommt er vor ein anderes Gericht, und jemand spricht ihn

---

35 Andere Textformen ergänzen: Das kommt daher, daß er eigen war (Urswsp. Ldr. 156 a (157), S. 445. Lahr Ldr. LVI, I, 3; S. 77. Kurzform I, Ldr. 156 a, S. 267).

36 Andere Textformen: Fronboten (Urswsp. Ldr. 156 b (157), S. 445. Lahr Ldr. CXXXIX, S. 170. Kurzform I, Ldr. 156 b, S. 267).

deswegen an, soll dieser ihn dessen überzeugen mit den Leuten, die dort vor Gericht gewesen sind; derer sollen drei sein. Hat er es aber selbst gesehen, benötigt er nur zwei außer sich. Und ist es um Gut gegangen, hat er es allenthalben verloren; und ist es um seine Ehre gegangen oder um sein Recht, hat er es auch allenthalben verloren.[37]

Art. 158. Vom Erbe des Dienstmannes

Dienstmannen nehmen Erbe und vererben wie freie Leute gemäß allem Landrecht.[38] Ihr Eigen kann aber nicht aus der Gewalt ihrer Herren fallen. Wenn sie keine Erben haben, können sie ihr Eigen auch nicht vergeben oder verkaufen, außer an ihre Standesgenossen. Daß dieses Buch so wenig vom Recht der Dienstmannen sagt, kommt davon, daß ihr Recht so mannigfaltig ist. Die geistlichen Fürsten haben Dienstmannen, die ein Recht haben. Die Dienstleute der gefürsteten Äbtissinnen haben ein anderes Recht. Die Dienstmannen der Laienfürsten haben auch ein besonderes Recht. Deshalb können wir nicht alle ihre Rechte bescheiden.

Der König und die geistlichen Fürsten haben wegen ihrer beiderseitigen Dienstmannen ein Recht festgelegt: Wenn ein Reichsdienstmann das Dienstweib eines geistlichen Fürsten nimmt und daraus Kinder entstehen, teilen sie diese miteinander. Das ist eine gute Gewohnheit, die man beibehalten soll. Nimmt der Dienstmann eines geistlichen Fürsten ein Dienstweib des Reiches, haben sie dasselbe Recht hinsichtlich ihrer Kinder. Die Kinder erben das Eigen ihres Vaters und ihrer Mutter zu gleichen Teilen. Das erste Kind, das kommt, sei es Sohn oder Tochter, kommt an das Gotteshaus. Mit den Laienfürsten kann der König keine entsprechende Gewohnheit haben. Denn sie [die Dienstmannen der geistlichen Fürsten] sind auch Dienstmannen des Reiches; daher kann der König seine Dienstmannen nicht niedern. Aber gäbe er sie in die Gewalt der Laienfürsten, hätte er sie geniedert.

Art. 159. Von der Kraft des Siegels

(a) Des Papstes Siegel heißt Bulle. Gibt und empfängt jemand diese mit Recht, so sind sie gut und recht. Die Siegel der Könige haben auch große

[37] Lahr Ldr. CXL, S. 171f., fügt eine Fassung dieses Artikels nach der Straßburger Hs. (oben S. 26 A. 3) an, bei der es sich im wesentlichen um eine Modifikation von Ssp. Ldr. III, Art. 82, § 1; S. 264 handelt.

[38] Die Gießener Hs. ergänzt gemäß dem Augsburger Ssp.: mit der Ausnahme, daß sie nicht aus der Gewalt ihrer Herren vererben (Wackernagel/Senckenberg, Addendum 440, S. 349).

Kraft.[39] Die Siegel der geistlichen Fürsten und der Laienfürsten sind rechtens,[40] und alle Konventssiegel sind rechtens. Und werden diese Siegel zu den Sachen anderer Leute gegeben, so haben sie ebenso große Kraft wie in eigener Sache. Die Siegel anderer Herren haben nur in deren eigenen Geschäften und in den Geschäften ihrer Leute Kraft. Die Städte sollen auch Siegel haben, aber nur mit dem Willen ihrer Herren; und haben sie sie wider den Willen ihrer Herren, so haben sie keine Kraft. Sie haben auch nur in den Angelegenheiten ihrer Städte Kraft. Andere Leute können ebenfalls Siegel haben; die haben nur in ihren eigenen Angelegenheiten Kraft. Man kann an einem Brief ein Siegel zum anderen geben; der Brief gilt dadurch desto fester. Alle Richter können mit Recht Siegel haben; die haben Kraft in den Sachen, die zu ihrem Gericht gehören.

(b) Wer eine Handfeste macht, soll mindestens sieben Mann hinzuziehen, die Zeugen sind. Sind es mehr, so ist das auch gut. In jeglicher Handfeste hilft der tote Zeuge wie der lebende. Und wo man Handfesten macht, soll man unseres Herrn Jesu Christi Alter anführen. Man kann mit Recht die Siegel der Zeugen daran geben.

Art. 160. Von Wucherern

(a) Ich schwöre, einem Mann Zins zu geben, indem er mir sein Gut auf meine Hufe oder auf ein anderes Zinsen abwerfendes Gut oder auf ein anderes Pfand leiht. Und will er mir sein Gut nicht verleihen, schwöre ich einen Eid zu den Heiligen, daß ich das Zinsgut, das ich ihm gebe, niemals zurückfordere. Nun tue ich das, und er hat das Gut so lange inne, bis daß er mehr Ertrag davon hat, als er dafür bezahlt hat. Soll ich ihm den Gewinn lassen, oder soll ich darum klagen? Täte ich das, so handelte ich wider meinen Eid; und will ich an meinem Eid festhalten, muß ich mein Gut auslösen. Ich soll danach zu meinem geistlichen Richter gehen und soll ihm die Sache verkünden. Dann soll der Richter ihn vorladen und soll darüber richten, als ob ich selbst klagte; das ist das Recht des Richters. Er soll ihn zur Rechenschaft ziehen für seine Sünde, damit seine Seele nicht verloren geht. Wenn der Richter das Gut erklagt hat, soll er mir das Gut wiedergeben.

Und gelobe ich, einem Mann einen Zins zu geben für ein Gut, das er mir verleiht – er hat von mir ein Pfand oder nicht –, so soll ich ihm sein

---

39 Systematische Form: großes Recht und große Kraft (Lahr Ldr. CCCLXXXVIII, II, 3; S. 465).

40 In anderen Textformen folgt: die Siegel der Prälaten und der Kapitel sind rechtens (Urswsp. Ldr. 159 a (166), S. 448. Lahr Ldr. CCCLXXXVIII, IV, 5; S. 465. Kurzform I, Ldr. 159 a, S. 8).

Gut geben und nicht den Zins; es sei denn, ich hätte deswegen geschworen. Dann soll ich verfahren, wie hiervor gesprochen ist.

(b) Und klagt der Mann vor einem Richter um den Zins, soll der nicht darüber richten. Gebe ich dem Mann sein Gut zurück und nicht den Zins, kann mir der Richter wohl gebieten, daß ich den Zins nicht gebe. Darin soll ich gehorsam sein, und das schadet meinem Eid und meinem Gelübde nicht. Denn die Heilige Schrift spricht, man solle Gott mehr gehorsam sein als den Leuten. Und ist ihm der Zins gegeben, soll der Richter ihn mit Recht zurückfordern, und soll ihn auf der Stelle wieder dorthin geben, von wo er genommen ist. Und ist man diesem Urteil des geistlichen Richters nicht gehorsam, soll er ihn deswegen bannen. Wenn er sechs Wochen und einen Tag im Bann ist, soll ihn der weltliche Richter deswegen ächten; und tut der weltliche Richter das nicht, soll der geistliche Richter mit dem Bann über ihn richten. Es soll je ein Gericht dem anderen helfen; dann sind sie beide desto stärker. Und schwöre ich ihm [dem Wucherer], daß ich niemandem kundtun wolle, daß ich ihm Zins gebe, ist der Eid nicht rechtens. Davon löst mich mein Bischof oder mein Leutpriester, denn es ist wider Gottes Gebot. Denn Gott spricht also: Liebe deinen Nächsten wie dich selbst. Deshalb soll ich meines Mitchristen Laster nicht verschweigen, wodurch er seine Seele verliert. Wenn nun in einer Stadt offenkundig Wucherer sind,[41] haben die Bürger eine[42] Mitschuld daran; und der ist schuld daran, dem die Stadt gehört,[43] und auch der Richter, wenn er sie nicht rügt, wie er es zu Recht tun soll. Ist er ein Geistlicher, sollen seine Vorgesetzten ihn zur Rechenschaft ziehen, und das geistliche Gericht soll über sie richten.[44] Und wer die Wucherer be-

---

[41] Andere Textformen ergänzen: welche Christenmenschen sind (Urswsp. Ldr. 160 b (167), S. 450. Kurzform I, Ldr. 160 b, S. 13); die systematische Form darüber hinaus noch: sei es, daß sie das Bürgerrecht haben oder nicht (Lahr Ldr. CCCXLV, III, 20; S. 405f.).

[42] Andere Textformen: keine (Langform E, Ldr. 160 b (161), S. 166. Kurzform I, Ldr. 160 b, S. 13).

[43] Andere Textformen ergänzen: wenn er nicht über sie richtet (Urswsp. Ldr. 160 b (167), S. 450. Lahr Ldr. CCCXLVI, III, 20; S. 405f.).

[44] Dieser mißverständliche Satz wird in verschiedenen Textformen unterschiedlich aufgefaßt. In der einen Lesart ist das Subjekt des Satzes der Stadtherr, der die Wucherer gewähren läßt: Ist der, dem die Stadt gehört, ein geistlicher Fürst, und er richtet nicht über sie, so soll das weltliche Gericht über sie richten (Langform H, Ldr. 160 b, S. 218f.). Eine andere Lesart sieht im fraglichen Geistlichen selbst einen Wucherer: Und ist der, der da wuchert, ein Pfaffe, so sollen seine Vorgesetzten darüber richten; und richtet es das geistliche Gericht nicht, so soll der weltliche Richter darüber wie über einen Laien richten (Urswsp. Ldr. 160 b (167), S. 450 deutlicher als Lahr Ldr. CCCXLV, III, 21; S. 406). Eine weitere Variante fokussiert den Richter, der den Wucher nicht rügen will:

schirmt, über den richtet der Richter ebenso wie über den Wucherer. Man soll die Wucherer ermahnen, daß sie keinen Zins mehr nehmen, und daß sie den, den sie genommen haben, wieder zurückgeben. Dessen soll man sie dreimal ermahnen; und sind sie danach nicht gehorsam, sollen die geistlichen Richter[45] sie mit dem Bann dazu zwingen. Und hilft das nicht, so sollen die weltlichen Richter die Leute aus der Stadt werfen, und die Richter sollen ihr Gut nehmen. Und man soll die, von denen sie Gut als Zins genommen haben, von diesem Gut entschädigen. Und ist fahrendes Gut vorhanden, soll man davon zahlen; und ist keines vorhanden, zahle man von seinem Eigengut. Bleibt etwas übrig, bekommt das der Richter. Sagen sich die Wucherer nicht vom Zinsnehmen los, wenn sie dreimal gemahnt wurden, soll sie das geistliche Gericht oder das weltliche Gericht vor der Christenheit scheren[46] und ihnen Haut und Haar abschlagen. Das ist die Buße für Wucherer, die Christen sind. Man soll den Wucherer mit denen überzeugen, von denen er Zins genommen hat, oder mit anderen Leuten, die wissen, daß es wahr ist, und mit drei Männern, die Zeugen sind.

Art. 161. Vom Erbteil der Kinder

Ein Mann hat ein Weib und Kinder, seien es Söhne oder Töchter. Sein Weib stirbt; er nimmt eine andere, die ein oder mehr Kinder bekommt. Der Mann liegt auf dem Sterbebett und trifft Verfügungen für seine Kinder und sein Weib und seine Seele. Und er gibt das Erbgut, das er zu Lebzeiten seiner ersten Frau hatte, den Kindern aus erster Ehe; und er gibt seiner Frau[47] ihr Gut zurück, und so viel von seinem Gut, [wie vereinbart wurde,] als sie zusammenkamen; und sind sie ohne Vereinbarung zusammengekommen,[48] so teilt er unter Weib und Kindern zu gleichen Teilen auf und gibt der Seele ihren Teil. Ebenso soll er sein fahrendes Gut aufteilen. Sterben die Kinder, die die jüngere[49] Frau mit ihm zusammen hatte, bevor sie zu ihren Tagen gekommen sind, erbt die Mutter das Gut der

Und ist es ein geistlicher Fürst, von dem er das Gericht hat, soll dieser deswegen über ihn richten (Kurzform I, Ldr. 160 b, S. 13f.).

45 Andere Textformen: Fürsten (Urswsp. Ldr. 160 b, S. 450. Lahr Ldr. CCCXLV, IV, 24; S. 406).

46 Lahr Ldr. CCCXLV, IV, 30; S. 407: beschelten. Kurzform I a, Ldr. 160 b, S. 15: beschreien.

47 Deutlicher Langform H, Ldr. 161, S. 219: seinem anderen Weib.

48 Der Laßberg-Text ist hier durch einen Homoioteleuton-Fehler entstellt. Die Rekonstruktion des gesamten Satzes folgt der Korrektur Lahrs Ldr. CCLXXXVIII, 6; S. 342 u. ebd. Anm. (A).

49 Fehlt bei Laßberg, ergänzt nach anderen Textformen.

Von jedem Harnisch und jeder Schußwaffe[53] wollen die Leute, daß es Erbgut sei.

(b) Geheiligt ist, was einer Sanktion unterliegt, wie die Mauern und die Tore einer Stadt. Daher wird mit dem Tode bestraft, wer sie ohne Zustimmung des zuständigen Rates mit bösem Willen, das heißt willkürlich und ohne gerechten Grund, zerstört.[54]

Art. 169. Von heiligen Mauern

Die Mauern nennen wir geheiligt.[55] Wird jemandem die Stadt verboten, und er steigt über die Mauer hinein, und geht nicht durch das Tor hinein, hat er zu Recht sein Haupt verloren. Romulus und Remus waren zwei Brüder; die gründeten Rom. Da beging Remus eine Untat, so daß sein Bruder ihm die Stadt verbot; denn er war Richter in Rom. Dieses Gebot brach Remus, und er stieg über die Mauer, und er wurde gefangen. Wegen dieser Tat führte man ihn vor den Richter; ihm wurde das Haupt abgesprochen. Der Bruder bat um ihn. Die Römer sprachen, sie wollten nicht, daß ihr Gesetz durch jemanden gebrochen werde; er wurde enthauptet. Diese Buße soll niemand erleiden; es sei denn, sie würde ihm auferlegt mit dem Willen des Fürsten, dem die Stadt gehört, und mit dem Rat weiser Leute, die in der Stadt sind.

Art. 170. Wie man Eide schwören soll

(a) Gott erlaubt rechte Eide und verbietet unrechte Eide. Die Eide, die zu schwören rechtens ist, erlaubt man zu schwören. Wir finden im heiligen Evangelium, daß Gott selbst geschworen hat. Wir finden in der Apokalypse, daß Sankt Johannes der Evangelist einen Engel schwören sah; dieser stand auf dem Meer und auf dem Erdreich und schwor beim lebenden Gott, der von Ewigkeit zu Ewigkeit lebt. Wir lesen, daß die guten Leute im Alten Testament geschworen haben. Wir lesen auch, daß die heiligen Leute im Neuen Testament geschworen haben. Damit widerlegen wir die

53 Andere Textformen zählen noch das Bettzeug aus Federn dazu (Urswsp. Ldr. 168 a (176), S. 455. Lahr Ldr. CCLXVIII, 5; S. 319. Kurzform I, Ldr. 168 a, S. 23).

54 Dies ist eine freie Aneignung von Inst. II, 1, 10: *Sanctae quoque res, veluti muri et portae, quodammodo divini iuris sunt, et ideo nullius in bonis sunt. Ideo autem muros sanctos dicimus, quia poena capitis constituta sit in eos, qui aliquid in muros deliquerint. Ideo et legum eas partes, quibus poenas constituimus adversus eos, qui contra leges fecerint, sanctiones vocamus* (Institutiones, oben S. 28 A. 9, S. 10).

55 Andere Textformen: Die Mauern nennen wir heilig, die Heilige umfrieden. Geht eine Mauer um eine Stadt, in der Heilige sind, nennen wir die Mauer heilig (Urswsp. Ldr. 169 (178), S. 456. Lahr Ldr. CCCCXVI, II, 2; S. 488. Kurzform I, Ldr. 169, S. 24).

Ketzer, die sagen, man solle keine Eide schwören. Sie lügen: Man soll Eide schwören, die rechtens sind. Salomon spricht: Welcher Mann viele Eide schwört, der wird mit vielen Sünden erfüllt; und das Unheil weicht nicht von seinem Haus. Auch wenn er des Wahren zu viel schwört, schätzen ihn Gott und die Leute nicht mehr. Es spricht auch der heilige Paulus: Der Wein ist ein gutes Getränk und ist nicht übel; man soll aber doch nicht zu viel davon trinken, denn aus Trunkenheit entstehen viel unvorhergesehene Dinge und üble Werke. So steht es mit den Eiden: So rechtens sie auch sind, kann man zu viel schwören, so daß sie zu Sünde und Schande gereichen.

(b) Man soll alle Eide bei Gott, bei seinen Heiligen und bei seinen heiligen Evangelien schwören sowie auf einem geweihten Altar und auf einem geweihten Kreuz. Man kann auch die Hand gen Himmel richten und bei Gott und den Heiligen schwören. Und wer auf andere Weise schwört, handelt wider den christlichen Glauben. Wird er dessen selbdritt überzeugt, soll ihn das geistliche Gericht bannen, und das weltliche Gericht mit Schlägen büßen, nämlich mit vierzig Schlägen oder einem Pfund Landpfennige. Wird er der Schuld aber dreimal überführt, soll man ihm die Hand abschlagen. Man kann mit Recht schwören, daß etwas geschehen ist, daß etwas zur Zeit besteht und daß ein Mann etwas noch tun will.

(c) Ein Mann wird zu Unrecht gefangen. Er kann nicht freikommen; es sei denn, er gebe hundert Mark Silber oder schwöre, etwas anderes zu tun, und kommt daraufhin frei. Soll er den Eid zu Recht erfüllen oder nicht? Wir sprechen also: Er soll ihn zu Recht nicht erfüllen; er ist vor Gott davon entbunden. Manche Meister raten, daß er seinen Eid erfüllen und das Gut geben und danach vor seinem Richter klagen soll. Hat er das Gut gegeben und geschworen, daß er deswegen nicht klagen soll, so verkünde er das dem Richter. Der soll über jenen richten, als ob er selbst klagte, und soll ihm sein Gut wieder gewinnen und soll es ihm zurückgeben. So richtet der Richter rechtens. Hatte aber jener[56] Recht, so soll dieser seinen Eid erfüllen. Will er aber ganz sicher gehen,[57] soll er zu seinem Bischof fahren oder zu seinem Leutpriester gehen und dessen Rat einholen. Der löst ihn davon, ohne daß er sündig wird. Und hat er nicht geschworen, daß er nicht klagen werde, so kann er es seinem Richter

56 Langform Z, Ldr. 170 c (166), S. 110 ergänzt verdeutlichend: der ihn da fing.

57 So jedenfalls Langform Z, Ldr. 170 c (166), S. 110 (*gewaerlichen varn*) besser als Laßberg (*gevarliche varen*) oder Lahr Ldr. CCCXLVI, V, 22; S. 409 (*gewaltigklich faren*).

klagen; der soll befehlen, daß ihm für seinen Schaden gebüßt[58] werde. Das ist also gesprochen, daß er es aus Furcht um seinen Leib tat, als er diesen Eid schwor.

Art. 171. Von Meineiden

Jemand zwingt einen Menschen dazu, daß er einen Meineid schwört. Ist er an dem Eid schuldig? Wir sprechen also: Sie beide sind schuldig; und wird einer des Meineides überführt, wie hiervor gesprochen ist, soll man beide gleichermaßen büßen.

Art. 172. Von den zwölf, die im Gericht helfen

Es ist eine Gewohnheit, daß man zwölf Männer nimmt, die im Gericht helfen sollen.[59] Sie alle sollen auf einer Bank sitzen und in einer jeglichen Sache das Urteil finden. Stimmen diese zwölf untereinander in ihrem Urteil nicht überein, so soll die Minderheit der Mehrheit folgen. Sie können ihr Urteil auch an den höheren Richter ziehen; das sollen sie tun, wie hiervor gesprochen ist. Wird ein verworfenes Urteil weitergezogen, soll der Richter deswegen keine Umfrage mehr halten. Der, zu dessen Vorteil das Urteil gefunden wird, läßt davon nicht ab, wenn es weiter gezogen wird; so kann auch der, der es gefunden hat,[60] nicht davon ablassen ohne den Willen dessen, zu dessen Vorteil es gefunden wird oder worden ist.

(I a) Von den Fürsprechen: Ein Mann kann auf Fürsprechen verzichten, wenn er das will. Und will der Mann den Schaden riskieren, der ihm dadurch geschieht, daß er keinen Fürsprech hat, so kann er für sich selbst sprechen. Das, was ihm schadet, kann ein Mann bei einem Fürsprechen verbessern. Was er selbst spricht, es sei zu seinem Guten oder zu seinem Schaden, muß fest gelten. Und spricht sein Fürsprech etwas, das ihm zum Schaden gereicht und das er ihm nicht zu sprechen aufgetragen hat, kann er das mit einem anderen Fürsprechen verbessern. Und beschuldigt ihn der Fürsprech, daß er ihn dies zu sagen hieß, so leiste er seinen Eid. Überzeugt der Fürsprech ihn selbdritt, so muß er den Schaden haben; denn dann hat er selbst zu seinem Nachteil gesprochen.

---

[58] Zweifach gebüßt (Urswsp. Ldr. 170 c (179), S. 458. Lahr Ldr. CCCXLVI, V, 23; S. 410f.).

[59] Andere Textformen: die dem Richter zu richten helfen; die nennt man Schöffen. Sie sollen weise Leute sein. Sie sollen vor Gericht das Urteil geben und finden und niemand anders (Urswsp. Ldr. 172 (181), S. 458. Lahr Ldr. LXXXIII, I, 1; S. 105. Kurzform I, Ldr. 172, S. 29).

[60] Andere Textformen: weder der Richter noch der, der es gefunden hat (Urswsp. Ldr. 172 (181), S. 458. Lahr Ldr. LXXXIII, III, 7; S. 105. Kurzform I, Ldr. 172, S. 30).

(I b) Der Richter soll für alle Leute gleichermaßen Richter sein, und er soll selbst kein Urteil finden und auch keines verwerfen. Hört er, daß ein Urteil gesprochen wird, das ihm und mindestens drei weiteren Leuten nicht rechtens dünkt, soll er sie umstimmen, so gut er kann. Kann er sie nicht umstimmen, so kann er das Urteil an den Herrn weiterleiten, von dem er das Gericht hat. Ist er auch in der Minderheit, tut er es doch mit Recht, wie ein jeglicher anderer Mann auch.

Art. 173. Der gefangen vor Gericht gebracht wird

Ein Mann, der gefangen wird und vor Gericht gebracht wird, kann kein Urteil verwerfen, ebensowenig wie der, der in der Acht oder im Bann ist. Er kann niemandem zu seinem Recht verhelfen, bis er aus dieser Zwangslage kommt.

Art. 174. Wie man jegliche Schuld mit dem Tod richten soll

(a) Nun vernehmt, welche Hinrichtung auf welches Ungericht steht: Den Dieb soll man henken. Geschieht aber ein Diebstahl im Wert von weniger als fünf Schilling, gehört er zu Haut und zu Haar gerichtet. Darüber kann ein Bürgermeister[61] richten wie über alles, womit man nicht den Leib und kein Blut verliert. Wer zu Haut und zu Haar verurteilt wird, der kann sich mit fünf Schilling davon befreien. Wird der Schaden des Klägers abgegolten, kann der Richter die fünf Schilling nehmen; wird er nicht abgegolten, so soll der Richter befehlen, ihn zu schlagen. Keine Schuld, die zu Haut und zu Haar geht, ist so groß, daß man mehr Schläge dafür austeilen sollte als vierzig weniger einen,[62] und desto weniger, je geringer die Schuld ist, und alle Schläge ohne Betrug. Wer diese Buße wegen Diebstahls erfährt, bleibt rechtlos. Ein Burggraf soll über unrechte Meßgefäße und über Waagen und über alles unrechte Maß und allen betrügerischen Handel, wann immer der offenbar wird, und über alle Lebensmittel richten. Alle Mörder, oder die einen Pflug rauben, oder in einer Mühle oder Kirche oder auf einem Kirchhof rauben, oder Verräter oder Mordbrenner, oder die eine Botschaft zu ihrem Vorteil in Umlauf bringen,[63] die soll man alle rädern und radbrechen. Mörder nennen wir

[61] Vgl. unten S. 303 A. 125.

[62] Die systematische Form erläutert: das ist neununddreißig (Lahr Ldr. CXVI, I, 7; S. 144).

[63] Die systematisch Form spricht sogar von *mordtliche botschaft* (Lahr Ldr. CXVI, III, 11; S. 145). In der Vorlage Ssp. Ldr. II, Art. 13, § 4; S. 142 heißt es: *de er bodescap werven to erme vromen.* Damit können die gemeint sein, die eine Botschaft zu ihrem Vorteil verändern oder auch die, die eine Vollmacht zu ihrem Vorteil mißbrauchen (vgl.

den, der einen Menschen tötet und das bestreitet und dessen mit Zeugen oder durch den Zweikampf überführt wird; man soll ihn radbrechen. Wir nennen auch den Mörder, der mit dem anderen ißt und trinkt und ihn im Guten begrüßt und ihn erschlägt, ohne daß dieser eine Schuld hätte; das ist ein Mord, und man soll ihn radbrechen. Wer den Pflug raubt, wenn man des Morgens vom Hause wegfährt und auf dem Acker ankommt oder wenn man wieder heimfährt, und dem Bauern[64] etwas antut oder ihm etwas nimmt, was drei Pfennig wert ist, den soll man radbrechen. Wer in einer Mühle etwas stiehlt, was fünf Schilling wert ist, den soll man radbrechen; stiehlt er etwas im Wert von drei Pfennig, soll man ihm Haut und Haar abschlagen; das sind höchstens vierzig Schläge. Wer in Kirchen oder auf Kirchhöfen etwas stiehlt, das dreißig Pfennig wert ist, den soll man radbrechen; stiehlt er dort etwas, was drei Pfennig wert ist, soll man ihm höchstens Haut und Haar abschlagen.[65] Stiehlt er dort etwas, schirmen ihn weder die Kirche noch der Kirchhof. Man soll ihn dort fangen, weil er Gott an der Kirche und am Kirchhof geschädigt hat. Stiftet jemand tags oder nachts heimlich einen Brand, er streite es ab oder nicht, so heißt das Mordbrand; man soll ihn radbrechen. Verräter nennen wir die, die mit ihrer Rede jemanden verleumden, indem sie ihm seinen christlichen Glauben absprechen, indem sie sagen, er sei ein Sodomit oder er habe Vieh befleckt oder er sei ein Ketzer. Können sie das nicht beweisen, soll man sie radbrechen. Diejenigen, welche sich nicht zu sprechen trauen, schreiben Briefe oder heißen andere Leute, sie zu schreiben, und setzen selber die Namen ein, und werfen sie auf die Straße, daß die Leute sie aufheben und lesen:[66] Das ist ein Mord; und wäre ein Tod übler als der andere, sollte man ihn ihnen antun. Diejenigen, die eine Botschaft zu ihrem Vorteil in Umlauf bringen, sind solche, die einen Mann mit einer Botschaft aussen-

---

die Übersetzung in: Schmidt-Wiegand, Ruth (Hg.). Der Oldenburger Sachsenspiegel. Vollständige Faksimile-Ausgabe im Originalformat des Codex picturatus Oldenburgensis CIM I 410 der Landesbibliothek Oldenburg, Textband (Codices selecti, commentarium vol. CI*). Graz 1995, S. 150). Das Verb *werben* kann aber auch, insbesondere im Zusammenhang mit Boten und Botschaften, „bestellen" oder „ausrichten" bedeuten. Für den Schwabenspiegel wird man diese Lesart vorziehen; denn etwas weiter unten in diesem Landrechtsartikel folgt eine nicht eben klare Erläuterung dieser Bestimmung, die anderenfalls noch schwerer verständlich bliebe.

64 Systematische Form: den Bauern und ihrem Gesinde (Lahr Ldr. CXVI, IV, 15; S. 144).

65 Andere Textformen ergänzen: und er ist dazu im Bann (Urswsp. Ldr. 174 a (183), S. 485. Lahr Ldr. CXVI, III, 18; S. 146. Kurzform I, Ldr. 174 a, S. 34).

66 Die systematische Form ergänzt: und das geht jenem an seinen Leib und seine Ehre (Lahr Ldr. CXVI, VII, 24; S. 147); ferner wird dieses Vergehen dort wie in anderen Textformen als großer Mord spezifiziert.

den, die jemandem an den Leib geht oder an sein Gut oder an seine Ehre; und jener vertraut sie ihm an und schließt ihm sein Herz auf und sagt ihm sein Geheimnis, und er legt alles daran, es zu verkünden, und richtet aus, was jenem an den Leib oder an seine Ehre oder an sein Gut geht. Die das tun, soll man alle radbrechen. Das soll man alles mit Zeugen oder durch den Zweikampf beweisen. Man soll jedem, der einen Mann zu Tode schlägt, oder ihn beraubt, oder ihn verbrennt mit Ausnahme des Mordbrandes, oder ein Weib oder ein Mädchen vergewaltigt, oder den Frieden bricht, oder beim Ehebruch ergriffen wird, das Haupt abschlagen; dies alles bescheiden wir hernach.

(b) Jemand beherbergt oder bewirtet Diebe oder Mörder oder unterstützt sie mit seiner Hilfe. Wird er dessen überführt, wie es Recht ist, soll man über ihn richten wie über jene. Ist ein Christenmensch ungläubig oder geht mit Zauber oder Gift um, soll man ihn auf einem Scheiterhaufen verbrennen, sei es Mann oder Weib. Richtet ein Richter nicht darüber, wenn es ihm geklagt wird,[67] soll sein Oberrichter so über ihn richten, wie er es über jenen getan haben sollte; so soll sein Oberrichter an ihm handeln. Einen guten Beleg dafür haben wir im Buche Mosis, wie hiervor in diesem Buche steht. Derselbe Richter hat fernerhin keine Gewalt mehr, jemandem etwas zu gebieten. Niemand ist verpflichtet, sein Gericht aufzusuchen, solange er das Recht verweigert hat.

Art. 175. Das Recht der Fronboten

Verwirkt der Fronbote sein Recht gegenüber dem Richter – ich meine, indem er nicht richtet, wie er richten soll, und verschweigt, was er sagen soll, und sagt, was er verschweigen soll –, so soll er ihm des Königs Malter zahlen; das sind dreißig Schläge mit einer grünen Eichengerte, die drei oder zwei Ellbogen[68] lang ist.

Art. 176. Von vielerlei Frevel, ohne daß Blut fließt

(a) Werden jemandem der Mund abgeschnitten oder die Augen ausgestochen oder die Ohren abgeschnitten oder die Zunge ausgeschnitten oder unter den Beinen etwas ausgeschnitten oder sonst Schäden angetan: Wer dem anderen das antut, dem soll man dasselbe antun. Wer den anderen an den Händen oder den Füßen lähmt oder an den Beinen oder an

---

[67] Andere Textformen ergänzen: und es vor ihm bezeugt wird (Urswsp. Ldr. 174 b (183), S. 460. Lahr Ldr. CXVI, XIII, 30; S. 148. Kurzform I b, Ldr. 174 b (184), S. 37).

[68] Andere Textformen geben an: Daumenellen (Urswsp. Ldr. 175 (186), S. 462. Lahr Ldr. CXVII, 2; S. 149. Kurzform I, Ldr. 175, S. 38).

den Armen, dem soll man die Hand abschlagen, nicht aber wegen Fingern und Zehen. Schlägt jemand diese dem andern ab, gibt es für jeden Finger und Zeh eine besondere Buße. Wer dem anderen einen Zahn ausschlägt, dem tue man dasselbe an. Wenn dergestalt gerichtet wird, soll man dem Richter keine Buße geben. Wollen aber die, die den Schaden haben, Pfennige nehmen, können sie das tun; sie haben die Wahl und nicht der Richter. Büßt man ihnen aber mit Pfennigen, soll man auch dem Richter in Pfennigen büßen. Für die Lähmung sind dem Richter etwa zehn Pfund Landpfennige gesetzt, manchmal mehr und manchmal weniger, je nach der Gewohnheit des Landes; für Finger und für Zehen zahlt man den zehnten Teil dessen, was für die Lähmung festgesetzt ist. Wollen die, denen das geschieht, eine Buße nehmen, haben sie die Wahl und keiner ihrer Verwandten; es sei denn, sie überließen ihnen die Wahl.

(b) Wem man eine Wunde schlägt oder wen man schilt oder anlügt, dem soll man gemäß seiner Geburt und je nach der Schuld und gemäß seiner Wertigkeit eine Buße geben. Hat ein Mann einen halben Finger oder eine halbe Zehe, und jemand schlägt ihm das ab, so soll man diesem ebensoviel abschlagen.

Art. 177. Wer Kinder unter vierzehn Jahren anklagt

Klagt man ein Kind an, das keine vierzehn Jahre alt ist, und es ist unschuldig, soll der Vater für das Kind schwören. Überführt man es der Tat, und der Vater hat ihm Gut zugeteilt, soll man dem Kläger und dem Richter davon büßen. Und hat er ihm kein Gut zugeteilt, soll der Vater von seinem eigenen Gut nicht für das Kind büßen. Gewinnt der Sohn später Eigengut, soll man dem Kläger und dem Richter davon büßen. Hat das Kind einen Mannschlag begangen oder eine Wunde geschlagen, soll man ihm das nicht mit Gleichem vergelten. Denn ein Kind, das unter vierzehn Jahre alt ist, kann nicht seinen Leib oder einen Teil seines Leibes verwirken. Schlägt oder sticht ein Kind, das sieben Jahre alt ist,[69] jemanden zu Tode, verwirkt es dadurch weder seinen Leib oder einen Teil seines Leibes, noch sein Gut, noch das Gut seines Vaters. Tötet jemand das Kind, sollen sein Vater und seine Mutter die Buße dafür empfangen. Gibt es diese nicht, so sollen es seine anderen Verwandten oder seine Pfleger tun.[70]

[69] Andere Textformen ergänzen: oder weniger (Urswsp. Ldr. 177 (188), S. 463. Lahr Ldr. CXIX, IV, 6; S. 152).

[70] Urswsp. Ldr. 177 (255), S. 498 gibt folgende Version dieses Artikels: Kein Kind kann mit sieben Jahren etwas tun, wodurch es seinen Leib verwirken kann; und tötet es

Art. 178. Wer für den anderen verantwortlich sein soll

(**a**) Der Vater muß sich für den Sohn, den er ausgesteuert hat, nicht verantworten, außer um so viel, wie viel er von seinem Gut noch innehat. Der Sohn kommt auch für kein Ungericht des Vaters auf, wenn dieser stirbt; es sei denn, daß er einer Schuld überführt wäre, bevor er starb. Und war die Klage erhoben, aber er der Sache nicht überzeugt, bevor er starb, büßt man nicht für ihn; es sei denn, es wurde vor Gericht ausbedungen, als man die Zeugen bestimmte, indem sie[71] also sprachen: Herr Richter, wir bedingen aus, daß es uns an unserem Recht nicht schade, wenn der Mann stirbt, bevor der Tag kommt, an dem wir unseren Zeugenbeweis leisten sollen. Und können die Kläger das mit zwei Mannen aus dem Ding behaupten, wenn man ihnen das abstreitet, brauchen sie nur so viele Zeugen anzuführen, als ob er lebte. Und hat er Gut hinterlassen, soll man dem Kläger und dem Richter davon zahlen. Hat er Erben hinterlassen, denen er vor seinem Tode Gut ausgegeben hat, zahlen diese nicht für ihn. Und ist die Schuld dergestalt gewesen, daß es dem toten Mann an den Leib gegangen wäre, so soll man sie mit seinem Gut büßen, je nachdem wie viel da ist. Ist die Schuld klein, büße man, wie in diesem Buch steht. Bleibt etwas übrig, so sollen das die Erben nehmen; fehlt etwas [an der Summe für die Buße], hat der Richter den Schaden. Und soll der Tote eine Zahlung leisten, soll man diese vor allem anderen bezahlen.

(**b**) Werden der Vater und der Sohn wegen einer Tat beklagt, kann keiner dem anderen helfen; es sei denn, einer von beiden erweise sich als unschuldig an der Tat. Dann hilft er dem anderen wohl. Dieses Recht gilt auch für andere Leute.

---

einen Mann, verwirkt es seinen Leib nicht damit. Hat es einen Vater, der Gut hat, soll dieser es im Guten oder mit dem Gut vergelten; hat er kein Gut, so braucht er nichts zu geben. Und gibt er Gut, soll er so viel geben, wie man höchstens für eine Wunde gibt; so büße man auch dem Richter. Und tut das Kind einen anderen Schaden, büße man den, wie es Recht ist. Schlägt aber ein Mann ein Kind zu Tode, hat er seinen Leib verwirkt, wie jung auch immer es ist.

[71] Das klingt in dieser Formulierung nachgerade so, als ob die Zeugen den nachstehenden Vorbehalt aussprechen sollten. Gemeint ist aber, daß der oder die Kläger Vorsorge für den Fall treffen können, daß sie ihre Zeugen erst suchen und aufbieten müssen, und die Gefahr besteht, der Angeklagte stirbt in der Zwischenzeit. Daher haben andere Textformen weniger mißverständlich: indem man also sprach (Urswsp. Ldr. 178 a (189), S. 464. Lahr Ldr. CXX, 3; S. 152. Kurzform I, Ldr. 178 a, S. 43) bzw. unmißverständlich: *que il deist ansi* (Daniels, droit paisain CLXXXIII, Sp. 504).

Art. 179. Wer eines Mannes Knecht schlägt

Wer den Knecht eines Mannes nur wegen einer Schuld seines Herrn schlägt oder ihm die Haare ausreißt oder ihn fängt oder verwundet oder ihn beraubt, soll ihnen beiden das büßen; es sei denn, er schwöre zu den Heiligen, daß er es weder zur Schande noch zum Nachteil des Herrn getan habe. So ist er der einen Buße gegenüber dem Herrn ledig.

Art. 180. Wem man Gefangene überantworten soll

Jemand hat einen Gefangenen; und der Herr, in dessen Gericht er sitzt, fordert ihn heraus: Er soll ihn ihm überantworten. Und tut er das nicht, nachdem dieser ihn einmal gefordert hat, und überantwortet ihn nicht, so holt der Herr ihn mit Recht. Setzt er den Gefangenen auf einer Burg fest, soll der Landrichter diese belagern und soll dazu alle aufbieten, die in seinem Gericht sitzen. Wer dem nicht nachkommt, ist dem Richter zehn Pfund schuldig.[72] Und bietet man einen Herrn mit zehn Rittern auf, und er kommt nicht, so soll allein der Herr die Strafe zahlen. Und bietet er jemanden mit mehr oder mit weniger Rittern auf, zahle dieser die Strafe, wie es sich gebührt.

Art. 181. Wie man auf der Straße Gruben graben soll

Jeglicher Mann soll den Schaden, der durch ihn geschieht, bezahlen. Wer Brunnen oder Gruben gräbt, soll sie so hoch befestigen, daß es einem Mann über das Knie geht. Tut er das nicht, so soll er jedweden Schaden bezahlen, der dadurch geschieht. Wer einen Keller oder eine andere Grube gräbt, der soll sie so machen, daß keine Leute zu Schaden kommen, und er soll sie nicht näher als sieben Schuhe an die Straße setzen. Ist die Straße aber so eng, soll er sie nicht an die Straße setzen. Eine jegliche Straße für Wägen soll sechzehn Schuhe breit sein, damit ein Wagen dem anderen ausweichen kann. Ein jeglicher Mann soll vor seiner Tür und vor seinem Gut den Weg sieben Schuhe breit machen; den übrigen Teil soll die Gemeinde machen.

Art. 182. Wer einen Vogel schießen will und einen Menschen trifft

Zielt ein Mann auf einen Vogel auf einem Baum oder auf einem Weg, auf dem gewöhnlich keine Menschen gehen, und er wirft etwas oder schießt

[72] Andere Textformen: ist dem Richter zehn Pfund Landpfennige schuldig. So viele Wochen er davor liegt, soviel mal zehn Pfund sind sie ihm schuldig (Langform Z, Ldr. 180 (180), S. 115. Lahr Ldr. CLIX, 3; S. 195. Kurzform I a, Ldr. 180 (192), S. 46).

und trifft einen Menschen, und dieser stirbt daran: Damit verwirkt niemand seinen Leib und seine Gesundheit. Und ruft man ihm zu, daß er weder etwas werfe noch schieße, und er sieht den Menschen, und man kann ihn dessen selbdritt überzeugen, so ist er an dem Menschen schuldig, und man soll über ihn richten, als ob er den Menschen eigenhändig getötet hätte. Geschieht es aber auf einem Weg, wo allezeit Leute gehen, wird er an dem Menschen schuldig; denn wo die Leute gehen oder reiten, da soll niemand jagen, indem er etwas wirft oder schießt.[73]

Art. 183. Wer einen Baum fällt, und er trifft einen Menschen

Ein Mann schlägt einen Baum im Wald so nah beim Weg, daß er darauf fallen kann: Schlägt der Baum einen Menschen zu Tode, soll man ihm das Haupt abschlagen. Schlägt er ein Vieh zu Tode, soll er dafür so viel zahlen, wie es wert ist oder war, und soll dem Richter für den Frevel ein Gewette zahlen. Fällt er ihn in einem Gehölz, in dem für gewöhnlich Leute gehen, so soll er, wenn er den Baum bis zu dem Punkt geschlagen hat, an dem er fallen wird, dreimal rufen: Sei jemand da, der fliehe! Und tut er das, und der Baum erschlägt Vieh oder Leute, so büßt er niemandem darum etwas. Spricht man, er habe nicht gerufen, so soll er das selbdritt bezeugen. Hat er keine Zeugen, so soll er es allein mit seiner Hand beschwören. Hat aber der tote Mensch einen Freund, der sein Verwandter ist und der mit ihm kämpfen will, so verwehrt er ihm den Eid mit dem Kampf.[74]

Art. 184. Wenn Leute einen Wagen umwerfen

Es werfen Leute einen Wagen um, und was auf dem Wagen liegt, fällt auf einen Menschen. Der stirbt deswegen. Und es geschieht an einem Ort, wo die Leute hin und her laufen: Die Leute, durch deren Handlung das geschieht oder geschehen ist, sind an dem Menschen schuldig und haben

---

73 Andere Textformen ergänzen: Tötet er, indem er schießt oder etwas wirft, einen Menschen auf einem Weg, wo gewöhnlich keine Leute gehen und wo auch nicht gewarnt wird, wie es hiervor gesprochen ist, und er sieht den Menschen nicht, so kann der Richter ihm seinen Leib oder einen Teil seines Leibes nicht mit Recht nehmen. Er soll ihm die höchste Buße für eine Wunde geben; das sind zehn Pfund. Er soll den Verwandten büßen, wie es hiervor über die Wunde ohne Lähmung steht. Er soll also warnen, indem er ruft: Geht da jemand, der hüte sich. Und warnt er nicht, wenn da Leute gehen – er sehe sie oder nicht –, soll man vor Gericht über ihn richten wie über einen Totschläger, wenn er nicht selbdritt bezeugen kann, daß er gewarnt habe (Urswsp. Ldr. 182 (194), S. 468. Lahr Ldr. CCXXXI, 4–8; S. 281).

74 Andere Textformen ergänzen: und er muß zu Recht mit ihm kämpfen (Urswsp. Ldr. 183 (196), S. 469. Lahr Ldr. CCXXXII, 6; S. 282).

damit ihren Leib verwirkt. Und geschieht ihm etwas außer dem Totschlag, so soll man das büßen, wie es hiervor gesprochen ist. Haben sie aber dreimal gerufen: Gehet hin!, so gilt dasselbe Recht wie für den, der den Baum im Holz bei der Straße fällt.

Art. 185. Von Lehrkindern

Schlägt ein Mann sein Lehrkind mit Ruten oder mit der Hand, ohne daß Blut rinnt, tut er damit niemandem etwas an. Schlägt er es an der Nase blutig, büßt er wiederum niemandem. Schlägt er es anderswo blutig, außer wenn es mit der Rute geschieht, soll er das den Verwandten und dem Richter büßen; und schlägt er es zu Tode, muß er büßen, wie hiervor gesprochen ist. Niemand soll seinem Lehrkind mehr Schläge geben als zwölf aufrichtige.

Art. 186. Wenn ein Vater seinen Sohn von sich sondert

Der Vater soll seinen Sohn von sich sondern, wenn er fünfundzwanzig Jahre alt ist, und zwar mit so viel Gut, wie er leisten kann, so daß ihm der größere Teil verbleibe. Tut er das nicht gerne, so zwingt ihn der Sohn dazu mit Recht durch den Richter. Hat der Vater nur ein Kind, so gibt er ihm mit Recht nur den fünften Teil seines Gutes; und hat er mehr Kinder als eines, so teilt er das Gut mit Recht so auf, daß ihm die drei Teile bleiben und den Kindern die zwei Teile.

Art. 187. Was der Zinsmann vererbt

Der Zinsmann vererbt das Haus[75] auf seinem Erbgut; es sei denn, er ist ein Mann von ritterlichem Stande und habe es seinem Weib als Morgengabe gegeben. Wird es einem Herrn ledig, so nimmt dieser es mit dem Lehengut auf; es sei denn, der Lehnsmann habe es seinem Weib als Morgengabe gegeben.

Art. 188. Vom Leibgedinge der Frauen

Hat eine Frau ein Leibgedinge, sei es vom Eigen oder vom Lehen: Was an Gebäuden darauf steht, erbt nicht ihr nächster Verwandter, wenn sie stirbt. Das Eigen wird dem nächsten Verwandten ihres Mannes ledig, das Lehen dem Lehnsherrn.

---

[75] Daniels, droit paisain CLXXXXII, Sp. 520 faßt *hu* hier und in den folgenden Artikeln nicht als das Gebäude, sondern als Feldfrucht (*cuture, fruiz*) auf; vgl. in diesem Sinne: DRWB I, Sp. 1251 s. v. Bau (II, 1).

Art. 189. Von der Belehnung

Verleiht ein Mann ein Gut einem anderen Mann ohne ausnehmende Bedingung, so gehört alles, was an Gebäuden darauf steht, dem Mann, der das Gut innehat; es sei denn, der Herr bedinge die Gebäude aus; das tut der Herr mit Recht.

Art. 190. Von den Schöffen

Wo Schöffen sind, muß man diese als Zeugen zu allen Angelegenheiten hinzuziehen, die in der Stadt geschehen, mit Ausnahme des Totschlages, des Diebstahls und des Raubes. Verweigert der Richter jemandem wider das Recht, Zeuge zu sein, so ist jener doch vollkommen an seinem Recht.[76]

Art. 191. Von viererlei Erben

(a) Wenn der Mann ohne Weib nicht leben will, so kann er eine oder zwei oder drei oder mehr zur rechten Ehe nehmen. In derselben Weise kann ein Weib Männer nehmen; und hat sie mit allen diesen Männern Kinder, so erben diese, was sie zu Recht erben sollen.

(b) Man kann niemandem die Gewere nehmen außer von Gerichtes wegen. Hat er die Gewere zu Unrecht, soll man sie ihm auf eine rechte Klage hin nehmen, wenn er selbst zugegen ist. Man soll ihn vor Gericht laden und zu Recht einen Gerichtstag abhalten; und man soll ihm sein Gut zu Recht absprechen, wie es Recht ist. Und kommt er nicht, so spricht man ihm die Gewere mit Recht ab.

Art. 192. Wie man Pfennige schlagen soll

(a) Man soll nicht alle[77] Pfennige umprägen, außer wenn ein neuer Herr kommt. Stirbt oder wechselt der Herr aber vor Ablauf von drei Jahren, sollen die Pfennige ihren Wert behalten, bis die Jahre um sind.[78] Gibt der Münzer einen falschen Pfennig aus, um damit etwas zu kaufen oder eine Schuld zu bezahlen oder ihn für ein Gut auszugeben, und es sind zwölf oder mehr Pfennige, so geht es ihm an die Hand; es sei denn, er könne die

---

76 Deutlicher ist die Vorlage Ssp. Ldr. II, Art. 22, § 2; S. 150: Verweigert ihm der Richter wider das Recht, Zeuge zu sein, so hat jener das Zeugnis doch vollständig abgelegt.

77 Systematische Form: alte (Lahr Ldr. CCCXC, 1; S. 467).

78 Systematische Form: bis sie drei Jahre alt sind (Lahr Ldr. CCCXC, 2; S. 467).

Schuld auf einen anderen schieben. Und dennoch muß er schwören, daß er nicht wußte, daß sie falsch waren. Und sind es ein halbes Pfund oder mehr Pfennige, geht es ihm an den Hals. Ist er aber dieser Untat zuvor einmal vor Gericht überführt worden, soll man seinen Eid nicht annehmen. Man soll ihm drei Wahlmöglichkeiten vorlegen: das heiße Eisen auf bloßer Hand zu tragen, oder bis zum Ellenbogen in einen kochenden Kessel zu greifen, oder das Wasserurteil. Beweist er seine Unschuld nicht mit einer davon, soll man ihm die Hand abschlagen. Dieses Recht gilt nur für die Münzer.

Findet man bei jemandem, der an seinem Recht vollkommen ist, einen Schilling falsche Pfennige oder weniger oder mehr, so zerschneidet man die Pfennige und gibt ihm die Stücke zurück. Und sind es mehr als fünf Schilling, geht es ihm an die Hand; es sei denn, er könne die Schuld von sich schieben.

Fälscht ein Münzer seine Pfennige und gibt sie nicht nach ihrem Recht aus, kann er unterdessen niemanden der Falschmünzerei beschuldigen, so daß er dessen Pfennige einziehen dürfte. Die Pfennige soll der Münzer so schwer und weiß machen, wie es festgelegt ist. Tut er das nicht, so soll man über ihn in der Weise richten wie wegen Pfennigen, die falsch sind.

Niemand soll einen Pfennig schlagen, der anderen Pfennigen gleicht; die Pfennige sollen besondere Merkmale haben. Wer es dennoch tut, sei er ein Herr oder ein anderer Mann, der ist ein Fälscher.

(b) Niemand kann neue Märkte oder Münzstätten einrichten, außer mit der Einwilligung des Herrn, in dessen Gericht sie liegen. Dennoch kann es nicht geschehen, bevor der König seinen Handschuh dorthin sendet; das ist so festgesetzt, damit die Leute erkennen, daß es sein Wille ist.

Wenn man die Pfennige verbietet, soll man noch über vierzehn Nächte mit den alten zahlen und Pfänder auslösen, außer bei den Juden; bei denen soll man noch vier Wochen mit ihnen Pfänder auslösen. Kauft oder verkauft hernach noch jemand mit den alten Pfennigen, so soll man sie zerschneiden und ihm die Stücke zurückgeben.

(c) Alle Pfennige, die man in deutschen Landen schlägt, sollen mit Recht pfundig und weiß sein. Nun gestatten die Könige, daß man sie anders schlägt; das tun sie wider das Recht.

Art. 193. Wie man zu Recht Zoll geben soll

(a) Wer Brücken- oder Wasserzoll wissentlich hinterzieht, soll ihn vierfach zahlen, wenn jemand da ist, der ihn einfordert. Und ist da niemand, so soll der Kaufmann dreimal nach dem Zöllner rufen, so laut er kann. Und ist niemand da, so fahre er in Gottes Namen.[79] Kommt er aber wieder dorthin, und der Zöllner fordert seinen Zoll, soll er ihn rechtgemäß geben. Beschuldigt er ihn, er habe seinen Zoll hinterzogen, soll er zu den Heiligen schwören, daß er nach ihm gerufen habe,[80] wenn er keine Zeugen dafür anführen kann. Man nimmt an vielen Orten Zoll, wo keine Leute sitzen.

(b) Wer den Marktzoll hinterzieht, soll dreißig Schilling geben. Tut er aber, wie hiervor gesprochen ist, ist er dessen ledig.

(c) Wo Wasserzölle sind, da müssen vier Fußgänger einen Pfennig geben, Reiter einen halben, der beladene Wagen vier, zurück aber keinen, er sei beladen oder leer.[81] Pfaffen und Ritter und ihr Gesinde und all ihr Gut sollen zollfrei sein. Ein jeglicher Wagen soll zollfrei sein, wenn er keine Brücken oder Schiffe benötigt. Wer darüber hinaus von jemandem Zoll verlangt, tut das wider das Recht.[82]

Art. 194. Vom Geleit

Niemand muß das Geleit in Anspruch nehmen: Wenn er sich seines Gutes sicher ist, ist es rechtens, auf das Geleit zu verzichten. Ist aber Unfriede im Lande und ein Kaufmann begehrt das Geleit, so kann der Herr ihm das gewähren; man gibt dem Herrn dafür etwas oder auch nicht. Dieser soll ihm den Schaden ersetzten: Was für ein Schaden dem Kaufmann widerfährt, soll ihm der bezahlen, der ihn geleitet.

Art. 195. Der über Saat fährt

Fährt jemand einen unrechten Weg über bebautes Land, soll er für jedes Rad einen Pfennig zahlen, und der Reiter zahlt einen Pfennig. Das kann jener, dem das Land gehört, ohne einen Richter pfänden. Verwehren sie das Pfand, handeln sie widerrechtlich. Und kommen sie vor Gericht und

[79] Systematische Form: so soll er ihn Gott geben und seines Weges ziehen (Lahr Ldr. CCXVI, 3; S. 265).

[80] Andere Textformen: daß er dreimal nach ihm gerufen habe (Urswsp. Ldr. 193 a (206), S. 473. Lahr Ldr. CCXVI, 5; S. 266).

[81] Lahr Anm. (N) zu Ldr. CCXVIII, I, 1; S. 266 verweist auf eine Variante der Edition Bergers (oben S. 116 A. 50): der beladene Wagen vier Pfennig, zurück aber keinen, es sei denn, er ist auf dem Rückweg auch beladen.

[82] Lahr fügt einen Artikel aus der Straßburger Hs. (oben S. 26 A. 3) ein: Landstädtisches Recht: Niemand soll Obst auf das Feld tragen, um es zu verkaufen, es sei denn, er trägt es in einem Korb. Er soll es auch nur gegen Pfennige verkaufen und nicht gegen Korn. Wer es dennoch tut, ist dem Vogt fünf Schilling zur Buße schuldig, sooft er es tut. Und hat er keine Pfennige, soll man ihn am Pranger schlagen; das ist Recht (Lahr Anh. zu Ldr. CCXVIII, S. 267).

das, was er verkauft, verbürgen. Denn ein Dieb oder Diebesgenosse ist der, der einen Kauf abschließt und die Gewere verleugnet; es sei denn, er habe das unter Zeugen ausgenommen, als er es verkaufte.

Art. 201. Diese Worte sprach Gott selbst zu Moses

(a) Diese Worte sprach Gott selbst aus seinem Munde zu Moses unter seinen Augen, und sie handeln vom Gericht. Er sprach: Du sollst also richten und sollst deine Richter also richten heißen. Schlägt ein Mann den anderen zu Tode, soll man auch ihn töten. Wer seinen Vater oder seine Mutter tötet, den soll man auch töten. Wer einen Menschen stiehlt und verkauft, den soll man töten, wenn der Mensch lebt, den er da stiehlt. Verwundet einer den anderen,[87] schlägt ihn aber nicht zu Tode, soll man ihm für seinen Schaden büßen, wie es weise Leute bestimmen, und soll den Arzt entlohnen. Schlägt jemand seinen Knecht und seine Magd mit Ruten, und sie sterben ihm unter den Händen, muß er mit dem Tod büßen.[88] Leben sie danach aber noch einen Tag oder zwei oder mehr, ist der dessen nicht schuldig, sondern ist eine Lasterbuße schuldig. Raufen zwei miteinander, und einer von ihnen hat ein schwangeres Weib, die gelaufen kommt und ihrem Mann helfen will, und sie wird so hart gestoßen, daß sie ein unzeitiges Kind bekommt, soll er ihrem Mann geben, was dieser will oder was er hat oder es den Leuten anheimstellen, wenn er will. Stirbt sie aber, soll man ihm sein Leben nehmen.

(b) Man soll also Auge um Auge, Zahn um Zahn, Hand um Hand, Fuß um Fuß richten. Verbrennt jemand den anderen an seinem Leibe, verbrenne man ihn ebenfalls. Schlägt jemand seinem eigenen Knecht ein Auge aus oder reißt es ihm heraus, soll er ihn freilassen. Schlägt er ihm einen Zahn aus, soll dieser ihm dasselbe antun.

(c) Sticht der Ochse eines Mannes einen Mann oder ein Weib mit seinen Hörnern zu Tode, soll man den Ochsen steinigen und das Fleisch nicht essen, denn es ist unrein. Und hatte der Ochse schädliche Hörner, und der, dem der Ochse gehört, wußte das, so gerät er in große Schuld, wie wir hernach bescheiden. Sind sie aber abgesägt, hat er keine Schuld. Ersticht der Ochse den Sohn eines Mannes oder seine Tochter, gilt dasselbe Urteil. Ersticht er den Knecht oder die Magd eines Mannes, soll man dem

---

87 Systematische Form: Kämpfen zwei miteinander, und einer verwundet den anderen (Lahr Ldr. CLI, V, 6; S. 178).

88 Die Formulierung *er ist dez todez schuldig* ließe sich auch so übersetzen: Er ist an ihrem Tode schuldig. Die Entscheidung für die obige Lesart stützt sich auf die analoge und eindeutige Formulierung *der ist dez galgen schuldig* in Ldr. 202.

Herrn dreißig Schilling[89] geben und den Ochsen steinigen, wie hiervor gesprochen ist.

(d) Gräbt jemand eine Zisterne oder sonst eine Grube, soll er sie bedekken oder umfrieden, damit niemandem dadurch ein Schaden entstehe. Und fällt Vieh oder ein Roß hinein, und sie ist nicht zu Recht versehen, soll er den Schaden bezahlen, wie es Recht ist; und er soll das Aas behalten. Und verwundet ein Ochse den anderen, und er stirbt nicht[90] vor dem vierten Tag, so soll man den lebenden Ochsen und das Aas verkaufen und soll das Geld teilen. Und wußte der, dem der lebende Ochse gehörte, daß seine Hörner schädlich waren, so sollen der lebende Ochse und das Aas jenem anderen zukommen.

(e) Stiehlt jemand einen Ochsen oder ein anderes Ding, soll er es vierfach vergelten. Geht ein Dieb nachts in ein Haus oder gräbt sich hinein oder wie er sonst heimlich hineinkommt, und ich finde ihn, wie er mir Schaden zufügt, und ich schlage ihn zu Tode, so bin ich an seinem Tode unschuldig. Begeht ein Mann nachts einen Diebstahl, so soll man ihn töten,[91] denn die Nacht soll einen besseren Frieden haben als der Tag. Wovon ich nun spreche und sprechen will, ist die Gnade. Findet man Diebesgut bei ihm, und man will, daß er heil davonkommt, soll er es zweifach bezahlen; so haben es die Könige nun festgesetzt. Tut jemandes Vieh einem anderen einen Schaden an, so soll der bezahlen, dem das Vieh gehört.[92] Vertraut ein Mann sein Gut einem anderen an, sei es Silber oder Gold[93] oder was für ein Gut auch immer es ist, und er nimmt das in seine Obhut[94], und es wird ihm gestohlen, und der Dieb wird gefunden, so soll man ihm noch einmal so viel geben. Und wird der Dieb nicht ergriffen, so soll sich der, dem es anbefohlen war, vor Gericht damit entschuldigen, daß er das Gut besser gehütet habe als sein eigenes Gut. Kann er ihn aber selbdritt mit

---

89 Lahr Anm. (y) zu Ldr. CLI, XI, 13; S. 179 verzeichnet die Varianten: Mark, Pfund, Schläge.

90 Fehlt in der systematischen Form (Lahr Ldr. CLI, XIII, 15; S. 180).

91 Systematische Form: Begeht ein Mann nachts einen Diebstahl, soll man den nicht töten, der ihn zu Tode schlägt. Begeht ein Dieb tagsüber einen Diebstahl, soll man auch den töten, der ihn zu Tode schlägt (Lahr Ldr. CLI, XV, 18; S. 180. Vgl. Urswsp. Ldr. 201 e (214), S. 477).

92 Die systematische Form ergänzt: Es geschehe im Weingarten oder im Korn, oder auf der Wiese oder anderswo: Der, dem das Vieh gehört, soll zahlen (Lahr Ldr. CLI, XVI, 21; S. 181).

93 Andere Textformen ergänzen: Pfennige oder Goldgefäße (Urswsp. Ldr. 201 e (214), S. 477. Lahr Ldr. CLI, XVII, 22; S. 181. Kurzform I, Ldr. 201 e, S. 72).

94 Systematische Form: in sein Haus (Lahr Ldr. CLI, XVII, 22; S. 181).

glaubwürdigen Leuten überzeugen, daß er sein Gut nicht in solcher Hut gehabt hat, wie er sollte, und es an einer Stelle niederlegte, wo es unbewacht war, soll er ihm zweimal so viel geben.

(f) Jemand vertraut Vieh der Obhut seines Verwandten an. Nun stirbt es oder wird im Wert gemindert oder von den Feinden genommen. Kann der Verwandte beschwören, daß er in jeder Hinsicht daran unschuldig ist, soll er dafür nicht bezahlen. Wird es aber gestohlen, soll er es dem Herrn, dem es gehört, bezahlen; es sei denn, er beeide seine Unschuld, wie hiervor gesprochen ist. Nimmt es eine Seuche, zeige er die Haut vor und sei entlastet. Leiht er es jemand anderem ohne die Erlaubnis des Herrn, und es wird dort im Wert gemindert oder stirbt, während es verliehen ist, müssen sie den Schaden ersetzen,[95] wie es hiervor gesprochen ist.

(g) Führt ein Mann ein Mädchen aus, das ihm nicht verlobt ist, und er liegt bei ihr, soll er sie als Eheweib nehmen, und soll ihr die Heimsteuer geben, und soll sie ehelichen. Und will ihr Vater das nicht, soll er sie ihm zurückgeben und dazu so viel Gut, wie ihrer Wertigkeit entspricht.

(h) Wenn du üble Leute kennst, sollst du sie töten. Wer mit dem Vieh seine Lust hat und wer einen Gott außer den himmlischen Gott anbetet,[96] den soll man erschlagen. Du sollst für Witwen und Waisen richten; und tust du ihnen ein Leid an, so rufen sie zu Gott, und ich erhöre ihr Rufen. Ich verschmähe euch und gerate in Zorn und erschlage euch mit meinem ewigen Schwert und mache eure Kinder zu Waisen und eure Weiber zu Witwen. Und du sollst keine Gabe annehmen, die die weisen Leute verblendet und das Wort der Gerechtigkeit verkehrt. Diese Worte spricht Gott. Und richten die Richter, wie es Recht ist und wie ich hiervor gesprochen habe, so werde ich zum Feind ihrer Feinde, und alle, die sie bedrücken, werden von mir bedrückt. Und mein Engel geht vor ihnen und behütet sie vor ihren Feinden und vor allem Übel. Dies sind die Worte, die Gott selbst aus seinem göttlichen Munde zu Moses auf dem Berge Sinai sprach. Und auf diesen Worten beruhen alle Gerichte, die weltlich und geistlich sind.

(i) Gott spricht noch mehr. Ein Vater gibt seine Tochter als Jungfrau hin, und der Mann nimmt sie bei sich auf, und beginnt danach, sie zu hassen,

95 Andere Lang- und Kurzformen: muß er es zahlen (Langform Z, Ldr. 201f. (200), S. 123. Kurzform I, Ldr. 201f., S. 74). In der systematischen Form stehen beide Varianten nebeneinander.

96 Systematische Form: Wer Abgötter neben dem himmlischen Gott anbetet oder ihnen opfert (Lahr Ldr. CLI, XXII, 32; S. 182).

und er verkündet, sie wäre keine Jungfrau, und läßt sie wieder heimgehen, und spricht über sie das Schlechteste, was er nur kann, und spricht also: Ich wähnte, sie wäre eine Jungfrau; das habe ich aber nicht gefunden. Der Vater und die Mutter sollen die Jungfrau nehmen und sollen die Zeichen nehmen, die zur Jungfräulichkeit gehören, nämlich das Gewand, das unter der Jungfrau liegt, wenn der Mann bei ihr liegt. Der Vater soll es vor den Richter bringen und vor die Leute, die erkennen können, ob sie Jungfrau war, seien es Männer oder Weiber. Sagen sie, daß sie Jungfrau war, so hat der Vater die Jungfräulichkeit seiner Tochter erwiesen. So soll man den Mann nehmen und soll ihm vierzig Schläge geben; und er soll dem Vater eine Buße für die Verleumdung geben, die er ihr antat, und soll sie als Eheweib haben, und kann keine andere nehmen, solange diese lebt. Ist es aber wahr, daß sie keine Jungfrau war, soll man sie aus dem Hause ihres Vaters werfen, und soll sie steinigen und töten, denn sie hat im Hause ihres Vaters und in der Gewalt ihres Vaters Hurerei begangen. Dies betrifft die Ehe, darüber sollen die geistlichen Richter richten; und sobald es an den Leib geht, sollen die weltlichen Richter richten.

(k) Wenn jemand beim Weib eines Mannes liegt, sind der Ehebrecher und die Ehebrecherin beide des Todes schuldig. Wenn sie vor das weltliche Gericht kommen, soll man ihnen das Haupt abschlagen.

(l) Ist eine Jungfrau einem Mann versprochen, und sie ist noch nicht mit ihm vermählt, und es kommt ein anderer dazu an einem Ort, wo sich Leute befinden, und er liegt bei ihr, und sie schweigt und ruft nicht, so soll man beide fangen und soll sie vor den Richter führen. Dort soll man urteilen, daß man sie aus der Stadt führe und beide übereinander steinige. Das tut man deswegen, weil sie nicht rief, als Leute in der Nähe waren. Ergreift ein Mann eine Jungfrau auf einem Acker, nämlich wo keine Leute sind, und sie ist verlobt, und der Mann liegt bei ihr, soll man ihn deswegen töten. Die Jungfrau soll deswegen kein Übel erleiden, denn es waren keine Leute da, als die Untat geschah; wie laut sie auch gerufen hätte, hätte sie doch niemand gehört, der ihr geholfen hätte. Liegt ein Mann bei einer Jungfrau, die nicht verlobt ist, und es geschieht wider ihren Willen,[97] und es kommt vor Gericht, so soll der, der bei ihr gelegen ist oder geschlafen hat, ihrem Vater hundert Pfund Silber[98] geben, und die Jungfrau zu rechter Ehe haben, solange sie lebt.

[97] Andere Textformen ergänzen: oder mit ihrem Willen / oder nicht (Urswsp. Ldr. 201 l (214), S. 479. Lahr Ldr. CLI, XXIX, 46; S. 184. Kurzform I, Ldr. 201 l, S. 80).

[98] Systematische Form: hundert Silbermark (Lahr Ldr. CLI, XXIX, 46; S. 184). Kurzform I b, Ldr. 201 l (216), S. 80: hundert Pfund Pfennige.

(m) Es soll niemand seines Vaters Geheimnisse sagen.[99]

(n) Geht ein Mann in einen Weingarten, soll er so viele Weinbeeren essen, wie es ihm gefällt, und er soll keine heraustragen. Geht ein Mann in ein Ösch, soll er Ähren brechen und soll sie mit der Hand zerreiben und soll das Korn essen, wenn er Hunger hat, und soll es nicht mit Sicheln schneiden.

(o) Wenn ein Mann ein neues Weib gewinnt oder nimmt, soll ihn niemand in den Kampf führen oder in eine Fehde, und niemand soll ihn zu etwas nötigen, was Gefahr bedeutet, und er soll bei seinem Weib und bei seinem Haus für ein Jahr sein, so daß er von dort nicht wegkomme.

(p) Man soll den Sohn nicht für die Schuld des Vaters erschlagen noch den Vater für die Schuld des Sohnes. Ein jeglicher Mensch sterbe für seine eigene Schuld.

(q) Wenn du deinen Acker mähst und eine Garbe auf deinem Acker vergißt, sollst du nicht zurücklaufen, um die Garbe zu nehmen. Witwen und Waisen sollst du sie auflesen und mitnehmen lassen; dann segnet Gott die Arbeit deiner Hände. Wenn du dein Öl vom Baum holst, soll fremden[100] Leuten und Witwen und Waisen überlassen sein, was auf dem Baum bleibt.

(r) Und es streiten Leute miteinander worum auch immer, und sie kommen vor den Richter. Von wem das Gewissen des Richters sagt, daß er Recht habe, dem soll er Recht geben; und er soll den anderen, der da Unrecht hat, verdammen, wie er es verdient hat. Hat er Schläge verdient, soll der Richter ihm befehlen, sich vor ihm auszustrecken, und befehlen, ihm so viele Schläge zu verabreichen, wie er es verdient hat. Und ist die Schuld groß, soll man ihm höchstens vierzig Schläge geben, und wegen geringerer Schuld desto weniger Schläge. Und streiten zwei miteinander und raufen miteinander, und das Weib des einen kommt dorthin und will ihrem Mann helfen, und sie packt das Ding jenes Mannes zwischen seinen Beinen, so soll der Mann, wenn er kann, ihr ohne Erbarmen die Hand abschneiden, denn sie wollte ihn verderben.

(s) Du sollst rechte Gewichte haben. Du sollst in deinem Hause rechte Maße haben. Habe rechte Maße, habe rechte Gewichte, dann wird Gott dich mit rechter Waage wiegen und dir mit rechtem Maß geben und dir ein langes Leben geben, hier und im ewigen Himmelreich.

---

99 Andere Textformen: Es soll niemand bei seines Vaters Weib liegen und seines Vaters Geheimnisse sagen (Urswsp. Ldr. 201 m (214), S. 479. Lahr Ldr. CLI, XXX, 47; S. 184. Kurzform I, Ldr. 201 m, S. 80).

100 Systematische Form: frommen und armen (Lahr Ldr. CLI, XXXIV, 53; S. 185).

(t) Nun spricht Gott noch diese Worte: Ich verfluche alle diejenigen, die diesen Worten nicht mit Recht nachfolgen. Ich verfluche all ihr Gut und alle ihre Leute und all ihr Vieh. Ich verfluche alles, was auf ihrer Erde wächst, und ihren Leib und ihr Gut und ihre Seele, von Ewigkeit zu Ewigkeit. Nun sprecht alle: Amen.

(u) Nun spricht Gott weiter: Wer diese Worte einhält und danach richtet, den erhöhe ich über seine Nachbarn, und ich sende ihm meinen ewigen Segen. Er sei gesegnet in der Stadt, er sei gesegnet auf dem Acker, die Frucht seines Leibes sei gesegnet und die Frucht seiner Erde und die Frucht seiner Früchte.[101] Deine Ställe[102] und deine Keller seien gesegnet und alles, was darin ist. Deine Feinde werden vor dir niederfallen. Alles, was du hast, sei gesegnet. Und richtest du dich nach diesen Worten, so öffnet dir Gott seinen höchsten Hort, das ist der Himmel, und gibt dir von dort den Regen[103] und alles, was du für deinen Leib und die Seele brauchst. Diese Worte hat Gott selbst aus seinem Munde zu Moses gesprochen. Auf diesen Worten beruhen alle die Gerichte, die wir haben.

(v) Nun sollt ihr, denen Gott auf Erden Gerichte anvertraut hat, alle merken, welche Gnade Gott euch geben will, wenn ihr so richtet, wie dieses Buch sagt, und welchen Fluch und welche Ungnade euch Gott sendet, wenn ihr wider dieses Buch richtet. Hier sind die Worte, die Gott gesprochen hat. Die haben wir deshalb in dieses Buch geschrieben, damit man wisse, daß das gerechte Urteil zuallererst aus dem Munde des allmächtigen Gottes geboten und gesprochen wurde, und daß man diesem Buch desto mehr glaube.

Art. 202. Wer nachts Korn stiehlt

Wer nachts Korn stiehlt, ist des Galgens schuldig. Niemand soll nachts füttern. Tut es dennoch jemand, wie wenig auch immer er schneidet, und es hat den Wert eines Pfennigs oder mehr, so geht es ihm an das Leben.[104] Nimmt ein Mann etwas in der Kirche,[105] zieht man ihn mit Recht

[101] Andere Textformen: seines Viehs (Langform Z, Ldr. 201 u (200), S. 126. Lahr Ldr. CLI, XXXIX, 58; S. 186).

[102] Andere Textformen: Stadel (Urswsp. Ldr. 201 u (214), S. 480. Lahr Ldr. CLI, XXXIX, 58; S. 186. Kurzform I, Ldr. 201 u, S. 85).

[103] Die systematische Form ergänzt unbiblisch: und schönes Wetter (Lahr Ldr. CLI, XXXIX, 59; S. 186).

[104] Andere Textformen: Ist es einen Pfennig wert, geht es ihm an die Hand. Ist es einen Schilling wert oder mehr, geht es ihm an den Leib, so daß man ihn henkt (Urswsp. Ldr. 202 (215), S. 481. Lahr Ldr. CCVI, II, 2f.; S. 256. Kurzform I, Ldr. 202, S. 87).

[105] Systematische Form: Findet man den Mann in der Kirche (Lahr Ldr. CCVI, II, 2f.; S. 256).

heraus, als ob er es nachts täte. Tut er es des Tags, so gilt das, was einen Pfennig wert ist, den rechten Daumen; und was einen Schilling wert ist oder mehr, gilt die Hand. Tut er es ein anderes Mal, schlägt man ihm den anderen Daumen ab; tut er es zum dritten Male, schlage man ihm die andere[106] Hand ab. Füttert man nachts auf einer Burg,[107] ist der Burgherr dem Richter zehn Pfund schuldig.[108] Wenn es in einer Stadt geschieht, reiße man ein Haus ab, das zehn Pfund wert ist, oder ein Bürger der Stadt gebe zehn Pfund. Und wenn das Haus fällt, soll man das Holz nicht von dannen tragen. Ein Mann darf seinem müden Pferd Futter im Wert von ungefähr einem Pfennig schneiden, wenn er meint, daß es erliegen werde. Das muß er beschwören, wenn jener, dem das Korn gehört, nicht darauf verzichten will. Er darf sein Pferd auch mit den Vorderbeinen in das Ösch treten lassen und es fressen lassen, bis es wieder zu Kräften kommt; und er soll kein Futter von dannen führen.

Art. 203. Von vertraglichen Verpflichtungen[109]

Niemand muß sich für seinen Knecht verantworten, außer um so viel, wie sein Lohn beträgt; es sei denn, er werde freiwillig sein Bürge. Vertreibt der Herr seinen Knecht, soll er ihm seinen vollen Lohn geben. Entzieht sich der Knecht dem Herrn mutwillig, soll er dem Herrn ebenso viel geben; und hat er ihm etwas vom Lohn gegeben, so soll er es dem Herrn zweifach zurückgeben.

Art. 204. Von schädlichen Tieren

Ursul heißt der alte Eber, dem soll man jährlich die Zähne absägen. Wer das nicht tut, soll den Schaden bezahlen, den er anrichtet. Tötet jemandes Hund oder Bär oder Hirsch oder Eber oder anderes Wild, das man zähmt, oder Vieh einen Mann, soll man es steinigen und soll es auch nicht essen, denn es ist unrein. Es lähmt einen Mann, und jener [dem es gehört] scheucht es von sich weg und hält oder füttert oder tränkt es nicht mehr: Wenn es nachmals einen Schaden anrichtet, so muß er dafür nicht aufkommen; und verwundet es jemanden, so gilt dasselbe Urteil. Derjenige,

---

106 Fehlt in anderen Textformen.

107 Andere Textformen ergänzen: oder in einem Haus (Urswsp. Ldr. 202 (215), S. 481. Lahr Ldr. CCVI, II, 8; S. 256. Kurzform I, Ldr. 202, S. 87).

108 Andere Textformen ergänzen: oder man schlage ihm ein Haus nieder, das zehn Pfund wert ist (wie vorstehende Anm.). Dafür fehlt zuweilen (etwa in Langformen wie dem Urswsp. oder der Langform Z) der Folgesatz, der auf die Stadt Bezug nimmt.

109 *Von ehaften dingen*: könnten auch Angelegenheiten, welche die Dienstboten betreffen, gemeint sein?

der den Schaden hat, kann es töten, wenn er will. Und richtet ein Vieh den Schaden an, so soll derjenige, dem es gehört, dafür zahlen, wenn er es nach dem Schadensfall wieder an sich nimmt. Will er es loswerden, tut er das wohl und zahlt nichts, und jener hat es als Entschädigung. Ist es ein Hirsch, und dieser hat ein schädliches Gehörn, soll jener ihm das abschneiden lassen; und tut er das nicht, muß er büßen, den Totschlag ausgenommen, als ob er selbst eine Wunde geschlagen hätte. Begeht das Wild den Totschlag, soll der Mann beiden, dem Kläger und dem Richter, so viel büßen, wie man wegen einer Wunde höchstens zu büßen pflegt. Waren die Hörner aber, wie sie sein sollten, so büßt er nicht. Ist es zu der Zeit geschehen, wenn er keine Hörner trägt, und das Tier richtet da einen Schaden an, richte man das wie hiervor geschrieben steht; und für das Vieh, das schädliche Hörner trägt, gilt dasselbe Recht.

Art. 205. Von dem, der ein schädliches Pferd hat

Hat ein Mann ein schädliches Pferd und weiß das wohl, so soll er, wenn er darauf sitzt, die Leute weichen heißen und von den Leuten wegreiten. Und tut er das nicht, soll er den Schaden bezahlen, den es anrichtet, wie hiervor gesprochen ist. Derjenige, der es ihm zurücktreibt, soll den Schaden selbdritt oder selbander bezeugen. Ist niemand dabeigewesen, so schwöre er es zu den Heiligen und sei ledig. Das Pferd hat dasselbe Recht wie das Wild und das Vieh.[110]

Art. 206. Wenn der Richter sein Gewette auf einem Gut nicht findet

Findet der Richter sein Gewette auf einem Gut nicht, weil es zu klein ist, so soll der Fronbote ein Kreuz auf dem Tor oder auf dem Haus anbringen und es damit in Beschlag nehmen. Hat er sich dessen für jemandes Geldschuld oder Buße bemächtigt, so soll man das Gut über sechs Wochen feilbieten, wenn es der, dem es gehört, nicht auslöst; und man soll die Leute vom Verkaufserlös entschädigen. Und fehlt dem Gut etwas dazu,

[110] Andere Textformen geben den ganzen Artikel in leicht veränderter Form wieder: Hat ein Mann ein Pferd, das ausschlägt [so auch die Kurzform I], und weiß das wohl, so soll er, wenn er darauf sitzt, die Leute weichen heißen und von den Leuten wegreiten. Und tut er das nicht, soll er den Schaden bezahlen, den es anrichtet, wie hiervor gesprochen ist. Handelt er aber, wie hiervor gesprochen ist, so zahlt er nichts. Bestreitet man ihm, daß er weichen geheißen habe, und es sind Leute dabeigewesen, soll er es selbdritt bezeugen. Ist ein Mann bei ihm gewesen, so bezeuge er es selbander. Ist aber niemand dabeigewesen, so schwöre er es zu den Heiligen, und sei ledig. Tötet das Pferd einen Menschen oder lähmt oder verwundet ihn, soll man darüber richten, wie hiervor gesprochen ist (Urswsp. Ldr. 205 (218), S. 482f. Lahr Ldr. CCCLVIII, S. 431f.).

so nehme man ein anderes, wenn eines da ist. Und gibt es keines und es bleibt ein Defizit, soll der Richter den Schaden haben und nicht der Kläger. Und kommt der, der das Gut erben soll, innert Jahr und Tag und beschwört, daß er nicht wußte, daß man das Gut verkaufen wollte, oder beschwört sonst ehafte Not, soll man es ihn auslösen lassen; und der Richter soll jenen [der es erworben hat] zwingen, daß er das Lösegeld annehme. Das ist Recht.

Art. 207. Wenn zwei zugleich ein Gut beanspruchen

(a) Zwei Männer klagen um ein Gut und sagen, ein Herr habe es ihnen als Lehen verliehen oder ein anderer Mann habe es ihnen zu eigen gegeben oder versetzt. Und beide kommen vor Gericht, und der eine gibt einen Gewährsmann an und der andere einen anderen, und so sagen beide, daß sie Gewährsleute haben, und es ist ein Eigengut oder ein Pfandgut oder fahrendes Gut, und es befindet sich in dem Gericht, wo darum geklagt wird, so soll der Richter ihnen einen Gerichtstag geben, auf den sie beide ihre Gewährsleute bringen. Wer seinen Gewährsmann mitbringt, hat das Gut behauptet; wer keinen mitbringt, hat verloren. Bringen sie beide ihre Gewährsleute mit, so sollen die Gewährsleute miteinander rechten, und behauptet sich da einer der Gewährsleute, so behält der Recht, der gelobte, ihn zu bringen; und der andere hat verloren. Ist es aber ein Lehen, soll ihnen der Richter einen Tag vor ihrer beider Lehnsherrn geben.

(b) Die Fürsten haben folgendes Recht: Wo sie Gewährsmänner sein sollen, dorthin sollen sie offene Briefe mit ihren Siegeln daran senden; und sie sollen den Brief durch ihren geborenen Dienstmann dorthin senden. Dieser soll das Gut verteidigen und Gewährsmann dessen sein, der ihn aufgeboten hat. Und will der Bote des Fürsten es so, kann er es vor den König ziehen.[III] Sagt man, das Gut sei von einem Lehnsmann verliehen, und der sendet seinen glaubwürdigen Boten mit einem Brief und einem Siegel daran dorthin, und er ist ein Herr und kein Fürst, so hat der das Gut behauptet, von dem der Brief das verkündet. Und gibt man an, das Gut sei von einem Dienstmann oder einem anderen Lehnsmann verliehen, so soll der selbst kommen, wenn ihn nicht ehafte Not hindert und er die ehafte Not mit seinem Eid oder mit dem Zeugnis seines Boten beweist.

[III] Andere Textformen ergänzen: so kann auch der handeln, der gegen ihn streitet (Urswsp. Ldr. 207 b (220), S. 484. Lahr Ldr. CXXI, II, 7; S. 155).

Art. 208. Von gleichem Anspruch

Zwei Männer beanspruchen gleichermaßen die Gewere an einem Gut, und der eine sagt, es sei sein Eigen, und der andere sagt, es sei sein Lehen. Derjenige, der es als Lehen anspricht, bringe seinen Gewährsmann; der komme vor den Richter. Und der Richter soll richten, wie weise Leute urteilen. Ererbtes Eigen kann ein Mann vor Gericht besser behaupten als gekauftes Eigen.

Art. 209. Von der Gewere

Wer etwas über Jahr und Tag ohne rechtmäßigen Widerspruch in seiner Gewere hat, hat die rechte Gewere daran. Die soll ihm niemand absprechen, außer durch das Gericht. Klagt aber ein Mann vor Gericht deswegen, so gewinnt er keine rechte Gewere daran, wenn der Kläger die Klage bezeugen kann. Kommt jener vor Gericht, so oft er die Klage hört, und verteidigt sein Gut, indem er spricht: Herr, ich bin hier, und verteidige mein Gut, wie es mein Recht ist, so hat er die rechte Gewere daran. Den Anspruch kann jener für drei Jahre aufrechterhalten, und nicht länger. Danach soll der Richter ihm gebieten, auf drei Gerichtstagen sein Recht zu nehmen, und soll auch jenem gebieten, daß er sich verantworte. Und kommt derjenige nicht, der das Gut beansprucht, so soll man diesem erteilen, daß er künftig dieser Klage ledig sei; es sei denn, jenen hindere ehafte Not, und er beweist sie, wie es Recht ist.

Art. 210. Von der Dingflucht

Wird jemand vor Gericht angeklagt, wenn er zugegen ist, und er wird dingflüchtig, und er ist wegen eines Ungerichtes oder wegen eines anderen Frevels angeklagt, soll man ihn sofort ächten.

Art. 211. Wer einen fremden Acker bebaut

Jemand bebaut wissentlich den Acker eines anderen Mannes. Wird er dessen beschuldigt, hat er seine Arbeit verloren und soll dem Richter ein Gewette zahlen.[112] Hat es ihm jemand zum Bebauen überlassen, soll dieser ihm seine Unkosten bezahlen. Wer das Land, weswegen es zur Klage kommt, bebaut oder besät, verliert seine Arbeit und sein Saatgut und muß dem Richter büßen. Baut ein Mann etwas an und sät, und es bleibt ohne Klage, soll er seine Arbeit und sein Gut davon genießen. Und man soll davon den Zins oder Geld zahlen; das soll er dem geben, dem das gebührt.

---

[112] Urswsp. Ldr. 211 (224), S. 485 ergänzt: Tut er es unwissentlich, so büßt er nichts.

Art. 212. Wer Vieh zum Schaden treibt

Treibt jemand sein Vieh auf das Kornfeld oder das Grasland eines Mannes, soll er ihm seinen Schaden zweifach vergelten und soll dem Richter drei Schilling geben oder was Gewohnheit ist. Er kann das Vieh auch ohne die Erlaubnis des Richters pfänden, und soll es in die Gewalt des Richters treiben; er kann es festbinden. Ist das Vieh solcherart, daß er es nicht treiben[113] kann, wie wilde Rösser und brünstige Pferde oder Wild, das gezähmt ist, oder Gänse, soll er das in seine Gewalt treiben; und wenn er es dem Richter nicht bringen kann, soll er es dem Richter verkünden. Und der soll jenem befehlen zu zahlen, wie es Recht ist, und wie es hiervor gesprochen ist. Der Mann soll seinen Schaden selbdritt beschwören; und hat er keine Zeugen, soll er seinen Schaden mit seiner eigenen Hand beschwören.

Art. 213. Wie ein jeglicher Hirte das Vieh zu Recht pflegen soll

Wer sein Vieh anderswohin treibt als zum rechtmäßigen[114] Hirten, der soll dem Hirten den vollen Lohn geben und dem Richter sechs Pfennig. Niemand kann einen eigenen Hirten haben außer den Gotteshäusern und den Herren, die selber Wiesen haben. Und ein jeglicher Mann, der selbst drei Hufen hat, wozu Heuwiesen gehören, kann einen Schafhirten halten. Was der Hirte aus seiner Obhut verliert, soll er bezahlen. Wenn die St. Georgimesse kommt, soll niemand sein Vieh bei sich haben; man soll es austreiben, ausgenommen die Schweine, die Ferkel säugen, und das Vieh, das Junge hat.[115] Das soll man einstellen, damit es niemandem einen Schaden antut. Wo man den Hirten von einer Hufe lohnt und nicht vom Vieh, da soll der Mann, der auf der Hufe sitzt, den Lohn geben, auch wenn er kein Vieh hat. Was man zum Hirten treibt, soll er wieder herausgeben. Beschuldigt man ihn, er habe es nicht zurückgegeben, kann er beschwören, daß er es dort übergeben habe, wo er es zu Recht sollte. Ist es ein Dorf, soll er es innerhalb der Zäune übergeben; ist es eine Stadt, soll er es innerhalb der Befestigung oder des Tores übergeben; dann ist er ledig. Nehmen ihm aber der Wolf und der Räuber etwas und er wird nicht gefangen, so muß er es bezahlen, wenn er ihnen nicht hinterherschrie und hinterherrief[116]. Hat er aber zwei Männer, die das hörten und sahen, und

---

[113] Andere Textformen haben plausibler: einfangen (Urswsp. Ldr. 212 (225), S. 485. Lahr Ldr. CCXV, 4; S. 274. Kurzform I, Ldr. 212, S. 100).

[114] Andere Textformen: gemeinen (Urswsp. Ldr. 213 (226), S. 485. Lahr Ldr. CCXVI, I, 1; S. 275. Kurzform I, Ldr. 213, S. 101).

[115] Andere Textformen ergänzen: und dem Hirten nicht folgen kann (Urswsp. Ldr. 213 (226), S. 486. Lahr Ldr. CCXVI, IV, 6; S. 275. Kurzform I, Ldr. 213, S. 102).

[116] Fehlt in anderen Textformen.

die sagen, daß er rief und hinterherlief, so bleibt er ohne Schaden. Lähmt ein Vieh vor dem Hirten das andere, muß er das Vieh benennen, das den Schaden getan hat, und muß beschwören, daß es so sei. Jener [dem es gehört] soll sein verwundetes Vieh behalten, bis es wieder auf das Feld gehen kann; und was dadurch an Unkosten entsteht, soll jener bezahlen, dem das Vieh gehörte, das den Schaden anrichtete. Stirbt es aber, muß er dafür zahlen, was es wert ist, oder er gibt ihm jenes Vieh dafür; und dennoch bleibt ihm [dem Geschädigten] das Aas. Jemand vermißt sein Vieh und geht sofort zum Hirten und beschuldigt ihn deswegen und der Hirt spricht, es wurde nicht zu ihm getrieben; das soll man mit zwei Männern oder zwei Frauen bezeugen. Die sollen zu den Heiligen schwören, daß sie es zu ihm trieben.[117] Und wenn das geschieht, soll jener beschwören, was es wert war, und der Hirte soll es bezahlen und soll dem Richter nach Gewohnheit das Gewette zahlen.

Art. 214. Vom Dorfgericht

Da ist ein Dorf, in dem ein Richter sitzt. Setzt der mit der Mehrheit der Bauern[118] etwas fest, darf dem die Minderheit nicht widersprechen. Dasselbe Recht soll man in den Städten einhalten.

Art. 215. Abermals vom Dorfgericht

Liegen Dörfer am Wasser, sollen sie zu ihrem Schutz eine Befestigung oder einen Graben machen, damit das Wasser ihnen nicht schade. Alle Dörfer, die dort liegen und in der Umgebung liegen, sollen helfen und alle Leute, für die man Vorsorge trifft, daß ihnen das Wasser nicht schaden kann, wenn es über die Ufer tritt. Und wer es nicht tut, den soll der Landrichter dazu zwingen. Und tut er es dann noch nicht, soll man ihm vor dem Landrichter sein Gut absprechen, das er vor dem Wasser schützen sollte. Der Richter soll sich dessen bemächtigen und soll es bestellen wie ein Gut, das ihnen [den Dorfleuten] gehört.[119] Und der Landrichter soll seine Buße vom anderen Teil haben, bis der ihn auslöst, dem er zu Recht gehört. Und wenn das Wasser über die Ufer tritt, soll man den Schaden vom gemeinen Gut und der Schatzsteuer bezahlen.

---

117 Andere Textformen: daß sie sahen, wie es zu ihm getrieben wurde (Urswsp. Ldr. 213 (226), S. 486. Lahr Ldr. CCXVI, IX, 14; S. 276. Kurzform I, Ldr. 213, S. 104).

118 Andere Textformen: der ehrbaren Männer des Dorfes (Urswsp. Ldr. 214 (227), S. 486. Lahr Ldr. CCCCVIII, I, 1; S. 482).

119 Andere Textformen: und soll es bestellen, wie es dem Gut entspricht (Urswsp. Ldr. 215 (227), S. 487. Lahr Ldr. CCCVIII, II, 5; S. 483).

Art. 216. Wer an einem Lehen frevelt

Ein Mann hat ein Gut von einem anderen. Frevelt jemand an dem Gut, soll man dem die Entschädigung zahlen, der es in vollständiger Gewere hat und den ganzen Ertrag bezieht.

Art. 217. Wann eine jegliche Abgabe fällig ist

(a) Wenn ein Mann keinen Lehnserben nach seinem Tode hat, so soll der, der das Gut dann erbt – es sei Eigen oder anderes Gut –, den Ertrag nehmen, der noch nicht eingenommen ist.

(b) Nun vernehmt, wann der Ertrag gezahlt wird: An St. Walburga ist der Lämmerzehnt fällig; alle Arten von Abgaben, die aus Fleisch bestehen, sind am St. Johannistag fällig. Am St. Margarethentag sind alle Arten Gut außer dem Wein und dem Korn fällig; am St. Gallentag ist der Wein fällig, am St. Martinstag das Korn.[120]

Art. 218. Von Bauleuten

(a) Wer einen Zehnt oder anderes Gut zahlen soll, soll es zu den Zeiten tun, wie es hiervor geschrieben steht. Die Saat, die ein Mann mit seinem Pflug bestellt, ist fällig, sobald die Egge darüber geht.

(b) Will der Herr seinen Baumann vom Gut weisen, soll er es zu Lichtmeß tun. Dasselbe soll er tun, wenn er das Gut gegen Zins oder Geld jemandem überlassen hat. Stirbt der Mann, dem das Gut dergestalt überlassen ist, tritt sein Erbe an seine Statt und gibt davon, was jener geben sollte. Stirbt auch der Herr, so gebe man auch seinen Erben, was man dem Herrn geben sollte.

Art. 219. Von Mühlen und von Zöllen und von Münzen

Die Einkünfte aus Mühlen und aus Zöllen und aus Münzstätten und aus anderen Dingen sind an dem Tag fällig, auf den man sie festsetzt.[121]

---

[120] Die Gießener Hs. übernimmt aus dem Augsburger Ssp., Art 174, § 1 II, folgende Bestimmung: All die Abgaben, die man aus dem Wein beziehen soll, Sind an St. Gallentag fällig. Von allen Gütern, die gegen einen Weinzins ausgegeben sind, ist man das Geld an diesem Tag zu geben schuldig in der Weise, daß man dafür Sorge tragen soll, daß man keinen Schaden erleide, und deshalb zu der Zeit verkaufe, zu der man glaubt, daß es am nützlichsten sei (Wackernagel/Senckenberg, Addendum 441, S. 349. Vorlage in: Dsp. 1930, S. 217).

[121] Lahr fügt einen Artikel aus der Straßburger Hs. (oben S. 26 A. 3) ein, welcher die Bestimmungen betreffend die Zinstage und Zinsleute in folgender, ausführlicherer Weise wiedergibt: Zu welchen Zeiten ein Herr mit seinen Leuten um die landwirtschaftlichen

Hier ist das Landrechtsbuch zu Ende; das vernehmen alle, die dieses Buch je gelesen oder lesen gehört haben. Denen künde ich, Konrad von Leiselheim, Diakon, daß ich dieses Buch für meinen Herrn Gregor von Falkenstein geschrieben habe. Es ward angefangen zu Freiburg und ward vollendet auf dem Haus zu Vörstetten mit allen den Dingen, wie ihr es hier vor euch seht. Dies geschah in dem Jahre, als man von Gottes Geburt an zwölfhundertsiebenundachtzig Jahre zählte, am Bartholomäusabend; und hier fängt das Buch vom Lehenrecht an.

Art. 220. Wann man das Gut erlangen soll

Wenn ein Kind bis zu dem Tag, an dem man den Zins von einem Gut zahlt, seine Volljährigkeit erreicht, so soll man ihm seine Abgabe geben. Wird es aber erst volljährig nach den rechtmäßigen Tagen, an denen man die Abgaben zahlt, so ist die Abgabe verloren, aber nicht das Gut. Und hat er das Gut von einem Herrn zu Lehen oder auf eine andere Weise, so geht die Abgabe an den Herrn; er behält sie ein, wie das Lehenbuch hernach sagt. Hat der Herr das Gut des Kindes jemandem gegen eine Abgabe überlassen, bevor es volljährig wurde,[122] behält der Herr die Saat und nicht

Einkünfte rechten soll: Jemand hat ein Gut, das er gegen einen Zins ausgibt, damit man es bebaut. Will er jenen, der es mit dem Pflug bebaut, auswechseln, so soll er mit ihm zwischen Lichtmeß und dem Weißen Sonntag ein Baugericht abhalten. Allen Eierzins und die Vogtlämmer soll man zu Ostern einnehmen. Das Fleisch soll man zur Sonnenwende einnehmen. Die Zinsschweine soll man zu Weihnachten einnehmen. Alle Arten von Zins soll man am St. Margarethentag einnehmen. Am St. Urbanstag ist der Zins aus Weingärten und Baumgärten fällig. Bearbeitet ein Mann die Saat mit dem Pflug, ist sie ihm fällig, sobald die Egge darüber geht. Den Zins aus Mühlen, Zöllen, Münzstätten oder sonstigem Gut, das für einen Zins ausgegeben ist, soll man an dem Tag einnehmen, auf den er festgesetzt ist. Zinshühner und Gänse sind mit dem Haferzins fällig, Öl am St. Michaelstag, Schweinezinsen zwischen dem St. Martinstag und Weihnachten. Will der Bauer das Gut aufgeben und den Herrn verlassen, soll er das auch zwischen Lichtmeß und dem Weißen Sonntag tun. Hat ein Herr einen Eigenmann, der sich einem anderen Herrn unterstellt hat, und er will ihn von ihm zurückfordern, soll er oder ein geeigneter Bote das zwischen Lichtmeß und dem Weißen Sonntag tun. Und er soll ehrbare Leute hinzuziehen, damit er es selbdritt bezeugen kann, wenn jener abstreitet, daß er ihn gefordert habe. Gibt ein Mann seinen Zins an dem Tag, der ihm genannt ist, hat er sein Gut für das Jahr verdient. Gibt er ihn nicht, hat er den Ertrag verloren, der in diesem Jahr auf dem Gut wächst, aber nicht den Boden. Das ist also gesprochen: Hat ein Herr Aufwand und Kosten für einen Garten oder einen Baumgarten oder ein anderes Gut, und der Mann kommt nicht bis St. Urbanstag, um seinen Zins zu entrichten und was er zu Recht zu entrichten hat, so nimmt der Herr den Ertrag weg und nutzt ihn, so gut er kann (Lahr, Anhang zu Ldr. CCCXL, S. 397–399).

[122] Die Vorlage Ssp. Ldr. II, Art. 58, § 3; S. 177 hat plausibler: Hat der Herr das Gut des Kindes besäen lassen, bevor es volljährig wurde.

den Boden. Und handelt es sich um einen Wald, soll der Herr ihn nicht abholzen lassen, bevor das Kind volljährig ist. Wird das Kind aber zuvor mündig, hat der Herr seine Arbeit verloren, die er in das Gut gesteckt hat. Denn wenn das Kind zu seinen Tagen gekommen ist, so soll es sein Gut ganz zu seinem Nießbrauch nehmen.

Art. 221. Nun sagt es, wie breit die Straßen des Königs sein sollen

Die Straßen des Königs sollen sechzehn Schuhe breit sein; das ist also gesprochen: Die Landstraße soll so breit sein, daß ein Wagen dem anderen Platz machen kann; der leere oder unbeladene Wagen soll dem geladenen, und der leichtere Wagen soll dem schweren weichen. Wer besser ausweichen kann, soll auch ausweichen, egal wie beladen er ist. Der Reiter weiche dem Wagen, er sei beladen oder leer, der Fußgänger dem Reiter. Befinden sie sich aber auf einem engen Weg oder auf einer Brücke und man jagt einen reitenden Mann oder einen gehenden, so soll der Wagen stehen bleiben, bis sie durchkommen. Welcher Wagen zuerst an die Brükke kommt, der soll auch zuerst darüber fahren, sei er beladen oder leer. Wer eher zur Mühle kommt, soll auch eher mahlen.

Art. 222. Wer jemandem sein Gut versetzt oder leiht

Versetzt ein Mann dem anderen ein Pferd oder ein Gewand oder irgendein fahrendes Gut oder verleiht es ihm mit seinem Willen,[123] so hat jener ein Recht daran, in dessen Gewalt es auf diese Weise kommt. Wir wollen vom Leihen reden: Ein Mann verleiht ein Pferd bis zu einem bestimmten Ort und benennt dem, der es leiht, diesen Ort, und er verleiht es ihm umsonst. Geschieht dem Pferd etwas bis zu diesem Ort, so büßt er ihm deswegen nichts, wenn er es mit rechter Geschwindigkeit reitet und ihm sein Futter gibt.[124] Reitet er weiter als bis zu diesem Ort, den er ihm nannte, und es geschieht ihm dann etwas, muß er es bezahlen. Wird es gestohlen oder geraubt, muß er es zahlen; nimmt es aber der gemeine Tod, zahlt er es nicht.

---

[123] Der Ausdruck „mit seinem Willen“ ist etwas unklar; sei es, daß damit „freiwillig“ gemeint sein soll, oder sei es, daß die Vorlage Ssp. Ldr. II, Art. 60, § 1; S. 178 versehentlich nur bruchstückhaft übernommen wurde: Verleiht oder versetzt ein Mann dem anderen ein Pferd oder ein Kleid oder irgendein fahrendes Gut *oder auf welche Weise er es aus seiner Gewere entläßt* mit seinem Willen.

[124] Urswsp. Ldr. 222 (234), S. 489 ergänzt: und damit umgeht, ohne es zu gefährden.

Art. 223. Nun spricht es abermals vom Verleihen

Ein Mann verleiht einem anderen Mann für Lohn ein Pferd bis zu einem bestimmten Ort, den er ihm benennt, und nicht weiter.[125] Was mit dem Pferd bis zu diesem Ort geschieht, muß er bezahlen, ausgenommen es stirbt den gemeinen Tod. Wird es gestohlen oder geraubt, bevor er an diesen Ort kommt, so bezahle er es nicht, wenn er es so gehütet hat, wie er sollte. Wir sprechen, daß der Mann fremdes Gut besser hüten sollte als sein eigenes Gut.

Art. 224. Abermals vom Verleihen

Und verleiht ein Mann dem anderen ein Vieh umsonst, hat es dasselbe Recht wie das Pferd. Ein Mann verleiht dem anderen ein Pferd oder einen Ochsen mit einem Pflug mit folgender Abmachung: Verleihe mir dein Vieh für meinen Pflug für zwei Tage und ich leihe dir das meine ebenso lange; und sie werden so einig. Stirbt das Vieh, so zahlt ein jeder es dem anderen nicht, wenn er es richtig gezäumt hat und ihm das richtige Futter gibt und er das zu den Heiligen schwört.

Art. 225. Von offenem Diebstahl und von heimlichem Diebstahl

Offener Diebstahl ist eine Sache, heimlicher Diebstahl eine andere. Nämlich wenn ein Mann eines Nachts oder eines Tages in ein Haus[126] kommt und etwas stiehlt, was immer es ist, und er wird mit dem Diebesgut ergriffen, bevor er es verbirgt, so heißt das offener Diebstahl. Und gibt ein Mann einem anderen Diebesgut, und der weiß, daß es Diebesgut ist, heißt das auch offener Diebstahl. Geht ein Mann hin und trägt den Mantel[127] des anderen heraus und sagt ihm das nicht vor dem vierten Tag, halte

---

[125] Hier ist der Text sowohl bei Laßberg und in der Langform Z als auch in anderen frühen Handschriften verdorben. Es folgt nämlich der weder an diesen noch an den Folgesatz sinnvoll anzuschließende Halbsatz „und reitet er weiter". Die systematische Form rekonstruiert den Sinn des fraglichen Abschnittes wohl zutreffend folgendermaßen: Und reitet er weiter und es wird ihm gestohlen, muß er es bezahlen, ebenso, wenn es geraubt wird. Geschieht es aber, daß es gestohlen wird, bevor er an den Ort kommt, der ausgemacht ist, so muß er es nicht bezahlen, wenn er es gehütet hat, wie er sollte (Lahr Ldr. CCXLIX, 2; S. 297). Andere Textformen geben einen verkürzten Text in diesem Sinne wieder (Langform E, Ldr. 223 (218), S. 189) oder lassen den Abschnitt ganz weg (Langform H, Ldr. 223, S. 245).

[126] Andere Textformen ergänzen: oder an einen anderen Ort (Urswsp. Ldr. 225 (236), S. 490. Lahr Ldr. CCIX, I, 2; S. 259. Kurzform I, Ldr. 225, S. 114).

[127] Die systematische Formen ergänzt: oder anderes Gut (Lahr Ldr. CCIX, II, 4; S. 259).

dieser es für einen Diebstahl, wenn er will. Denn da er ihn nicht darum gefragt hat, kann er es für einen Diebstahl halten, wenn er will. Und beklagt er ihn vor Gericht, muß dieser sich als Dieb verantworten. Er muß auch auf das Gut schwören, daß es ihm gestohlen sei, wenn das Gut vorliegt. Und liegt das Gut nicht vor, muß er ihn mit sieben Männern überzeugen, die wissen, daß es wahr ist, und auch sahen, daß er ihm das Gut gestohlen hat. Und ist er schon wegen eines dieser Dinge, wie es das Buch hiervor sagt, übel beleumdet, so braucht er nur zwei Männer zusätzlich zu sich selbst; die sollen es mit ihm beschwören. Dann soll der Richter über ihn richten, wie es Recht sei.

Art. 226. Wer stiehlt und hehlt

Ein Mensch rät dem anderen dazu, daß er stehle, und spricht also: Geh hin, und stiehl dem das, und bringe es mir und gib mir die Hälfte; dafür will ich es für dich in Obhut nehmen. Und er tut das, und das Gut wird in der Gewalt von jenem, dem es anvertraut ist, aufgegriffen. Und er ist bis dahin nicht übel beleumdet: Wie soll man das richten? Sagt er aus, daß er die Schuld von sich schieben kann, soll man ihm einen Gerichtstag geben. Und tritt jener vor und dieser schiebt es auf ihn, muß er es auf sich nehmen. Spricht er aber, er sei sein Geselle und habe befohlen, es zu stehlen, und vertraute es ihm an, und sie sind beide nicht übel beleumdet, wie hiervor gesprochen ist, so muß Gott es zwischen ihnen im Kampf entscheiden. Vor Gott sind sie beide schuldig; vor den Leuten wird nur der eine schuldig, der da unterliegt. Und der, auf den jener die Schuld schob, spricht: ich stahl es nicht; und jener spricht: er vertraute mir das Gut an und sagte, es wäre rechtmäßig erworben. Sie kämpfen miteinander, und es siegt der Dieb, der es zuerst stahl, [so henkt man sie beide;][128] egal ob er es gestanden hat oder nicht und ob man das Gut auf ihn geschoben hat. Und siegt der, der es zu stehlen befohlen hat, ist er frei und

[128] Fehlt in Laßberg, ergänzt nach der systematischen Form (Lahr Ldr. CCXI, 6; S. 262). Durch diese Vervollständigung gibt der Satz fraglos einen besseren Sinn: Denn wenn der Dieb siegt, ist erwiesen, daß sein Kontrahent ein Hehler ist, und damit sind beide schuldig; demgegenüber erweist der Sieg des Hehlers nur die Schuld seines Kontrahenten, des Diebes. Dies wäre indes mit der unmittelbar zuvor getroffenen Angabe, vor den Menschen werde nur einer (d.h. genau einer und nicht beide) von beiden schuldig und damit gehenkt, nicht zu vereinbaren. Dies spricht allerdings weniger gegen die Lesart der systematischen Textform, als vielmehr gegen die generell schwache sprachlogische Durchdringung des Schwabenspiegeltextes. Im etwa analog aufgebauten Fall, daß ein Handwerker durch die Bereitstellung von Hilfsmitteln am Diebstahl mitschuldig wird, nimmt der Schwabenspiegel ja auch keinen Anstand, für beide den Tod durch Erhenken zu fordern (Art. 227 b).

man henkt jenen. Dieser ist vor Gott schuldig und vor den Menschen unschuldig. Oft wird auch jemand vor den Leuten schuldig, der vor Gott unschuldig ist.

Art. 227. Wer einen Menschen stiehlt

(a) Stiehlt ein Mensch einen anderen, ist das auch ein Diebstahl. Wird er in seiner Gewalt begriffen, schiebt man das wie alle anderen Arten von Diebstahl auf ihn. Und wie jung oder wie arm dieser Mensch auch immer ist: Man soll ihn deswegen henken; denn ein Mensch ist viel kostbarer als viel Gut.

(b) Wer einem Menschen Rat oder Hilfe gibt, damit er stiehlt, ist des Diebstahls schuldig. Jemand will stehlen und geht zu einem Mann hin und bittet ihn, ihm eine Leiter zu verleihen, denn er wolle in einem Haus stehlen. Oder jemand macht einem Dieb die Tür auf oder ein Fenster, oder ein Schmied[129] fertigt einem Dieb wissentlich einen Schlüssel oder andere Eisenteile, die zum Diebstahl beitragen, oder jemand läßt Dieben andere Hilfe zukommen, die dem gleichkommt: Wißt, daß er am Diebstahl ebenso schuldig ist, wie der, der da stiehlt, und man soll ihn neben den Dieb hängen.

Art. 228. Wer dem anderen ein Gut anvertraut

Vertraut ein Mann einem Schneider sein Gewand zum Schneidern an, und es wird gestohlen, muß der Schneider es zahlen. So verhält es sich mit jedem anvertrauten Gut: Nimmt ein Mann etwas an sich, um es zu pflegen oder aufzubewahren, und es wird ihm gestohlen, so muß er es bezahlen.[130]

Art. 229. Wer ein Pfand um eine Geldschuld versetzt

Derjenige, dem man ein Pfand um eine Geldschuld versetzt, muß es bezahlen, wenn es gestohlen wird. Gebe ich einem Mann ein Gut zu kaufen, und er gibt mir eine Anzahlung[131], und das Gut bleibt in meiner

---

129 Systematische Form: Schlosser (Lahr Ldr. CCXII, II, 6; S. 263).

130 Die systematische Form ergänzt: er sei Mann oder Weib (Lahr Ldr. CCLI, 2; S. 298).

131 Bei Laßberg steht wie in der Kurzform I, Ldr. 229, S. 120 der aus dem Lateinischen übernommene Begriff *arre*; gemeint ist eine wie auch immer beschaffene Dreingabe, durch die das Geschäft bestätigt wird (vgl. DRWB I, Sp. 832 s. v. Arra); synonym Langform E, Ldr. 229 (223), S. 190: seine Handnunft (vgl. DRWB V, Sp. 109 s. v.). Langform H, Ldr. 229, S. 246: seinen Pfennig. Langform Z, Ldr. 229 (222), S. 136: seine

Gewalt und wird gestohlen, so hat er den Schaden und nicht ich, wenn ich sein Gut so gehütet habe, wie ich es zu Recht sollte.

Art. 230. Wer das Gut des anderen verliert

Ein Mann verleiht dem anderen einen silbernen Napf. Der soll ihn besser behüten als sein eigenes Gut. Und wird es ihm gestohlen, muß er es bezahlen. Manche Leute sprechen so: Verliert ein Mann sein eigenes Gut mit meinem Gut, soll er es mir nicht bezahlen. Dem ist nicht so. Einem jeglichen Mann ist aufgetragen, daß er fremdes Gut besser pflegen soll als sein eigenes Gut. Und wird mir ein Gut gestohlen, das nicht meines ist, soll ich deswegen der Kläger sein. Und sterbe ich davor, soll der klagen, dem das Gut gehört.[132]

(I) Vom Verleihen merke also: Verleiht man einem Mann offenkundig etwas oder gibt es ihm zum Aufbewahren, und der kann das selbdritt bezeugen, kann man ihn deswegen weder des Diebstahls noch des Raubes beschuldigen. Man soll jenen aber dreimal je über vierzehn Tage vorladen, sein Gut zu verteidigen, wenn er will. Tut er das nicht, gibt man dem, der darum klagte, das Recht, sich dessen zu bemächtigen. Diesen Gerichtstag verkünde aber der, der das Gut unter sich hat, jenem, der es ihm unter Zeugen zu Hause und zu Hofe gab, wenn er ohne Schaden bleiben will. Das geliehene Gut soll er alsbald dem wieder bringen, der es ihm verlieh, wenn er ihm sein Haus nennt.

Beheftung (Bestätigung; vgl. DRWB I, Sp. 1438 s. v. Behaftung (III)). Lahr Ldr. CCLII, II, 2; S. 299: Leikauf (kleine Leistung zur Sicherheit beim Vertragsabschluß, häufig ein Getränk; vgl. DRWB VIII, Sp. 1216–1221 s. v. Leitkauf). Urswsp. Ldr. 229 (239), S. 491: *aerze* scheint für arre verschrieben zu sein.

[132] Lahr ergänzt folgenden Artikel aus der Würzburger Hs. (Langformenklasse II e, oben S. 48 A. 37): Ein Mann vertraut einem anderen ein Trinkgefäß oder etwas anderes zur Aufbewahrung an. Der Mann, dem es zur Aufbewahrung gegeben ist, versorgt es in einer Kammer, zu der das Gesinde beider Zugang hat. Das Trinkgefäß oder das andere Gut geht verloren: Soll der, dem es zur Aufbewahrung anvertraut worden ist, es bezahlen oder nicht? Manche sagen, daß der, der das Trinkgefäß oder anderes anvertraut hat, selbdritt vortreten und persönlich zu den Heiligen schwören darf, daß das genannte Trinkgefäß oder anderes, was er dem Mann N. zur Aufbewahrung anvertraut hat, weder von ihm noch von seinem Gesinde fortgenommen oder verloren worden sei; dann muß der es bezahlen, dem es zur Aufbewahrung anvertraut worden ist. Der, dem es gehört hat, beschwöre mit einem Eid, wie gut es gewesen sei, und so teuer bezahle der es, in dessen Gewalt es verloren ging (Lahr, Anh. zu Ldr. CCLIII, S. 299f.).

Art. 231. Wer sein eigenes Gut stiehlt

Sitzt ein Mann bei Leuten, und er hat Pfennige in seinem Säckel,[133] und er sagt, sie hätten sie ihm genommen und gestohlen, so soll man den Leuten einen Eid deswegen abnehmen; es sei denn, daß man sie in ihrer Gewalt fände: Dann richte man über sie, wie es Recht ist. Findet man sie aber in seiner Gewalt, und es sind sechzig oder mehr, soll man ihn henken. So soll man wegen jedem Gut richten, das der Mann sich selbst stiehlt. Hier hat der Mann mit seinem eigenen Gut den Leib verloren wegen seiner großen Untat, indem er anderen Leuten Schande gebracht hat und ihnen ihren Leib genommen haben wollte.

Art. 232. Von Dieben unter vierzehn Jahren

Solange ein Mensch unter vierzehn Jahre alt ist, kann er seinen Leib nicht durch Diebstahl verwirken. Hat er Pfleger und Gut, soll man den Diebstahl bezahlen; hat er nichts zu zahlen, soll man ihm Haut und Haar abschlagen. Man soll Diebstahl zweifach entgelten und dem Richter nach Gutdünken büßen, wenn der Kläger eine Buße annehmen will.

Art. 233. Notwehr beim Straßenraub

Will mich ein Mann auf der Straße berauben, und ich wehre mich und schlage ihn zu Tode, büße ich weder seinen Verwandten noch dem Richter etwas. Und will man mir nicht glauben, daß ich meinen Leib und mein Gut durch Notwehr gerettet habe, und Leute haben es gesehen, soll ich das selbdritt bezeugen; und dann kann mir das niemand durch einen Zweikampf bestreiten. Und hat es niemand gesehen, soll ich meinen Eid deswegen ablegen. Das kann mir einer seiner Verwandten mit einem Zweikampf bestreiten, wenn er will; das ist deswegen festgesetzt, weil niemand die Schuld kennt außer Gott, und der entscheidet auch nach dem Recht.[134]

---

[133] Andere Textformen fügen ein: und er schneidet den Beutel ab und verbirgt ihn und beschuldigt die Leute, sie hätten das getan; oder er nimmt die Pfennige aus dem Beutel und verbirgt sie (Urswsp. Ldr. 231 (241), S. 492. Lahr Ldr. CCXV, 1; S. 264. Kurzform I, Ldr. 231, S. 121f.).

[134] Lahr fügt im Anschluß daran vier Artikel aus der Straßburger Hs. (oben S. 26 A. 3) an:
Wer wegen einer Geldschuld dingflüchtig wird: Soll ein Mann eine Geldschuld begleichen und man lädt ihn deswegen und er entzieht sich der Ladung und wird dingflüchtig, so ist der, der ihn geladen hat, der erste Kläger. Und wo er [der Kläger] etwas von seinen [des Beklagten] Gütern findet, soll man ihm vor anderen Leuten davon Gerechtigkeit widerfahren lassen; bis hin zur Strafe an seinem Leib und Gut. Hat der, der dingflüchtig

Art. 234. Von Landräubern

Ein Mann fährt aus und will rauben und führt Leute mit sich, die ihm helfen, und sie machen Beute und führen sie weg. Werden die nun alle schuldig an dem Raub oder nur der eine, der die Beute wegtrug? Ich spreche, sie sind alle schuldig, denn er könnte die Beute nicht ohne die Hilfe der anderen weggebracht haben. Und ergreift der, dem die Beute gehört, einen von ihnen, kann er ihn ohne gerichtliche Erlaubnis fangen und vor den Richter führen. Und ist es einer der Helfer, soll man über ihn richten wie über den Schuldigen selbst. Und streitet er ab, kann man ihn mit den Beweismitteln des Raubes überführen, wenn man diese hat. Hat

---

ist, von einem anderen Mann Gut gekauft oder genommen und es noch nicht bezahlt, und das Gut ist noch unverändert vorhanden, und es kommt jener, der ihm das gab, und beschwört sein Gut mit seinen zwei Fingern und seiner Schwurhand, so soll man es ihm wiedergeben, und kein anderer Gläubiger hat ein Recht daran. Wird ein Mann dingflüchtig und die Gläubiger kommen und klagen um das Gut, so soll man wegen der Buße einen Gerichtstag festlegen, auf dem sie alle zugegen sein sollen. Und man soll den Burggrafen und die Weibel befragen, was sie darüber [über das Gut] wissen; und was diese sagen, das soll zu Recht geschehen. Und sagt der Burggraf, daß es jemandem mit seiner Zustimmung oder seiner Urkunde versetzt ist, bevor jener dingflüchtig wurde, soll das gelten und derjenige Gläubiger soll den Vorrang haben, von dem er sagt, daß er der erste ist. Wurde es einem Mann ohne die Zustimmung des Burggrafen versetzt, und der gibt an, daß er der erste Kläger sei, soll er das selbdritt bezeugen, daß er der erste Kläger sei und daß es ihm versetzt sei und ihm mit dem Nutzen und der rechten Gewere am Zins übergeben sei. Ein Mann wird dingflüchtig, kommt aber hernach vor Gericht, und einer klagt gegen ihn. Und es kommt einer und verteidigt ihn und gibt an, er habe seinen Leib und sein Gut in seiner Gewalt. Es ist Recht, daß man ihn [den Beklagten] nicht nötige bis zu dem Zeitpunkt, wo jener bezeugt, daß sein Leib und sein Gut nicht in seiner Gewalt seien.
Wenn ein Mann den anderen beklagt und ein Zweikampf befohlen wird: Klagt ein Mann einen anderen an, und es wird ein Zweikampf befohlen, so ist es Recht, daß er wegen der Sache nicht schwören kann; es sei denn, der Kläger akzeptiere seinen Eid: Dann schwört er und ist damit ledig. Wird in einer Sache ein Zweikampf befohlen, so ist es Recht, daß man eine Frist von drei mal vierzehn Tagen gebe, und daß der Vogt sich vergewissern soll, daß beide das Recht einhalten.
Wegen welcher Sache ein Mann kämpfen soll: Beklagt jemand den anderen, er habe einen Rat zum Schaden des Reiches gegeben oder seinen Herrn oder andere ehrbare Leute verraten oder wegen Mordes, Brandschatzung, des üblen Straßenraubes, der Vergewaltigung oder des Giftmischens, und daß er damit ein Unrecht begangen habe: Wegen all dieser vorgenannten Sachen soll man richten, wie es hiervor geschrieben steht.
Wenn eine Frau einen Mann beklagt: Eine Frau beklagt einen Mann in einer Sache, wegen der ein Kampf befohlen wird. Und der, dessentwegen die Klage erfolgte, hat einen Verwandten, der ihm nahe steht, daß er es zu Recht tun soll [d. h. den Kampf auf sich nehmen kann]: Kommt es dazu, daß ein Kampf befohlen wird, kann sich die Frau ihm stellen, wenn sie will (Lahr, Anh. zu Ldr. CXC, S. 239–242).

man sie nicht, soll man ihn mit sieben Männern überzeugen; kann man die nicht aufbieten, überzeugt man ihn mit drei Männern.[135]

Art. 235. Das handelt vom Raub, der kein rechter Straßenraub ist

Hat ein Mann ein Gut, um das keine Klage vor Gericht vorliegt, in seiner Gewere, und ein Mann erhebt einen Anspruch darauf ohne das Gericht und bemächtigt sich des Gutes ohne das Gericht, so nennen wir das Raub. Wenn er etwas davon nimmt, soll man über ihn richten wie über denjenigen, den wir eben nannten. Nimmt er nichts davon, so hat er doch an dem gefrevelt, dem das Gut gehört, und am Richter. Die Frevelbuße beträgt etwa fünf Pfund, manchmal mehr, manchmal weniger, je nach guter Gewohnheit. Nimmt er aber etwas davon, soll er den Frevel büßen, und man soll es dem Kläger zweifach entgelten und dem Richter zehn Pfund geben, wenn der Kläger die Buße will. Und wird eine Gewere vor dem Gericht überantwortet, so geht es dem, der sie bricht, an die Hand, oder er löse sie mit zehn Pfund, wenn er nichts wegnimmt. Nimmt er etwas davon weg, ist das Raub. Das soll der Richter richten, wie hiervor gesprochen ist.

Art. 236. Wie man das Wild jagen soll

Als Gott den Menschen schuf, gab er ihm die Gewalt über die Vögel[136] und über die wilden Tiere. Daher haben die Könige festgesetzt, daß niemand seinen Leib oder seine Gesundheit durch diese Dinge verwirken kann. Doch haben die Herren Bannforste; sie haben eine Buße dafür festgesetzt, wenn jemand den Tieren darin etwas antut, wie wir hiernach noch sagen. Sie haben auch über die Fische und die Vögel einen Bann gelegt. Hier spricht das Banngesetz: Allen Tieren ist ein Frieden aufgerichtet, ausgenommen die Wölfe und die Bären; an denen bricht niemand den Frieden. Wer in den Bannforsten Wild verwundet oder Fallen stellt oder jagt oder tötet, der soll dem Herrn, dem es gehört, sechzig Schilling in den Landpfennigen des Herrn geben. Reitet jemand durch den Bannforst, so sollen seine Armbrust und sein Bogen entspannt und sein Köcher bedeckt sein; er soll seine Windhunde und seine Bracken festhalten und soll seine Jagdhunde anleinen. Jagt ein Mann ein Wild mit der Erlaubnis seines

---

135 Andere Textformen ergänzen: Das gilt für den Raub, der kein rechter Straßenraub ist (Urswsp. Ldr. 234 (243), S. 493. Lahr Ldr. CXCI, 8; S. 243. Kurzform I, Ldr. 234, S. 125f.).

136 In anderen Textformen beginnt die Aufzählung mit: über Fische (Urswsp. Ldr. 236 (245), S. 494. Lahr Ldr. CCCLVI, I, 1; S. 427. Kurzform I, Ldr. 236, S. 128).

Herrn, und es flieht dann in einen anderen Forstbann eines Herrn[137], soll er die Windhunde zurückrufen. Kann er sie so nicht herausholen, soll er ihnen nachfolgen und soll in dem Forst sein Horn nicht blasen und die Hunde nicht antreiben. Geschieht dem Wild dann etwas durch die Hunde, ist ihr Herr daran unschuldig. Stellt er ihm aber nach oder hetzt die Hunde auf das Wild oder bläst sein Horn, so muß er eine Buße zahlen, ob er ein Wild fängt oder nicht. Ein Mann verwundet ein Tier in seinem Wildbann, und es flieht vor ihm weg, und er verliert es aus den Augen, und es gelangt in einen anderen Wildbann und fällt dort nieder: Wir sollen euch zu Recht sagen, wem das Wild zu Recht gehört. Stirbt es dort, bevor derjenige, der es gejagt hat, dorthin kommt, gehört es ihm zu Recht. Und findet er es lebend vor, so soll er es stehen lassen; denn es gehört zu Recht dem, dem der Wildbann gehört. Ein jegliches Wild gehört einem Mann zu Recht, solange es in seiner Gewalt ist. Verläßt es seinen Wildbann, gehört es ihm nicht mehr. Ein Mann jagt ein Wild, und es entflieht ihm unversehrt; es ist aber so ermüdet, daß es niederfällt und nicht weiter kann. Und er verliert es aus den Augen, so daß er es nicht mehr sieht. Wer es danach findet und einfängt, dem gehört es mit Recht; und ebenso, wenn er darauf verzichtet, weiterzusuchen: Solange er sucht, gehört es ihm. Wer es währenddessen findet, soll es ihm geben, es sei lebend oder tot. Wenn ein Wild aus deiner Gewalt und deinem Wildbann entkommt, ist es nicht mehr deines. Wenn ein Wild aus deinen Augen in seine Freiheit kommt, ist es nicht mehr deines.

Art. 237. Von wilden Vögeln

Dies handelt von wilden Vögeln. Ein Mann hat Habichte oder Sperber oder anderes Federspiel, und das entflieht ihm aus seiner Hand, und er folgt ihm nach und es entfliegt aus seinem Blick, und er verzichtet darauf, es an diesem Tag zu suchen, und sucht auch am anderen Tag und am dritten Tag und findet es nicht. Wer es am dritten Tag fängt, soll es ihm mit Recht zurückgeben. Fängt er es am vierten Tag oder danach, gehört es ihm. Ist das Federspiel in der Mauser und entflieht einem Mann, soll man es ihm mit Recht zurückgeben [egal, wie lange es frei ist][138]. Dasselbe Recht gilt für die Vögel, die man in Käfige setzt; die heißen eingeschlossene Vögel. Aber sooft sie sich mausern, gilt es nicht: Entfliehen sie und werden von anderen Leuten gefangen, wenn die drei Tage um sind, gibt man sie nicht zurück.

---

137 Systematische Form: des Herrn (Lahr Ldr. CCCLVI, V, 9; S. 428).

138 Fehlt bei Laßberg, ergänzt nach anderen Textformen (Urswsp. Ldr. 237 (246), S. 495. Lahr Ldr. CCCLIX, II, 3; S. 433).

Art. 238. Von Vögeln

Nisten Vögel auf einem Baum oder sie nisten sonst auf irgend etwas, was einem Mann gehört, so gehören sie ihm, solange das in seiner Gewalt ist. Wenn sie flügge werden, gehören sie dem, der sie fängt. Und geht ein Mann in einen Wald und stiehlt das Federspiel aus einem Nest, soll er dem Herrn drei Pfund als Buße bezahlen, oder er gebe die Hand. Ich meine Habichte oder Sperber[139] oder was ebenso gut ist wie diese; wegen anderer Vögel kann er weder Leib noch Gut verwirken.

Art. 239. Abermals von Vögeln

Stiehlt ein Mann einem anderen das Federspiel von der Stange oder aus seinem Käfig, und man entdeckt das und fängt ihn und ergreift das Federspiel bei ihm, so soll man die Schuld auf ihn schieben wie wegen eines anderen Diebstahls. Und hat er es im Wert gemindert, soll er es zweifach bezahlen und soll dem Richter halb so viel geben wie dem Kläger. Und ist es völlig wertlos geworden, bezahle er es ebenfalls zweifach. Und ist es ebenso gut wie da, als er es stahl, so soll der Besitzer schwören, wie teuer ihm sein Federspiel sei. Der Dieb soll ihm halb so viel geben und dem Richter den anderen Teil. Und hat er kein Gut, soll man ihm Haut und Haar abschlagen.

Art. 240. Von Tauben und von Pfauen

Tauben und Pfauen haben gleiches Recht. Ein Mann hat Pfauen, die gewöhnlich bei seinem Gemach leben; und sie fliegen weg und kommen wieder. Solange sie das tun, gehören sie ihm. Wenn sie wegfliegen und nicht innert vier Tagen wieder zurückkehren, gehören sie dem, der sie danach fängt.

Art. 241. Vom Federspiel

Fängt jemand das Federspiel während der Tage, wie es hiervor gesprochen ist, und behält es, und er hört, daß danach gesucht wird, und gibt es nicht zurück, so ist das ein Diebstahl. Und wie lange auch immer er es danach behält: Er muß es doch zurückgeben. Und kommt es vor den Richter, richte dieser, wie es hiervor gesprochen ist; dieses Recht haben die Tauben und die Pfauen. Wegen Fischen, Vögeln und Wildes verliert oder verwirkt niemand seinen Leib.

---

139 Andere Textformen ergänzen: und Falken (Urswsp. Ldr. 238 (247), S. 495. Lahr Ldr. CCCLX, II, 4; S. 433).

Art. 242. Von zahmen Vögeln

Dies handelt von zahmen Vögeln. Gänse und Hühner und Enten haben ein anderes Recht als diese Vögel. Wie lange auch immer sie draußen sind oder wohin sie kommen: Sie gehören doch mir. Nimmt sie jemand an sich und sieht, daß es nicht seine sind, ist das ein Diebstahl; und man richtet es, wie hiervor geredet ist. Wie lange man wilde Vögel auch immer an sich genommen hat: Hat man sie vor dem festgelegten Termin oder danach gefangen, und sie entfliehen, und es fängt sie der, dem sie zuerst gehörten, so gehören sie ihm mit Recht, zu welcher Zeit auch immer er sie fängt.

Art. 243. Wer Wild zähmen will

Jemand zieht auf Burgen oder in Städten Wild auf, das in den Wald geht und wieder heim. Solange das Wild bei ihm unterkommt,[140] gehört es ihm; und fängt es jemand, soll man es ihm büßen, wie es hiervor gesprochen ist. Geht es aber weg und kommt nicht innert acht Tagen zurück, gehört es dem, der es dann fängt; oder es gehört dem, in dessen Wildbann es sich begibt.[141]

Art. 244. Von schädlichen Tieren

Wer einen knurrenden Hund oder einen wilden[142] Wolf oder Hirsche oder Bären hält, muß den Schaden, den sie anrichten, zahlen. Will er sie loswerden, wird er dadurch der Sache nicht ledig oder unschuldig. Denn es ist wider das Recht, Wild, das niemals zahm werden kann, unter Leuten zähmen zu wollen. Schlägt ein Mann eines davon zu Tode, wenn es ihm etwas antut, hat er keinen Schaden deswegen. Glaubt man ihm nicht, muß man ihm deswegen seinen Eid abnehmen.[143]

---

[140] Andere Textformen: solange das Wild diese Gewohnheit hat (Urswsp. Ldr. 243 (252), S. 497. Lahr Ldr. CCCLXV, I, 1; S. 436).

[141] Andere Textformen ergänzen: Wir sprechen also, daß kein Richter jemandem den Leib nehmen soll wegen Wild, Geflügel und Fischen (Urswsp. Ldr. 243 (252), S. 497. Lahr Ldr. CCCLXV, II, 4; S. 436).

[142] Andere Textformen: zahmen (Urswsp. Ldr. 244 (253), S. 497. Lahr Ldr. CCCLXVI, I, 1; S. 436. Kurzform I, Ldr. 244, S. 138).

[143] Andere Textformen haben ausführlicher: Schlägt ein Mann einen Hund zu Tode oder einen Bären oder ein anderes Tier, das ihm einen Schaden antut, bleibt er ohne Schaden. Glaubt man ihm nicht, und Leute haben es gesehen, soll er es selbdritt beschwören; haben es keine Leute gesehen, soll man deswegen seinen Eid nehmen (Urswsp. Ldr. 244 (253), S. 497. Lahr Ldr. CCCLXVI, II, 3f.).

Art. 245. Weshalb die Frauen einen Vormund haben müssen

Kein Weib kann Vormund oder Fürsprech sein oder ohne Vormund klagen. Dies verlor für sie alle eine edle Römerin, die hieß Kaefurnia. Die betrug sich vor dem Reich zu Rom folgendermaßen schlecht: Als ihr Wille nicht geschah, geriet sie in so großen Zorn, daß sie den König beschimpfte; und sie ließ den König ihre hintere Scham sehen. Da schaffte der König mit dem Rat der Fürsten und nach der Lehre weiser Leute auf einem Hoftag die Gewohnheit ab, daß Frauen Fürsprechen sein und vor Gericht ohne ihren Vormund klagen sollen. Hat eine Frau einen Ehemann, soll dieser ihr Vormund sein. Und hat sie keinen, so nehme sie einen anderen; davor soll der Richter sie nicht anhören. Den Vormund soll sie vor dem Fürsprechen nehmen.[144]

Art. 246. Von Bann und von Acht

Kommt ein Mann vor dem geistlichen Gericht in den Bann und ist sechs Wochen darin,[145] kann man ihn mit Recht vor dem weltlichen Gericht in die Acht tun. Und kommt er vor dem weltlichen Gericht in die Acht, tut man ihn vor dem geistlichen Gericht in den Bann. Und kommt er eher in den Bann als in die Acht, soll man ihn auch eher aus dem Bann lassen als aus der Acht. Kommt er eher in die Acht als in den Bann, soll man ihn auch eher aus der Acht lassen als aus dem Bann. Keiner der beiden Richter soll ihn aus dem Bann oder aus der Acht lassen, bevor er von der Schuld loskommt.[146]

---

144 Die Freiburger Hs. ergänzt: Ein jeglicher Mann kann wohl Fürsprech sein und Zeuge und klagen und antworten, wenn er nicht im Bann und in der Acht ist; solange er darin ist, kann er nichts schwören, was man ihm glauben soll (Urswsp. Ldr. 245 (254), S. 497).

145 Andere Textformen ergänzen: und einen Tag (Urswsp. Ldr. 246 (255), S. 498. Lahr Ldr. III, 1; S. 11. Kurzform I a, Ldr. 246 (263), S. 139).

146 Lahr gibt im Anschluß daran einen Artikel aus der Straßburger Hs. (oben S. 26 A. 3) wieder: Von der Gesellschaft: Entsteht innerhalb einer Gesellschaft Streit, soll der Burggraf darüber richten. Ist eine Gesellschaft noch nicht getrennt, und es entsteht interner Streit, so gilt kein Zeugenbeweis deswegen noch irgend ein anderes Beweismittel, außer dem Eid der Gesellen. Wird die Gesellschaft getrennt, indem sie miteinander abrechnen und die Gesellschaft verlassen, und sie fangen danach einen Streit an und beklagen sich: Beklagt einer den anderen, soll er seine Rechtfertigung in dieser Sache akzeptieren oder er soll ihn selbdritt überzeugen; das gilt im Falle, beide an diesem Rechtsstreit Beteiligte leben noch. Ist eine Gesellschaft noch ungetrennt, und ein Geselle stirbt, und ein Geselle klagt das Weib von jenem an und ihre Kinder, so ist es Recht, daß man ihre Rechtfertigung darum annehme und sie nicht überzeuge, wie wenn der Geselle selbst noch lebte (Lahr, Anh. zu Ldr. III, S. 11f.).

Art. 247. Von Lehrkindern

(**a**) Schlägt ein Mann ein Kind mit der Hand oder mit der Rute oder stößt es für irgendeine Missetat, so bleibt das ohne Strafe.

(**b**) Klagt man ihn an, er habe es willkürlich geschlagen, soll er zu den Heiligen schwören, daß er dessen unschuldig sei. Macht er es ohne bösen Willen an der Nase blutig und beschwört das zu den Heiligen, bleibt es ohne Strafe. Läßt ein Mann ein Kind bei einem Mann oder einer Frau eine Lehre von zwei Jahren oder mehr oder weniger durchlaufen und gibt dafür ein genanntes Gut, und das Kind stirbt vor dem Ende der Lehrzeit, so soll man vom Gut abziehen, was für diese Zeit benötigt wurde, und soll es zurückgeben. Man soll für die erste Zeit am meisten abziehen, denn da hat er die meiste Arbeit mit dem Kind. Und vertreibt er das Kind durch ungerechte Züchtigungen, muß er zurückgeben, was er empfangen hat; davon soll er keinen Pfennig behalten. Damit büßt er, daß er es durch Roheit vertrieben hat. Und läuft es mutwillig davon, bleiben ihm die Pfennige oder was man ihm sonst gab; und kommt es zurück, bis daß es vierzehn Jahre alt ist, und will wieder zu ihm, soll er es bis zum Ende auslernen lassen.

Art. 248. Wie man den Königsfrieden schwört

Nun vernehmt den anderen Frieden, den die kaiserliche Gewalt in deutschen Landen gesetzt und bekräftigt hat mit der Zustimmung der Fürsten und der Meister und anderer weiser Leute, die im Land waren. Alle Tage und allezeit sollen Frieden haben: Pfaffen und alle geistlichen Leute, Mädchen und Witwen, Waisen und Kaufleute und Juden an ihrem Leib und an ihrem Gut, Kirchen und Kirchhöfe, und jegliches Dorf hinter seinem Zaun, und Mühlen, und diejenigen, die auf den Straßen des Königs, auf dem Wasser und auf dem Lande und auf den Straßen fahren. Die sollen alle einen guten Frieden haben. Die Leute, die hiervor genannt sind, sind deshalb genannt, weil sie selbst keine Waffen haben sollen; deshalb sollen sie alle einen beständigen Frieden haben. Wer in der Kirche etwas Übles tut, den schirmt die Kirche nicht. Man soll ihn herausziehen und über ihn richten, wie die Schuld beschaffen ist. Und stiehlt er darin etwas, was drei Pfennig wert ist, schlägt man ihm Haut und Haar ab; wegen des Wertes eines Schillings[147] henkt man ihn.[148]

---

147 Andere Textformen: dreier Schillinge (Urswsp. Ldr. 248 (257), S. 499. Lahr Ldr. CXCV, II, 5; S. 246).

148 Lahr gibt im Anschluß daran einen Artikel aus der Straßburger Hs. (oben S. 26 A. 3) wieder: Jemand vertraut einem anderen sein Gut an; und der, dem es anvertraut

Art. 249. Drei Bußen für einen Frevel

Frevelt einer in der Kirche an einem anderen, soll er dem geistlichen und dem weltlichen Gericht büßen und dem anderen, an dem er gefrevelt hat. Dieses Recht hat auch der Kirchhof. Auch die Mühle hat ein besseres Recht als andere Häuser: Stiehlt jemand in der Mühle Korn oder Mehl im Wert von vier Pfennig, soll man ihm Haut und Haar abschlagen. Und stiehlt er im Wert von vier Schilling, soll man ihn henken. Und stiehlt er etwas anderes als Korn und Mehl, soll man das richten, wie hiervor gesprochen ist.

Art. 250. Von geschützten Tagen

Es gibt vier Tage in der Woche, die heiliger sind als die anderen. Das ist der Donnerstag, der Freitag, der Samstag und der Sonntag. Des Donnerstags weiht man das Chriesam, mit dem man uns alle als Christen und in der Taufe auszeichnet. Und des Donnerstags führte Gott die Menschheit zum Himmel und öffnete uns den Weg dorthin, der uns davor lange verschlossen war; und er führte eine Menge von Seelen mit sich, die zuvor in der Hölle gewesen waren. Des Freitags schuf Gott den ersten Menschen, und ward auch des Freitags durch den Menschen gemartert. Des Samstags ruhte Gott, als er in sechs Tagen alles schuf, was er wollte. Das war die größte Leistung, die Gott je vollbrachte, daß er aus dem Nichts alles schuf, was Himmel und Erde umfaßt. Und er ruhte am Samstag nach seiner Marter im Grabe. Des Sonntags ward unser Herr Jesus Christus von St. Gabriel unserer Frau St. Marien verkündet; an diesem Tag wurden wir für Adams Missetat, die er im Paradies tat, versöhnt. Der Sonntag war der erste Tag, den es je gab, und wird auch der jüngste Tag sein, wenn wir mit Leib und Seele auferstehen sollen. Und diejenigen, die auf dieser Welt rechtschaffen gelebt haben, fahren mit Leib und Seele zum Himmel,

---

ist, wird erstochen oder verbrennt oder stirbt eines plötzlichen Todes. Und jener, dem es gehört, kommt danach und findet das Gut wohlbehalten in jemandes Gewalt; sei es unvermindert oder zur Hälfte oder zu einem Drittel oder was immer er findet: Er soll mit seinen zwei Fingern und seiner Schwurhand beschwören, daß er es ihm [dem Verstorbenen] anvertraut habe. Geschieht das, soll man es ihm vor allen anderen Gläubigern geben, wenn man ihn kennt und er ansässig und glaubwürdig ist. Ist er das nicht, soll er es selbdritt bezeugen. Kann er die Zeugen nicht aufbieten, soll er eine Sicherheit stellen für den Fall, es komme nach ihm jemand, der ein besseres Recht daran hat. Fährt ein Mann außer Landes mit dem Gut fremder Leute und stirbt mit einem Vermächtnis, so soll das Vermächtnis gelten. Stirbt er ohne Vermächtnis, so sollen sich die Bürger dessen, was er hinterläßt, bemächtigen; und sie sollen denen, deren Gut er inne hat, einem wie dem anderen ein Pfund geben, soweit es reicht (Lahr, Anh. zu Ldr. CXCV, S. 246f.).

(c) Und man argwöhnt von einem befestigten Haus, es sei dort Raubgut untergebracht worden, und die, die das getan haben, reiten von der Burg herab und bringen das Raubgut dort hinauf. Will der Burgherr das bestreiten, so soll er selbdritt zu den Heiligen schwören, daß dem nicht so sei. Ist man der Beute aber bis zu diesem Haus gefolgt, [und die, die ihr gefolgt sind, beschwören selbdritt,][153] daß dem so ist, widerlegen sie das Zeugnis des Burgherrn. Der Richter oder sein Bote sollen das Raubgut herausfordern; und gibt man es ihm nicht heraus, so ächtet er die Burg und den Burgherrn und alle diejenigen, die auf ihr sitzen, und richte danach über sie wie über Geächtete. Will der Burgherr sein Haus durch einen Kampf verteidigen, so soll er einem von denen, die da schwören wollen, die Hand herunterziehen, und tut das bei irgendeinem von denen[154], bei welchem er will; auch wenn er sein Untergenosse ist. Will er es, so muß dieser mit ihm kämpfen, ob er will oder nicht. Ist der, mit dem er kämpfen will, aber sein Übergenosse, kann dieser das dem Burgherrn verweigern. Sind sie aber alle Übergenossen des Burgherrn, sind sie mit Recht überhoben, daß sie mit ihm kämpfen, und er muß ihre Eide mit Recht annehmen.

Art. 254. Von der Notzucht

Eine Jungfrau oder ein Weib wird zur Notzucht geraubt und wider ihren Willen in ein Haus geführt; oder es geschieht drinnen, und sie ruft, und niemand hilft ihr oder kann ihr helfen. Kann man die Leute und das Haus selbdritt mit denen überzeugen, die ihr Rufen gehört haben, soll man über die Leute so richten, daß man ihnen die Häupter abschlage. Man soll alles töten, was im Haus ist: Rinder und Rösser, Katzen und Hunde, Hühner und Gänse und Enten, und Schweine und Leute,[155] Jung und Alt, und alles, was darin lebt; das alles soll man töten. Und ist sie eine Jungfrau gewesen, und das bezeugt man selbdritt,[156] so soll man den, der es getan hat, lebendig begraben. Und ist sie ein Weib gewesen, soll man ihm das Haupt abschlagen. Das Haus, in dem es geschehen ist, soll man auf die Erde niederbrechen. Und begegnet man dem, der die Notzucht begangen hat, soll man ihn auch ohne gerichtliches Urteil fangen und vor den Richter führen; und wehrt er sich, gilt dasselbe Recht wie für den Geächteten.

[153] Fehlt bei Laßberg, ergänzt nach anderen Textformen.

[154] Andere Textformen: von den dreien (Urswsp. Ldr. 253 c (263), S. 502. Lahr Ldr. CLV, III, 22; S. 191. Kurzform I, Ldr. 253 c, S. 153).

[155] Die Aufzählung variiert in verschiedenen Textformen.

[156] Andere Textformen: und bezeugt das selbdritt (Urswsp. Ldr. 254 (264), S. 503. Lahr Ldr. CCCLV, 3; S. 426f.).

Art. 255. Wie Pfaffen und Juden ihr Recht verlieren können

Tut man Pfaffen und Juden, die nicht nach ihrem Recht beschoren sind, etwas an, für das man ihnen büßen soll, so soll man ihnen das wie einem Laien zahlen. Und führen sie Waffen, Schwerter oder lange Messer oder Verteidigungswaffen, so haben sie dasselbe Recht. Findet man sie in dem Hurenhaus, und dort tut ihnen jemand etwas an, gilt dasselbe Recht. Tut er im Weinhaus etwas, was er nicht tun soll, gilt dasselbe Recht. Tut er in der Schenke etwas, was er nicht tun soll, so gilt dasselbe Recht. Wegen all dieser Arten von Schuld kommt niemand in den Bann.[157]

Art. 256. Wenn ein Weib ein Kind trägt

Man soll über kein Weib, das ein Kind trägt, mehr als zu Haut und zu Haar richten. Glaubt man ihr das nicht, sollen zwei glaubwürdige Hausfrauen sie an einem geheimen Ort beschauen. Sagen sie bei ihrem Eid, daß sie ein lebendes Kind trägt, soll man sie nicht töten. Wie groß auch immer ihre Schuld ist: Man soll sie nur so schwach schlagen, daß sie dadurch nicht gebiert; denn da würde eine schöne Seele verloren und ein Leib. Der Richter wäre dann an der Frau schuldig.

Art. 257. Wie man über Toren richten soll

Über einen rechten Toren und über einen vernunftlosen Mann soll man nicht richten. Haben sie aber jemandem einen Schaden getan, soll ihr Vormund diesen bezahlen, wenn sie Gut haben. Und haben sie kein Gut, sind sie dessen ledig.[158] Auch soll niemand über sie richten. Und ist ein Mensch so vernunftlos, daß er tobt, soll man ihn einschließen und fesseln. Das sollen seine Verwandten tun oder der Richter. Und fehlt es ihm am Lebensunterhalt, soll ihm den sein nächster Verwandter geben oder der Richter.

---

[157] In anderen Textformen lautet der letzte Abschnitt ausführlicher: Findet man sie in dem Hurenhaus oder in dem Weinhaus, wo er selbst Wirt ist oder ständig wohnt: Tut ihm dort jemand etwas an, so gilt dasselbe Recht; wegen dieser Schuld kommt niemand in den Bann. Man soll ihnen nichts aus Mutwillen antun; geschieht es aber aus Streit oder umständehalber an den Orten, die wir genannt haben, und die Priester haben Schuld daran, so ist dies Recht. Und haben sie keine Schuld, ist der, der ihnen an diesen Orten etwas antut, im Bann (Lahr Ldr. CXCVI, 3–7; S. 248. Vgl. Urswsp. Ldr. 255 (265), S. 503; Kurzform I, Ldr. 255, S. 156f.).

[158] Andere Textformen fügen ein: Man soll sie meiden (Urswsp. Ldr. 257 (267), S. 503. Lahr Ldr. CXCVIII, I, 4; S. 176. Kurzform I, Ldr. 257, S. 158).

Art. 258. Wem fremdes Gut gestohlen wird

(**a**) Vertraut jemand dem anderen Gut auf seine Treue an, und es wird ihm gestohlen oder geraubt oder es verbrennt, oder es stirbt, wenn es ein Vieh ist, und er hat es besser in seiner Obhut gehabt als sein eigenes Gut, und er schwört das zu den Heiligen, so zahlt er nicht für das Gut. Verleiht oder versetzt ein Mann aber etwas, so soll man es ihm unverdorben zurückgeben;[159] ist es im Wert gemindert, soll man es zahlen, wie es Recht ist.

(**b**) Versetzt ein Mann dem anderen ein Pferd gegen Pfennige, und das stirbt ohne seine Schuld in seiner Gewalt den gemeinen Tod, soll er es nicht bezahlen; er verliert aber die Pfennige, die er dafür verliehen hat.[160] Und hat er Bürgen dafür genommen, sollen die ihm seine Pfennige mit Recht geben. [Und will man ihm nicht glauben,][161] so schwöre er zu den Heiligen, daß es ohne seine Schuld gestorben sei. Kann man ihn aber mit drei Männern überzeugen, daß es durch seine Schuld gestorben sei, soll er es bezahlen. Er soll es auch nicht reiten, außer mit seiner [des Eigentümers] Erlaubnis. Und reitet man es ohne seine Erlaubnis, muß er den Schaden tragen, wenn ihm etwas geschieht. Und geschieht ihm nichts, muß er doch für jede Meile sechs Pfennig zahlen, weil er es ohne seine Erlaubnis geritten hat. Solange er es nutzt, soll man ihm nicht für Futter zahlen. Zieht es einen Wagen oder einen Pflug, und es wird im Wert gemindert, soll man es ihm zweifach zahlen.

Art. 259. Vom Spiel

Verspielt ein Knecht das Pferd seines Herrn oder ein anderes Gut von ihm, oder er versetzt es,[162] so soll man es dem Herrn mit Recht zurückgeben, wenn er schwört, daß es sein Gut sei und er nicht wußte, daß er es verspielte.[163] Verspielt er aber sein eigenes Gut, oder wie er es sonst los wird, wenn er zu seinen Tagen gekommen ist, und er entäußert sich freiwillig dessen, kann der Herr es nicht mit Recht zurückgewinnen. Und

---

[159] Die systematische Form ergänzt: oder gemäß seinem Wert bezahlen (Lahr Ldr. CCXLVII, II, 3; S. 294).

[160] Die systematische Form ergänzt: es sei denn, sie hätten es anders vereinbart (Lahr Ldr. CCXLVII, II, 5; S. 294).

[161] Fehlt bei Laßberg, nach anderen Textformen ergänzt.

[162] Andere Textformen ergänzen: oder verkauft es (Urswsp. Ldr. 259 (269), S. 504. Lahr Ldr. CCLV, I, 1; S. 301. Kurzform I, Ldr. 259, S. 161).

[163] Andere Textformen ergänzen: und es dem Knecht nicht gehörte (Urswsp. Ldr. 259 (269), S. 504. Lahr Ldr. CCLV, I, 1; S. 301. Kurzform I, Ldr. 259, S. 161).

wird dem Knecht sein Eigengut im Dienst für den Herrn gestohlen oder geraubt, soll der Herr dafür zahlen, wenn der Knecht unschuldig daran ist. Und der Herr kann wohl um das Gut klagen, wenn er es findet; denn er muß es seinem Knecht bezahlen.

Art. 260. Von den Juden

Gibt ein Jude einem Christen etwas zu kaufen oder vereinbart etwas anderes mit ihm, so soll er des Christen Bürge nach christlichem Recht sein.[164] Und leugnet der Christ, so soll der Jude drei Christen als Zeugen dagegen aufbieten. Der Eid eines Juden geht mit Recht über keinen Christen. Will man einen Juden überzeugen, so muß man mindestens einen Juden haben, der dabei war. Dieses Recht haben ihnen die römischen Könige gegeben. Was sie an Gnaden und Rechten haben, das erwarb ihnen Josephus von König Titus. Das geschah, als Jerusalem eingenommen wurde. Josephus rettete damals diejenigen von ihnen, die noch lebten. In Jerusalem wurden dreimal achtzigtausend Juden belagert. Ein Teil von diesen starb vor Hunger, ein Teil wurde erschlagen, den dritten rettete Joseph. Doch verkaufte man sie und gab jeweils dreißig für einen bösen Pfennig. König Titus gab sie der königlichen Kammer zu eigen, und von daher sollen sie des Reiches Knechte sein; und er soll sie schirmen. Und schlägt ein Jude einen Christen oder tut ihm ein anderes Unrecht an, so richte man über ihn wie über einen Christen. Und leugnet der Jude, und Juden und Christen haben es gesehen, so soll man wenigstens einen Juden als Zeugen haben. Und ist es so, daß da keine Juden gewesen sind, nimmt man bloß Christen als Zeugen. Dies ist aber nur dann Recht, wenn der Jude frevelt. Schlägt ein Christ einen Juden, richtet man über ihn, als ob er einen Christen geschlagen hätte; denn der König hat sie in seinen Frieden genommen. Leugnet der Christ, muß man ihn mit Christen überzeugen. Keines Juden Eid[165] geht gegen Christen. Will ein Christ es so, muß der Jude mit ihm kämpfen.

Art. 261. Dies handelt abermals von den Juden

Der König Vespasian gab den Juden besseres Recht; das erwarb ihnen Josephus, als er seinen Sohn Titus von einer großen Krankheit heilte. Kauft ein Jude gestohlenes oder geraubtes Gut, [muß er sich dafür verant-

---

[164] Andere Textformen ergänzen: es sei denn, der Jude bedinge es nach seinem Recht aus (Urswsp. Ldr. 260 (270), S. 505. Lahr Ldr. CCCXLIX, I, 2; S. 412. Kurzform I, Ldr. 260, S. 162f.).

[165] Andere Textformen: Kampf (Lahr Ldr. CCCXLIX, VII, 19; S. 414. Kurzform I, Ldr. 260, S. 165).

worten][166] wie ein Christ; und leugnet er es, soll man ihn wie einen Christen überzeugen. Und verleiht ein Jude Geld gegen gestohlenes oder geraubtes Gut, und dann kommt jener, dem es zu Recht gehört, so soll er es ihm wieder geben wie ein Christ; das ist Recht. Nun haben sie ein besseres Recht erkauft, das ihnen die Könige wider das Recht gegeben haben, nämlich daß sie auf gestohlenes oder geraubtes Gut Geld verleihen dürfen. Das sollen sie aber bei Tageslicht und vor der Tür auf offener Straße tun. Kommt der, dem das Gut gehört, muß man dem Juden sein Kapital wieder geben, aber nicht den Zins. Hat er heimlich darauf Geld verliehen, muß er es umsonst wieder geben. Sagt der Jude aus, er habe öffentlich vor seiner Tür darauf Geld verliehen, soll er das zusammen mit zwei Männern bezeugen, die auch Juden sind. Hat er die nicht, nehme er einen Juden und einen Christen. Nimmt ein Jude einen Kelch oder ein Buch oder etwas, was zur Messe gehört, das gestohlenes oder geraubtes Gut ist, und man kommt ihm dahinter, muß er es umsonst herausgeben. Hört er, daß danach gesucht wird, und verschweigt es, und man findet es danach in seiner Gewalt, soll man ihn wie einen Dieb henken.[167] Denn was zur Messe gehört, ist größerenteils von einem Bischof geweiht. Kann er die Schuld daran aber auf einen anderen schieben, soll er dies tun.

Art. 262. Abermals von den Juden

Die Juden soll niemand zum Christentum und zum christlichen Glauben zwingen. Man kann sie mit guten Worten zum Christentum bringen; das soll man tun. Wird ein Jude Christ und will wieder vom Glauben abfallen, so sollen ihn das geistliche und das weltliche Gericht zwingen, daß er dabei bleibe. Und verleugnet er den christlichen Glauben und läßt sich davon nicht abbringen, so soll man ihn wie einen Ketzer verbrennen. Und wäre es auch geschehen, daß man sie dazu zwang, daß sie sich taufen ließen, sollen sie doch an ihrem Christenglauben festhalten; denn wenn ein Mensch zur Taufe kommt, kann sie ihm nicht mehr genommen werden. Den Christen ist verboten, daß sie mit den Juden etwas von der Speise essen, die sie zubereiten. Niemand soll sie zu einer Hochzeit oder zu einem Gastmahl einladen. Es soll kein Christ mit einem Juden an Gründonnerstag nach dem Mittag baden, noch am Freitagnachmittag.[168]

---

166 Fehlt bei Laßberg, ergänzt nach anderen Textformen.

167 Andere Textformen: soll man ihn wie einen anderen Dieb ansehen (Urswsp. Ldr. 261 (270), S. 506. Lahr Ldr. CCCXLIX, IX, 31; S. 415). Die verschollene Hs. des Wiener Schottenklosters ergänzt: Das soll man vor ihrer Schule tun (nach Lahr ebd. Anm. (d)).

168 Andere Textformen: Es soll kein Christ mit einem Juden baden (Urswsp. Ldr. 262 (270), S. 506. Lahr Ldr. CCCXLIX, XI, 42; S. 416. Kurzform I, Ldr. 262, S. 168).

An Gründonnerstag sollen ihre Türen und Fenster nachmittags zu sein, und sie sollen nicht auf die Straße gehen. Die Christen sollen auch nicht zu ihnen gehen; sie sollen sie nicht ansehen. Das soll so lange währen, bis der Ostersonntag beginnt. Die Juden sollen spitze Hüte tragen; damit sind sie bezeichnet vor den Christen, damit man sie als Juden erkennen soll. Die Juden sollen keine Christen bei sich haben, die ihnen dienen und ihr Brot und ihre Speise essen; dieselben sind im Bann. Läßt sich ein Jude taufen, kann er sein Erbe und Eigen rechtmäßig behalten; das erlaubt ihnen die Schrift, die Dekretalen heißt, und andere Gesetze über die Juden. Geistliche und weltliche Richter sollen über sie richten, und wenn es der eine nicht tut, kann es der andere tun. Der geistliche Richter kann den weltlichen Richter bannen, wenn er darüber nicht richtet. Welcher Jude diese Gesetze übertritt, den soll der weltliche Richter mit so viel Schlägen büßen, wie dieses Buch sagt; oder beide Gerichte sollen ihnen eine Pfennigbuße auferlegen in dem Maß, daß sie davon nicht arm werden.

Art. 263. Dies ist der Eid der Juden

Dies ist der Eid der Juden, wie sie ihn in jeder Angelegenheit schwören sollen, die zu ihrem Eid gehört. Er soll auf einer Schweinehaut stehen und es sollen die fünf Bücher des Herrn Moses vor ihm liegen, und seine rechte Hand soll bis an das Handgelenk in dem Buch liegen, und er soll einem, der ihm den Eid vorgibt, also nachsprechen: Um solches Gut, um das dich dieser Mann beschuldigt, weißt du nicht, und du hast es nicht, und du hast es nie in deine Gewalt gebracht, und keiner deiner Diener vergrub es unter der Erde[169] oder verschloß es mit Schlössern. So helfe dir der Gott, der Himmel und Erde schuf, Tal und Berg, Wald, Laub und Gras; und so helfe dir das Gesetz, das Gott selbst auf dem Berge Sinai schrieb; und so helfen dir die fünf Bücher Mosis. So müßtest du nichts mehr beißen und dich völlig bescheißen,[170] wie der König von Babylon das tat; und so müssen Schwefel und Pech auf deinen Hals rinnen und regnen, wie es auch über Sodom und Gomorrha regnete; und so muß dasselbe Pech über dich rinnen, das zu Babylon über zweihundert Mann oder mehr rann; und so falle die Erde über dir zusammen und verschlinge dich, wie sie Datan und Abiram verschlang; und so möge deine Erde nicht mehr zu anderer Erde kommen und dein Staub nicht mehr zu

[169] Andere Textformen ergänzen: und unter Mauern (Urswsp. Ldr. 263 (271), S. 507. Lahr Ldr. CCCL, 4; S. 418).

[170] Die systematische Form hat verständlicher: Und wenn du um diese Dinge weißt oder sie hast oder in deine Gewalt genommen hast, mußt du dich bescheißen (Lahr Ldr. CCCL, 6; S. 418).

anderem Staub und in den Schoß unseres Herrn Abraham. So sagst du die Wahrheit und hast Recht, und so helfe dir Adonai, daß wahr ist, was du schwörtest; sonst müßtest du aussätzig werden wie Naaman und Gehazi; es ist wahr, sonst müßte dich der Schlag treffen, der das Volk Israel traf, als sie durch Ägypten fuhren. Es ist wahr, was du geschworen hast, und daß das Blut und der Fluch immer an dir wachsen müssen und nicht abnehmen, wie es dein Geschlecht selbst wünschte, als sie Jesus Christus verurteilten und marterten und also sprachen: Sein Blut komme über uns und über unsere Kinder. Es ist wahr; dessen helfe dir der Gott, der Moses in einem brennenden Busch erschien, der doch unverbrannt blieb. Der Eid, den du geschworen hast, ist wahr, bei der Seele, die du am Jüngsten Tag vor das Gericht bringen mußt, durch den Gott Abraham, den Gott Isaak, den Gott Jakob. Es ist wahr, dessen helfe dir Gott und der Eid, den du geschworen hast. Amen.[171]

Art. 264. Vom Frieden der Fürsten und der Burgen

Man sagt, daß Burgen und Fürsten keinen Frieden haben sollen, den man an ihnen brechen kann, wegen der wehrhaften Befestigungen, die die Burgen haben, und wegen der wehrhaften Leute, die die Fürsten allezeit

171 Lahr fügt eine zweite Form des Judeneides aus der Würzburger Hs. (Langformenklasse II e, oben S. 48 A. 37) ein: Das ist ebenfalls ein gebräuchlicher Judeneid [Manchmal gibt man diesen Eid vor, manchmal jenen; diesen Eid gibt man den ehrbaren Juden]: Dies ist auch ein Judeneid; manchmal ist der erste gebräuchlich, manchmal soll man auch diesen Eid leisten: Ich beschwöre dich, Jude, bei dem Gesetz, das Gott schrieb und Moses auf dem Berge Sinai gab, wenn das ein Buch ist, auf das ein Jude einem Christen einen Eid leisten soll (so der Verbesserungsvorschlag Lahrs; das Original hat: ein Buch, gemäß dem ein Jude einen Christen richten soll), nämlich daß du unschuldig bist an dem, wofür dich dieser Mann oder diese Frau beschuldigt; dessen helfe dir Gott, der Himmel und Erde, Täler und Berge, Laub und Gras geschaffen hat, was ehedem nicht war. Wenn du unrecht schwörst, mögen dir die fünf Bücher Mose nicht mehr helfen. Wenn du unrecht schwörst, muß derselbe Schwefel auf dich herniederregnen, der über Sodom und Gomorrha regnete. Und wenn du unrecht schwörst, mußt du in der Erde versinken, wie es Datan und Abiram widerfuhr. Und wenn du unrecht schwörst, wirst du zu einer Salzsäule, wie Lots Ehefrau wurde, als sie sich umsah. Und wenn du unrecht schwörst, befallen dich Krämpfe und Fallsucht, und das Blut laufe aus dir. Und wenn du unrecht schwörst, befalle dich der Aussatz wie den Naaman und Miriam, die Schwester des Moses. Und wenn du unrecht schwörst, komme dein Staub nimmer zu anderem Staub. Und wenn du unrecht schwörst, seien dein Leib und deine Seele verflucht und kommen nimmer in Abrahams Schoß. Wenn du nun geschworen hast, so helfe dir der Gott Abrahams, der Gott Isaaks und der Gott Jakobs; [und wenn man dem Juden den Eid so vorgibt, soll er die Hand bis zum Gelenk in das Buch stecken] (Lahr, Anh. zu Ldr. CCCL, S. 420. [Wackernagel/Senckenberg, Addendum 421 aus der Münchner Hs., zu Ldr. 215, S. 343]).

mit sich ziehen lassen sollen. Dem ist doch nicht so; sie sind doch in dem Frieden, denn sie sollen den Leuten einen guten Frieden machen. Und wer den Fürsten Frieden gelobt, der soll ihn stets halten.

Art. 265. Vom Ungericht

(a) Verbürgt sich jemand dafür, einen Mann vor Gericht zu bringen, und er kann seiner nicht habhaft werden, wenn er ihn vor Gericht bringen soll, so soll er dieselbe Buße erleiden, die jener erleiden sollte, wenn die Schuld auf ihn erzeugt ist. Und ist sie nicht auf ihn erzeugt, und danach erzeugt sie jemand auf ihn, soll er büßen. Und wird sie nicht auf ihn erzeugt, so büßt er auch nicht. Und soll man einen toten Mann überzeugen, soll man nicht mehr Zeugen gegen ihn aufbieten, als wenn er lebte. Niemand soll wegen eines Totschlags Bürge werden. Wird aber jemand wegen eines Totschlags Bürge, tötet man ihn wie jenen. Es ist also gesprochen: War der Mann, den er vorzubringen gelobte, bereits tot, als er sein Bürge wurde, stirbt er für ihn.[172]

(b) Ein Mann verbürgt sich dafür, einen anderen vor Gericht zu bringen. Und der hat einen anderen verwundet, der da noch lebt; und wenn er ihn vor Gericht bringen soll, ist dieser tot. So muß er an dessen Statt sterben, wenn er ihn nicht vor Gericht bringen kann; es sei denn, er habe mit Worten ausbedungen, daß er nicht büße, wenn dieser stürbe, sondern nur für die Wunde. Wenn man ihm das bestreitet, soll man es selbdritt mit denen bezeugen, die die Wahrheit wissen. Wenn er das tut, zahle er dem Kläger und dem Richter, beiden nach ihrem Recht.

Art. 266. Der einen Frieden bricht

Bricht ein Mann einen Frieden, den er für sich selbst verkündet, geht es ihm an den Hals. Verkündet ein Mann einen Frieden an Stelle eines anderen, und jener bricht den Frieden, und er kann ihn nicht vor Gericht bringen, schlägt man ihm die Hand ab. Dafür soll man ihm einen Frieden[173] von vierzehn Nächten geben. Und bringt er ihn vor Gericht, schlägt man diesem die Hand ab, auch wenn er den Frieden nicht selbst verkündete. Kann er ihn aber nicht vor Gericht bringen, schlägt man ihm seine

[172] Die andere Textformen haben (im Hinblick auf Ldr. 265 b plausibler): War der Mann (gemeint ist das Opfer des Totschlags) bereits tot, als er für denjenigen Bürge wurde, den vor Gericht zu bringen er gelobt, und er kann ihn nicht vor Gericht bringen, so soll er für ihn sterben (Urswsp. Ldr. 265 a (273), S. 508. Lahr Ldr. CCCXXII, II, 7; S. 390). Vgl. dagegen Kurzform I, Ldr. 265 a, S. 171.

[173] Andere Textformen: eine Frist (Urswsp. Ldr. 266 (274), S. 509. Lahr Ldr. CXLI, 3; S. 172). In der Kurzform I fehlt der gesamte Satz (Ldr. 266, S. 173).

Hand ab, denn er versprach den Frieden an seiner Statt. Und stirbt dieser, nachdem er gelobte, ihn vor Gericht zu bringen, und die Schuld ist auf diesen bezeugt, bevor er starb, so soll er für diesen büßen, wie es Recht ist. Und ist sie nicht bezeugt, ist er ihrer mit Recht ledig; es sei denn, sie hätten vereinbart, daß sie ein Recht gegenüber ihm hätten, ob er lebte oder tot wäre.

Art. 267. Der am Gericht frevelt

Entzieht jemand dem Gericht mit Gewalt einen Mann, der wegen eines Ungerichtes beklagt ist, soll er derselben Sache schuldig sein, wie jener es war. Kann er ihn aber wieder vor Gericht bringen, ist er der Schuld ledig. Er muß aber dem Richter für die Gewalt büßen, die er dem Gericht angetan hat. Dafür soll man ihm eine Frist von drei mal acht Tagen geben. Und stirbt ein Pferd oder ein Vieh, das man vor Gericht bringen soll, zeige der Bürge die Haut vor und sei ledig.

Art. 268. Wer zuerst einen Fürsprech nehmen soll

Wenn zwei vor Gericht gegeneinander klagen, und der eine hat den anderen geladen, so nimmt der zuerst einen Fürsprech, der da geladen worden ist. Und der Richter soll nicht für diesen richten; er soll für den richten, der da geladen hat.

Art. 269. Wer ohne Ladung klagt

Sieht ein Mann den anderen vor Gericht in der Schranne stehen, kann er ihn ohne Ladung beklagen, außer um Eigen; da soll man ihm einen Gerichtstag auf dem Ding geben.

Art. 270. Die einander gleichzeitig laden

Laden zwei einander gleichzeitig vor Gericht und kommen auch gleichzeitig, so soll der Richter dem, der zuerst einen Fürsprech nimmt, einen Fürsprech geben und für ihn zuerst richten. Fordern beide zugleich Fürsprechen, soll der Richter dem zuerst einen Fürsprech geben, der der Ältere ist.

Art. 271. Von Gefangenschaft ohne Gericht

(a) Wird ein Mann vor Gericht wegen eines Ungerichtes beklagt, wenn er nicht zugegen ist, und er wird geladen, und während er geladen ist, trifft der Kläger auf ihn, so kann dieser ihn ohne des Richters Boten aufgreifen und vor den Richter bringen, wenn er wegen der Sache, um die er ihn beklagt hat, keine hinreichende Sicherheit stellen kann. Kann er aber vor dem Richter beweisen, daß er eine der Schuld entsprechende Sicherheit stellen kann, muß dieser ihm nach dem Rat seiner Verwandten büßen; und er soll auch dem Richter den Frevel büßen. Und besitzt er keine hinreichende Sicherheit, büßt dieser nichts und niemandem; und der Richter soll ihn behalten. Denn der Richter gewährt dem Kläger Frieden und nicht dem, auf den die Klage geht.

(b) Solange ein Mann das Wort seines Fürsprechen nicht bestätigt, bleibt er ohne Schaden durch das Wort seines Fürsprechen.

Art. 272. Es ist gut, wenn einer beizeiten einen Fürsprech nimmt

Wird jemand wegen eines Ungerichtes beklagt, soll er als erstes einen Fürsprech verlangen. Denn solange er keinen Fürsprech hat, kann der Kläger seine Klage verbessern, und danach nicht mehr; es sei denn, man erlaubt es ihm mit Recht.

Art. 273. Vom Anspruch

Wenn zwei Männer vor Gericht das Gut eines Mannes nach dessen Tod beanspruchen, so soll der Richter das Gut in seine Gewalt nehmen, ohne daß es an Wert verliert, und sie sollen vor ihm darum rechten. Und wer es behauptet, dem soll es der Richter ohne Minderung geben, weil es keiner von beiden in seiner Gewere hat. Ist das Gut aber dergestalt, daß es in der Gewere seines Vaters gewesen ist, so soll niemand ihm die Gewere überantworten, außer vor Gericht, wenn sie beide zugegen sind.[174]

Art. 274. Von der Totleibe

Überantwortet jemand Erbe oder Lehen oder fahrendes Gut nach dem dreißigsten Tage nicht dorthin, wo es mit Recht hingehört, wenn man es fordert, und er kommt vor Gericht, und derjenige, der es gefordert hat,

[174] Die letzte Bestimmung ist unklar. Der erste Abschnitt behandelt einen unproblematischen Fall: Ein beliebiges Gut aus der Hinterlassenschaft eines Verstorbenen ist strittig; deshalb nimmt der Richter es an sich und erteilt demjenigen die Gewere daran, der es vor Gericht behauptet. Im zweiten Abschnitt ist das strittige Gut offenbar ein Erbgut; und einer der beiden Männer, die vor Gericht darum rechten, ist der Sohn des Verstorbenen. Da die Gewere am Erbgut mit dem Tod des Vaters auf diesen übergeht, kann der Richter die Gewere ihm nicht einfach nehmen und dann wieder erteilen (vgl. Ldr. 22 I u. 276 a: der Richter kann ein Gut nur dann in seine Gewalt nehmen, wenn keiner die Gewere daran hat); aber er soll sie ihm im Beisein der anderen Prozeßpartei überantworten, um künftigen Streit auszuschließen.

behauptet es, so muß er dem Richter büßen. Und hat er etwas von dem Gut genommen, muß er es dem, der es behauptet hat, zweifach zahlen, wenn er es gefordert hat.

Art. 275. Wer von Rechts wegen eher erbt

Will jemand ein Gut erben, soll er es von der Schwertseite her beanspruchen, indem er dazu geboren sei, das ist durch väterliche Verwandtschaft. Streiten sich einer aus der väterlichen und einer aus der mütterlichen Verwandtschaft um ein Gut, so soll der von Vaters Seite erben, und der von Mutters Seite nicht. Ist aber das Gut von Mutters Seite gekommen, erben auch die mütterlichen Verwandten. Ist aber jemand im Verwandtschaftsgrad eine Sippe näher als der andere, sei es von Vaters oder Mutters Seite, der soll mit Recht erben.

Art. 276. Von rechtlosen Leuten

(a) Der Richter soll niemanden aus seiner Gewere weisen; sondern man klage gegen den, der das Gut in der Hand hat, und man soll ihn vorladen, wie es Recht ist.

(b) Rechtlose Leute sollen keinen Vormund haben, und der Richter soll ihnen auch keinen geben. Was rechtlose Leute sind, das steht hiervor geschrieben.

(c) Den geächteten und den gebannten Leuten darf sich niemand verantworten, wenn sie gegen jemanden klagen; klagt aber jemand gegen sie, so müssen sie sich ihm verantworten. Denn sie sind vor dem geistlichen [und dem weltlichen][175] Gericht vom Recht der Christenheit gesondert; und ist er das vor einem von beiden, so gilt dasselbe Recht, als ob er es vor beiden wäre.

Art. 277. Wie man aus der Acht kommen soll

Will sich ein geächteter Mann aus der Acht befreien, so soll er frei und ohne Fesseln vor den Richter gehen, der ihn in die Acht getan hat. Diesem soll er zuverlässige Bürgen geben für die Schuld gegenüber den Klägern und für seine Buße. Und sind die Kläger zugegen, so sollen sie die Bürgschaft annehmen. Und nimmt der Richter unzuverlässige Bürgen, soll der Richter den Schaden haben, und nicht der Kläger. Der Richter soll die Bürgen zwingen, daß sie dem Kläger für alles aufkommen, worum er gegen jenen klagte, und wofür sie sich für ihn verbürgt haben. Und haben

---

[175] Fehlt bei Laßberg, ergänzt nach anderen Textformen.

sie sich damals nur vor dem Richter verbürgt, so soll dieser den Bürgen befehlen, das zu zahlen, und soll sie dazu zwingen, wenn er die Bürgschaft empfangen hat ohne die Zustimmung der Kläger. Hat aber der Kläger die Bürgschaft akzeptiert, so soll auch er gegen die Bürgen klagen. Der Richter soll ohne Zustimmung des Klägers keinen Bürgen nehmen, wenn es um den Totschlag und um den rechten Straßenraub geht.

Und beschuldigt man den Mann, der in der Acht war, er sei noch in der Acht und noch nicht aus der Acht entlassen, so soll er das selbdritt bezeugen mit Zeugen, die sahen und hörten, daß der Richter, der ihn zuerst in die Acht tat, auch wieder aus der Acht entließ; und steht er unter mehrfacher Acht, muß er sich aus jeder einzeln befreien und vor einem jeden Richter, der ihn in die Acht getan hat. Und sendet der Richter seinen Brief mit seinem Siegel, daß er ihn aus der Acht entlassen habe, soll man das auch glauben.

Art. 278. Wer über freie Leute ein Urteil sprechen kann

Freie Leute und Dienstmannen des Reiches und Dienstmannen der Fürsten können über alle freien Herren und über alle freien Leute Zeugen sein und Urteile über sie finden. Aber die Dienstmannen, die hiervor genannt sind, können über freie Leute in drei Dingen keine Zeugen sein: Nämlich wenn es an ihren Leib oder an ihre Ehre [oder an ihr Erbgut][176] geht, da sollen ihre Standesgenossen über sie sprechen. Wenn wir von ihrer Ehre sprechen, meinen wir, daß man den Eid eines Mannes bezweifelt oder seinen Stand, oder daß man sagt, er sei ungläubig, oder daß man ihn aus der Christenheit sondert, weil er Dinge getan habe, die unchristlich sind. In diesen Dingen kann niemand den anderen überzeugen, außer derjenige, der sein Standesgenosse ist.

Art. 279. Wer einen fremden Acker bebaut

Bestellt jemand unwissentlich das Land eines anderen, hat er davon keinen Schaden. Und bestellt er es wissentlich mit Unrecht, muß er demjenigen büßen, dem das Land gehört, und auch dem Richter, und hat gleichwohl seine Arbeit verloren.

Art. 280. Vom Pfänden ohne Gericht

Bemerkt jemand, daß ein anderer ihm schadet, kann er ihn ohne des Richters Erlaubnis pfänden. Verwehrt er ihm das Pfand, soll er ihn gehen

[176] Fehlt bei Laßberg, ergänzt nach anderen Textformen.

lassen und soll es dem Richter klagen. Denn indem dieser ihm das Pfand verwehrt hat, wird er dem Richter eine besondere Buße schuldig, wenn er den Schaden beschwört, wie es Recht ist. Kann er seinen Schaden nicht beweisen, muß er diesem büßen und auch dem Richter, weil er ihn gepfändet haben wollte oder ihn gepfändet hat.

Art. 281. Wer unrechtmäßig auf den Acker geht

Niemand kann seine Gesundheit verwirken, indem er Land bestellt; es sei denn, das Land wurde vor Gericht jemandem zugesprochen, und er weiß das. Und hat der Richter einen Boten dahin gesandt und jenem den Frieden darauf gebannt, so verliert er die Hand. Und leugnet er, daß er davon wußte, soll man ihn mit drei Mann überzeugen.

Art. 282. Von gleichem Anspruch

Beanspruchen zwei Männer ein Gut im Streit und mit gleicher Begründung und wollen das mit gleich vielen Zeugen behaupten, und das Gut liegt in einem Dorf oder auf dem Land, so ziehe man Kundschaft darüber ein. Und ziehen beide gleich viele Zeugen heran, so teile man das Gut zu gleichen Teilen unter ihnen auf. Hat aber der eine mehr Zeugen als der andere und ehrbarere, so behält er das Gut ganz; hiervor ist gesprochen, wer mit Recht Zeuge sein kann und wer nicht. Und wissen die Umwohnenden nicht Bescheid, so soll ein Wasserurteil entscheiden; und wer sich darin behauptet, den soll der Richter auf sein Gut weisen. Und handelt jemand gegen das Urteil des Richters, geht es ihm an die Hand, oder er löse sie für zehn Pfund.[177]

---

[177] Lahr gibt im Anschluß daran zwei Artikel aus der Straßburger Hs. (oben S. 26 A. 3) wieder: Auch das ist Recht: Klagt jemand den anderen auf dem Lande wegen Eigens und Lehens an, und beide behaupten den Nutzen und die Gewere daran: So ist es Recht, daß man eine ehrbare Kundschaft einhole, damit man erfahre, wer die nützlichere und die redlichere Gewere daran habe. Und wie die Kundschaft ausfällt, demgemäß geschehe, was Recht ist. Man muß einen Tag für die Kundschaft festlegen, damit man die Sache an den bringe, dem sie zu Recht zusteht. Von wem die Kundschaft erbringt, daß er die redlichere und rechtere Gewere daran habe, der soll sie genießen. Beansprucht man sein Eigen, so ist es Recht, daß er sein Eigen mit zwei Schwurfingern behaupte, [indem er sagt,] daß er es länger besessen habe, als das Landrecht es erfordert, ohne jede rechte und redliche Klage, und nach ihm sollen zwei den Nutzen und die Gewere bestätigen.
Um ein Lehen: Von wem es die Kundschaft verlangt, der soll mit seinen zwei Schwurfingern in die Hand seines Lehnsherrn beschwören, daß er sein Lehen ohne redliche und rechte Klage mit Nutzen und Gewere länger besessen habe, als das Landrecht es erfordert. Und nach ihm sollen zwei den Nutzen und die Gewere unter Eid bestätigen oder

Art. 283. Wer den Geächteten beherbergt

Beherbergt oder speist jemand wissentlich einen Geächteten und wird dessen selbdritt überzeugt, schlägt man ihm die Hand ab. Jeglichen Geächteten kann ein Mann auch wissentlich über Nacht behalten und soll ihn des Morgens reiten lassen. Dies gilt wegen der Ehre seines Hauses; aus der Ehre des Hauses sind viele gute Dinge erwachsen.

Art. 284. Wenn ein Richter stirbt

Stirbt ein Richter, so soll ein anderer Richter an dem festhalten, was zu seinen Zeiten vor Gericht geschehen ist. Und wo man sieben Zeugen aufbieten soll, da stehe der Richter für zwei Männer und sein Büttel ebenso.

Art. 285. Wer in die Acht des Königs kommt

Tut ein Richter jemanden in die Acht und bringt ihn von seiner Acht in die Acht des Königs, und er will vor dem König aus der Acht kommen, so stelle er Bürgen, wie es Recht ist; dann soll der König ihn aus der Acht lassen. Und er soll danach sechs Wochen und einen Tag dem Hof folgen, damit er sich mit Recht verantworte, wenn jemand gegen ihn klagen wolle. Währenddessen soll ihm der König Frieden gewähren. Er soll auch vor den König gehen, wenn er von dannen ziehen will, und soll auf die Heiligen schwören, daß er vor den Richter gehe, der ihn geächtet hat. Und er soll einen Brief des Königs mitnehmen, mit dem er ihm beurkunde, daß er der Acht ledig sei. In dem Brief sollen die Bürgen stehen, die er gestellt hat. Das soll er innert vierzehn Nächten tun, wenn er heimkommt: Er soll sich vor dem Richter dem Recht stellen über drei mal vierzehn Nächte[178]. Und kommt niemand, der gegen ihn klagt, ist er ein freier Mann; es sei denn, den Kläger habe ehafte Not gehindert: Wenn er kommt, so muß er sich verantworten.

Art. 286. Wer zu Recht Urteile finden soll

(a) Der römische König[179] ist ein allgemeiner Richter über Leib und Gut eines jeglichen Menschen. Gibt es in einer Stadt Schöffen, sollen diese über

gar auf die Heiligen schwören, wenn man nicht darauf verzichten will. Wenn das geschieht, hat er sein Lehen behauptet. Es ist auch Recht, wenn er sein Lehen über Jahr und Tag in stiller Gewere besitzt (Lahr, Anh. zu Ldr. CXXIX, S. 161f.).

[178] Systematische Form: Tage (Lahr Ldr. CLVII, 6; S. 194).

[179] Systematische Form: Kaiser (Lahr Ldr. LXXXI, I, 1; S. 101).

Art. 292. Wenn sich ein Freier zu eigen geben will

Ein Freier will sich zu eigen geben, und seine Verwandten, sowohl von Vaters als auch von Mutters Seite, widersprechen: Wenn sie dem einmal widersprechen, kann er sich nie mehr zu eigen geben.

Art. 293. Wie man bezeugt, daß Leute Eigenleute sind

Beansprucht ein Mann einen anderen, daß er mit Recht sein Eigenmann sei, muß er das mit Recht nachweisen mit zwei seiner Eigenmänner; und hat er die nicht, bezeuge er das selbdritt mit zwei seiner Nagelmagen[188]. Und spricht ein anderer Herr, er sei sein, so soll ihn der Herr behaupten, der ihn zuerst beansprucht mit sieben Männern, die Verwandte des Vaters oder der Mutter dieses Menschen sind. Kann aber der Mensch mit sechs seiner Verwandten, drei von Vaters und drei von Mutters Seite, seine Freiheit behaupten und beschwören, oder daß er einem Gotteshaus gehöre, so hat er all die anderen Aussagen widerlegt und seine Freiheit oder sein anderes Recht behauptet.

Art. 294. Die Gewere an Eigenleuten

Hat jemand die Gewere an einem Menschen, hat er besseres Recht an ihm als der, der keine Gewere hat, und soll seinen Zeugenbeweis vor demjenigen führen, der keine Gewere hat.

Art. 295. Wer sich einem Herrn entzieht und dem anderen gibt

Jemand entzieht sich einem Herrn und gibt sich dem anderen. Der [erste] Herr fordert ihn vor Gericht, und sein Herr, dem er sich ergab, kommt nicht, wenn ihm ein Gerichtstag gegeben wird, damit er ihn mit Recht verteidige. Jener, der ihn da beansprucht, behauptet ihn mit zwei seiner Verwandten; und hat er die nicht, behauptet er ihn mit zwei seiner Männer, weil jener nicht zugegen ist. Wäre er zugegen, müßte er ihn behaupten, wie es hiervor geschrieben ist. Verleugnet jemand vor Gericht einen Herrn, und derselbe Herr behauptet ihn vor Gericht, so soll er ihm einen kräftigen Schlag auf den Hals mit der Hand an die Wange geben. Und der Richter soll deswegen nicht zürnen, denn es ist sein Recht.

---

188 Verwandte bis zum siebenten Grad; vgl. oben Ldr. 3 a.

Art. 296. Von der Aufforderung zum Zweikampf

Ein jeglicher Mann, gegen den man klagt, soll sich gemäß seiner Geburt, das heißt nach seinem Recht,[189] verantworten. Und fordert man einen Mann zum Zweikampf heraus, kann er sich dem Kampf entziehen, wenn er nicht in dem Land geboren ist, in dem er ihn herausfordert. Von wem der Kläger eine Buße erhält, von dem erhält auch der Richter sein Gewette.[190]

Art. 297. Wo man um Eigen klagen soll

Beansprucht ein Mann eines anderen Mannes Eigen, so soll der sich nirgends verantworten als an der Stelle, wo es liegt, und vor keinem anderen Gericht, als vor dem Landrichter. Da muß er sich auf jedem Landgericht verantworten, wenn das Gut in dem Gericht liegt. Der König soll auch nicht nach dem Recht des Mannes richten; er soll nur nach dem Recht des Landes richten, in dem er ist.

Art. 298. Vom Diebstahl und vom Raub

Wird jemand auf frischer Tat mit Diebesgut oder Raubgut ergriffen, kann er sich auf keinen Gewährsmann[191] berufen. Findet ein Mann sein gestohlenes oder geraubtes Gut in der Gewalt eines Mannes, kann er ihn nicht der frischen Tat beschuldigen. Und spricht er, er habe einen Gewährsmann, soll er ihm über drei mal vierzehn Nächte einen Gerichtstag geben; und bringt er seinen Gewährsmann, so ist er ledig.

Art. 299. Vom Kampf

Wird ein Mann vor Gericht zum Zweikampf herausgefordert, und ein Tag dafür wird festgelegt, so soll der Richter bis dahin ihnen beiden Frieden gebieten; und bricht der eine von ihnen den Frieden am anderen, soll man ohne Kampf über ihn richten, wie hiervor gesprochen ist.

---

[189] Andere Textformen ergänzen: und nicht nach dem Recht des Klägers (Urswsp. Ldr. 296 (302), S. 518. Lahr Ldr. CXIII, I, 1; S. 142. Kurzform I, Ldr. 296, S. 199).

[190] Andere Textformen ergänzen: Ein jeglicher Mann soll sein Gewette gemäß seiner Geburt und seiner Wertigkeit haben (Urswsp. Ldr. 296 (302), S. 518. Lahr Ldr. CXIII, III, 4; S. 142).

[191] Im Sinne eines Vorbesitzers als Entlastungszeuge, vgl. DRWB IV, s. v. Gewähre, Sp. 656f.

Art. 300. Wer als Zeuge sprechen will, bevor man ihn fragt

Legt jemand vor Gericht sein Zeugnis ab, bevor ihn der Richter mit Recht fragt, so soll er in dieser Sache kein Zeuge sein; es sei denn, daß er[192] keinen anderen haben kann; dann kann er ihm wohl mit Recht helfen.

Art. 301. Von dem, der fremdes Vieh einstellt

Der Mann tut nichts Übles, wenn er das Vieh seines Nachbarn einstellt; er soll es des Morgens wieder austreiben. Und sucht man es, soll er es nicht verschweigen; und verschweigt er es, so ist es Diebstahl. Er soll auch keinen Ertrag davon haben.

(I) Merke, was hiernach von der Heimsuchung geschrieben ist. Zwingt ein Mann den anderen wider seinen Willen, daß er auf einen Baum steige oder auf ein Haus, oder er heißt ihn auf eine Burg zu gehen, die nicht wehrhaft ist: Geschieht ihm etwas durch diese Dinge, die er ihn wider seinen Willen zu tun heißt, so soll dieser das büßen, als ob er es eigenhändig getan hätte. Nimmt er aber einen Lohn dafür, büßt ihm niemand, wenn etwas geschieht. Und ist ein Mann in einem Haus, es sei seines oder er zahle dafür oder er habe es umsonst, und er wird darin heimgesucht, so soll man ihm büßen, wenn er darin der Hausherr ist. Und sind mehr Bewohner darin als einer, so soll man die Buße unter ihnen aufteilen, denn es ist an ihnen allen gefrevelt. Heimsuchung ist, wenn jemand mit der Waffe in der Hand in das Haus eines Mannes läuft, und darin jemanden jagt oder jemanden findet, dem er schaden will; das heißt Heimsuchung.

Läuft er hinein und sucht mit der Waffe in der Hand einen Mann, und findet ihn nicht, und geht wieder hinaus, ohne einen Schaden verursacht zu haben, so soll er dem Bewohner und dem Richter die halbe Buße geben.

Richtet er aber darin einen Schaden durch Schelten oder durch andere Dinge an, so soll er die ganze Buße geben. Und ist das Haus verschlossen, und er kommt davor und haut oder schießt dagegen, so ist er die Buße schuldig. Und streitet er es ab, so soll man ihn selbdritt mit denen überzeugen, die es gesehen oder gehört haben. Und hat es niemand gehört oder gesehen, so kann derjenige Zeuge sein, der die Geschosse oder die Schläge hörte. Schlägt er die Tür nicht ein, sondern ruft nur Scheltworte hinein, so büßt er nur für die Scheltworte. Bewaffnete Hand nennen wir das bloße Schwert in der Hand oder böse Messer oder Bogen oder Armbrüste oder Wurfgeschosse oder andere Waffen. Und wer ihm folgt und

---

[192] D.i. derjenige, der ihn als Zeugen benannt hat.

mit ihm geht, die sind alle schuldig und müssen alle büßen wie der eigentliche Schuldige. Wenn sie die Frevel begehen, wie hiervor gesprochen ist, so zahlen sie die ganze Buße; tun sie das nicht, aber kommen doch mit der Waffe in der Hand und verursachen keinen Schaden, gibt jedermann fünf Schilling in Hellern.

Diese Buße ist manchmal geringer, manchmal schwerer, je nach des Landes Gewohnheit.

Dieses Recht haben auch die Burgen: Sucht jemand die Herren, die Burgen haben, darin heim, soll er ihnen büßen, wie hiervor gesprochen ist. Man soll an keinem Ort dem Richter höher büßen als dem Kläger. Tut man das nicht, ist es wider das Recht. Und haben sie keine Pfennige, die sie geben können, so richte man wie wegen einer anderen Geldschuld über sie.

Art. 302. Wer fremdes Korn schneidet

(a) Schneidet jemand das Korn eines anderen Mannes und wähnt, es sei seines oder das des Herrn, dem er dient, begeht er damit keine Missetat. Wenn er darauf aufmerksam gemacht wird, daß es nicht seines ist, so soll er es auf dem Acker lassen, und man soll ihn für seine Arbeit belohnen. Führt er es aber vom Acker weg, soll er es wiedergeben und hat seine Arbeit verloren.

(b) Hat ein Mann etwas nicht über Jahr und Tag in rechter Gewere, muß er sich dafür demjenigen verantworten, der ihn darum beklagt.

Art. 303. Wenn ein Weib ein Kind trägt und ihr Mann stirbt

Das Weib, das ein Kind trägt, soll man nicht vom Gut ihres Mannes weisen, wenn er stirbt, bevor sie es geboren hat.

Art. 304. Wen man um Geld gefangennehmen soll

(a) Beklagt jemand einen Mann vor Gericht um Geld, und dieser hat nichts, womit er zahlen könnte, und hat keine Bürgen gestellt, und kann keine Bürgen stellen, dann soll der Richter ihm den Mann an Stelle des Geldes geben und ihn ihm überantworten. Er soll ihn wie sein Gesinde mit Speise und Arbeit halten; will er ihn aber in ein eisernes Band schließen, so soll er das tun, und er soll ihn nicht anders fesseln. Entläßt er ihn oder entflieht er ihm, ist er damit der Geldschuld nicht ledig; und solange er ihm nicht gezahlt hat, soll er ihm dienen wie einer aus seinem Gesinde. Und will er ihn nicht halten, so soll der Schuldner auf die Heiligen schwören, daß er ihm zahle, wenn er dreißig Pfennig oder mehr über seine Notdurft gewinne.

(b) Beklagt ein Mann den anderen wegen einer Geldschuld, und er ist ein Fremder, und er kommt vor Gericht, dann soll der Richter über ihn richten wie hiervor geschrieben ist, mit der einen Ausnahme, daß man den Schuldner dem Kläger nicht aus dem Gericht, worin er beklagt ist, herausgeben soll. Wenn er nichts besitzt, was er zahlen kann, soll er ihm schwören, wie es hiervor gesprochen ist. Man soll wegen einer Geldschuld niemanden länger als acht Tage festhalten; es sei denn, daß er Gut habe und aus bösem Willen nichts geben wolle. Dann soll man erweisen, wo das Gut ist, und der Richter soll es an sich nehmen und dem Kläger überantworten. Und liegt das Gut nicht in dem Gericht, in dem der Schuldner beklagt ist, soll man ihn festhalten, bis er das Gut herausgibt. Und kann man nicht beweisen, wo das Gut liegt, oder es durch Zeugen erfahren, soll man ihn nach acht Tagen freilassen. Ein Mann kann seinen Schuldner zweimal jährlich fragen, ob er mehr als dreißig Pfennig über seine Notdurft hinaus besitze. Will er das bestreiten, lege er einen Eid ab und sei ledig, oder man überführe ihn, wie es hiervor gesprochen ist.

(c) Zahlt man jemandem vor Gericht eine Geldschuld, soll er darauf warten, bis die Sonne untergeht, wenn er ein Fremder ist. Und ist sein Anspruch bis dann nicht erfüllt, soll ihm der Richter vor der Nacht ein Pfand geben; und er soll das Pfand auf der Stelle versetzen, wenn er kann. Und kann er es nicht versetzen, soll er es unter Zeugen verkaufen. Und bleibt etwas übrig, soll er ihm [dem Beklagten] das herausgeben; fehlt etwas an der Schuldsumme, soll der Richter ihm das aus dem Gut des Beklagten geben. Und sind sie beide im gleichen Dorf oder der gleichen Stadt ansässig, so soll er bis zum achten Tage warten. Und gibt er ihm dann nichts, wenn die Sonne untergeht, so soll ihm der Richter vor der Terzzeit ein Pfand geben; damit soll er verfahren wie der Fremde. Pfändet der Richter jemanden wegen eines ausstehenden Gewettes, ist dieser ihm nach guter Gewohnheit eine Buße schuldig.

Art. 305. Wer wegen einer Zahlung klagt

Beklagt ein Mann den anderen auf dem Landgericht wegen einer Schuld, soll man ihn dreimal laden. Kommt er, so soll er ihm sein Gut geben oder ein Gewette zahlen. Und der Richter soll ihm gebieten, daß er ihm sein Gut gebe, ehe er von dannen gehe, oder daß er ihm bereitliegendes Gut, das er treiben und tragen kann, als Pfand stelle. Und hat er keine Pfänder, so stelle er für acht Tage Bürgen als Gewährsleute; hat er diese auch nicht, so soll der Richter ihn einbehalten, wie hiervor geschrieben ist.

Art. 306. Wer dem anderen etwas gelobt

Verspricht jemand dem anderen Silber, ist er schuldig, ihm reines[193] Silber zu geben. Verspricht er ihm, Gold zu geben, soll er das beste geben. Verspricht jemand, dem anderen Pfennige zu geben, soll er ihm Pfennige geben, die in dem Gericht oder in der Gegend oder in der Stadt gang und gäbe sind, wo er ihm die Pfennige versprach. Dasselbe Recht gilt auf dem Lande oder in einem Bistum. Verspricht ein Mann, einem anderen etwas zu geben, soll er das beste davon geben; es sei denn, man vereinbart vorher etwas anderes.

Art. 307. Welche Gelübde der Mann brechen soll

(a) Eines jeglichen Gefangenen Gelübde oder Eid, den er in der Gefangenschaft leistet, soll nicht gelten, wenn er zu Unrecht gefangen ist. Er muß nämlich dem, der ihn gefangen hat, versprechen, was er von ihm will; wenn er aber frei kommt, hat er die Wahl, ob er das Versprechen hält oder nicht. Läßt er ihn aber auf seine Treue frei, und er verspricht, sich ihm zu verantworten, so soll er das leisten, wenn er ihn nicht ungerechtfertigt gefangen hat. Hat er ihn aber ungerechtfertigt gefangen oder zu Unrecht dazu gezwungen, und er hat geschworen oder sonst ein Gelübde getan oder Bürgen gestellt, so ist er all dessen mit Recht ledig. Will er mit Recht davon loskommen, so soll er zu seinem Richter fahren, und soll von dort mit einem Urteil zurückkommen, durch das man ihm erteilen soll, daß er all dieser Dinge ledig sei; und niemand kann ihn hernach deswegen beklagen. Er soll auch zu seinem Pfarrer fahren und dessen Rat einholen. Der rät ihm, wie es in diesem Buch über die Eide steht: Ein Mann schwört etwas, womit er seinen Leib oder sein Gut befreit, und er kann anders nicht frei werden. Will er es leisten, kann er das tun; will er die Verpflichtung loswerden, kann er das auch mit Recht tun. Er soll vor seinen Richter kommen und so handeln, wie hiervor gesprochen ist. Und hat er ihm einen Schaden getan, so soll er ihn zweifach zahlen.

(b) Soll ein Mann einem anderen etwas zahlen, und dieser klagt das dem Richter,[194] und der will nicht darüber richten, so soll er sein Gut deswegen nicht verlieren. Er soll es durch Selbsthilfe und mit der Hilfe seiner Verwandten gewinnen, wie er es am besten vermag; das ist Recht.

---

193 Andere Textformen: reines und lötiges (Urswsp. Ldr. 306 (311), S. 521. Lahr Ldr. CCCXCI, I, 1; S. 470).

194 Andere Textformen: Soll ein Mann einem anderen etwas zahlen, und der will das nicht zahlen (Urswsp. Ldr. 307 b (312), S. 522. Lahr Ldr. CCCXLVIII, II, 11; S. 411f. Kurzform I, Ldr. 307 b, S. 211). Zuweilen wird ergänzt: dem Richter, dem er es zu Recht klagen soll (Urswsp., Lahr ebd.).

Art. 308. Wie man beweist, daß niemand zu Recht des anderen Eigen sei

Gott hat den Menschen nach sich selbst gebildet; für diese Gnade soll der Mensch ihm Dank sagen. Er hat auch den Menschen durch seine Marter vom ewigen Tod[195] erlöst; für diese Gnade soll der Mensch ihm großen Dank sagen. Gott verlangt von uns nichts außer einem rechten Lebenswandel; damit haben wir ihm für all seine Mühe gedankt. Durch den rechten Glauben und durch rechtes Leben gewinnen wir das ewige Reich.

Nun laßt euch nicht verwundern, daß dieses Buch so wenig über die Dienstmannenrechte sagt, denn die sind so mannigfaltig, daß damit niemand zu einem Ende kommen kann. Unter jedem Bischof und jedem Abt oder jeder Äbtissin, die Fürsten sind, haben die Dienstmannen besondere Rechte, und unter den Laienfürsten haben sie auch ein besonderes Recht. Daher kann man die Rechte, die sie alle haben, nicht wohl unterscheiden. Denn alle haben das Recht, das ihre Herrschaft ihnen gibt; die Reichsdienstmannen haben auch ein besonderes Recht. Ihr sollt wissen, daß niemand mit Recht Dienstmannen haben kann, ausgenommen das Reich und die Fürsten; und wer sonst angibt, er habe Dienstmannen, spricht unrecht. Die Leute, die sie haben, sind Eigenleute, ausgenommen diejenigen, die ich hiervor genannt habe. Ein jegliches Gotteshaus kann Eigenleute haben. Alle Dienstleute heißen mit Recht Eigenleute. Man ehrt sie mit diesem Namen, weil sie Eigenleute des Fürsten sind. Niemand kann mit Recht Eigenleute haben als die Gotteshäuser, das Reich, die Fürsten, die freien Herren und die Mittelfreien. Wer ein Dienstmann ist, der kann mit Recht keine Eigenleute haben: Ein jeder Mann, der selbst ein Eigenmann ist, kann keine Eigenleute haben; und hat er Leute, die er sein Eigen nennt, so sind diese Eigenleute des Gotteshauses, dem er gehört [, oder des Herrn, dem er gehört][196].

Als man erstmals Recht setzte, da waren alle Leute frei. Als unsere Vorfahren hier ins Land kamen, da waren die Leute alle frei. Im alten Testament finden wir nicht, daß jemand des anderen Eigenmann sei.[197] Doch sagen manche Leute irrtümlich, daß die Eigenschaft mit Kain begänne, als er seinen Bruder Abel erschlug. Dem ist nicht so; denn Kains

---

[195] Andere Textformen: von der Hölle (Urswsp. Ldr. 308 (314), S. 523. Lahr Ldr. LIV, I, 2; S. 70. Kurzform I, Ldr. 308, S. 212).

[196] Fehlt bei Laßberg, ergänzt nach anderen Textformen.

[197] Die systematische Form fügt folgenden Absatz ein: Solche Dienstmannen, die es nicht besser wissen oder wissen wollen, sprechen zu den Leuten, sie seien ihre Eigenleute. Das kann mitnichten sein, daß ein Dienstmann Eigenleute haben kann. Spricht er: du bist mein rechtes Eigen, ich mache mit dir, was ich will, so soll das nicht sein und kann nicht zu Recht bestehen (Lahr Ldr. LIV, VI, 17; S. 72).

Geschlecht wurde vertilgt, als die Welt überflutet wurde. Und wäre da jemand ein Eigenmann gewesen, wäre er doch tot, da niemand lebendig blieb als Noah und seine Söhne und ihre Weiber; und die waren keine Eigenleute. Ein anderer Mann spricht davon, daß Noah einen seiner Söhne dem anderen zu eigen gab; diese Eigenschaft verfiel seither aber auch, wie wir euch hiernach erklären. Auch sagen manche Leute, die Eigenschaft beginne mit Ismahel, dem Sohne Abrahams. Die Heilige Schrift nennt Ismahel den Sohn einer Dienstmagd. Das ist auch wahr, denn Abraham hatte ihn mit seiner Dienstmagd, der Nebenfrau; doch deswegen war er niemandes Eigenmann. Manche Leute sagen, die Eigenschaft käme von Esau, weil er seinem Bruder den Segen um ein rotes Mus verkaufte, obwohl Esau den Segen zu Recht haben sollte. Jakob war ihrer beider Mutter viel lieber als Esau, und daher bewirkte sie, daß der Segen an Jakob kam. Und daher sagen manche Leute, daß Jakobs Geschwister seine Eigenleute waren, weil der Segen an ihn kam; dem ist nicht so.[198] Auch steht im alten Testament nicht, daß jemand des anderen Eigenmann sei. Auch finden wir in unserem Landrecht, daß sich niemand zu eigen geben kann; seine Verwandten widersprechen mit Recht. Wir haben noch mehr Beweise: Gott schuf in sechs Tagen den Himmel und die Erde und

[198] Andere Textformen enthalten eine viel ausführlichere Fassung der Geschichte Jakobs und Esaus: Manche Leute sagen, die Eigenschaft käme von Esau; dem ist aber nicht so. Herr Jakob und Esau waren Isaaks Söhne; und ihre Mutter trug sie zusammen in ihrem Leib. Als die Zeit kam, da sie gebären sollte, begannen die Kinder im Mutterleib miteinander zu ringen; und Esau kam vor Jakob an das Türlein, aber Jakob fing den Esau am Fuß, der zuerst bei dem Türlein war. Esau kam gleichwohl zuerst zur Welt. Isaak war Abrahams Sohn. Zu jener Zeit gab Gott den Segen und gewährte den Leuten die Gnade, daß sie ihren ältesten Söhnen Geist und Seele gewähren sollten, wenn sie sie liebten. Diese zwei Söhne stritten miteinander um den Segen. Esau behauptete den Segen zu Recht, denn er sah die Welt vor seinem Bruder. Die Mutter liebte Jakob mehr als Esau, und es war ihr leid, daß Esau den Segen haben sollte. Eines Tages begab es sich, daß Esau vom Feld kam und sehr hungrig war. Er suchte nach Essen, aber da war nichts zubereitet; doch die Mutter hatte noch eine Schüssel mit Linsen und sprach zu Esau: Willst du deinem Bruder den Segen geben, den du von deinem Vater haben sollst, so geben wir, dein Bruder und ich, dir eine Schüssel mit Linsen, die gut sind. Esau dachte: was beirrt mich das? Das schadet mir nicht an meinem Recht. Er sprach zur Mutter: Nun gib mir die Linsen, und gewähre meinem Bruder den Segen meines Vaters. Die Mutter war darüber froh und gab ihm die Linsen. Er verkaufte sein Heil gegen ein geringes Gut. So handeln heute noch viele, die ihr Heil gegen ein kleines Gut geben; das kommt von der großen Gier nach Gut, die die Leute haben. Wie Jakob zum Segen kam und wie seine Mutter das fügte, findet jeder, der das lesen will, in der Bibel, in der Geschichte Jakobs. Nun sagen manche Leute, daß Jakobs Geschwister seine Eigenleute wurden, da er den Segen bekam; dem ist nicht so (Urswsp. Ldr. 308 (314), S. 524. Lahr Ldr. LIV, VII, 22 bis X, 29; S. 73f. Kurzform I, Ldr. 308, S. 213f.).

alles, was im Himmel und auf der Erde ist. Danach ruhte er am siebenten Tag und gebot auch, die siebente Woche einzuhalten und das siebente Jahr, das Lösungsjahr hieß. Da sollte man alle ledig und frei lassen, die gefangen waren und in Eigenschaft gezogen waren. Wenn das fünfzigste Jahr kam, das Freudenjahr hieß, so mußte jeder ledig und frei sein, ob er wollte oder nicht; dann war aber niemand ein Eigenmann. Auch gab uns Gott einen weiteren Beweis in einem Pfennig, mit dem die Juden ihn versuchten, ob er und seine Jünger dem Kaiser von ihrem Leib einen Zins geben sollten. Da sprach unser Herr Jesus Christus also: Zeigt mir den Pfennig des Kaisers. Die Juden taten das. Da sprach Jesus: Laßt den Kaiser sein Bild haben, und Gottes Bild gebt Gott. Damit meinte unser Herr, daß die Seele Gott gehört; mit unserem Leib und unserem Gut sollen wir den Herren dienen. Daher sprach Jesus vor seinem Gesinde: Dem römischen Kaiser gibt man einen Pfennig als Zins; damit machte er niemanden eigen.[199] Wir sollen den Herren dafür dienen, daß sie uns beschirmen; und beschirmen sie uns nicht, so sind wir ihnen nach dem Recht keinen Dienst schuldig. Aus wahrer Furcht erwuchs die Eigenschaft, und aus Zwang und Gefangenschaft und aus vielerlei unrechter Gewalt, was die Herren von alters her in eine unrechte Gewohnheit umwandelten; und die Herren halten das für Recht. Nun ist ihnen gesagt, daß wir in der Heiligen Schrift nicht finden, daß jemand des anderen Eigenmann sei oder mit Recht sein soll. Nun haben es die Herren durch Gewohnheit dazu gebracht, daß sie es mit Recht so haben wollen.[200]

(I) Wenn ein Dienstmann wähnt, er habe Eigenleute, merke also: Wähnt ein Dienstmann, er habe Eigenleute, kann er diese nicht freilassen, denn sie gehören ihm nicht. Sie sind Eigenleute des Herrn, dem er gehört; ausgenommen sind die vier Dienstmannen, die dieses Buch nennt. Kein geistlicher Fürst darf seinen Dienstmann freilassen; er darf ihn wohl eintauschen, wenn es vorteilhaft ist. Und ist der Tausch nachteilig, so macht ihn der Bischof, der nach ihm kommt, mit Recht rückgängig.

Art. 309. Wer ein Gut zu Unrecht an sich nimmt

Nimmt der Mann mit Unrecht etwas an sich, und es wird ihm vor Gericht abgenommen, so soll er dafür dem Kläger und dem Richter büßen.

---

199 Andere Textformen: Daher gab Jesus von seinem Gesinde dem römischen Kaiser einen Pfennig Zins; damit machte er niemanden eigen (Urswsp. Ldr. 308 (314), S. 525. Lahr Ldr. LIV, XIII, 34; S. 75f. Kurzform I, Ldr. 308, S. 213f.).

200 Die systematische Form ergänzt: Gott und die heilige Schrift, in der man dieses Recht nicht finden kann, kennen das Recht wohl. Gott vergebe dem, der es zuerst erdachte oder zur Gewohnheit machte (Lahr Ldr. LIV, XIV, 39; S. 76).

Nimmt der Mann etwas an sich mit dem Willen dessen, dem es gehört, tut er niemandem ein Unrecht an.[201]

Art. 310. Wie man im alten Testament jeglichen Frevel büßte

Nun vernehmt die alten Bußen, die die Könige in den alten Zeiten für die verschiedenen Leute festgesetzt haben. Fürsten und freie Herren sind in ihrer Buße gleich. Man büßte sie vormals mit goldenen Pfennigen.[202] Von diesen gab man für etliche Schuld zehn Pfund, für etliche mehr, für etliche weniger, je nach der Schuld. Eine jede Frau[203] hat die halbe Buße eines Mannes. Sie setzten die Buße eines jeden Mannes gemäß seiner Wertigkeit fest. Man gab da einem Bauern ein halbes Pfund und einen Hälbling, und einem freien Bauern ein ganzes Pfund und sechs Pfennig, und einem Tagwerker zwei gefütterte Handschuhe und eine Mistgabel, den Kaufleuten ein ganzes Pfund, Pfaffenkindern und unehelich Geborenen gibt man ein Fuder Heu, das zwei einjährige Ochsen ziehen können. Spielleuten und allen denen, die Gut für Ehre nehmen und die sich zu eigen gegeben haben, denen gibt man den Schatten eines Mannes gegen die Sonne, das ist also gesprochen: Wer ihnen etwas zu Leide tut, wofür man sie entschädigen soll, der soll sich an eine Wand stellen, gegen die die Sonne scheint; und der Spielmann oder der, der sich zu eigen gegeben hat, soll hingehen und soll dem Schatten an der Wand an den Hals schlagen. Mit dieser Rache soll ihm gebüßt sein. Lohnkämpfern und ihren Kindern gibt man als Buße den Glanz eines Schildes in der Sonne; den soll ihnen jener als Buße anbieten. Denen, die ihr Recht mit Diebstahl, Meineid oder Raub verwirkt haben, gibt man als Buße einen Besen und eine Schere: Diese Buße ist für diese Leute festgesetzt, wenn sie jemand stößt oder schlägt, ohne daß Blut fließt, oder wenn man ihnen die Haare rauft oder sie schilt. Diese Buße galt ehedem im alten Testament.[204]

---

201 Wackernagel/Senckenberg, Addendum 422 aus der Münchner Hs. (zu Ldr. 254), S. 343 ergänzt: und er wird auch weder dem Armen noch dem Reichen eine Buße schuldig. Daß man dem Würdigen höher büßen soll als dem Unwürdigen, scheint manchen Leuten widerrechtlich zu sein. Das will man hier beweisen, daß man jedem Menschen nach seiner Würde büßen soll.

202 Andere Textformen ergänzen: Die waren pfundig, und man nahm je einen für zehn Schilling in silbernen Pfennigen (Urswsp. Ldr. 310 (316), S. 526. Lahr Ldr. CCCCII, I, 3f.; S. 477. Kurzform I, Ldr. 310, S. 216). – Die waren pfundig, und man nahm je einen von ihnen für zehn silberne (Langform H, Ldr. 310, S. 272).

203 Die systematische Form ergänzt: und Jungfrau (Lahr Ldr. CCCCII, II, 6; S. 477f.).

204 Die systematische Form ergänzt: Nun haben die Könige eine andere gesetzt. Ehrbare Leute geben unehrlichen Leuten selten die Buße; dennoch ist eine Buße fest-

Art. 311. Von der Notzucht

Notzüchtigt jemand eine Jungfrau oder ein Weib, wie böse auch immer sie sind, soll man also über ihn richten: Wenn sie eine Jungfrau ist, soll man ihn lebendig begraben; ist sie ein Weib, soll man ihn enthaupten. Wie man nachweisen soll, daß sie eine Jungfrau war:[205] Kann man ihr keinen Mann nachweisen, gilt das also. Und hat sie angegeben, daß sie einen Mann gehabt habe, und man kann das mit drei Männern bestätigen, so ist sie keine Jungfrau gewesen. Und sagt ein Mann aus, er sei bei ihr gelegen, und schwört selbdritt, daß sie keine Jungfrau gewesen sei, so ist sie keine Jungfrau. Und wer da kommt und selbdritt beschwört, daß sie keine Jungfrau gewesen sei, dem soll man glauben; und der Richter soll nach dem Schwur richten. Jedermann kann seine Konkubine notzüchtigen; das soll man für sie richten, als ob er nie bei ihr gelegen wäre.

Art. 312. Wer den anderen verwundet

Greifen ein Mann oder mehrere Leute einen Mann an, und er trägt eine oder mehrere Wunden davon, so soll derjenige, der die Wunden geschlagen hat, auch für sie büßen. Die dabei waren, sind an der Wunde unschuldig, wenn sie weder zugeschlagen noch zugestoßen noch jenen festgehalten haben, der verwundet ist. Haben sie aber gezückte Waffen dabei gehabt, haben sie damit gefrevelt und sollen das dem verwundeten Mann und dem Richter büßen nach dem Recht, wie es dafür gesetzt ist. Doch setzen wir keine höhere Buße fest als ein Pfund Landpfennige; manchmal gibt man weniger, das ist auch gut. Diese Buße soll zur Hälfte an den Kläger gehen, wenn er Pfennige nehmen will. Will er keine Pfennige, so biete man ihm mehr[206], nach dem Rat der Verwandten beider Seiten. Der andere Teil soll an den Richter gehen, und nicht mehr.

Art. 313. Von den Ketzern

(a) Wo man Ketzer findet, soll man sie vor dem geistlichen Gericht anklagen; und dieses soll sie zuerst überprüfen. Werden sie überführt, soll sich der weltliche Richter ihrer bemächtigen und soll über sie richten, wie es Recht ist. Die Hinrichtung ist folgende: Er soll sie auf einem Scheiterhaufen verbrennen. Und beschirmt sie der Richter und steht ihnen bei

---

gelegt, damit alle Leute den Frieden einhalten und die Richter ihre Buße bekommen sollen (Lahr Ldr. CCCCII, IX, 18f.; S. 479).

[205] Urswsp. Ldr. 311 (317), S. 526 ergänzt: das sollen wir euch sagen.

[206] Andere Textformen: Ehre (Urswsp. Ldr. 312 (318), S. 527. Lahr Ldr. CLXXVII, 6; S. 228. Kurzform I a, Ldr. 312 (326), S. 219).

und richtet nicht über sie, so soll man ihn in den höchsten Bann tun; das soll ein Bischof tun. Wer der weltliche Richter über ihm ist, soll über ihn das Gericht halten, das er den Ketzern bereitet haben sollte. Einen Laienfürsten, der nicht über die Ketzer richtet und sie beschirmt und sich vor sie stellt, soll das geistliche Gericht in den Bann tun; und will er davon nicht binnen Jahresfrist loskommen, soll sein Bischof, der ihn in den Bann getan hat, dem Papst seine Untat verkünden, und wie lange er im Banne gewesen ist. Und wegen dieser Untat soll ihn der Papst von seinem Fürstenamt entsetzen und von allen seinen Ehren. Das soll der Papst seinem König verkünden und allen weltlichen Richtern. Diese sollen das Urteil des Papstes durch ihre Gerichte bekräftigen. Man soll ihm Eigen und Lehen aberkennen und alle weltliche Ehre. So soll man über Herren und über arme Leute richten.

Das bestätigen wir also: Vor Zeiten war ein Papst in Rom, der hieß Zacharias. Zu dieser Zeit gab es einen König im Frankenreich, der hieß Lescandus; dieser beschirmte die Ketzer wider das Recht.[207] Er war König vor König Pippin, dem Vater König Karls. Den entsetzte Papst Zacharias von seinem Königreich und von allen seinen Ehren und von allem seinem Gut. Noch zu seinen Lebzeiten wurde Pippin König. Wir lesen auch, daß Papst Innocenz den Kaiser Otto vom Römischen Reiche entsetzte wegen anderen Unrechtes; das tun die Päpste mit Recht. Gott spricht zu Jeremias: Ich habe dich zum Richter gesetzt über alle Völker und über alle Reiche. Beschuldigt oder beklagt jemand einen Mann, er sei ein Ketzer oder meineidig oder etwas anderes, das an seine ewige Ehre geht, und er kann ihn nicht überzeugen, wie es Recht ist, so muß er das erleiden, was jener erlitten haben sollte, wenn er ihn überzeugt hätte. Wenn es keinen König gibt, so gilt doch dieses Recht, wenn das Reich keinen Herrscher hat.

(b) Ein Papst und diejenigen, denen er sein Gericht anvertraut hat, und diejenigen, die ihnen unterstellt sind, die können richten, was das weltliche Gericht nicht richten will,[208] mit Ausnahme des Blutvergießens,[209] nach dem geistlichen Recht.

(c) Wer von der Ketzerei loskommen will, den soll man aufnehmen. Der Bischof soll ihm öffentlich einen Eid abnehmen, daß er sich von der Ketzerei abwende und nie mehr dorthin zurückkehre; auch soll ihm der

---

[207] Systematische Form: wider die Kirche (Lahr Ldr. CCCLI, II, 12; S. 422).

[208] Andere Textformen: kann oder will (Urswsp. Ldr. 313 a (319), S. 528. Lahr Ldr. CCCLII, I, 1; S. 423).

[209] Andere Textformen: Totschlags und Blutvergießens (Urswsp. Ldr. 313 a (319), S. 528. Lahr Ldr. CCCLII, I, 1; S. 424).

Bischof nach dem Recht eine Buße auferlegen. Kehrt er danach wieder zur Ketzerei zurück und wird dessen durch Zeugen überführt, so ist allen weltlichen Richtern erlaubt, über ihn zu richten. Will er abermals zurückkehren, so soll man ihn nicht aufnehmen und soll ihn nicht erhören.

(I) Von der Sicherheit: Wer von Gotteshäusern ein Gut erhält, der nehme dafür Brief und Siegel des Gotteshauses; so hat er Sicherheit. Und er soll sieben oder mehr Zeugen in die Urkunde aufnehmen; damit behauptet er das Gut und nicht anders. Hat er keinen Brief, so ist das Gut verloren, und die Kirche hat es behauptet.

(II) Von Handfesten: Hat ein Mann etwas mit Weib oder Kindern in Ordnung zu bringen oder hinsichtlich seines Erbteils oder seines Leibgedinges, oder wem er solche Dinge vermacht, woraus ein Rechtsstreit entstehen kann, so soll er Handfesten[210] empfangen und soll auch Handfesten ausstellen und soll das Siegel der Stadt daran hängen. Handelt es sich um ein entsprechend wertvolles Gut, so nehme er des Bischofs Siegel; gehört es einem Gotteshaus, so nehme er auch dessen Siegel. Denn die Leute vergessen schnell, sei es durch Bestechung, durch Haß oder durch Neid; die Handfeste wird es nie vergessen.

---

210 Briefe und Handfesten (Lahr, Anh. zu Ldr. CCCLII, S. 424).

Dritter Landrechtsteil

Art. 314. Wer sein Gut zur Fluchtsal versetzt

Soll ein Mann etwas zahlen, und er gibt sein Gut in die Hand eines anderen Mannes als dessen, dem er zahlen soll, so heißt das Fluchtsal und ist nicht rechtens. Gibt ein Mann einem anderen sein Gut mit allem Ertrag und mit der Gewere und verzichtet auf sein Recht daran, so hat der andere das Recht an dem Gut. Und sprechen ihn die Gläubiger an, er habe es zur Fluchtsal empfangen, soll er schwören, daß das nicht der Fall sei. Kann der Gläubiger ihn aber mit drei Zeugen überführen, daß es sich anders verhalte, dann soll er es genießen. Hat er das Gut gekauft und schuldet noch etwas, soll er das dem Gläubiger geben.

(I) Fürgebot: Lädt ein Mann den anderen dreimal vor Gericht, und dieser kommt nicht und schickt, obwohl er im Lande ist, auch niemanden, der seine ehafte Not für ihn erklärte, und man kann bezeugen, daß er im Lande ist und daß ihm die Ladung bekannt ist, so hat er verloren, worum er angeklagt ist. Dieses Recht haben die Landgerichte nicht: Denn wer im Gericht ansässig ist, soll es ohne Ladung aufsuchen. Denn man ruft alle Männer zum Landgericht, die fünfundzwanzig Jahre alt und im Lande begütert sind; sie sollen das Landgericht besuchen. Und lädt einer den anderen, und jener kommt, aber er klagt nicht, so soll er die Kosten tragen, die jener hatte. Lädt er ihn dreimal, aber kommt selbst nicht, so sei jener der Klage ledig, worum er ihn beklagte, und er soll für jenes Kosten aufkommen; es sei denn, ihn hindere ehafte Not: Dann komme er vor den Richter und erkläre diese, wie hiervor in diesem Buche steht.

(II) Ansprache: Und höre ich, wie mit einem Fürsprechen vor Gericht Anspruch auf mein Gut erhoben wird und verschweige es, so kann mir daraus Schaden entstehen. Verschweige ich das beanspruchte Gut wegen der Not meines Leibes und kann das mit meinen zwei Fingern beschwören, so schadet mir der Anspruch nicht.[1]

[1] Urswsp. Ldr. 314 II (165), S. 448 nach der Freiburger Hs.: Höre ich, wie mein Gut beansprucht wird, kann ich auf der Stelle widersprechen, wenn ich meine, daß das vorteilhaft für mich sei; dann soll ich mein Gut verteidigen. Merke ich aber, daß mir der Anspruch in diesem Moment nicht schaden kann, schweige ich wohl und das schadet mir nicht. Es schadet nirgends, wenn ein Gut beansprucht wird, außer vor Gericht.

(III) Aufforderung zum Zweikampf: Wer den Mann zum Zweikampf fordert, der soll ein Verwandter jenes Mannes in der siebenten[2] Sippe sein, und soll das belegen, wie es Recht ist. Und geschieht Notwehr dergestalt, daß es die Leute sehen, soll man das mit drei Männern bezeugen. Was rechte Notwehr ist, sollen wir euch sagen: Die rechte Notwehr findet nur dann statt, wenn ein Mann den anderen angreift, und ist nur dann rechtens, wie hiervor geschrieben steht. Denn wenn einer den anderen ohne Notwehr schlägt, und er kommt vor den Richter und behauptet, es sei rechtmäßige Notwehr gewesen, so muß man ihm die Lüge glauben wie jenem die tatsächliche Notwehr. Daher ist der Zweikampf eingesetzt, weil Gott allein die Wahrheit kennt; und daher sollen wir Gott vertrauen, daß er es zu einem gerechten Ausgang bringe. Geniest der Verwundete, so kämpfen sie wegen dieser Wunde dennoch wie wegen des Totschlags, sobald er gesund ist. Und kämpfen zwei wegen einer Wunde, so schlägt man dem, der verliert, die Hand ab.

(IV) Der eine Sicherheit verspricht: Ein Mann stellt vor Gericht eine Sicherheit wegen einer Sache, und es kommt ein anderer und klagt vor dem Richter um dieselbe Sache, so soll der Angeklagte sich diesem gegenüber nicht verantworten, ehe er jenem gegenüber frei oder schuldig gesprochen wird. Er büßt nur dem, der ihn zuerst beklagte. Und spricht der Richter ihn frei, und die Sache gehört jenem, der ihn als zweiter angeklagt hat, so soll er sich diesem verantworten. Und ist die Schuld zur Hälfte seine, soll er sich an jenen halten, der [sie] gewonnen hat.[3]

Art. 315. Von der Gefangenschaft

Wer einen Mann gefangen hat, muß sich dafür vor seinem Herrn verantworten, wenn jener ein Dienstmann oder Eigenmann ist, und gegenüber seinem Weib und seinen Kindern und seinen Verwandten, wenn sie ihn vor Gericht beklagen, während jener in seiner Gefangenschaft ist.

Höre ich, daß mein Gut vor Gericht mit Fürsprechen beansprucht wird, und verschweige das, kann mir ein Schaden daraus entstehen. Schweige ich gegenüber diesem Anspruch aus Furcht um meinen Leib und kann das nachher mit meinen zwei Fingern auf die Heiligen beschwören, so schadet mir der Anspruch nicht. Und beansprucht ein Mann mein Gut vor Gericht ohne Fürsprech, so schadet mir das nicht an meinem Recht.

2 Urswsp. Ldr. 314 III (184), S. 461: fünften. Gemeint ist freilich: Die beiden Kämpfer dürfen nicht bis zur siebenten bzw. fünften Sippe miteinander verwandt sein; vgl. oben Ldr. 79 II A.

3 Andere Textformen ergänzen: Ein jeglicher Mann soll seine Buße nach seiner Geburt und seiner Würde erhalten, wenn er sein Recht nicht verwirkt hat (Urswsp. Ldr. 314 IV (185), S. 462. Lahr Ldr. CXIV, 5; S. 143).

Art. 316. Von der Handgetat

Eine Handgetat liegt vor, wenn man einen Mann auf frischer Tat ergreift oder auf der Flucht nach der Tat, oder wenn Diebesgut in seiner Gewalt aufgegriffen wird, was ihm die Schuld zuweist, weil er es selbst gestohlen hat.

Art. 317. Wer Diebesgut kauft oder Raubgut, und das wird beschlagnahmt, und daraus erwächst ein langer Prozeß

Findet jemand nach zwei Tagen das ihm gestohlene oder geraubte Gut bei einem, der das öffentlich aufbewahrt hat[4] und dafür Zeugen hat, dann kann man diesen nicht der Handgetat beschuldigen; es sei denn, er habe sein Recht verloren. Findet man es in seiner Gewalt, muß er sich dem Mann, dem es gehört, verantworten. Der soll sein Gut mit richterlicher Erlaubnis an sich nehmen, wenn er den Richter oder seinen Boten erreicht; das ist gut. Erreicht er sie nicht, nehme er das Gut trotzdem an sich und bringe es vor den Richter. Verwehrt er ihm aber sein Gut, so handelt er widerrechtlich; und will er rechtens verfahren, so soll er so sprechen: Ich will mit euch vor den Richter fahren mit dem Gut und euch euer Recht gewähren. Kennt man ihn nicht, so soll der Richter oder sein Bote ihn fangen; stellt er aber Bürgen, soll man ihn freilassen. Und ist des Richters Bote da, soll man ihm sein Gut überantworten. Kommt er nicht ohne Zwang vor das Gericht, hält man ihn für einen Dieb; denn er hat sich schuldig gemacht hat, indem er sich widersetzte, als dieser sein Gut an sich nahm und ihn vor Gericht forderte.

Und spricht jener dagegen, wenn es sich um Vieh handelt, dieser habe es ihm zum Füttern überlassen, oder er habe es in seinem Stall aufgezogen, dann soll es der mit besserem Recht behalten, der es in seiner Gewere hat, als jener, der es anspricht; der soll es selbdritt bezeugen mit glaubwürdigen Leuten. Wird er aber an sieben Zeugen gemessen, widerlegen diese auch die drei Zeugen.

Spricht jener, er habe es auf dem öffentlichen Markt gekauft, wisse aber nicht von wem, und beschwört das bei den Heiligen, so ist er des Diebstahls unschuldig; seine Pfennige verliert er aber.[5] Nennt er aber seinen Gewährsmann und den Ort, wo er es kaufte, soll er den Gewährsmann über vierzehn Nächte stellen; und drei Gerichtstage soll man ihm geben.

---

4 Andere Textformen: öffentlich gekauft und nicht verheimlicht hat (Urswsp. Ldr. 323 (317), S. 530. Lahr Ldr. CLXI, 1; S. 197).

5 Die systematische Form ergänzt: und jener behauptet sein Gut (Lahr Ldr. CLXI, II, 14; S. 199).

Und stellt er den Gewährsmann, so ist er frei, und der Gewährsmann soll sich für ihn verantworten. Fehlt es ihm aber an Gewährsleuten, so muß er dem Mann sein Gut ohne Verminderung zurückgeben.

Spricht er aber, es habe ihm einer gegeben, der in einem anderen Gericht ansässig ist, muß er dorthin fahren und die Schuld auf ihn schieben. Da fahre jener nicht mit ihm hin, sondern warte vor dem Gericht, wo er es gefunden hat.

Der sein Gut behauptet hat, kommt für das Futter des Viehs nicht auf. Kann er seine Sache vor Gericht nicht beweisen, muß er dem Richter büßen. Und ist das Vieh im Wert gemindert, so muß jener für den Wertverlust aufkommen, wenn er beschwört, um wieviel es gemindert ist, seit er es verlor. Verliert der, der es als Eigentum beansprucht hat, so muß er dafür zahlen und dem Richter büßen, aber nicht als Dieb, wenn er beschwören will, daß er nicht wußte, daß es Diebesgut war; dann büßt er, als ob jener es verloren hätte, und nicht anders.

Denn es geschieht oft, daß man Diebes- oder Raubgut in eines anderen Mannes Gewalt findet, und der schiebt es auf einen anderen, und es wird so oft geschoben, bis die Reihe an den kommt, der es gestohlen oder geraubt hat; auf den soll man die Schuld schieben. Und jener, dem es gehört, soll schwören, daß es ihm gestohlen oder geraubt wurde. Wenn das geschieht, soll man ihn aufhängen, wenn er es stahl oder enthaupten, wenn er es raubte, mit Ausnahme des Straßenraubes, von dem hiervor geschrieben ist; deswegen soll man die Leute aufhängen.[6] Hat er Gut hinterlassen, soll man davon den Leuten, denen das Gut gehörte, allen ihren Schaden vergelten; und findet sich da kein Gut, soll es jener geben, in dessen Gewalt man es fand; und der soll den beklagen, der ihm das Gut gab; und so soll jeder den anderen anklagen, und jeder soll dem anderen seinen Schaden vergelten. Und kommt man zu dem, dem der Dieb oder Räuber das Gut genommen hat,[7] und er [der Dieb] hat kein Gut hinterlassen, so muß er den Schaden haben. Und der Richter hat von dem ganzen Verfahren nur die Strafe; das ist manchmal Gewohnheit, manchmal nicht: von einem Pferd dreißig Pfennig, mehr oder weniger, von einem Stück Vieh einen Schilling, von einem Schwein, das zwei Jahre alt ist, vier Pfennig, und wenn es jünger ist zwei Pfennig, und von einem Esel fünfzehn Pfennig. Wie ich es von dem Alter des Schweines gesprochen habe, so soll es auch für Rösser gelten und für Vieh, das noch keine zwei

6 Die systematische Form ergänzt: auf der Straße (Lahr Ldr. CLXI, II, 26; S. 200).

7 Langform Z, Ldr. 317 (315), S. 180 besser: zu dem, dem der Dieb oder Räuber das Gut als erstem gab. Urswsp. Ldr. 323 (317), S. 532: zu dem Dieb oder Räuber, der das Gut gestohlen oder geraubt hat.

Jahre alt ist: dafür gebe man dem Richter die Hälfte. Will es der Kläger, so kann er sich mit dem Dieb oder Räuber auch gütlich einigen; das muß mit des Richters Erlaubnis und freiwillig geschehen und der Schuldige muß ihm nach seinem Gutdünken büßen.

Was jemand den Dieben oder den Räubern abnimmt, soll er dem Richter, in dessen Gericht es geschah, überantworten;[8] und der Richter soll es sechs Wochen[9] lang behalten. Kommt jemand, dem es gehört, soll er es vor Gericht als sein Eigentum erweisen, wie hiervor geredet ist. Es sei Vieh oder Roß: Er soll die Kosten zahlen, die entstanden sind. Kommt niemand, so soll der, der es den Dieben abgenommen hat, den dritten Teil haben und der Richter die übrigen zwei Teile. Und kommt jener, dem es gehört,[10] und beschwört, daß ihm nie bekannt wurde, wo sein Gut wäre, oder beschwört, daß ihn ehafte Not gehindert habe, so soll ihm der Richter seinen Teil wiedergeben und soll ihm gegenüber jenem für das übrige Drittel Recht verschaffen.

(I) Wer ein Weib freiläßt: Ist ein Weib eine Eigenfrau eines Herrn und sie wird schwanger und der Herr läßt sie frei, bevor sie gebiert, so ist das Kind frei, wenn sie es geboren hat.

Art. 318. Wer ein Weib freiläßt

Ein Herr hat eine Eigenfrau und verspricht ihr, er wolle sie freilassen; und stirbt der Herr, bevor das geschieht, so ist sie frei. Und war sie schwanger, als er ihr das versprach, so ist das Kind frei, und sie selbst ist frei, und alle Kinder, die sie fortan gewinnt.[11]

Art. 319. Wenn eine freie Frau ihren Eigenmann zu sich legt

Legt eine freie Frau ihren Eigenmann zu sich, soll man ihr das Haupt abschlagen. Und man soll den Mann zu Tode verbrennen. Und wird von beiden ein Kind geboren, so ist das nicht frei; es erbt auch weder der Mutter noch des Vaters noch irgendeines Verwandten Gut. Und was für Kinder das sind: Sie haben auch kein Recht dazu, irgend jemanden wegen einer Missetat anzuklagen.

---

[8] Andere Textformen: soll es dem Richter überantworten, wenn es in einem Gericht geschah (Urswsp. Ldr. 323 (317), S. 532).

[9] Langform Z, Ldr. 317 (315), S. 180 ergänzt: und einen Tag.

[10] Andere Textformen ergänzen: hernach zum Richter (Urswsp. Ldr. 317 (192), S. 467. Lahr Ldr. CLXI, II, 38; S. 201).

[11] Langform Z, Ldr. 318 (316), S. 181 ergänzt: mit ihrem Standesgenossen.

(I) Wenn eine Frau einen Ungenossen nimmt: Eine freie Frau nimmt einen Mann zu rechter Ehe, der nicht ihr Standesgenosse ist, und sie spricht: Herr, ich bin frei von allen meinen Vorfahren her; seid ihr mein Standesgenosse, nehme ich euch gerne. Und er spricht: ja, er sei ihr Genosse, und er ist ein Dienstmann oder ein Eigenmann, und die Frau nimmt ihn, weil sie ihn für ihren Standesgenossen hält, und sie sitzen also ehelich und mit ihren Gütern beieinander über kurz oder lang, und sie gewinnen viele oder wenige Kinder: Sobald die Frau erfährt, daß er nicht ihr Standesgenosse ist, scheidet sie sich mit allem Recht von ihm und nimmt einen ihrer Standesgenossen, welchen sie will. Und er kann keine andere Frau mehr nehmen, solange diese Frau lebt, weil er sie betrogen hat. Aber liegt er danach mit ihrem Willen bei ihr, wenn sie ihn sieht, so muß sie ihn als Ehemann haben, bis zu ihrem Tode oder bis zu dem seinigen.

Art. 320. Wer den anderen rügt

Es soll auch kein fremder Mann ein fremdes Weib der Hurerei beschuldigen; das kann ihr Bruder tun oder ihres Bruders Sohn und ihr Vetter und ihres Vetters Sohn; ihrem Ehemann ist wohl erlaubt, das er sie beschuldigt und auch ihr Hausgesinde kann sie mit Recht beschuldigen.

Art. 321. Die Gift machen

Es kann ein Mann sein Gesinde und sein Weib, und ein Weib ihren Mann wohl beschuldigen, daß er ihr ein Gift mischt, womit man Leute tötet; das soll auch das Gesinde ihnen gegenüber tun oder sie beide gegenüber ihrem Gesinde, wenn sie von dieser Untat erfahren.

Art. 322. Wenn ein Christ bei einer Jüdin liegt

Liegt ein Christ bei einer Jüdin oder ein Jude bei einer Christin, sind sie der Hurerei schuldig und man soll sie übereinander legen und verbrennen, denn der Christ hat den christlichen Glauben verleugnet.

Art. 323. Wenn sich ein freier Mann an ein Gotteshaus gibt

(a) Will sich ein freier Mann selbst einer Kirche und dem Heiligen, der ihr Patron ist, übergeben, kann ihm das niemand verwehren, weder König noch Kaiser noch irgendeiner seiner Verwandten. Will sich ein freier Mann einem Gotteshaus übergeben, kann ihm das auch niemand verwehren außer seine Erben; mit denen soll er sein Gut teilen, so daß ihm der größere Teil bleibe. Den gebe er durch Gott; dies soll er beweisen:

Wer der Herr des Gotteshauses ist, soll ihm befehlen, einen Brief auszustellen;[12] und den soll man mit dem Siegel des Gotteshauses besiegeln, wenn es eines hat.[13] Und man soll in dem Brief sechs Zeugen nennen oder sieben oder mehr, wenn man will. Alle Zeugen sollen es gehört und gesehen haben, und es soll für immer feststehen.

(b) Gibt ein freier Herr sein Gut dergestalt einem Gotteshaus, und der Herr des Gotteshauses leiht ihm das Gut als Leibzinslehen, und gibt ihm Brief und Siegel, so steht das fest und weder sein Erbe noch jemand anders kann es zunichte machen. Stirbt der, der diese Gabe gegeben hat, und er hat Söhne hinterlassen, die das Gut beanspruchen und sagen, ihr Vater habe dem Gotteshaus niemals Gut gegeben, und es gebe auch keine Briefe darüber, so soll man die Briefe vorzeigen. Und leben die Zeugen noch, die da verzeichnet sind, sollen sie auf dem Altar schwören, daß sie das hörten, sahen und dabei waren, als ihr Vater tat, wie es geschrieben steht. Damit hat das Gotteshaus sein Gut behauptet. Und sind die Zeugen, die in der Handfeste stehen, tot, helfen die toten so gut wie die lebenden; das ist deshalb rechtens, weil ihre Siegel daran hängen. Hängt aber nur ein einziges Siegel daran, gilt es doch, und die, die gegen das Gotteshaus Ansprüche erhoben, sollen dem Gotteshaus mit soviel Gut büßen, wie das Gut, das sie beanspruchen, in einem Jahr abwirft. Dies wurde festgesetzt, damit man sich vor ungerechtfertigten Ansprüchen hüte, weil man dafür zahlen muß. Ist der Brief aber verbrannt oder sonst irgendwie verloren gegangen, so soll einer der Erben, die es beanspruchen, hingehen und gut beleumdete Leute mit sich führen, und die sollen schwören, daß der Vater das Gut nie dem Gotteshaus übergeben und keine Briefe darüber ausgestellt habe; und wenn das geschieht, haben die Erben das Gut mit Recht behauptet.

Art. 324. Wie neugeborene Kinder erben

Hat eine Frau vom Vater oder von der Mutter oder von anderen Verwandten ein Gut geerbt, und sie nimmt einen Mann und wird von ihm schwanger und gebiert das Kind, es sei Tochter oder Sohn, und stirbt an dem Kind, und das Kind lebt so lange, daß es die Augen öffnet und die vier Wände des Hauses sieht, so hat das Kind das Gut seiner Mutter geerbt, das sie hinterlassen hat. Und wenn es danach stirbt, so erbt der

---

12 Gemeint ist: soll befehlen, daß ihm ein Brief ausgestellt werde. Andere Textformen: soll ihm einen Brief ausstellen (Urswsp. Ldr. 329 (323 a), S. 533. Lahr Ldr. LXII, II, 3; S. 81).

13 Langform Z, Ldr. 320 (323 a), S. 182: und den soll man mit dem Siegel des Gotteshauses besiegeln und mit seinem eigenen Siegel, wenn er eines hat.

Vater, was es von seiner Mutter geerbt haben sollte. Das tut er billiger als jemand anders.

Art. 325. Wenn eine Tochter einen Mann nimmt, der ihr Ungenosse ist

Ein Mann stirbt und hinterläßt zwei Töchter, die beide Jungfrauen sind. Die eine nimmt einen Mann, der ihr Standesgenosse ist; und die andere nimmt einen Mann, der nicht ihr Standesgenosse ist. Und hat ihr Vater ein Gut hinterlassen, das auf dem Erdreich liegt, so soll alles die eine Tochter erhalten, die ihren Standesgenossen oder einen Übergenossen genommen hat. Und hinterläßt er anderes Gut, das nicht aus Erdreich besteht, sollen sie das zu gleichen Teilen miteinander teilen.

(I) Vom Ungericht: Wer den anderen schlägt, ohne ihn zu verwunden, oder ihn stößt oder ihm die Haare rauft oder ihn umwirft, und dafür vor Gericht gebracht wird, dem geht es nicht an den Leib oder an einen Teil seines Leibes. Er soll dem Kläger gemäß dem Rat der Verwandten oder des Richters büßen und dem Richter sein Gewette büßen, das sind etwa fünf Schilling, manchmal mehr, manchmal weniger. Kein Richter soll für diese Schuld mehr als ein Pfund nehmen.

Art. 326. Wenn ein Mann das Roß eines anderen verwundet

Sitzt ein Mann auf einem Roß und will irgendeiner Angelegenheit wegen reiten, und ein anderer Mann reitet ihm entgegen und zieht sein Schwert, will ihn schlagen und trifft das Roß, so spricht Karls Recht, er solle ihm büßen als ob er ihn getroffen hätte, weil er die Absicht hatte, ihn zu schlagen, als er das Roß traf. Und tat er es mit Spießen, Armbrüsten, Bögen, Messern oder mit welchen Waffen auch immer er es getan hat, so gilt dasselbe Recht wie für das Schwert.

Art. 327. Wenn ein Vieh das andere tötet

Pfändet ein Mann ohne Recht Roß oder Vieh und treibt es heim in sein Haus, und das Roß oder Vieh schlägt ein anderes Vieh zu Tode oder welchen Schaden auch immer es anrichtet, während es in seiner Gewalt ist, so muß er den Schaden, den das Vieh anrichtet, zahlen, und nicht mehr. Wer das Vieh zu Unrecht pfändete, soll dem Richter büßen nach der Gewohnheit, wie sie im Land oder in der Stadt gesetzt ist.

(I) Wer sich vor Gericht nicht verantworten will: Jemand wird vor Gericht wegen einer Schuld beklagt, und der Richter gebietet ihm, daß er sich verantworte; und will er sich nicht verantworten, so soll er ihm das einmal, zweimal und ein drittes Mal gebieten. Und will er sich dann immer noch nicht verantworten, so soll der Richter jenem [dem Kläger] befehlen, daß er klage, und für ihn Recht sprechen, als ob dieser antwortete. Klagt er um eine Geldschuld oder ein Gut, so richte er, wie es Recht ist, und jener ist dem Richter ein Gewette schuldig, weil er nicht antwortet. Geht es ihm aber an den Leib, so richte er, wie hiervor gesprochen ist.[14]

Art. 328. Von stummen Antworten

Steht ein Stummer, der nicht antworten kann, vor Gericht und fordert einen Fürsprech, so soll man ihm den geben. Und wie man ihm [dem Fürsprech] das deutlich machen kann, und gemäß dem, was jener gegen ihn klagt und bezeugen kann, danach soll der Richter richten.

Art. 329. Vom Kirchenfrieden

Wenn ein Mensch, er sei Herr oder Knecht, Weib oder Mann, etwas tut und dann in eine Kirche flieht, soll sich niemand die Gewalt anmaßen, ihn aus der Kirche herauszuholen oder ihm in der Kirche etwas zu Leide zu tun; er soll Gott fürchten und die Kirche ehren. Und ist er jemandes Eigenmann, so soll dieser [sein Herr] den Priester bitten, daß er ihm den Menschen ausliefere. Er soll das tun und sich bei ihm vergewissern, daß er weder ihm wegen dieser Schuld etwas antue noch gestatte, daß jemand anders ihm wegen dieser Schuld etwas antut; und er soll ihm erstatten, was er ihm ehedem angetan hat. Und will der Priester das nicht tun, so soll er den Menschen bei sich behalten, und soll ihn wohl hüten, damit er ihm nicht entrinne. Und entrinnt er ihm, soll er befehlen, daß fleißig nach ihm gesucht wird; und findet er ihn nicht, soll er dem Herrn einen ebenso tauglichen Menschen geben. Hat er den nicht, gebe er ihm einen, der ihm ebenso lieb ist. Und kommt der Richter vor die Kirche und fordert den Menschen aus der Kirche, soll ihn der Priester ihm nicht aus der Kirche herausgeben. Er soll ihn mit dessen freien Willen in den Gewahrsam des Richters geben; und der Priester handelt damit wider niemanden. Und holt ihn jemand wider seinen Willen aus der Kirche und nimmt keine Rücksicht auf Gott, so soll er dem, dem die Kirche gehört, sechsunddreißig Schilling zur Strafe geben, und der Kirche achtzehn Schilling zur Strafe. Und als Strafgebühr zahle er an den Fiskus sechzig Schilling, weil

[14] Andere Textformen ergänzen: Dadurch, daß er keine Antwort gibt, ist er nicht von der Schuld befreit (Urswsp. Ldr. 327 I (313), S. 522f., nach der Freiburger Hs. Lahr Ldr. CXXXVI, I, 6; S. 169).

er gegen das Gesetz handelte. Deshalb soll er eine so hohe Buße zahlen, daß andere Christenmenschen sehen und erkennen, daß man Gottes Kirche schonen soll. Und geschieht es, daß ein Mensch nicht in die Kirche gelangen kann, und er ergreift den Ring an der Kirchtür, soll er ebenso guten Frieden haben wie in der Kirche. Wer ihm dennoch etwas zu Leide tut, muß dieselbe Buße erleiden, als ob er ihn aus der Kirche geholt hätte. Die geweihten Kirchhöfe haben dasselbe Recht wie die Kirchen.

Art. 330. Von Kirchen

Wer einen Menschen in der Kirche oder an der Kirchtüre zu Tode schlägt und die Kirche damit in starkem Maße entehrt, der soll der Kirche sechzig Schilling geben, wenn man eine Buße nehmen will.

Art. 331. Wer in Kirchen stiehlt

Wer in der Kirche etwas stiehlt oder raubt, der soll der Kirche sechsunddreißig Schilling geben und dem Pfarrer dieser Kirche achtzehn Schilling; und er soll die Schuld büßen, indem er den Wert dessen, was er nimmt, in Pfennigen dreifach zahlt. Und was er der Kirche stiehlt und raubt, seien es Rösser oder Rinder, Vieh oder fahrendes Gut oder was immer es ist, dafür soll er dreimal so viel geben, wie es wert ist. Dieses Recht setzten Papst Leo und König Karl, sein Bruder, auf einem Konzil in Rom, wie auch viele der anderen Rechte, die nach den Ketzern bis zum Lehenbuch stehen.

Art. 332. Wer Diebes- oder Raubgut bei einem anderen findet

Jemand findet sein gestohlenes oder geraubtes Gut bei einem anderen, und er geht hin und nimmt sein Gut. Der andere verwehrt es ihm und will es ihm nicht zurückgeben. Er soll zum Richter gehen und soll seinen Boten nehmen. Bekennt er, daß er sein Gut hat, so ist er dem Richter zwölf Schilling schuldig. Und leugnet er und wird selbdritt überzeugt, daß er es getan hat, soll er ihm sein Gut wiedergeben, und zwar so gut, wie es an dem Tag war, als es ihm gestohlen oder geraubt wurde. Er soll dem Richter höchstens[15] wie für eine Wunde büßen, das sind zehn Pfund Landpfennige. Man soll ihm deshalb nicht seinen Leib nehmen; und hat er die Pfennige nicht, so soll er bis zu seinem Tode des Richters Diener sein.

---

15 Andere Textformen ergänzen: mit so vielen Pfennigen (Langform H, Ldr. 332, S. 283. Lahr Ldr. CLXXXVIII, 4; S. 236).

Art. 333. Wer verschiedene Hunde stiehlt oder schlägt

Wer einen Leithund stiehlt oder zu Tode schlägt, der soll dem Herrn, dem der Hund gehörte, einen ebenso guten, wie jener war, geben, und soll ihm dazu sechs Schilling geben.

Art. 334. Treibhund

Wer einen Hund, der Treibhund heißt, stiehlt oder erschlägt, soll dem Herrn, dem der Hund gehörte, einen ebenso guten geben, wie jener war, und drei Schilling dazu. Und will er schwören, daß er unschuldig ist, tue er das mit einem glaubwürdigen Mann; [den Diebstahl oder das Erschlagen] des Leithundes soll er mit drei Mann abstreiten.

Art. 335. Spürhund

Wer einen Spürhund stiehlt oder erschlägt, muß einen ebenso guten, wie jener war, geben und sechs Schilling.

Art. 336. Biberhund

Es gibt einen Hund, der Biberhund heißt. Wer den stiehlt oder zu Tode schlägt, muß einen ebenso guten geben, wie jener war, und sechs Schilling dazu.

Art. 337. Windhund

Ein Hund, der Hasen fängt oder anderes Wild, heißt Windhund. Der hat dasselbe Recht und drei Schilling dazu.

Art. 338. Wachhund

Ein Wachhund[16] hat dasselbe Recht und die drei Schilling dazu.

Art. 339. Jagdhund

Ein Hund, der Großwild fängt, Bären oder Hirsche und Wölfe und alle großen Tiere, der hat dasselbe Recht und sechs Schilling.

[16] Andere Textformen: Wachtelhund (Urswsp. Ldr. 338, S. 538. Lahr Ldr. CCCLXIX, IV, 4; S. 439).

Art. 340. Von Rüden

Ein Hund, den ein Hirte des Viehes wegen aufzieht, damit er die Wölfe beißt, hat dasselbe Recht und drei Schilling in Pfennigen dazu.

Art. 341. Hofwart

Ein Hofwart, der den Hof eines Mannes Tag und Nacht bewacht: Stiehlt ein Mann diesen, wenn die Sonne untergeht oder schlägt ihn zu Tode, so gebe er ihm einen ebenso guten, wie jener war und drei Schilling dazu; und dennoch hat er den Diebstahl begangen. Tut er es bei hellichtem Tage, so gebe er ihm einen ebenso guten, wie jener war, und einen Schilling dazu.

Art. 342. Wenn ein Hund einen Mann angreift

Greift ein Hund einen Mann an und beißt in sein Gewand oder in seine bloße Haut, wo auch immer an seinem Leib das ist, und er wehrt sich und schlägt ihn zu Tode, so soll er ihm einen ebenso guten geben, wie jener war, und keinen Pfennig. Es soll aber jener, dem der Hund gehörte, für seinen Schaden aufkommen, oder er soll ihm den Hund nicht bezahlen; und er soll auch dem Richter nichts büßen. Wie soll einer, der einen Hund stahl oder erschlug, beweisen, daß der, den er dafür gibt, ebensogut ist, wie jener war? Er soll zu den Heiligen schwören, daß er so gut ist wie jener war;[17] will er aber nicht schwören, so müssen es taugliche Leute entscheiden.

Art. 343. Wer einen Hund lähmt

Lähmt ein Mann einen Hund, indem er ihn verwundet, so daß er in den Beinen lahm wird und niemandem mehr nütze ist, so soll er den lahmen Hund behalten und soll dem Besitzer einen ebenso guten geben, wie jener war und so viel Pfennige dazu, wie vorgeschrieben ist. Dieses Recht setzte König Karl ohne den Papst Leo von Hunden und von Federspiel.

Art. 344. Vom Federspiel

Wer einen Habicht, der den Kranich fängt, stiehlt oder zu Tode schlägt, der soll ihm[18] einen ebenso guten geben, wie jener war, und sechs Schilling

---

[17] In den Langformen E und H endet der Artikel hier (Langform E, Ldr. 342, S. 221. Langform H, Ldr. 342, S. 284). Langform Z, Ldr. 328 (342), S. 186 ergänzt: So hat er das bewiesen.

[18] Langform Z, Ldr. 329 (344), S. 186: dem Herrn.

dazu. Für einen Habicht, der den Reiher fängt, gilt dieselbe Buße. Ein Habicht, der die Ente fängt, hat dieselbe Buße und drei Schilling dazu. Für einen Falken, der die Vögel in den Lüften fängt, gilt dasselbe Recht wie für den Habicht, der den Kranich fängt.

Art. 345. Sperber

Wer Sperber oder Sperberweibchen oder andere Vögel, die man auf der Hand zu tragen pflegt, erschlägt oder stiehlt, der gebe einen ebenso guten, wie jener war, und einen Schilling. Für einen Pfau gilt dasselbe Recht und ein Schilling. Stiehlt jemand einen Hund oder einen Vogel und gibt ihn ohne Gericht und ohne Klage wieder zurück, und sie sind so gut wie sie waren, als er sie stahl, so soll jener sie wieder nehmen und die Hälfte der dazu festgesetzten Pfennige, und er soll dem Richter die halbe Buße geben, wenn dieser davon erfährt.

Art. 346. Wer auf der Straße Gut findet

(a) Findet jemand auf seinem Gut etwas, so ist das mit Recht seines, wenn er es unter der Erde findet und das Erdreich sein Eigen ist.[19] Findet es aber jemand anderer als er selber, und er hat ihm nicht befohlen, danach zu suchen, so soll er diesem den vierten Teil geben, denn das ist sein Fundrecht. Und hat er ihm befohlen zu suchen, so soll er ihm den Lohn geben, den er ihm verheißen hat. Hat er mit ihm nichts ausgemacht, so soll er mit Recht nehmen, was er ihm gibt.

(b) Und findet ein Mann ein Gut an einer fremden Stelle, die ihm nicht gehört: Wem das Erdreich gehört, wo das Gut aufgefunden wird, dem gehört auch das Gut. Das beweist man mit dem heiligen Evangelium, das also spricht: Das Himmelreich gleicht einem Acker, worin ein Schatz verborgen liegt. Wenn ein Mensch das herausfindet, verkauft er all sein Gut und kauft den Acker, damit ihm der Acker gehöre und er an den Schatz gelange. Er soll aber den vierten Teil dem Finder geben, das ist Recht.

Art. 347. Wer auf der Straße Gut findet

(a) Findet ein Mann Gut auf der freien Straße unter der Erde, gehört das dem Reich, und der Finder soll das Viertel erhalten.

---

19 Findet jemand auf seinem Eigengut ein Gut, gehört ihm das mit Recht (Langform H, Ldr. 346 a, S. 265). Findet jemand etwas auf seinem Eigengut, gehört ihm das mit Recht, wenn er es nicht unter der Erde findet und das Erdreich sein Eigen ist (Lahr Ldr. CCCXCIII, I, 1; S. 471).

(b) Findet ein Mann Gut auf der Straße über der Erde, soll er das dem nächsten Priester[20] oder dem nächsten weltlichen Richter anvertrauen, welchem er will, und also sprechen: Ich habe dieses Gut auf der Straße gefunden. Und er soll die Straße nennen und die Stelle, wo er es fand, und also sprechen: Dieses Gut befehle ich euch auf eure Treue und eure Seele. So soll der Priester an allen Feiertagen und Sonntagen in seiner Predigt und auf der Kanzel verkünden, daß auf der Straße ein Gut gefunden worden sei. Kommt daraufhin jemand [und beansprucht es], wie es Recht ist, dem gibt man es heraus. Der weltliche Richter soll das verkünden, sooft er zu Gericht sitzt. Und daraufhin kommt jemand mit ehrbaren Zeugen oder nennt gewisse Wortzeichen[21], die auf dem Gut stehen, indem er sagt, was für ein Gut es ist und wie viel davon seines ist: Wenn er die Wortzeichen genannt hat, soll er gleichwohl zu den Heiligen schwören, daß es seines sei. Ist er ein fremder Mann, so daß man ihn nicht genau kennt, so soll er zwei glaubwürdige Männer zu sich nehmen, die ihm zu schwören helfen, daß er Recht habe. Und hat jemand anderer sein Gut verloren als er selber, behauptet er sein Gut doch, wie hiervor gesprochen ist. Und der Finder erhält zu Recht nichts als das, was er ihm gerne gibt. Und kommt innerhalb von drei Jahren niemand, so soll man es in zwei Teile aufteilen, und den einen Teil dem Reich geben, den anderen Teil einem Gotteshaus. Und wollen diese dem Finder oder dem Pfarrer oder dem weltlichen Richter etwas von ihren beiden Teilen abgeben, ist das billig, steht aber in ihrem Ermessen.

Art. 348. Von gemachten Pflegern

Dies handelt von gemachten Pflegern; das sind diese: Wenn ein Vater seinen Kindern einen Pfleger gibt, während er noch lebt; oder es soll ein Verwandter des Vaters nach des Vaters Tod ihr Pfleger sein. Gibt es keinen von beiden, so gibt ihnen der Herr, dem sie gehören, einen Pfleger. Geschieht das nicht, so soll ihr Richter, wer immer es auf dem Lande oder in der Stadt ist, ihnen zu Recht einen Pfleger geben. Man soll den Kindern niemanden als Pfleger geben, der ihres Vaters Todfeind war. Solange der Jüngling unter fünfundzwanzig Jahre alt ist, soll er einen Pfleger haben. Die aber ungeraten sind und keine Einsicht und keinen Verstand haben, sollen bis zu ihrem Tode Pfleger haben.

---

20 Andere Textformen: Pfarrer (Langform Z, Ldr. 331 (347 b), S. 187. Lahr Ldr. CCCXCIV, II, 2; S. 472).

21 Andere Textformen: Wahrzeichen (Langform E, Ldr. 327 (347 b), S. 222. Langform H, Ldr. 347 b, S. 286).

Art. 349. Ist ein Mann Pfleger einer Jungfrau

Ist ein Mann Pfleger einer Jungfrau und treibt mit ihr Unzucht, so fällt all sein Gut an den Herrn, in dessen Gericht er das tut. Ist sie keinem Manne versprochen und er will bestreiten, daß er schuldig sei, so kann er das mit zwei Fingern tun, wenn er ein glaubwürdiger Mann ist. Ist sie aber versprochen, so soll er es demjenigen gegenüber abstreiten, dem sie versprochen ist, und dem Richter selbdritt mit glaubwürdigen Leuten. Wenn das geschieht, ist er gegenüber dem, dem sie versprochen ist, und dem Richter und allen ihren Verwandten entlastet. Welchen Schaden ein Pfleger denen antut, die er pflegt, soll er ihnen zweifach entgelten. Vernachlässigt er ihre Angelegenheiten, soll er den Schaden auch zweifach entgelten.

(I) Mannschlag: Wer ein Kind tötet, wie jung auch immer es ist, der ist des Mannschlags schuldig und man soll ihm das Haupt abschlagen.

Wer mit dem Räuber nach dem Raub flieht: Wird der Räuber oder einer von denen, die mit ihm fliehen, erschlagen, so soll kein Richter und keiner seiner Verwandten die Ansicht besitzen, daß man ihnen dafür büßen soll; denn das wäre wider das Recht.

Art. 350. Wer seinen Verwandten tötet

Jemand tötet seinen Verwandten[22] öffentlich oder heimlich, ohne daß dieser eine Schuld besäße. Über den soll man also richten: Man soll für ihn einen ledernen Sack machen und ihn in einem Gewässer versenken; es sei rein oder unrein. Und man soll ihn so tief senken, daß sein Haupt und sein ganzer Körper auf dem Grund liegen, und man soll ihn einen halben Tag im Wasser liegen lassen. Ist er dann noch nicht tot, lasse man ihn länger darin liegen, denn sein Leichnam ist es nicht wert, daß Leute[23], die Sonne oder der Mond, der Tag oder die Nacht seinen Tod sehen sollen.

(I a) Wer den anderen rügt: Klagt ein Mann vor Gericht den anderen wegen Mannschlags an oder wegen etwas anderem, weshalb er seinen Leib verlieren kann, soll der Richter sprechen: Willst du den Mann für etwas beschuldigen, was an seinen Leib geht, so sollst du folgendes wissen: Kannst du ihn nicht überführen, wie es Recht ist, so mußt du erleiden was er erleiden sollte. Und will er jemandes Ehre oder Stand bezweifeln,

[22] Die systematische Form hat *angebornen freünd* statt *mag* (Lahr Ldr. CCXXXV, 1; S. 283).

[23] Andere Textformen: die Luft (Urswsp. Ldr. 350, S. 541. Lahr Ldr. CCXXXV, 5; S. 284). Abweichend Langform E, Ldr. 329 (350), S. 223: Denn weder die Luft noch das Feuer noch irgendeine Kreatur sollen ihn begnadigen.

und kann das nicht beweisen, so soll er erleiden, was jener erlitten haben sollte.

(I b) Es kann kein Weib jemanden wegen einer Schuld, wie sie hiervor genannt ist, rügen; es sei denn, es gehe sie selbst etwas an.

(I c) Beschuldigt ein Mann einen anderen dieser Dinge außer Gerichtes, und es wird nicht vor dem Richter geklagt, sollen die Verwandten sie untereinander versöhnen. Sie sollen ihm so viel Ehre erweisen, wie ihm vor den Leuten Schimpf angetan wurde. Und bürdet er ihm zum zweiten Male vor den Leuten die Hunde auf,[24] und er klagt das dem Richter, muß er ihm büßen wie es hiervor gesprochen ist, oder er muß erleiden, was jener erleiden sollte.[25] Denn könnte jeder beliebige Mann dem anderen den Leib oder die Ehre absprechen, so wären derer viele, die das täten, wenn sie es nicht entgelten müßten.[26] Deshalb ist festgesetzt, daß man ihnen dasselbe antun soll; und richtet ein Richter nicht über diese Schuld wie es jetzt hier gesprochen ist, soll der Richter, von dem er das Gericht hat, über ihn richten.

Art. 351. Wenn ein Mann und ein Weib gefangen liegen

Sind ein Mann und ein Weib gefangen, soll man sie nicht zu einander in eine Zelle legen; man soll sie gesondert legen, damit sie nicht miteinander sündigen. Werden jemandem gefangene Leute anbefohlen, der sie zu Recht bewachen soll und will, und sie entrinnen ihm, so soll er sie wieder suchen und fangen, wenn er kann. Und kann er sie nicht wieder überantworten, soll er allen Schaden und all die Buße erleiden, die jener erleiden sollte, der ihm da entkommen ist.

Art. 352. Wer Gefangene ernähren soll

Wer Leute in Gefangenschaft schickt, es sei Weib oder Mann, soll ihnen zu Recht die Speise geben, derer sie bedürfen. Tut er das nicht, so soll ihn der Richter zwingen, daß er es tut. Tut er es dann immer noch nicht, so soll der Richter befehlen, daß man den Gefangenen zum Almosen führe,

[24] D.h.: verhöhnt er ihn ein zweites Mal vor den Leuten (Lahr, Anh. 3 zu Ldr. CCXXXV, S. 284). Das Übergeben eines Hundes ist als Zeichen von Geringschätzung bezeugt, das Tragen von Hunden als Ehrenstrafe (Grimm, Jacob. Deutsche Rechtsalterthümer. Göttingen [3]1881, S. 715–718).

[25] Lahr, Anh. 3 zu Ldr. CCXXXV, S. 284 ergänzt: Das ist Gottes und geschriebenes Recht.

[26] Lahr, Anh. 3 zu Ldr. CCXXXV, S. 284 setzt statt des Konditionalsatzes: aus Haß und Neid. Es folgt ein offensichtlich verderbter Satz des Inhaltes, daß über die Meineidigen und die, die falschen Herzens sind, gerichtet werden soll.

damit man ihm das gibt. Und stirbt er inzwischen Hungers, so müssen der Richter und jener, der ihn gefangen nahm, vor Gott fasten, als ob sie ihn eigenhändig erschlagen hätten. Jeder von ihnen muß auch dem König mit zwanzig Pfund ihrer Landpfennige büßen.

Art. 353. Von der Gefangenschaft

Ein Mann liegt gefangen, und seine Kinder oder andere Erben bemächtigen sich seines Gutes, solange er gefangen ist. Wenn er frei ist, so sollen sie ihm sein Gut wieder übergeben ohne eine Verminderung. Und den Ertrag, den sie aus dem Gut gezogen haben, sollen sie ihm vollständig bezahlen. Haben sie aber Aufwendungen für seine Feldarbeit und das Viehfutter[27] gehabt, so soll er ihnen das entgelten. Und tut er das nicht gern, so soll ihn der Richter, in dessen Gericht beide Seiten sitzen, dazu zwingen. Und lassen sie sich darum beklagen, soll der Richter ihn wieder in sein Gut einsetzen, und soll ihm auch für seinen Schaden Recht gewähren. Für den Schaden, den sie ihm zugefügt haben, sollen sie auch dem Richter büßen, mit so viel Pfennigen, wie man eine Wunde büßt; das sind etwa zehn Pfund und manchmal weniger, je nach des Landes Gewohnheit. Wer von den Erben sich beklagen läßt, gibt diese Buße, und ein jeder für sich so viel, wie hier geschrieben steht.

(I) Von der Bürgschaft: Wird ein Mann für einen anderen Bürge, so halte sich jener [der Gläubiger] an den Bürgen oder an den Schuldner selbst. An welchen er will, halte er sich; und der andere ist ledig.

Art. 354. Will ein Vater seine Kinder enterben

Will ein Vater aus Böswilligkeit seine Söhne oder Töchter enterben und darüber eine Handfeste ausstellen, kann das nicht mit Recht geschehen. Die Söhne und Töchter handeln dieser Handfeste mit Recht zuwider, wenn sie das Erbe nicht verwirkt haben. Haben sie es aber verwirkt, wie dieses Buch hiervor sagt, so tut ihr Vater es mit Recht.[28] Sind die Kinder aber noch nicht zu ihren Tagen gekommen, wenn der Vater die Erbschaft regelt, so entsteht ihnen kein Schaden. Wenn der Knabe vierzehn Jahre alt und das Mädchen zwölf Jahre alt wird, können sie ihr Erbgut wohl fordern. Und ist ihr Vater zu der Zeit, wenn sie zu ihren Tagen gekommen sind, bereits tot, so soll der Richter, in dessen Gericht das Gut liegt und dem sie klagen, sie in ihr Gut einsetzen.

---

[27] Oder ist etwa gemeint: für seine Ehre und zu seinem Nutzen (*durch sin ere und durch sin gefuere*)?

[28] Langform Z, Ldr. 337 (345), S. 191 setzt statt dessen: Haben sie es aber nicht verwirkt, kann der Vater ihnen das Erbe nicht vorenthalten.

Art. 362. Wer sich Reichsgut aneignet

Eignet sich jemand unwissentlich zu Unrecht Reichsgut an und wird durch unseren Boten darauf aufmerksam gemacht, soll er das sofort ohne Verminderung zurückgeben; und hat er es wissentlich getan, so hat er seine Treue uns gegenüber gebrochen. Und hat er uns Huld geschworen, so ist er meineidig und treulos. Dafür sollen wir über ihn nach unserem Willen und durch unsere Gewalt richten.

Art. 363. Von dem, der am Sonntag etwas feil bietet

(a) Wir gebieten, daß niemand am Sonntag etwas feil biete außer Essen und Getränke. Wer seinen Stand, seinen Laden oder seinen Keller öffnet, weil er etwas daraus verkaufen will, ist dem Priester fünf Schilling schuldig und dem Richter ebenso viel. Ein jeglicher Feiertag, den zu feiern man mit dem Bann gebietet, hat dasselbe Recht wie der Sonntag und die drei Hochfeste Weihnachten, Ostern und Pfingsten.

(b) Wie Richter richten sollen: Wir gebieten mit kaiserlicher Gewalt allen Richtern, die auf dem Land oder in den Städten sind, daß sie sich unrechter Gewalt enthalten; und wenn sie das nicht tun, müssen wir nach unserem Recht darüber richten. Und wenn wir darüber nicht richten können, richtet Gott am jüngsten Tage über sie.[29] Der Richter darf nicht gegen Lohn richten, weder um Recht noch um Unrecht. Er soll nichts nehmen außer seiner Buße, die ihm zu Recht oder doch nach Gnade zusteht. Wenn von folgenden drei Personengruppen ein Mensch vor Gericht kommt, nämlich von den Armen, den Witwen und Waisen, und einen Fürsprech nehmen will, so soll ihm der Richter vor den anderen einen geben; und diejenigen, die zu Gericht sitzen, sollen sie vor anderen Leuten hören. Wer das nicht tut, handelt wider Gott und das Recht.

(I) Von Findelkindern: Setzen ein Vater oder eine Mutter ihr Kind aus, und jemand hebt es auf und erzieht es und ernährt es, bis es zu seinen Tagen kommt, so daß es dienen kann, so soll es dem dienen, der es ernährt hat. Und wollen es Vater und Mutter heimholen oder sein Herr, wenn es eigen ist, so sollen sie ihm erst die Kosten bezahlen, wie er den Aufwand, den er hatte, berechnet.

[29] In anderen Langformenklassen folgt: Welcher Richter die Schuld, die vor ihm geklagt und bezeugt wurde, nicht richtet, über den soll der Richter, von dem er das Gericht hat, richten (Langform Z, Ldr. 346 (363 b), S. 289. Langform H, Ldr. 363 b, S. 291).

(II a) Von falscher Münze:[30] Schlägt ein Münzer falsche Pfennige[31], soll man ihm die Hand abschlagen. Wir nennen diejenigen Pfennige falsch, die nicht so beschaffen sind, wie sie es nach ihrem Recht sein sollten.[32] Die Pfennige sollen so weiß sein, daß von der Mark nicht mehr fehlt als ein Setin; die Pfennige sollen pfundig sein.[33] Nun machen sie die Herren etwas leichter. Und wie die Herren sie leichter zu machen befehlen, so sollen die Münzer sie leichter machen;[34] und kein Herr hat die Gewalt, sie in ihrer Reinheit anders zu machen, als daß ein Setin auf die Mark fehle, wenn man sie einschmilzt. Und sind die Pfennige anders beschaffen, so sind sie falsch.

(II b) Befiehlt ein Herr, sie anders zu schlagen, als es hier geschrieben steht, so hat er die Huld des Reiches verloren. Ist er ein geistlicher Fürst, soll der römische König befehlen, es dem Papst zu klagen; der soll über ihn richten. Er soll ihn degradieren; das heißt, er soll ihm seine geistliche Würde nehmen. Dann soll der König über ihn richten wie über einen Fälscher; das heißt, er soll ihm das Haupt abschlagen. Und ist derjenige, der die Münze dergestalt gefälscht hat, ein Laienfürst, soll man ihm das Haupt abschlagen. Man soll die Herren mit den Pfennigen überzeugen; und wenn sie nicht beschaffen sind, wie es hier geschrieben steht, sind sie

---

30 Langform H, Ldr. 363 II, S. 144: Dies handelt von falschen Münzen. Es steht noch mehr in diesem Buch über falsche Münzen; dieses Recht hat der selige und heilige Kaiser Karl über diejenigen gesetzt, die falsche Münzen schlagen.

31 Lahr, Anh. 2 zu Ldr. CCCCXVI, S. 489: Münzen, die alle Pfennige heißen.

32 Lahr, Anh. 3, 1 zu Ldr. CCCCXVI, S. 489: die anders gemacht werden, als hernach geschrieben steht.

33 Diese beiden kurzen Sätze enthalten alle nötige Information betr. Gewicht und Gehalt der Pfennige. Sie bedeuten: Eine Mark (ca. 230 g) Münzmetall bestehe aus Silber (soll weiß sein), nur ein Setin (1/2 Lot oder 1/32 Mark) darf aus anderem Metall zugesetzt werden. Münzsilber sei also 15 1/2-lötig. Rechnerisch ist das 969er Silber; da man im Mittelalter aber kein reines 1000er Feinsilber, sondern bestenfalls 985er Silber herstellen und nachweisen konnte, muß dieser Wert um ein Weniges nach unten korrigiert werden (zur seltenen Gewichtseinheit Setin: Luschin von Ebengreuth, Arnold. Allgemeine Münzkunde und Geldgeschichte des Mittelalters und der neueren Zeit. München und Berlin ²1926, S. 180). Aus einer Gewichtsmark soll nun ein Zählpfund, also 240 Stück geschlagen werden (sie sollen pfundig sein; vgl. unten Ldr. 370), mithin Pfennige, die ein knappes Gramm wiegen (drei dieser Pfennige entsprechen im Wert zwei Kölner Pfennigen, der damaligen deutschen Leitwährung). Derartige pfundige Pfennige waren am Rhein, aber auch in Südostdeutschland im Gebrauch, indes nicht in Schwaben (Nau, Elisabeth. Münzen und Geld in der Stauferzeit. In: Die Zeit der Staufer. Geschichte – Kunst – Kultur. Katalog der Ausstellung, Bd. III (Aufsätze). Stuttgart 1977, S. 87–102; hier S. 93).

34 Langform H, Ldr. 363 II, S. 144: Und wie die Herren sie leichter oder schwerer zu machen befehlen, so sollen die Münzer sie machen.

schuldig.[35] Welcher Münzer sie schlägt, dem soll man die Hand abschlagen. Wechselt ein Wechsler oder Hausgenosse diese Pfennige wissentlich, schlägt man ihm auch die Hand ab.

(II c) Wer einen annehmbaren Pfennig, der nach dem Recht gültig ist, als falsch anspricht, ist dem Gericht vierzig Schilling in diesen Pfennigen schuldig; sie sollen zur Hälfte an den Richter und zur Hälfte an den Inhaber dieser Münze gehen.[36]

(II d) Setzt ein Herr ein Zeichen auf seine Münzen und ein anderer Herr setzt dieses Zeichen auf seine Münzen, so sind diese falsch und der Herr ist ein Fälscher; und man soll über ihn wie über einen Fälscher richten. Wenn sich einer dessen schuldig macht, der keine Pfennige hat,[37] soll man ihm vierzig Schläge am Pranger geben.[38]

Art. 364. Von Zöllen

Der selige und heilige Kaiser Karl spricht hier wiederum also: Es soll niemand einen Zoll nehmen als den, der mit Recht von alters Herkommen ist und den meine Vorfahren und mein Vater, der König Pippin, aufgerichtet haben. Von diesen Zöllen wollen wir, daß sie feststehen; wir wollen aber keine neuen aufrichten. Und wenn jemand neue Zölle aufgerichtet hat, schaffen wir sie ab. Fährt jemand über Land und kann ohne Brücken fahren, soll ihm niemand einen Zoll abverlangen. Wer gleichwohl Zoll erhebt, hat unsere Huld verloren und soll sie nach unserer Gnade wiedergewinnen. Wir verbieten allen, die in unserem Reich sind,

---

[35] Langform H, Ldr. 363 II, S. 145: Man soll die Herren nur mit den Pfennigen überzeugen. Man soll eine Mark dieser Pfennige nehmen und diese in einem Tiegel auf die Glut stellen; und man soll das vor seinen Augen tun, damit er es glauben muß und es nicht abstreiten kann. Und sind sie nicht rechtmäßig, indem mehr als ein Setin von der Mark fehlt, sind sie schuldig.

[36] Langform H, Ldr. 363 II, S. 145 ergänzt: Wer einen guten Pfennig einwechselt und verwirft, der hat den Münzer als Fälscher verleumdet. Da der Münzer eine hohe Buße leiden muß, wenn er einen falschen Pfennig schlägt, so will er auch, daß ihm derjenige büße, der ihn einen Fälscher heißt, obwohl er unschuldig ist. Jedoch passiert dies gelegentlich einfältigen und dummen Menschen, die es nicht besser wissen; da walte Gnade.

[37] Langform H, Ldr. 363 II, S. 145: Hat jener, der den guten Pfennig verwirft, keine Pfennige, soll man höchstens zu Haut und zu Haar über ihn richten.

[38] Lahr fügt folgenden Artikel aus der Würzburger Hs. (Langformenklasse II e, oben S. 48 A. 37) ein, der die Söhne von Klerikern betrifft: Wie sich ein Sohn eines Pfaffen ehelich machen soll, so daß er sich das Recht eines Mannes erwirbt: Er soll zwischen zwei Heeren einen Speer brechen, aber nur dort, wo der römische König gegen einen anderen König zieht. Und dann erwirbt er wohl Eigen und empfängt Lehen und wird Ritter, wenn er will (Lahr, Anh. zu Ldr. CCCXVI, Num. 10, S. 490; dgl. die Münchner Hs., Wackernagel/Senckenberg, Addendum 426 (zu Ldr. 332), S. 344).

ohne unsere Erlaubnis Zoll zu nehmen. Wer es gleichwohl tut, hat nicht unsere Huld. Wir erklären, daß alle Zölle und Münzen im Römischen Reich dem Römischen König gehören; und wer sie haben will, er sei Geistlicher oder Laie, muß sie vom Römischen König und vom Römischen Reich empfangen. Und wer das nicht tut, der frevelt am Reich.

(I) Wer einen neuen Markt stiftet: Stiftet jemand einen neuen Markt ohne unser Wort und ohne Einwilligung unserer Nachfolger, so kann dort kein Markt stattfinden. Und wenn wir es gebieten und unseren Boten dorthin senden, so soll er ihn abbrechen. Tut er das nicht, hat er unsere Huld verloren. Man soll keinen Markt näher als drei Meilen oder mehr zum anderen legen.

Art. 365. Von Immen

Schwärmen jemandem die Bienen aus und lassen sich auf einem Baum nieder, und er folgt ihnen drei Tage nach, so soll er dies jenem sagen, dem der Baum gehört, damit er mit ihm gehe, damit er seine Bienen wieder fange. Sie sollen miteinander gehen, und sie sollen mit Äxten und mit Kolben und womit auch immer sie können an den Baum hauen und schlagen, so daß sie den Baum nicht versehren oder verderben. Lassen sie sich auf einem Zaun oder auf einem Haus nieder oder worauf auch immer sie sich niederlassen, so gilt dasselbe Recht wie für den Baum. Schlägt er gegen den Baum, wie es hiervor genannt ist, gehören ihm die Bienen, die herabfallen. Die Bienen, die oben bleiben, gehören jenem Mann, dem der Baum gehört.

Art. 366. Wer fruchttragende Bäume verdirbt

Geht jemand in den Baumgarten eines Mannes und schlägt seine Bäume um, und das sind Bäume, die Obst tragen, so soll er ihm das Obst zahlen, wie er bewertet, was es in einem Jahr wert wäre, wenn er es verkaufte. Wie viele Bäume es sind, so viel muß er für einen jeglichen zahlen, wie er beschwört, was das Obst wert war, das in einem Jahr darauf wuchs. So muß er ihm für zwölf Jahre das Obst bezahlen, und er soll ihm andere Bäume aufpfropfen, und sind es keine gepfropften gewesen, soll er ihm solche anderen Bäume pflanzen, wie er sie umgehauen hat. Und sind die Bäume, die er für ihn gepflanzt hat, dann noch nicht so tauglich geworden, daß auf einem jeden von ihnen Obst im Wert von einem Schilling wächst, soll er sie nicht in seinen Besitz nehmen. Wird aber jeder Baum so tauglich, daß er Obst im Wert von zwölf Pfennig trägt, soll er sie in Besitz nehmen. Damit ist der Schaden aber noch nicht beglichen; er soll ihm als Buße noch zwanzig Schilling geben.

Art. 367. Wer gegen den Kaiser rüstet

Rüstet sich jemand wider den Kaiser und wider diejenigen, die in seinem Dienste stehen, oder wider diejenigen, denen er es befiehlt[39]; oder er flieht, wenn er sich auf einem Heereszug mit dem Kaiser befindet, ehe dieser selbst flieht: Man soll ihn lebendig begraben[40]; so haben es unsere Vorgänger festgesetzt, die ehedem für das Reich sorgten.

(I) Wer einen Meineid schwört: Schwört jemand wissentlich einen Meineid und wird dessen mit sieben Männern überzeugt, soll man ihm die Hand, mit der er den Meineid geschworen hat, abschlagen; und er kann niemandem mehr mit seinem Eid helfen. Daher soll niemand etwas schwören außer die Wahrheit. Für eine andere Missetat büßt ein Mann, ohne daß man ihm das ihm zukommende Recht und seine Ehre aberkennt; wegen des Meineides ist er aber für immer verworfen in dieser und in jener Welt; es sei denn, er büße ehrlich mit großer Buße.

(II) Der über Jahr und Tag in Acht und Bann ist: Ist jemand über Jahr und Tag in Acht und Bann und hat Lehen, so sind die seinem Herrn ledig. Hat er Eigen, so fällt das an seine Erben; hat er keine Erben, fällt es ans Reich. Hat er fahrendes Gut oder anderes Gut, so fällt es auch ans Reich. Muß er davon aber Zahlungen leisten, was man selbdritt bezeugen kann, soll das Reich oder sein Richter für ihn zahlen. Stirbt er aber, muß man die Schuld mit sieben Männern beschwören; das ist Recht.

Art. 368. Von Schankwirten

Bietet ein Schankwirt Speise und Trank feil, und er hat eine Hausfrau und ein Mädchen, das seine Dienstbotin ist, und diese helfen ihm bei seiner Arbeit, so müssen sie mit den Leuten mehr Umgang haben als andere Frauen. Daher ist folgendes bestimmt: Werden sie der Hurerei beschuldigt oder dabei ergriffen, soll man über sie nicht wie über andere Frauen richten. Man soll sie nicht öffentlich rügen. Sie sollen auch nicht öffentlich büßen. Der Leutpriester soll ihnen heimlich eine Buße aufgeben.[41]

---

39 Langform H, Ldr. 367, S. 293: oder befiehlt, daß es getan wird.

40 Andere Textformen: verbrennen (Langform Z, Ldr. 353 (367), S. 197. Langform H, Ldr. 367, S. 293).

41 Lahr fügt einen Artikel aus der Würzburger Hs. (Langformenklasse II e, oben S. 48 A. 37) an: Alle heimlichen Sünden soll man heimlich büßen; denn der Beichtvater soll eine heimliche Buße dafür auferlegen. Offene Sünden soll man öffentlich büßen. Jedoch wissen die Geistlichen oftmals nicht, was offene Sünden sind. Eine Sünde, um die zwei oder drei Leute wissen, ist keine offene Sünde, und wenn sechs oder sieben darum wissen, ist es auch keine offene Sünde. Wenn mehr Menschen über die Sünde

(I) Von Zauberern: Lädt ein Weib oder ein Mann mit Zauber oder mit Worten den Teufel zu sich, soll man sie verbrennen, oder welchen Tod der Richter will, der noch ärger ist als das Verbrennen. Damit soll ihnen der Richter den Leib nehmen, denn sie haben den allmächtigen Gott[42] verleugnet und sich dem Teufel ergeben. Und allen, die davon wissen und es verschweigen, oder die dazu raten und es lehren, soll man das Haupt abschlagen, wenn sie überführt werden, wie es Recht ist.

Art. 369. Von Schreibern

Schreibt ein Schreiber, der ein Laie ist, eine falsche Handfeste oder falsche Briefe, und er wird selbdritt dessen überführt, daß er wohl wußte, daß das, was er schrieb, falsch war, so soll man ihm dafür die Hand abschlagen. Ist er ein Pfaffe, so soll man ihn dem Bischof überantworten, und dieser soll ihm dafür die geistliche Würde aberkennen. Und wenn ihn danach der weltliche Richter ergreift, soll er über ihn richten, wie über einen Laien; er soll befehlen, daß ihm die Hand abgeschlagen werde.

(I) Wie man prüfen soll, ob eine Handfeste falsch ist: Man fälscht eine Handfeste mit vielerlei Hilfsmitteln, von denen die Betrüger und Fälscher viele kennen. Darum sollen wir die Getreuen und Ehrlichen lehren, wie sie die falschen Handfesten prüfen und besehen sollen, damit man sie desto besser durchschauen kann, damit die ehrlichen Leute damit nicht getäuscht und betrogen werden. Eine Handfeste wird auf vielerlei Weise zum Betrug mißbraucht; das kann ein wohl unterrichteter Mann wohl erkennen. Davon, wie dies geschieht, erzählt man uns einiges an einer Stelle.[43]

Bescheid wissen, ist es eine offene Sünde; und wer das nicht glauben will, schlage in der Summa Raimundi nach (Lahr, Anh. zu Ldr. CCCLXXXI, S. 460). – Dies scheint sich auf Tit. XXIV (*De sacramentis iterandis, et de consecrationibus ecclesiarum*) der Summa de paenitentia zu beziehen, wo es heißt, die Sakramente dürften nur im Falle einer offenen Sünde verweigert werden: *Et ideo dicit canon, quod sacramenta non debent conferri nisi paenitentibus. Hoc autem intellegas de peccatis manifestis, nam propter occulta non possent alicui negari sacramenta nisi per admonitionem secretam, vel publice in genere factam* (S. Raimundus de Pennaforte. Summa de paenitentia. Hg. Ochoa, Xaverius; Diez, Aloisius (Universa Bibliotheca Iuris, vol. 1, tom. B). Rom 1976, Tit. XXIV, 3; Sp. 658).

[42] Andere Textformen: unseren Herrn Jesus Christus (Lahr, Anh. 3, 6 zu Ldr. CCCLXXXI, S. 461. Langform H, Ldr. 368 I, S. 294).

[43] Gemeint sind die Dekretalen Gregors IX. (c. 5: de crimine falsi X. 5, 20). Dazu Stengel, Edmund Ernst. Eine deutsche Urkundenlehre des dreizehnten Jahrhunderts. Ein Beitrag zur Geschichte der Reception des kanonischen Rechts. In: Neues Archiv der Gesellschaft für ältere deutsche Geschichtskunde 30 (1905), S. 647–671; Wiederabdruck durch K. A. Eckhardt in: Langform H, S. 25–48.

Erstens sage ich: Die Versammlung habe etwas gelobt, und sie hat es nicht getan, so ist die Handfeste falsch.[44] Zweitens: Man klopft das Siegel oben und unten auf und zieht eine andere Seidenschnur hindurch, und diese sitzt nicht in der Mitte. Drittens: Man schneidet die seidenen Siegelschnüre etlicher Handfesten oben auseinander und fügt sie an eine Handfeste, die nach seinem Gutdünken verfaßt ist, und man zerzaust die Siegelschnüre in kleine Fasern und flicht sie dann wieder zusammen und macht sie wieder ganz; das muß aber durch geübte Frauenhände geschehen. Viertens: Es geschieht hauptsächlich mit neuen Siegeln, daß man mit Hilfe von Hitze die seidenen Siegelschnüre herauszieht und neue hindurchzieht an einer anderen Handfeste, die man ebenfalls zu seinen Gunsten angefertigt hat. Fünftens: Man erweist eine Handfeste als falsch, wenn man sieht, daß sie an der Stelle abgeschabt ist, auf welcher geschrieben steht, weshalb sie ausgestellt worden ist. Ist sie aber anderswo abgeschabt als an der Stelle, wo man die Vereinbarung trifft und nennt, weshalb sie ausgestellt worden ist, etwa wenn die Gelehrten ihr Können darlegen [oder wo geschrieben ist,] wie nützlich und gut es sei, daß die Handfeste erteilt worden ist, so schadet das nicht, wenn sie da abgeschabt ist. Sechstens: Man bereitet aus Wein und Wasser etwas zu, wovon sich die Schrift löst, und gibt die Handfeste einem Pergamentgerber, der die Schrift durch sein Können ganz beseitigt. Dann schreibt man nach seinem Gutdünken und zu seinem Vorteil etwas darauf. Man soll sie gegen die Sonne halten, dann kann man es erkennen; denn man sieht auf dem Pergament immer etwas von der alten Schrift unter der neuen. Siebtens: Man leimt ein kleines, dünnes Pergament mit einer Hausenblase[45] über die Schrift und schneidet es so zu, als ob das Ganze nur ein einziges Pergament sei, und schreibt dann auf das kleine Pergament, was einem gefällt. Achtens: Wenn die Mehrzahl der Zeugen der Handfeste sich gegen die Handfeste ausspricht, ist sie ebenfalls falsch. Neuntens: Wenn man in der Handfeste lügt, etwa wenn ich mich als eheliches Kind ausgebe und das nicht bin; oder wenn ich angebe, ich sei arm, und habe eine Kirche, die mich wohl ernährt; oder wenn ich spreche, ich sei frei, und bin ein Eigenmann oder einem Gotteshaus zinspflichtig; oder sonst irgendwelche Dinge, die nicht wahr sind; und wenn ich die rechte Form nicht einhalte,

---

[44] Der Text erweckt an dieser Stelle den Eindruck, verderbt zu sein, ohne daß aus den Varianten, die Stengel, Urkundenlehre (wie vorstehend), S. 44, aufführt, eine bessere Lesart ersichtlich würde. Vielleicht war ursprünglich etwa folgendes gemeint: Erstens: Man erzählt uns [in der Narratio der falschen Urkunde] von den Angelegenheiten einer Stadt in früherer Zeit und sagt von einer Sache, daß die Bürgerversammlung sie wohl gelobt habe; und hat sie es nicht getan, so ist die Handfeste falsch.

[45] Fischleim aus der Schwimmblase des Störs.

die der Heilige Stuhl zu Rom für solche Angelegenheiten vorgibt, damit man das Urteil nicht verändere. Zehntens: Man muß bei neuen Handfesten nachweisen, daß sie der Schreiber desjenigen Herren geschrieben hat, dessen Siegel daran hängt; denn es würde leichtlich einer das Siegel stehlen und zu einem Schreiber bringen, der ihm schriebe, was er für gut hielte; oder er findet das Siegel des Herrn sonst irgendwo, wo es ein Kämmerer oder Schreiber vergaß; oder jemand vertraut es ihm an, wie es oft geschieht. Elftens: Man bildet ein zweites Siegel dem ersten nach. Das ist aber leicht zu erkennen, wenn man es nimmt und neben das richtige Siegel hält. Zwölftens: Man schreibt eine Handfeste und man schreibt zuletzt nicht das Jahr des Herrn darauf, nämlich wie viele Jahre seit unseres Herrn Jesu Christi Geburt bis zu dem Tag, an dem die Handfeste geschrieben ward, vergangen sind. Dreizehntens: Man macht etwas, das so weich ist wie Wachs und drückt dies auf das Wachssiegel und macht es dann hart, ohne daß es sich dabei vergrößert. Das ist mühsam zu erkennen, und wir sollen niemanden lehren, wie man das macht.

Art. 370. Wer unrechtes Gewicht hat

Macht jemand ein Gewicht um das Gewicht eines einzigen Pfennigs leichter, als es zu Recht sein soll, soll man ihm das Haupt abschlagen.[46] Ein Pfund[47] Pfennige soll eine Mark wiegen. Betrügt irgendwer jemanden beim Wiegen mit einem rechten Gewicht um einen pfundigen Pfennig, so soll man ihm Haut und Haar an der Schranne abschlagen.[48]

(I) Wenn Wasser das Erdreich bricht: Strömt Wasser durch eine Gegend und bricht das Erdreich eines Mannes und schwemmt es bei einem anderen an, so gehört es diesem; es sei denn, er habe es absichtlich dorthin geleitet.

(II) Wer einen Toten ausgräbt: Gräbt jemand, der das zu Recht nicht tun soll, einen Toten aus, hat er an der Kirche, zu der der Kirchhof gehört, gefrevelt und soll folgendermaßen büßen: Ist er ein Edelmann, soll sein halbes Gut an den geistlichen Richter gehen. Hat er kein Gut, soll man ihn

---

46 Die systematische Form ergänzt: Macht er es zu jemandes Schaden schwerer, gilt dasselbe Recht, wenn man es gegen ihn bezeugen kann (Lahr Ldr. CCCXCII, I, 2; S. 470).

47 D. h. ein Zählpfund entsprechend 240 Stück.

48 Unklar ist, wie man beim Wiegen mit korrekten Gewichten betrügen soll. Plausibel ist dagegen der Wortlaut von Langform H, Ldr. 370, S. 295: Wer mit einem richtigen Gewicht ermittelt, wie schwer einer der Pfennige ist, dem soll man Haut und Haar abschlagen; d. h. die Strafe trifft denjenigen, der durch Abwiegen übergewichtige Pfennige aussortiert und ihres Metallwertes wegen einschmilzt.

auf dem Kirchhof an eine Säule binden und ihm vierzig Schläge verabreichen und das Haar oberhalb der Ohren abscheren. Tut ein Geistlicher das, so soll der Bischof ihn aller seiner geistlichen Würden entkleiden; und richtet ein Richter das nicht vollständig, wie es hier geschrieben steht, soll man ihm all sein Gut nehmen und seine Ehre dazu. Diese Schuld ist allen zu rügen erlaubt, die sie rügen wollen.

Art. 371. Vom Zimmern

Zimmert ein Mann ein Haus und sein Nachbar will ein Haus daranzimmern, so soll er seine Höhe danach richten, daß ihm das Licht nicht verbaut werde. Handelt er aber zuwider, so klage jener es dem Richter; der soll es zu Recht abbrechen.

Art. 372. Zimmern

Baut jemand auf fremdem Erdreich oder setzt Bäume auf fremdes Erdreich oder sät darauf, so gehört alles demjenigen, dem das Erdreich gehört.

Art. 373. Zimmern

Baut jemand aus fremdem Holz ein Schiff oder andere Dinge, so gehört dem, dem das Holz gehört, auch das Werk, das daraus gemacht ist.

Art. 374. Fremde Arbeit

Schneidert jemand aus fremder Seide oder fremder Wolle oder Flachs ein Gewand oder etwas anderes, so gehört das mit Recht demjenigen, dem der Stoff gehört, und sei er aus Gold oder anderen Dingen gewoben. Tut er das im Bewußtsein, er habe ihn erhalten, um ihn zu verarbeiten, so hat er Recht. Beweist aber jener, daß es ihm gehört, so gehört ihm auch das Werk. Hat er es aber unwissentlich hergestellt, soll ihm jener seine Arbeit und die Kosten, die er darauf verwandte, bezahlen.[49]

[49] Lahr ergänzt diesen Art. Ldr. 374 nach der Würzburger Hs. (Langformenklasse II e, oben S. 48 A. 37): Spricht jener aber, er wolle ihm nichts dafür geben, denn es wäre ihm lieber, der Rohstoff wäre noch unverarbeitet, und will so die Herausgabe erzwingen, so kann dieser beschwören, daß er es fand und dafürhielt, der Rohstoff wäre seiner; dann soll er seine Arbeit und seinen Aufwand nicht verloren haben. Er soll sein Werk so teuer er kann verkaufen und soll jenem so viel Seide, Wolle, Flachs oder Gold geben: Was immer es gewesen ist, er soll es ihm wieder kaufen, so daß es so gut sei, wie jenes war, oder besser. Will er [der Kläger] das nicht glauben, beschwöre er [der Beklagte] es zu den Heiligen oder bezeuge es mit dem Werk, das daraus gefertigt ist, oder mit Leuten,

(I) Gewinnt ein Sohn Gut ohne den Vater: Was ein Sohn erwirbt, während er unter der Vormundschaft seines Vaters steht, gehört dem Vater. Was ein Eigenmann erwirbt, gehört dem Herrn, dem er gehört, wenn der Herr es will. Was aber einem Eigenmann als Erbschaft zufällt, gehört dem Mann und nicht dem Herrn. Was man dem Eigenmann umsonst gibt, gehört ihm ebenfalls und nicht dem Herrn.

(II) Also merke, was geschrieben ist für den Fall, daß jemandem fremdes Gut gestohlen wird: Ein Herr oder ein armer Mann hat einen Amtmann, dem er sein Gut auf seine Treue anvertraut; und dieser tut ihm daran übel, und er bemerkt das, und sonst niemand; und andere Leute sagen ihm, daß er ihm sein Gut stehle. Und er pflegt solcherart Gut, daß niemand erkennen kann, ob er ihm übel oder wohl daran tut; und er beargwöhnt ihn: Wie soll er ihn zur Rechenschaft ziehen? Er soll ihn vor den Richter bringen, der für sie beide zuständig ist, und ihn dort wegen seines Schadens beklagen. Und streitet er ab, daß er ihm einen Schaden angetan habe, soll man ihn keinen Eid sprechen lassen, sondern ihn vor folgende drei Wahlmöglichkeiten stellen: Zum einen das Wasserurteil, zum anderen das heiße Eisen, zum dritten, daß er bis zum Ellenbogen in einen Kessel mit kochendem Wasser greifen und daraus einen hühnereigroßen Stein nehmen soll. Diese Wahl soll ein Mann[50] haben. Beweist er seine Unschuld durch das Wasserurteil oder indem ihn das heiße Eisen oder das Wasser nicht verbrennt, so ist er der Anschuldigung ledig. Und ist jener ein Eigenmann des Herrn, so zahlt er ihm nichts dafür, daß er über ihn hat richten lassen. Und ist er nicht sein Eigenmann, so muß er ihm und dem Richter zahlen, denn er hat ihn geschmäht. Folgendes soll er zahlen: Dem Schuldner so viel, um wie viel er Ansprüche gegen ihn erhob; und halb so viel soll er dem Richter geben. So soll man um alles Gut richten, das dem Mann auf seine Treue anvertraut wird und von dem niemand wissen kann, ob er wohl oder übel daran handelt. Sein Umgang damit soll also gerichtet werden, daß Gott es scheiden muß, denn Gott weiß darüber wohl Bescheid. Um eine Geldschuld soll man so nicht richten; das soll man mit Zeugen richten, wenn man sie hat. Hat man sie nicht, so soll man jenem einen Eid deswegen abnehmen. Würde man einen Eid um anvertrautes Gut abnehmen, wie es hier besprochen ist, so würden leichtlich Meineide geschworen; und manch ein Mann verlöre sein Gut, das er sonst behielte.

---

die das gesehen haben. Dieses Recht gilt auch, wenn jemand fremdes Erdreich besät oder bebaut, und für jegliches Werk, das ein Mann ohne Wissen fertigt, woraus kein Schaden entsteht (Lahr, Anh. zu Ldr. CCXLV, S. 292).

[50] Urswsp. Ldr. 374 II (172), S. 455: der Ammann.

(I) Was man unehelichen Kindern geben kann: Hat ein Mann, der ledig ist, ein Kind mit einer ledigen Frau, und er nimmt danach ein Eheweib und bekommt mit ihr eheliche Kinder, so können die ehelichen Kinder nicht nehmen, was er bei gesundem Leib den ledigen Kindern gibt. Hat er es aber mit einer Ehefrau oder mit einer ledigen Frau und ist selber ein Ehemann, so heißt es ein Hurenkind, und der Vater kann ihm kein Gut zukommen lassen; das nehmen ihm die ehelichen Kinder mit Recht.[53]

(II) /[α] Von der Ehe und von unrechten Kindern. Merk zuerst den Anfang dieser Materie:

Als der allmächtige Gott Adam und Eva erschuf, da hat er sie so geschaffen, daß sie niemals sterben oder krank werden sollten. Sobald sie aber den Apfel aßen, den Gott ihnen verboten hatte, mußten sie todkrank werden, wie es uns allen von diesen beiden für immer vererbt ist.

---

[53] Lahr fügt eine weitaus ausführlichere Version von Ldr. 377 I aus einer nicht mehr identifizierbaren Handschrift ein, die ihm durch die Edition Schilters bekannt wurde (Oppitz, Rechtsbücher II (oben S. 26 A. 3), Nr. 493, S. 489): Von Hurenkindern: Ein lediger Mann hat mit einem ledigen Weib ein Kind oder mehr als eines, und er nimmt danach eine Ehefrau und bekommt mit dieser eheliche Kinder. Gibt er bei gesundem Leibe den unehelichen Kindern etwas, können die ehelichen Kinder nicht mit Recht widersprechen, noch können sie es ihnen mit Recht nehmen. Auf seinem Sterbebett gibt er ihnen wohl fahrendes Gut, aber kein Erbgut. Hat er das uneheliche Kind aber mit einer Ehefrau, oder war er selbst zu der Zeit, als sie von ihm schwanger wurde, ein Ehemann, so heißen die Kinder Hurenkinder und haben kein Recht. Welcherlei Gut der Vater diesem Kind gibt: Er kann es ihm nicht übereignen; seine Kinder nehmen es ihm mit allem Recht. Hat er das uneheliche Kind aber mit einer seiner weiblichen Verwandten, die im vierten Grade oder näher mit ihm verwandt ist – und je näher, desto sündiger und schändlicher ist es – oder hat er es mit einer Frau, die mit ihm schwägerlich versippt ist – das heißt: hat ein Weib einen Mann zur Ehe oder auch unehelich, und sie hat weibliche Verwandte bis zum vierten Grad, und der Mann liegt bei einer von diesen, welche die Verwandten seiner unehelichen Freundin oder Ehefrau, im vierten Grade oder näher, sind –, so ist er ein Sippebrecher, ein großer Sünder. Und die Kinder, die ein Mann mit diesen Frauen hat, die mit ihm blutsverwandt oder versippt sind, haben dasselbe Recht wie die Hurenkinder, weder mehr noch weniger. Hat er aber Kinder mit seiner Taufpatin oder mit seinem Patenkind, das er aus der Taufe hob, haben diese Kinder alle das gleiche Recht wie die Hurenkinder. Ein Mann hat ein Kind mit einer Nonne, die das klösterliche Gelübde abgelegt hat, und sie verläßt das Kloster und ist für längere oder kurze Zeit außerhalb des Klosters: Deswegen hat kein Mann an ihr ein besseres Recht. Wer nur ein Mal sündhaft und wissentlich bei ihr liegt, steht sofort unter dem höchsten Bann, den Gott im Himmel und auf der Erde hat. Wenn man ihn auch nicht in den Bann tut und ihm den Bann verkündet, so ist er gleichwohl wegen dieser einen Sünde im höchsten Bann, den Gott im Himmel und auf der Erde hat. Und die Kinder, die ein Mann mit denselben Nonnen hat, haben dasselbe Recht wie die Hurenkinder, und sie heißen mit allem Recht Hurenkinder (Lahr, Anh. zu Ldr. CCCLXXVIII, S. 457f.).

Da wir an unserem Leib also sterblich und krank wurden, da kam Gott in seiner Barmherzigkeit vom Himmel auf die Erde und wollte für uns Mensch werden aus unserer Frau Maria, der ewigen Jungfrau, weil er uns eine Arznei machen wollte, damit wir an Leib und Seele für immer gesund wären. Zunächst an der Seele bis zum jüngsten Tag; dann an Leib und Seele, wenn wir die Arznei einnehmen, die Gott selbst uns verordnet hat. Denn er hat die Arznei mit göttlicher Kraft so wirksam gemacht und so edel und so kräftig, daß der, der sie zu Recht nimmt wie Gott sie verordnet hat, für ewig genesen ist und niemals mehr verloren gehen kann.

Die Arznei hat Gott in sieben Rationen eingeteilt. /[β] Niemandem kommen alle diese sieben Stück zu. Diese sieben Arzneien sind die höchsten sieben Heiltümer, die Gott hat:
Das erste Heiltum ist die heilige Taufe,
das andere die heilige Firmung,
das dritte die heilige Buße,
das vierte der heilige Leib des Herrn,
das fünfte das heilige Öl, das die Leute auf dem Totenbett empfangen,
das sechste die Priesterweihe,
das siebente die heilige Ehe.
Was eine jegliche Arznei für eine besondere Kraft habe und wie ein jeder Christenmensch sie empfangen solle, das wissen die Gelehrten wohl.

Wir wollen hier von nichts außer der heiligen Ehe ein wenig sagen, wie ein jeglicher Mensch diese eingehen soll, wie es der heilige Herr St. Johannes in der Apokalypse sah. Dieser sah eine Frau, die der Drache fressen wollte. Da half ihr Gott, indem sie zwei schöne Fittiche erhielt und dem Drachen entflog.

Der Drache bedeutet den Teufel; wer diesem in der heiligen Christenheit durch die heilige Ehe entfliehen will, muß zwei Fittiche oder Flügel haben: Einen, durch den man zu der Ehe kommen soll, und einen, durch den man in der heiligen Ehe leben soll.

Der Fittich hat fünf Federn, die bezeichnen fünferlei Menschen, /[γ] die ein jeglicher Mensch meiden soll, der eine Ehe eingehen will. Der Ehebruch ist uns mit allen Menschen verboten; aber von diesen fünf ist allen untersagt, mit ihnen die Ehe einzugehen. Wer aber einen von diesen fünf zur Ehe nimmt, muß sich scheiden lassen; oder er erlangt niemals das Heil. Es gibt auch etliche mehr als diese fünf Menschen, mit denen keine Ehe geschlossen werden darf.[54] Das geht aber nur wenige Menschen an.

[54] Dieser letzte Halbsatz fehlt bei Laßberg (vgl. Urswsp. Ldr. 377 II, S. 550. Lahr Ldr. CCCLXXV, II, 13; S. 445).

Diese fünf Menschen sind jedoch allen gemeinsam. Jedoch erteilt der Papst durch seine Amtsgewalt diesen fünf eine besondere Gnade, daß man etliche von ihnen nicht scheidet. Das erlaubt der Papst aber nur bestimmten edlen hohen Herren, wenn es die Sorge um den Frieden und die Notdurft der Christenheit erfordern; armen Leuten gewährt der Papst das nicht.

Der erste Mensch, mit dem ein jeglicher Mensch den Eheschluß vermeiden soll, ist der, mit dem er leiblich versippt ist, das sind seine geborenen Verwandten. Man soll mit den Geschwistern beginnen, die Sippe zu zählen. Kinder von Geschwistern sind die zweite Sippe, Enkel der Geschwister die dritte Sippe, die Kinder der Enkel beider Seiten die vierte Sippe. Und sie stehen an dem Glied, mit dem der Mittelfinger an die Hand stößt, wie hiervor in dem Buch steht. Denn da findet man beschieden, wie die Sippe begründet wird und wo sie beginnt und wo sie ein Ende nimmt.

Wer mit dem anderen beiderseits versippt ist bis zur vierten Sippe, darf ihn nicht zur Ehe nehmen; haben sie sich aber genommen, muß man sie scheiden. Sind sie aber unwissentlich zusammengekommen, insofern sie nicht wußten, daß sie miteinander versippt waren, muß man sie dennoch scheiden; es sei denn, der Papst gewähre hohen Herren seine Gnade zum Vorteil der Christenheit, /[δ] wie hiervor gesprochen ist. Kommen sie aber einerseits an die fünfte Sippe, andererseits an die vierte Sippe, so spreche ich: Man muß ebenso verfahren, wiewohl sie über die vierte Sippe kommen. Und sind sie einerseits in der fünften Sippe miteinander verwandt, und stehen an dem zweiten Glied des Mittelfingers, doch andererseits in der dritten Sippe, die an dem Gelenk steht, wo die Hand an den Arm stößt, soll man sie dennoch scheiden, wenn sie unwissentlich zueinander gekommen sind. Wissen sie aber wohl, daß sie miteinander versippt waren, so muß man sie ebenfalls scheiden. Die aber beiderseits in der fünften Sippe verwandt sind, die nehmen einander mit Recht, wissentlich oder unwissentlich.

In gleicher Weise, wie du deine eigene Sippe bis zur vierten Sippe meiden sollst, sollst du auch all die Menschen als Ehepartner meiden, die mit dem versippt sind, bei dem du einmal ehelich gelegen bist oder auch unehelich; denn das heißt schwägerliche Sippe; und das ist der zweite Mensch, den du meiden sollst. Verlobt sich ein Mann mit einer Jungfrau oder einem anderen Weib und er legt sich zu ihrer Niftel, das ist die Base einer Frau, die mit ihr in der vierten Sippe oder näher verwandt ist, wie hiervor geschrieben ist, bevor er bei der lag, die ihm zugesprochen ist, so muß man sie scheiden, egal, wie viele Eide er geschworen hat und wie viele Kinder er mit ihr gewinnt, oder wie lange er und sie beieinander sind. Läßt man einen Mann bei seiner Frau, obschon sie in der verbotenen

Sippe einander genommen haben, und es bricht einer von beiden die Ehe, nachdem sie sich miteinander vermischt haben, so darf man sie nicht scheiden; sie müssen für ihre Sünde aber stark büßen.

Legt sich aber einer zu einem Mitglied der Sippe des anderen, ehe sie ihr Fleisch mischten, so muß man sie scheiden, /[ε] oder sie erlangen nicht mehr das Heil. Verlobt man zwei Kinder, die beide sieben Jahre alt sind, und das geschieht mit beider Willen, und das eine stirbt, und sie berührten sich einander nie, weder mit dem Mund noch mit der Hand, so kann das lebende Kind das Geschwisterkind des anderen nicht zur Ehe nehmen. Und gibt man sie trotzdem einander, muß man sie scheiden. Gelobe ich, ein Weib zu nehmen, das jenseits des Meeres sich befindet und ich diesseits, und sie stirbt, so kann ich ihre Schwester nicht nehmen.

Der dritte Mensch, den man als Ehepartner meiden soll, ist der geistlich Versippte. Du sollst den Menschen meiden, den du aus der Taufe gehoben hast und den, der dich gehoben hat, und alle seine Kinder, die er hatte, bevor er dich aus der Taufe hob. Wer den anderen aus der Taufe hebt, ist sein geistlicher Gevatter, und daher sind alle seine Kinder, die er hatte, bevor er dich aus der Taufe hob, sowie die Kinder, die er hernach gewinnt, deine geistlichen Geschwisterkinder. Man muß sich diese Worte und dieses Recht gut merken, oder man geht gar leicht in die Irre. Und wer sich das gründlich merken soll, muß scharfe Sinne haben. Wer dich getauft hat, es sei es ein Geistlicher oder ein Laie, wie das etwa bei Nottaufen geschieht, ist dein geistlicher Gevatter, wenn er dich aus der Taufe gehoben hat, und seine Kinder sind deine geistlichen Geschwister, die älteren wie die jüngeren, und du kannst weder mit ihnen noch mit ihren Kindern die Ehe eingehen. Wenn sie auch zehn oder zwanzig Jahre, bevor sie dich tauften oder aus der Taufe hoben, Kinder hatten, so sind das doch deine geistlichen Geschwister.

Hat aber ein Geistlicher eine Tochter, nimmt diese einen Mann wohl zur Ehe, wenn der Geistliche nicht sein Taufgeistlicher ist. Nun sagen etliche Menschen, daß solche Männer mit Pfaffenkindern nie selig werden. /[ζ] Dem ist nicht so; du kannst mit ihr wohl Leib und Seele behalten, wenn dich deine anderen Sünden nicht daran hindern. Und hüte dich davor, zu viel von dem Gut zu nehmen, das zu dem Altar gehört. Einen kleinen Teil mag er wohl nehmen oder anderes Gut, das nicht zu dem Altar gehört.

Nun sprechen auch etliche Menschen folgendes: Wenn ein Mann eines anderen Mannes Kind aus der Taufe hebt, dann können die Kinder, die beide hernach gewinnen, einander nicht zur Ehe nehmen. Dem ist nicht so. Sie nehmen einander mit Recht, wie sie es hätten tun können, ehe sie gevattert wurden. Ich nehme die Kinder meines Gevatters mit Recht, mit Ausnahme dessen, das ich aus der Taufe gehoben habe, denn das ist mein ich mich seines Todes nicht vergewissert habe oder es von glaubwürdigen Leuten weiß, die ihn tot gesehen haben, oder die es wahrhaftig wissen. Es sei diesseits des Meeres oder jenseits: Solange ich an seinem Tode Zweifel habe, kann ich keinen anderen nehmen. Tue ich es doch, so muß man uns scheiden.

Und nimmt ein Mann eine Frau zu rechter Ehe, und niemand außer ihnen beiden hört oder sieht das, und er will das hernach abstreiten, weil es ihn reut, so behauptet sie ihn zu Recht selbdritt vor dem Chorgericht des Bistums, zu dem sie gehören. Sie muß zumindest selbdritt auftreten. Sie kann zu Recht ihre Brüder, ihre Schwestern oder ihre Mutter oder fremde Leute heranziehen oder wer auch immer ihr helfen kann, die Ehe zu bezeugen; sie muß aber mindestens einen Mann und eine Frau heranziehen. Und hätte sie zehn Frauen, hilft das nicht; es sei denn, es wäre ein Mann dabei oder mehr als einer. Und hat sie keine Zeugen, so trägt sie stets den Makel der Mißheirat und kann keinen anderen Mann nehmen, solange er lebt. Er nimmt wohl eine andere; ob er aber bei dieser zu Recht sitzt, damit befassen sich die weisen Pfaffen.

Es gibt noch viele Scheidungsgründe, aber die treten selten ein. Ein Mann hat zwei Töchter, von denen eine Agnes heißt und die andere Anna, oder wie auch immer sie anders heißen. Und ein Mann, /[κ] der keine von beiden je sah, gelobt eine zu nehmen, und ihre Verwandten geloben, ihm die zu geben, die Agnes heißt. Und wenn man sie ihm bringen soll, so bringt man ihm die Anna. Sitzt er nun kurz oder lang bei ihr: Sobald er zum ersten Male merkt, daß sie nicht die Agnes ist, so sende er sie wieder heim und ist gegenüber beiden ein lediger Mann. Liegt er aber nur ein Mal bei ihr, nachdem er das bemerkte, so kann er sich nicht von ihr scheiden. Kann ein Mann sein Weib vor dem geistlichen Gericht überzeugen, daß sie sich mit einem anderen Mann einließ, scheidet er sich wohl von ihr, wenn er die eheliche Treue gehalten hat, seit er sie nahm. Keiner von ihnen kann einen Ehegemahl nehmen, solange der andere lebt. Liegt er aber einmal bei ihr, seitdem er Bescheid weiß, kann er sich von ihr nicht scheiden.

(III) Das ist ein Landrecht: Wer den Frieden in Kirchen oder auf Kirchhöfen bricht oder an allen Orten, die mit einem Bann belegt sind, ist allen dreien eine Buße schuldig: dem geistlichen und dem weltlichen Gericht sowie dem, an dem der Friede gebrochen ist.

(IV) Vom Landrecht: Wenn zwei Dörfer um eine Mark streiten, soll das beiden nächstgelegene Dorf mit Zeugen entscheiden; das sollen die Ältesten und die Besten tun. Und diejenigen, die mehr Zeugen haben, haben die Mark behauptet. Und kann man keine Zeugen aufbieten, die so alt sind, daß sie Bescheid wissen, so soll man die Mark zuerkennen, wie es das Landrechtsbuch hiervor sagt.[56]

(V) Wer eine Gemeinde anspricht: Stellt jemand Ansprüche an eine Gemeinde, soll sie die Ansprüche an keinen einzelnen richten; und tut er das, so soll man sie ihm nicht befriedigen. Er entledigt sich seiner Schuld, indem er sich gegenüber allen entlastet, die ihn um eine Schuld ansprechen, die er gegen sie eingegangen ist.[57] Amen.

---

[56] In der systematischen Form steht dieser Artikel im Lehenrechtsbuch und endet mit folgendem Epilog: Alles, was hiervor gesagt wurde, wurde vom lauteren und allgemeinen Lehenrecht gesagt. Ich soll noch drei Arten der Belehnung mit echten Lehen nennen und zeigen, was damit gesagt ist (Lahr Lnr. CLVIII, 4; S. 181).

[57] Diese Übertragung geht davon aus, daß der Schwabenspiegler Dig. III, 4, 7 (Quod cuiuscumque universitatis nomine vel contra eum agatur) adäquat ins Deutsche übersetzen wollte: *Si quid universitati debetur, singulis non debetur; nec quod debet universitas, singuli debent* (Digesta wie oben S. 47 A. 36, S. 72); allerdings wird hier im Gegensatz zu Ldr. 377 V zuerst der Fall, die Gemeinde hat eine Forderung, behandelt, und dann erst der Fall, gegen die Gemeinde wird eine Forderung erhoben. Eine plausible Übertragungsalternative wäre: Stellt jemand Ansprüche an eine Gemeinde, soll sie die Ansprüche an keinen einzelnen richten. Erhebt er einen Anspruch, soll man ihn nicht befriedigen; es sei denn, er entledigt sich [zuvor] seiner Schuld, indem er sich gegenüber allen entlastet, die ihn um eine Schuld ansprechen, die er gegen sie eingegangen ist.

Zusatzartikel zum Landrecht[58]

Art. 1. Wenn ein Herr eine Kirche verleiht etc.

Ein weltlicher Herr verleiht eine Kirche oder zwei oder mehr, und ein Pfaffe oder Scholar bittet ihn, daß er ihm eine Kirche verleihe, und der Herr verleiht die Kirche. Und dann kommt ein anderer Pfaffe oder Scholar zum selben Herrn und bittet ihn, daß er ihm die Kirche verleihe, die er jenem verliehen hat. Der Herr tut das mit Recht, wenn ihm dieser lieber ist als jener oder wenn er meint, daß die Kirche mit diesem besser besetzt sei als mit jenem; dann verleiht er sie ihm mit Recht. Hat aber der Bischof dem, dem der Herr zuerst die Kirche verliehen hat, den Altar verliehen, kann er sie niemand anderem mehr verleihen, solange dieser lebt. Weder der weltliche Herr noch der Bischof können sie ihm nehmen. Hat der Pfaffe oder Scholar den Altar noch nicht vom Bischof empfangen, obwohl der weltliche Herr ihm die Kirche verliehen hat, und der Herr verleiht sie einem anderen und diesem wird auch der Altar vom Bischof verliehen, so hat dieser sie mit Recht. Gibt aber der weltliche Herr dem ersten Pfaffen oder Scholar seinen Brief mit Siegel für den Bischof, daß dieser ihm den Altar verleihe, und dann reut das den Herrn, und er sendet dem Bischof einen anderen Brief, daß er diesem Mann die geistliche Gabe vorenthalten solle, weil er es sich anders überlegt habe, so hat das keine Kraft. Denn wenn der Herr seinen Brief mit Siegel dem Bischof gibt, muß der Bischof ihm den Altar verleihen. Auch wenn der Bischof ihm feindlich gesinnt wäre: Er müßte ihm doch mit Recht den Altar verleihen. Hat der Herr die Kirche über sechs Monate oder länger unverliehen in seiner Gewalt, so hat er das Recht, sie zu verleihen, verloren; und der Bischof soll sowohl die Kirche als auch den Altar verleihen, wem er will. Wird sie danach ledig, so verleiht sie wieder der Herr; er verliert nur das eine Mal das Recht, sie zu verleihen. Das sollen sich die weltlichen Herren gut merken.

[58] Die Zusatzartikel zum Landrecht finden sich nur z. T. bei Laßberg innerhalb des Landrechtes; in dieser Anordnung sind sie Bestandteil der Langform H, S. 140–146. Zusatzart. [3] entspricht oben Ldr. 369 I; [6] entspricht oben Ldr. 79 II A-C (Dsp. § 88, 1–9; S. 282–289 und § 71, 2–6; S. 261–263); [7] entspricht oben Ldr. 79 II D, Ldr. 79 III u. Ldr. 22 I (Dsp. § 71, 7–10; S. 264–266); [9] entspricht oben Ldr. 314 IV; [10] entspricht oben Ldr. 363 II; [11] entspricht oben Ldr. 377 IV.

Man muß vor dem geistlichen Gericht darum rechten; das betrifft geistliche wie weltliche Herren.

Art. 2. Wie man Klostergüter kaufen soll

Ein Abt oder Propst oder eine Äbtissin oder Priorin oder wie man den Vorsteher, Meister oder Pfleger eines Klosters nennt, will ein Gut des Klosters veräußern, das ein liegendes und kein fahrendes Gut ist. Er kann das mit Recht nicht veräußern, wie mächtig auch immer er ist; es sei denn, er beweise zuerst vor dem Konvent und mit dem Konvent des Klosters drei Dinge. Und ist der Konvent nicht vollständig anwesend, so daß man ihn versammeln kann, soll wenigstens die Mehrheit anwesend sein. Vor derselben soll er die Schuld darlegen, die das Kloster zahlen muß, derentwegen man das Gut veräußern muß. Zweitens soll er darlegen, daß er kein fahrendes Gut des Klosters kenne, womit man die Schuld bezahlen könne. Drittens soll er darlegen, daß er kein anderes Gut des Klosters kenne, das man mit so wenig Nachteil für das Kloster veräußern könne, als dieses Gut. Dann kann er das Gut mit Recht veräußern. Wer das Gut kaufen will, soll zuerst fragen, ob der Vorsteher vor dem größeren Teil des Konventes diese drei Dinge bewiesen hat; und hat er sie nicht bewiesen, soll er es auch nicht kaufen. Sind sie aber bewiesen, so kauft er das Gut mit Recht und empfange dafür Handfesten des Konventes und des Pflegers; so kauft er das Gut mit Recht und ohne Streit.

Art. 4. Der im Bann ist

Ist ein Mann im Bann und macht dann etwas gemeinsam mit seinen Eigenleuten, so sind diese deswegen nicht im Bann, wenn sie in ihrem Herzen gerne dessen überhoben wären, gemeinsam mit ihm etwas zu tun, solange er im Bann ist. Wer aber denkt: ich will umso mehr mit ihm sprechen und handeln, damit ich ihm desto lieber sei, der kommt in denselben Bann, in dem sein Herr ist; denn man soll den himmlischen Herrn mehr fürchten als den irdischen. Sein Weib und sein Kind können sich ihm nicht entziehen; sie müssen mit ihm reden.

Art. 5. Von der Gemeinde

Beansprucht jemand etwas, das der Gemeinde gehört, und nimmt es an sich und macht eine Wiese oder einen Acker oder was auch immer daraus und nutzt es, so soll es doch zu Recht der Gemeinde gehören. Und klagt ihn ein Einzelner deswegen an, daß er es zu Unrecht habe, so soll er sich diesem zu Recht nicht verantworten; es sei denn, er stelle ihm Bürgen, daß er davon befreit sei, daß ihn kein Einzelner mehr deswegen anklage.

Lehenrecht

Hier beginnt das edle und rechte Buch von den Mannlehen, das nicht verschweigt, was es sagt[1]

Art. 1. Vom Heerschild und der Lehnsfähigkeit

(a) Wer das Lehenrecht beherrschen will, der folge der Lehre dieses Buches. Zu allererst sollen wir uns merken, daß die Könige sieben Heerschilde eingerichtet haben. Von diesen führt der König den ersten, die geistlichen Fürsten führen den zweiten, die Laienfürsten den dritten, die freien Herren den vierten, die Mittelfreien den fünften, die Dienstmannen den sechsten, die Semperleute[2] den siebenten. So wenig man weiß, wann die Welt, in der wir jetzt leben, untergehen soll – denn das ist die siebente Welt –, so weiß man nicht mit Gewißheit, ob der siebente Heerschild das Lehenrecht haben kann. Die Könige haben folgendes festgesetzt: Wer mit dem siebenten Heerschild zu tun hat, der soll des Lehenrechtes darben.[3] Die erste Welt begann mit Adam, die zweite mit Noah, die dritte mit Abraham, die vierte mit Moses, die fünfte mit David, die sechste mit Jesus Christus. Die währten jeweils tausend Jahre. Das waren sechstausend Jahre; danach ward unser Herr Jesus Christus von der ewigen Jungfrau St. Maria geboren. Das ist die sechste Welt, in der wir ohne gewisses Ende leben, denn Gott wollte weder seinen Jüngern noch sonst jemandem sagen, wann die Welt ein Ende habe.[4]

(b) Pfaffen und Bauern und alle, die nicht semper sind und nicht von ritterlichem Stand geboren,[5] sollen alle des Lehenrechtes darben, wie wir hernach bescheiden. Nach Christi Geburt ist die sichere Zahl tausend

---

1 So jedenfalls eine einigermaßen plausible Übersetzung der Wendung *daz da niut verswiget ez sage der von.* Für die Überschrift zu einem Rechtstext erscheint das allerdings etwas zu ironisch; ob gemeint sein kann: wer davon spricht, verschweige es nicht – gerade auch im Hinblick auf Lnr. Art. 159?

2 Langform Z, Lnr. 1, S. 200: sempere Herren.

3 Langform Z, Lnr. 1, S. 200: Wer nicht von ritterlichem Stand ist, so daß er mit dem siebenten Heerschild nichts zu tun hat, soll des Lehenrechtes darben.

4 Langform Z, Lnr. 1, S. 200: Also weiß man nicht, wer in dem siebenten Heerschild das Lehenrecht haben kann. Also haben es die Könige so befohlen, wie es hiervor geschrieben ist.

Jahre; danach beginnt das siebente Jahrtausend, in welchem die Welt untergehen muß oder danach, wenn Gott will.[6] Verleiht aber ein Herr einem von diesen ein Gut, hat dieser so lange ein gutes Recht daran, wie er den rechten[7] Heerschild führt; und sie vererben die Lehen ihren Kindern. Diejenigen, die des Heerschildes[8] darben, können kein Urteil nach dem Lehenrecht finden, außer vor ihrem Herrn, von dem sie das Lehen haben.

Art. 2. Die des Heerschildes darben

Ihre Zeugenschaft lehnt man im Lehengericht vor anderen Herren außer ihren eigenen wohl ab.

Art. 3. Von gleichem Anspruch

(**a**) Wenn zwei Mannen ein Gut beanspruchen und aussagen, es gehe von einem Herrn zu Lehen, und sie bieten zugleich Zeugen auf, und der eine Mann ist heerschildbürtig und der andere nicht, so soll der Herr das Zeugnis des Heerschildbürtigen nehmen, und jenes anderen nicht.

(**b**) Wer nicht heerschildbürtig ist, der kann das nicht verweigern. Und veräußert der Herr das Gut, das der Mann von ihm zu Lehen hat, an jemanden, der keinen Heerschild hat, muß der Mann es von diesem als Lehen empfangen; denn er kann sein Standesgenosse sein.

Art. 4. Pfaffen- und Frauenlehen

(**a**) Empfangen ein Pfaffe oder eine Frau Reichsgut, so können sie das wohl leihen, wenn beide, Pfaffe und Frau, von ritterlichem Stand sind; und sie können diesem Gut folgen, wenn es an einen anderen Herrn geht.[9] Ein jeglicher Pfaffe von ritterlichem Stand kann Leiblehen[10] haben; er kann sie aber nur mit dem Willen des Herrn verleihen oder anders damit verfahren.

---

5 Andere Textformen: Pfaffen und Weiber und Bauern und alle, die nicht semper sind und unehelich und nicht von ritterlichem Stand geboren (Langform Z, Lnr. 1 b (2), S. 200. Kurzform I, Lnr. 1 b, S. 228).

6 Die Kurzform ergänzt: So wenig man nun weiß, wann die siebente Welt untergeht, so wenig weiß man, wer im siebenten Heerschild lehnsfähig ist oder nicht (Kurzform I, Lnr. 1 b, S. 228).

7 Andere Textformen: sechsten (Langform Z, Lnr. 1 b (2), S. 200. Lahr Lnr. I, IV, 6; S. 3. Kurzform I, Lnr. 1 b, S. 229).

8 Langform Z, Lnr. 1 b (2), S. 200: des siebenten Heerschildes.

9 D.h. sie können vom neuen Lehnsherrn die Belehnung mit diesem Gut erwirken; vgl. DRWB III, Sp. 608 s.v. folgen (I 1e).

10 Das sind Lehen auf Lebenszeit oder Fallehen; vgl. DRWB VIII, Sp. 1099 s.v.

(**b**) Und hat ein Pfaffe einen Bruder [oder mehrere Brüder][11] und empfängt ein Lehen mit dem Bruder mit einer Lehenshand und hat auch mit ihnen den Nutzen und die Gewere daran, und die Brüder sterben ohne Lehenserben, so bleibt ihm das Recht an dem Lehen in dem Recht, wie hiervor geschrieben steht.

(**c**) Und hat eine Frau ein Lehen von einem Herrn, hat sie das Recht wie der Pfaffe; und empfängt es ein Mann, wer auch immer das ist, gemeinsam mit ihr, und sie haben die gleiche Gewere, so gilt das Recht wie für den Pfaffen.

Art. 5. Wie man dem Herrn die Huld schwört

Der Mann soll seinem Herrn huldigen mit seinem Eid, daß er ihm so hold und treu sei,[12] wie er dies zu Recht auszusagen habe, wenn er danach gefragt werde: nämlich daß er seinen Nutzen fördere und Schaden von ihm abwende, so weit er das könne.

Art. 6. Wie der Mann die Lehen aufgibt

Und will ein Mann sein Lehen seinem Herrn aufgeben und es nicht mehr von ihm haben, so kann dieser es ihm nicht mit Recht verweigern; er muß es von ihm aufnehmen. Und will der Herr das nicht tun, so soll der Mann also sprechen: Herr, ich biete euch das Lehen auf, wie ich es von euch habe, und biete es euch einmal, zweimal und dreimal; und er soll das mit gefalteten Händen tun. Und nimmt der Herr es nicht auf, ist der Mann trotzdem der Mannschaft ledig. Er soll ihm auch das Gut ledig lassen, das er von ihm zu Lehen hatte. Der Herr kann dem Mann das nicht antun, es sei denn, dieser verwirke sein Lehen, wie hernach in dem Buch steht.

Art. 7. Solange der Mann nicht schwört

Solange der Mann seinem Herrn nicht gehuldigt hat, kann er niemandes Zeuge vor seinem Herrn sein, wenn es um Lehenrecht geht, und kann auch kein Urteil um Lehenrecht sprechen. Zieht ihn aber einer der Mannen des Herrn heran, daß er sein Zeuge sei wegen eines Lehens, und er kann keinen anderen aufbieten als den, der noch nicht die Huld geschworen hat, so hilft dieser ihm wohl mit Recht, und der Herr kann ihn nicht verwerfen.

[11] Fehlt bei Laßberg, ergänzt nach anderen Textformen (Langform Z, Lnr. 4 b (4), S. 201. Kurzform I, Lnr. 4 b, S. 231).

[12] Andere Textformen ergänzen: wie ein Mann gegenüber seinem Herrn zu Recht sein soll (Langform Z, Lnr. 5, S. 201. Kurzform I, Lnr. 5, S. 232f.).

Der Herr kann seinem Mann wohl gebieten, daß er ihm die Huld schwöre, wie hiervor gesprochen ist. Tut dieser das nicht, so behalte er das Gut, das dieser von ihm haben sollte. Auch soll ein Mann seinen Herrn mit Worten und Werken ehren. Er soll vor ihm aufstehen, wenn er reitet oder geht; er soll ihm auch den Vortritt lassen. Er soll ihm den Stegreif halten, wenn er aufsitzt; einmal am Tag ist genug.

Art. 8. Wie ein König seine Heerfahrt gebietet

(a) Wer Lehen vom König oder dem Reich hat, dem soll der König gebieten, eine Heerfahrt mit ihm zu unternehmen. Dies soll man ihm sechs Wochen und einen Tag, bevor er fahren soll, mit einem zuverlässigen Boten gebieten. Und zwei seiner Mannen sollen es hören, damit sie diesem helfen können, wenn er leugnen wolle, daß ihm die Heerfahrt geboten worden sei. Denjenigen, die keine Lehen vom Reich haben,[13] gebietet der König wohl die Heerfahrt. Alle, die oberhalb von Osterland[14] vom Reich belehnt sind oder des Reiches Dienstmannen sind, die sollen im Wendland, in Polen und in Böhmen dienen. Ein jeglicher Mann soll dem Reich auf seine eigenen Kosten sechs Wochen lang dienen; und er soll vor der Heerfahrt für sechs Wochen und nach der Heerfahrt für sechs Wochen von jedem Gericht freigestellt sein, es gehe um Lehenrecht oder um Landrecht oder um was auch immer.

(b) Wenn aber die Deutschen einen König wählen und der zur Weihe nach Rom fährt, sind die Fürsten, die ihn zum König gewählt haben, mit ihm zu fahren schuldig. Das sind der Bischof von Mainz und der von Trier und der von Köln und der Pfalzgraf vom Rhein und der Herzog von Sachsen und der Markgraf von Brandenburg und der Herzog von Bayern[15]. Auch sollen alle Fürsten und alle freien Herren, denen er es gebietet, mit ihm fahren. Und hat ein Mann Reichsgut vom König zu Lehen und hat das anderen Leuten verliehen, nötigt er sie wohl mit Recht, mit ihm im Reichsdienst zu fahren. Und wollen sie bleiben, lösen sie die Heerfahrt mit dem zehnten Pfund, das es im Jahr erbringt, ab.[16] Und was der Mann will, das tue er. Die Heerfahrt nach Rom soll der König ein Jahr, sechs Wochen und drei Tage im voraus gebieten. Und die Heerfahrt endet für

[13] Urswsp. Lnr. 8 a (7), S. 558: und doch Reichsdienstmannen sind.

[14] Österreich; gemeint ist: östlich der Saale (vgl. Ssp. Lnr. Art. 4, § 1; S. 22. Auctor vetus II, lib. I, § 10; S. 22. Dsp. Lnr. 10, S. 342).

[15] Letzterer wurde in die Zürcher Hs. erst nachträglich eingetragen (Langform Z, Lnr. 8 b (9), S. 203) und fehlt ganz in der Kurzform I, Lnr. 8 b, S. 238.

[16] Deutlicher: sie lösen die Fahrt mit dem zehnten Teil dessen, was das Gut im Jahr gilt, ab (Langform Z, Lnr. 8 b (9), S. 203. Kurzform I c, Lnr. 8 b, S. 238).

die Deutschen, sobald der König geweiht ist; länger kann er sie nicht dazu zwingen.

Art. 9. Zu welcher Zeit man auf den Tag kommen soll

(a) Wenn der Herr seine Mannen zu sich auf einen Tag um Lehenrecht beruft, und sie kommen vor dem Mittag, so sind sie rechtzeitig gekommen; und kommen sie nach Mittag, so sind sie dem Herrn ein Gewette schuldig. Der Herr soll an den gebundenen Tagen, die wir Feiertage nennen, kein Lehengericht abhalten.

(b) Wer sein Roß oder etwas von seinem Gut seinem Herrn verleiht, ist diesem nicht zu dienen verpflichtet, solange er es ihm nicht zurückgegeben hat. Er soll nicht zu den Tagen erscheinen, die er ihm um Lehenrecht gebietet. Und verweigert der Herr seinem Mann das Recht, kann der Mann so lange seinem Herrn das Recht verweigern.

Art. 10. Wenn der Herr dem Mann einen Tag versagt

(a) Und bittet ein Mann seinen Herrn, daß er ihm vor seinen Mannen einen Tag gebe wegen eines solchen Gutes, um das er mit ihm streitet, und er versagt ihm dies, so hat er damit nicht sein Recht verloren; er behält sein Gut mit Recht über Jahr und Tag. Wenn Jahr und Tag vergangen sind, so soll er von seinem Herrn wieder einen Tag fordern; die Mannen des Herrn sollen das hören, damit er sie als Zeugen aufbieten kann, wenn dieser es abstreiten wollte.

(b) Hat jemand ein Gut in seiner Gewere und ein anderer, der keine Gewere daran hat, erhebt einen Anspruch darauf, so soll man dem, der die Gewere hat, einen Zeugenbeweis gestatten. Und hat er die Gewere zu Unrecht, soll er [der Kläger] sie ihm mit Recht abgewinnen; und darauf erbringe er [der Kläger] seinen Zeugenbeweis. Bestreiten ihm der Herr oder derjenige, der den Anspruch darauf erhebt, die Gewere, so kann er sie mit Leuten bezeugen, die keine Mannen des Herrn sind, oder mit seinen Mannen, wenn er welche hat.

Art. 11. Wenn der Herr dem Mann das Lehen bestreitet

Bestreitet ein Herr seinem Mann ein Lehen, und der Mann hat über Jahr und Tag in stiller Gewere die Gewere daran gehabt, und er kann die Gewere bezeugen, wie hiervor gesprochen ist, so bezeuge er sein Lehen gegenüber seinem Herrn mit einem Mann des Herrn und einem anderen glaubwürdigen Mann. Hat er keine Gewere daran, so soll er es zu Recht mit zwei Mannen des Herrn bezeugen.

Art. 12. Von der Anwartschaft[17]

(a) Behauptet ein Mann vor einem Herrn, eine Anwartschaft auf ein Gut zu haben, und der Herr streitet ihm das ab, muß er es mit den Mannen[18] des Herrn bezeugen, weil er keine Gewere daran hat.

(b) Ein Herr verleiht [einem Mann] ein Gut, das ihm erst ledig werden muß, es sei klein oder groß, und weist ihn ein[19], wo das Gut liege; und es kommt ein anderer, und er verleiht es auch diesem für den Fall, es werde ihm ledig. Nun stirbt der, der das besagte Gut innehatte. Sie kommen beide vor ihren Herrn und fordern ihr Lehen. Der Herr spricht: Ich soll es nur einem leihen. Der erste Mann spricht: Herr, ihr verleihtet es mir zuerst. Der andere spricht: Herr, ihr verleihtet mir das Gut, und benanntet es mir, und wieset mich darin ein. Und stimmt der Herr ihm darin zu, genügt das. Will aber jener [erste] nicht glauben, daß diesem das Gut verliehen und benannt sei, muß er das mit zwei Mannen seines Herrn bezeugen. Und will es der Herr nicht glauben, bezeuge man es ebenso. Und der, der Anspruch auf die erste Belehnung erhebt, soll zu seinem Herrn sprechen: Herr, ihr habt mir Unrecht getan. Und spricht ihm der Herr [den Anspruch auf] das Lehen ab, wie davor gesagt ist, so kann er danach niemandem ein Gut verleihen oder benennen, so daß jenem ein Schaden entstehe. Denn das erste Gut, das ihm ledig wird, er benenne es oder nicht, geht an jenen; denn das soll ihm der Herr mit Recht überlassen.

Art. 13. Wenn zwei keine Gewere haben

Wenn zwei ein Gut ansprechen, die beide keine Gewere daran haben, sollen beide die Zeit der Belehnung nennen, und welcher von ihnen Zeugen für die frühere Belehnung hat, soll das Gut mit Recht innehaben. Dies muß er mit zwei Mannen des Herrn bezeugen. Ein Herr verleiht einem Mann ein Gut folgendermaßen: Ich nenne dir den Mann Konrad, oder wie auch immer er heißt; wenn der stirbt, so ist das Gut dein Lehen. Und stirbt der Mann, fahre er zu seinem Herrn und erbitte eine Einweisung in sein Gut.[20] Und tut er das nicht, so bemächtige sich der Mann selbst des

---

17 Der mittelhochdeutsche Quellenbegriff lautet *gedinge*; vgl. DRWB III, Sp. 1358 s. v. Gedinge (III 2c).

18 Langform E, Lnr. 12 a (17), S. 235: zwei Mannen. Kurzform I a, Lnr. 12 a (18): sieben Mannen.

19 Andere Textformen plausibler: und weist ihn nicht ein (Urswsp. Lnr. 12 b (10), S. 560. Lahr Lnr. LXXVII, II, 2; S. 82. Kurzform I, Lnr. 12 b, S. 243).

20 Andere Textformen ergänzen: mit den Boten des Herrn (Langform Z, Lnr. 13 (15), S. 205. Lahr Lnr. LXXXVIII, II, 2; S. 84. Kurzform I, Lnr. 13, S. 246).

Gutes, und handelt darin nicht wider das Recht. Bestreitet ihm der Herr das Lehen aber, so soll er sich dessen nicht bemächtigen. Den Herrn muß er überzeugen, wie hiervor gesprochen ist; das ist Recht.[21]

Art. 14. Wer einem Mann ein Pfundlehen[22] verleiht

Verleiht ein Herr einem Mann ein Pfundlehen oder mehr aus einem Gut, und das Gut erbringt mehr, so soll der Herr dem Mann sein Geld von dem Gut anweisen. Tut er das nicht, so soll sich der Mann des gesamten Gutes bemächtigen und davon sein Geld nehmen und den anderen Teil für den Herrn getreulich aufbewahren und ihm ohne Schmälerung geben, wenn er es fordert.

Art. 15. Wenn ein Mann ein Lehen verschmäht

Wenn ein Mann ein Gut verschmäht, das einem Herrn ledig wird: Hat er es ihm versprochen, sobald ihm das erste Gut ledig werde, ohne daß er ihm nannte, wie groß es sein sollte, so sei der Herr dem Mann gegenüber ledig. Und wenn dieser das Lehen nicht über Jahr und Tag einfordert, so soll der Herr das Gut, das ihm ledig geworden ist, über Jahr und Tag beständig behalten. Kann der Mann aber selbst zu den Heiligen schwören, daß er nicht wußte, daß dem Herrn das Gut ledig geworden war, soll er es genießen und der Herr soll ihm das Lehen verleihen.

Art. 16. Wenn zwei ein Lehen haben

(a) In einer Angelegenheit, die ein Lehen betrifft, können zwei Mannen nicht [gegenseitig] Zeugen sein, wenn sie das Lehen ungeteilt innehaben. Und teilen sie das Lehen miteinander, so ist jeder des anderen Zeuge für das Lehen.

(b) Wenn zwei Mannen von einem Herrn mit einem Gut belehnt sind und beide den Ertrag davon haben, so kann der eine das Gut nicht ohne den anderen dem Herrn aufgeben, noch kann er eine Veränderung daran vornehmen dergestalt, daß es dem anderen schaden kann; es sei denn, daß beide das Lehen und den Ertrag daraus teilen.

---

[21] Urswsp. Lnr. 13 (11), S. 561 hat statt dieses letzten Hauptsatzes den Temporalsatz: bevor er sich dessen zu Recht bemächtigt.

[22] Ein Geldlehen, dessen Summe aus dem Ertrag eines bestimmten Gutes bestritten wird. Hellbach, Johann Christian. Wörterbuch des Lehnrechts. Leipzig 1803, S. 249 s. v. Pfund-Lehn.

(c) Ein jeglicher Herr kann seinen Mannen, die ein Gut von ihm zu Lehen haben, gebieten, daß sie das Lehen teilen, damit er weiß, mit wessen Dienst er rechnen kann. Er soll ihnen gebieten, daß sie es innert sechs Wochen und einem Tag tun. Tun sie es nicht, so spricht man ihnen das Gut ab, das sie von dem Herrn haben, wenn der Herr dies gemäß Lehenrecht verfolgt, wie hiervor gesprochen ist.

Art. 17. Wer keinen Schild hat

Wer ein Mann eines Herrn ist, kann wohl im Lehengericht Fürsprech sein und Urteile finden, auch wenn er keinen Heerschild hat.[23] Und verwirft ein Mann ein Urteil vor seinem Herrn und ist selbdritt mit denen, die ihm folgen und helfen, bleibt er ohne Buße. Und hat er niemanden, der ihm folgt, so soll er seinem Herrn ein Gewette büßen.

Art. 18. Wie viele Mannen im Lehengericht sein müssen

Ein Herr soll mindestens zwölf Mannen haben, wenn er über Lehen richtet. Hat der Herr das Gut, um das sie rechten, von einem anderen Herrn zu Lehen, und einer seiner Mannen verwirft das Urteil selbdritt, so zieht er das Urteil an den oberen Herrn. Und ist das Gut ein Eigen des Herrn, so zieht er das Urteil an den König, wenn er in deutschen Landen ist. Und ist dieser nicht in deutschen Landen, so ziehe er es vor den Landrichter. Dahin soll der Herr mit Recht kommen, und kommt er nicht dorthin, wenn es ihm dreimal geboten wird, so hat der Mann das Gut behauptet. Und der König soll den Friedens- und Gnadenbann darüber aussprechen, oder der Landrichter, wenn das Gut in ihrem Gericht liegt.

Art. 19. Verleihen einer Anwartschaft ohne den Willen des Mannes

Etliche Leute sagen, daß der Herr eine Anwartschaft verleihen kann ohne den Willen des Mannes, der das Gut von ihm hat und es in seiner Gewere hat. Das ist nicht Recht. Es kann kein Herr eine Anwartschaft auf ein Gut, das ein Mann von ihm hat, ohne dessen Willen und Bitte verleihen.

Art. 20. Wenn der Herr den Mann nicht in das Gut einweist

Wenn ein Herr seinem Mann ein Gut verleiht und ihn durch seinen Boten darin einweist und es ihm nennt, so hat er sofort die Gewere daran, auch wenn er zu dem Zeitpunkt, wenn er ihn einweist, noch keinen Ertrag

---

[23] Vgl. oben Lnr. 1 b.

davon hat. Wenn aber der Herr verweigert, den Mann in das Gut zu weisen, so nehme der Mann zwei Männer zu sich, wer auch immer die seien, die es hörten, daß er es verweigerte, und fahre danach auf sein Gut und bemächtige sich seiner. Das tut er mit Recht.

Art. 21. Wer Lehen verkauft

Ein Mann gibt einem anderen ein Lehen zu kaufen und gelobt, ihm die Übertragung durch seinen Herrn ohne irgendeine Verminderung zu erwirken. Der Mann bittet seinen Herrn, daß er das Gut von ihm aufnehme und es diesem verleihe. Der Herr schlägt es ihm ab. Er soll sich dem Herrn gegenüber als so angenehm erweisen, daß er es tut, denn der Herr verweigert es ihm wohl mit Recht. Und kann er den Herrn nicht umstimmen, so soll er ihm [dem Käufer] ein anderes Gut geben, das für ihn ebenso wertvoll sei wie jenes Gut. Und kann er das nicht [von seinem Herrn] erlangen, so schwöre er zu den Heiligen, wie wertvoll ihm das Gut wäre, und gebe ihm ein ebenso wertvolles Gut.

Art. 22. Wenn der Herr dem Mann sein Lehen mit Gewalt nimmt

Und nimmt ein Herr seinem Mann ein Gut, das dieser von ihm zu Lehen hat, mit Gewalt, klagt er deswegen mit Recht. Stirbt er danach, fällt das Lehen mit Recht an seinen Erben. Nimmt sein Herr ihm sein Gut über Jahr und Tag mit Gewalt, und der Herr hat das Gut von einem anderen Herrn zu Lehen, soll der Mann vor diesen kommen und soll sein Lehen fordern. Und dieser soll es ihm mit Recht verleihen, wenn er die Gewalt selbdritt bezeugt. Und verleiht der Herr es ihm nicht, so hat er das Gut doch mit Recht. Und ist das Gut ein Eigen des Herrn, so fahre er vor den König oder vor den Landrichter und klage, wie hiervor gesprochen ist.

Art. 23. Von dem, der aus Münzen oder Mühlen oder Zöllen ein Gut leiht

(a) Wer aus Münzen oder Mühlen oder Zöllen oder anderen derartigen Dingen etwas als Lehen hat, den soll der Herr in sein Gut weisen, wie hiervor gesprochen ist.

(b) Und hat ein Herr das Gut eines Mannes, das er ihm geliehen hat oder zu Recht leihen soll, in seiner Gewalt, so soll ihm der Herr alles bezahlen, was es während dieser Zeit an Ertrag bringt oder welchen Schaden es nimmt, wenn er mit seinem Eid beschwören kann, was das Gut wert war. Verleiht aber der Herr mehr aus dem Gut, als er selbst daran hat, so soll der Mann ihn ermahnen, daß er ihm das Gut erstatte, das er aus diesem Gut nicht beziehen konnte. Das soll der Herr mit Recht tun, sobald ihm das nächste Gut ledig wird.

Art. 24. Wer im Lehengericht auftreten kann

(a) Hat ein Mann von einem Herrn ein Lehen, das nur fünf Schilling Ertrag bringt, so kann dieser im Lehengericht kein Fürsprech oder Zeuge sein oder Urteile finden oder verwerfen. Er soll zumindest ein Pfund Landpfennige Ertrag haben oder eine halbe Hufe, die so viel abwirft oder mehr; dann kann er mit Recht Zeuge und Fürsprech sein und Urteile finden und verwerfen.

(b) Die Zeugen eines gebannten und geächteten Mannes kann man wohl mit Recht ablehnen in dem Bistum, in dem er gebannt ist und in dem Gericht, in dem er geächtet ist; und er selbst kann niemandes Zeuge sein. Und klagt er gegen jemanden, braucht dieser sich ihm nicht zu Recht zu verantworten. Und klagt jemand gegen ihn, muß er sich diesem verantworten. Und fordert er von seinem Herrn sein Lehen ein, versagt dieser es ihm mit Recht, indem er es ihm nicht verleiht. Und bestreitet er, daß er gebannt und geächtet sei, so soll man mit einem Brief der Richter, die ihn in die Acht taten, oder mit den Zeugen der Ächtung beweisen, daß er noch darin ist; damit ist er widerlegt.

Art. 25. Versetzungen ohne die Hand des Herrn

Wenn der Mann ein Gut, das er von einem Herrn hat, ohne die Hand des Herrn versetzt und jener [dem es versetzt ist] hat es in seiner stillen Gewere über ein Jahr und sechs Wochen, ohne daß der Herr den Mann oder den, dem er es versetzte, vor Gericht zieht, so hat jener Recht an dem versetzten Gut, und der Herr kann seinen Mann deswegen nicht anklagen. Würde es dann dem Herrn ledig: müßte er es auslösen?[24]

Also sprechen wir: Wenn der Herr nicht[25] wußte, daß es versetzt war, und er geht zu seinem Mann und schwört zu den Heiligen, daß er nicht wußte, daß sein Mann sein Gut versetzt hätte, so widerlege der Mann seinen Eid selbdritt durch Eide, daß er wohl darum wußte. Und hat er seine Mannen als Zeugen, sind die gut, und hat er sie nicht, so nehme er andere Leute, das ist Recht.

Niemand kann sein Lehen rechtskräftig versetzen ohne die Hand seines Herrn. An dem Tag, an dem der Herr erfährt, daß sein Gut versetzt ist, soll der Herr dem Mann selbst oder durch einen Eigenmann oder einen Lehnsmann gebieten, daß er ihm innert sechs Wochen und einem

---

[24] Dieser Passus besitzt so, wie er in der Quelle steht, den Charakter einer Feststellung. Er muß aber als Frage gelesen werden, auf die das folgende *also sprechen wir* eine ablehnende Antwort gibt; vgl. auch Ldr. 5 a, 87 a, 162, 170 c, 234.

[25] Langform H, Lnr. 25, S. 311: wohl.

Tag sein Gut auslöse. Das soll er dreimal tun, das macht achtzehn Wochen und drei Tage. Und ist der Mann nicht im Lande oder sonst nicht daheim, soll man auf ihn warten, bis er kommt; solange man weiß, daß er lebt, soll der Herr mit der Botschaft warten.[26] Will aber der Herr einen Boten dorthin senden, wo der Mann sich aufhält, kann er das wohl tun; und der Bote soll ihm sagen, was hiervor gesprochen ist. Er soll auch Leute dabei haben, die ihm als Zeugen helfen sollen, wenn dieser abstreiten wolle, daß es ihm gesagt worden sei. Und stirbt er nach der Botschaft und nach der Frist, die ihm geboten ist, so ist dem Herrn das Gut ledig. Hinterläßt der Mann aber Lehenserben, sollen die das Gut innerhalb von sechs Wochen und einem Tag auslösen von dem Tag an, an dem sie vom Tod ihres Vaters erfuhren. Und sie sollen innert Jahresfrist nach dem Tod ihres Vaters zu ihrem Herrn kommen und ihr Lehen fordern, und er soll es ihnen mit Recht verleihen.

Art. 26. Ein Zeugnis mit sieben Mannen

Wenn man vor einem Herrn ein Lehengericht abhält, und mit sieben Mannen wird ein Zeugenbeweis geleistet, da soll der Herr zwanzig seiner Mannen befragen. Und hat er die nicht, so schiebe er die Klage auf einen anderen Tag und bringe dann [zwanzig oder][27] mehr seiner Mannen auf; so kann das Gericht mit den sieben Mannen als Zeugen weitergehen.

Art. 27. Drei Zeugen

(a) Wo man drei Mannen als Zeugen aufbieten soll, da frage der Herr sieben seiner Mannen nach dem Urteil; aber mindestens zwölf Mannen soll der Herr in seinem Gericht haben, die Urteile geben und sprechen.

(b) Welcher Herr keine zwölf Mannen hat, wenn er um Lehenrecht richten soll, soll vor den Herrn kommen, von dem er das Gut hat; und der Herr soll so viele ihrer beider Mannen zu sich gebieten, daß ein Urteil zustande kommen kann. Da sprechen die Mannen beider das Urteil und sind wohl Fürsprechen und Zeugen im Lehengericht. Und ist das Gut ein Eigen des Herrn und er kann die Mannen nicht aufbieten, so fahre er vor den König. Ist der nicht im Lande, so fahre er vor den Landrichter.

---

[26] Langform Z, Lnr. 25 (27), S. 209: Sein Herr soll ihn mit einer Botschaft laden (*biten* statt *beiten*).

[27] Nach anderen Textformen ergänzt.

Art. 28. Zinslehen

Wovon man jährlich einen Zins gibt, ist kein rechtes Lehen. Spricht der Mann aber, es sei sein rechtes Lehen und streitet ab, daß er davon einen Zins zahle, da muß der Herr das Aussage des Mannes hinnehmen oder er muß ihn überzeugen, daß er ihm davon einen Zins gegeben hat oder daß man ihm einen Zins davon gab, bevor das Gut in seine Gewalt kam. Und bezeugt der Herr das, so hat der Mann das Gut verloren. Auf welche Weise ein Mann auch immer ein Gut beansprucht: Verliert er es mit Recht, so spricht man ihm allen Anspruch darauf ab.

Art. 29. Bußen soll man dem leisten, der die Gewere hat

Ein Gut kann vielen Herren gehören dergestalt, daß es je ein Mann dem anderen verleiht. Doch soll nur einer die Gewere daran haben. Wenn einer die Gewere an dem Gut hat, und jemand tut ihm daran ein Laster oder einen Schaden an, soll er ihm dafür die Buße zahlen und nicht dem, von dem er es hat; das ist Recht.

Art. 30. Wer aussagt, daß er sein Lehen von einem anderen Herrn habe

Gibt ein Mann jemand anderen als den, von dem er das Lehen hat, als Herrn aus, und der Herr ist zugegen und behauptet das Gut, es sei sein Eigen oder sein Lehen, mit zwei weiteren Zeugen außer ihm selbst, so hat er sein Gut behauptet; und der Mann hat sein Lehen verloren. Behauptet es aber der Herr, dem er das Gut zusprach oder zuerkannte, so hat auch der Mann es behauptet.

Art. 31. Wie der Mann den Herrn über sein Gut unterrichten soll

Wenn ein Mann von seinem Herrn ein Gut empfängt, so soll er ihm sagen, wo das Gut liege und wie groß es sei. Das frage der Herr ihn bei dem Eid, den er ihm geschworen hat, oder bei seiner Huld. So soll er ihm sagen, was er über das Gut weiß, und was er nicht weiß; dafür soll ihm der Herr eine Frist setzen von drei mal vierzehn Nächten. Und was er ihm danach nicht sagt, das steht dem Herrn zu, wenn er es herausfindet. Und er muß dem Herrn mit so viel büßen, wie das Gut, das er von ihm hat, in einem Jahr an Ertrag bringt.

Art. 32. Wie der Herr für den Mann eintreten soll

Verleiht ein Herr ein Gut, das er von einem anderen hat, einem Mann zu Lehen, und der Oberherr fährt dorthin und bemächtigt sich des Gutes, so soll der Unterherr das Gut für den Mann verteidigen. Verliert aber der Unterherr das Gut, so soll er dem Mann sein Gut erstatten. Will aber der Oberherr dem Mann das Gut verleihen, so soll dieser es von ihm empfangen, wenn der Unterherr es mit Recht verliert.

Art. 33. Forderungen

Niemand braucht sein Gut ein zweites Mal zu empfangen, wenn er es einmal von einem Herrn empfangen hat, wenn der Unterherr das Gut seinem Oberherrn aufgibt oder es verkauft und aufgibt und es deshalb ein zweites Mal empfängt. Es sei denn, er [der Mann] habe es nicht in seiner Gewere. Dann soll er es von dem fordern, an den ihn sein Herr weist, wenn er ebenso ehrbar ist wie er.[28] Und weist er ihn an jemand niederen, verweigert der Mann das wohl. [Der Herr verweigert auch wohl,][29] daß sein Mann geniedert werde, außer wenn dieser es will; das ist in gleicher Weise Recht.

Art. 34. Wer an den Oberherrn gewiesen wird

Wenn der Mann mit Recht an den Oberherrn gewiesen wird, so soll er ihm Huld schwören, wie hiervor gesprochen ist, und soll ihm nach dem Eid das Gut benennen.[30] Und weiß er das zu dieser Zeit nicht, so sollen beide verfahren, wie hiervor gesprochen ist. Verzögert der Oberherr seine Belehnung, so handle er, wie hiervor geredet ist; das ist Recht.

Art. 35. Wer sein Lehen verteidigt

Verleiht ein Herr das Gut eines Mannes, der es von ihm empfangen hat oder noch empfangen soll, und dieser sieht und hört das und widerspricht nicht, so hat er kein Recht mehr an dem Gut und es ist dem Herrn ledig;

---

28 Lahr Lnr. IX, 1f. u. Anm. (O), S. 9f. rekonstruiert den problematischen Text folgendermaßen: Niemand ist gehalten, erneut mit einem Lehengut belehnt zu werden. Wenn aber der Herr das Lehengut seinem Herrn aufgibt (*refutat*), oder es verkauft und aufgibt (*resignat*), soll der Mann das Gut erneut empfangen, wenn der Herr es nicht mehr in seiner Gewere hat. Und er [der Mann] soll es von dem fordern, an den er von seinem Herrn gewiesen wird etc. Dieser Interpretation liegt eine abweichende Lesart des Gliedsatzes *unde andrest enphahet* (bei Laßberg und in der Langform Z; Subjekt zu *enphahet* ist hier eindeutig *(under) herre*) zugrunde; die systematische Form enthält ihn mit anderem Subjekt folgendermaßen: *anderstund sol das gut der man empfahen.*

29 Fehlt bei Laßberg, ergänzt nach Langform Z, Lnr. 33, S. 211. Kurzform I, Lnr. 33, S. 266f.

30 Andere Textformen ergänzen: und ihm sagen, wo es liegt (Langform Z, Lnr. 34, S. 212. Lahr Lnr. X, 1; S. 10. Kurzform I, Lnr. 34, S. 267).

es sei denn, daß er um seinen Leib fürchten müßte, wenn er widerspräche. Wenn er aber von dannen kommt, soll er innert sechs Wochen vor den Herrn, von dem er [der Herr] das Gut hat, fahren und ihn um einen Gerichtstag bitten. Dieser soll ihn [den Herrn] über vierzehn Tage zum ersten Mal vor seine Mannen laden, und abermals über vierzehn Tage und zum dritten Male über vierzehn Tage; und kommt der Herr nicht, so verleihe der Oberherr dem Mann das Gut. Er hat das dann mit Recht. Und ist das Gut ein Eigen des Herrn, so fahre er [der Mann] vor den König oder vor den Landrichter, und fordere da Recht, wie hiervor gesprochen ist. Und richten diese nicht für ihn, so bemächtige er sich seines Gutes; das ist Recht. Und ist keiner der Herren im Lande, soll das dem Mann nicht schaden. Wenn sie ins Land kommen, so soll der Mann sein Recht fordern, bei wem er es mit Recht fordern soll.

Art. 36. Wie man sich dem Herrn nicht verantworten soll

Wenn der Herr seinen Mann auf einen Tag um Lehenrecht lädt, soll sich der Mann ihm in dieser Zeit für keine andere Schuld verantworten, solange die Sache nicht abgeschlossen ist. Wird aber das Lehengericht des Herrn durch ein Urteil vertagt und unterdessen fällt dem Mann ein Gut zu, auf das er die Anwartschaft hatte, und er fordert, daß er ihm das verleihe, so soll es der Herr ihm mit Recht verleihen. Und tut er das nicht, so fordere es der Mann, wie hiervor geredet ist.

Art. 37. Wie man dem Fürsprech zustimmt

Wenn ein Mann vor Gericht, wenn es um Lehenrecht geht, nicht zum Wort seines Fürsprechen steht, so soll der Herr seinen Mann, wenn er einen Fürsprech nimmt, fragen, ob er dem Wort seines Fürsprechen zustimmen wolle. Spricht er: ja, so bleibt ihm der Fürsprech. Spricht er: nein, so gibt ihm der Herr keinen Fürsprech. Wenn man um Lehenrecht richtet, soll der Herr keinen Fürsprech geben; es sei denn, er [der Mann] bekunde, daß es sein Wort sei, was der Fürsprech spreche. Wessen Wort er spricht, der hat den Nutzen, wenn er wohl spricht, und den Schaden, wenn er übel spricht. Versäumt er die Sache des Mannes, so hat dieser den Schaden und man gibt ihm keinen Fürsprech mehr auf diesem Tag wegen dieser Sache. Der Fürsprech soll sprechen, was der Mann ihn zu sprechen heißt, und soll seine Rede verbessern, soweit er das kann und gemäß dem Recht vermag.

Art. 38. Ungeborene Lehenserben

Ein Mann stirbt und hinterläßt eine schwangere Frau; und sie bekommt einen Sohn, der so lange lebt, daß man seine Stimme hört. Will man das nicht glauben, so soll man es bezeugen mit Zeugen, die vierzehn Jahre alt sind [oder älter]. Hat man die nicht, so bezeugt man es wohl mit zwei Frauen, die ihre Mühe oder das Kind lebend gesehen haben; die sind mit Recht Zeugen.

Art. 39. Wen die Mannen zu Recht ablehnen

Wenn der Sohn dem Vater nicht ebenbürtig ist, weigern sich die, die seines Vaters Mannen waren, Lehen von ihm zu empfangen. Und hatte der Vater das Lehen von einem anderen Herrn, fahren sie wohl mit Recht zu diesem Oberherrn und empfangen ihr Lehen von ihm. Ist es aber sein Eigen gewesen, so sollen es die Mannen von ihm empfangen, oder sie lassen es ihm auf.

Art. 40. Wen der Herr als Mann ablehnen soll

(a) Der Herr soll niemandes Mannschaft ablehnen außer dessen, der keinen Heerschild hat. Leiht er diesem aber ein Gut, so hat er ein so gutes Recht daran wie der, der den Heerschild führt, und solches Recht, wie hiervor in dem Lehenbuch steht. Ein Herr lehne auch ab, denen Lehen zu verleihen, die in der Acht und im Bann sind gemäß dem Recht, wie hiervor geredet ist.

(b) [und er verweigere es auch dem,] der vor Gericht wegen Raubes, wegen Diebstahls oder wegen Mordes, Meineides, Brandstiftung oder seiner Treue wegen geladen ist; und solange sie nicht vor Gericht gekommen und freigesprochen sind, leiht er ihnen zu Recht nichts. Werden sie freigesprochen, so soll ihnen ihr Herr ihre Lehen verleihen. Werden sie aber schuldig gesprochen und sie büßen, wie es Recht ist, so soll er ihnen ebenfalls ihr Lehen verleihen. Und stirbt der Mann unterdessen, bevor er der Schuld ledig wurde, und hinterläßt Lehenserben, so soll der Herr ihnen mit Recht die Lehen ihres Vaters verleihen. Der Sohn soll eine Schuld des Vaters in dieser Sache nicht zahlen.

(c) Hat ein Herr jemandem ein Gut verliehen, kann er dessen Kindern nicht verweigern, das Lehen zu leihen, denn das wäre nicht Recht. Der Herr soll seinen Mannen zu allen Zeiten und an allen Orten ihr Lehen verleihen, wenn sie es fordern, außer in der Kirche und auf dem Kirchhof; da kann er es ihm nicht mit Recht verleihen. Geschieht es aber, soll der Herr nach seinem Mann senden, oder der Mann komme selber zu dem

Herrn und gebe ihm das Lehen auf und empfange es abermals; das ist Recht.

Art. 41. Fürstenlehen

(a) Bischofsgut und Fahnenlehen soll der König als Ganze verleihen. Alle Bischöfe empfangen vom König Münzen und Zölle, und etliche empfangen Fahnenlehen und etliche weltliche Gerichte. Wenn das ein Gericht ist, das für fließendes Blut und Totschlag zuständig ist, soll der Bischof den, dem er das verleiht, mit seinem Brief zum König senden, daß er ihm den Bann leihe. Wer über Menschenblut richtet und den Bann vom König nicht empfangen hat, dem soll der König die Zunge herausschneiden lassen oder er soll sie nach des Königs Gnaden auslösen. Und versagt der König einmal dem Bischof – oder wenn er seinen Brief sendet –, dem Richter den Bann zu verleihen, so richtet der Richter ein Jahr mit Recht ohne den Bann, als ob der Bischof sein Recht vom König empfangen hätte.

(b) Der König soll wohl wissen, wem er den Bann verleiht, damit dieser zu Recht Richter sein kann. Da soll der König ins Landrechtsbuch sehen; darin findet er, wer mit Recht Richter sein kann. Alle Gerichte, die für fließendes Blut und Totschlag zuständig sind, muß man vom römischen König empfangen. Die Laienfürsten brauchen ihre Richter nicht zu heißen, den Bann vom König zu empfangen. Sie verleihen ihn wohl selbst, wenn sie ihn vom König mit Recht empfangen haben. Wenn der König nicht in deutschen Landen ist, können die Richter der geistlichen Fürsten wohl ohne Bann richten, bis ein Brief vom König kommt. Und wenn der König aus den deutschen Landen fährt, so kann er dem Marschall des Reiches wohl die Gewalt geben, daß er den Bann verleihe; das ist der Herzog von Sachsen. Das soll er tun in Thüringen und in Sachsen und in Hessen bis nach Böhmen und über alle Franken. Wer immer da ist, ist sein Untertan. Und gibt ihm der König die Gewalt, den Bann zu verleihen, so hat der Marschall dieses Recht in ganz Schwaben bis an den Rhein und über das Gebirge bis eine Meile vor Trient.

(c) Der Pfalzgraf vom Rhein hat die Gewalt, jenseits des Rheines bis eine Meile vor Metz den Bann zu verleihen und bis an die Oise und in Flandern. Sei es, daß der König ihm den Bann verleiht oder nicht: Er hat doch die Gewalt, daß er den Bann verleiht. Von diesem Recht leitet sich folgendes ab: Wenn die Fürsten den König beklagen wollen, wenn er wider das Recht handelt, sollen sie das vor dem Pfalzgrafen vom Rhein tun; die Ehre hat er vor anderen Fürsten.

Dieses Recht haben diese zwei Herren, wenn das Reich ohne König ist.

Art. 42. Wie der Mann sprechen und welche Gebärden er machen soll, wenn er sein Lehen empfängt

(a) Wenn der Sohn nicht an seines Vaters Stelle Mann werden will, ist sein Heerschild damit nicht erhöht. Der Heerschild eines Herrn wird nur durch ein Fahnenlehen erhöht, wenn ihm das verliehen wird. Es vererbt niemand Lehen, außer der Vater auf den Sohn; das heißt Erblehen.

(b) Nach dem Tode des Vaters kommt der Sohn innert Jahr und Tag zu dem Herrn, der sein Herr ist, und bietet ihm mit gefalteten Händen seine Mannschaft an. Und wenn der Herr steht, gehe er so nahe zu ihm hin, daß er ihn anfassen kann; sitzt er, so soll er vor ihm knien. Manche Leute sagen, daß er dem Herrn die Hände schütteln soll; dem ist aber nicht so. Wenn der Mann also vor den Herrn tritt, wenn er steht, oder wenn er sich vor ihn kniet, wenn er sitzt, so wiegt sich sein ganzer Leib und damit auch die Hände.

Also soll der Mann sprechen, wenn er sein Gut mit gefalteten Händen begehrt: Herr, ich fordere von euch solches Gut, das ich mit Recht an euch gebracht habe, und biete euch darum meine Mannschaft einmal, zweimal und dreimal an, und eure Mannen seien meine Zeugen dessen. Wenn der Herr sich zu Unrecht weigert, indem er ihn nicht als Mann annehmen will, soll er das Gut, für das er seine Mannschaft angeboten hat, behalten, und soll ohne Dienstpflicht darauf sitzen. Und er braucht sein Gut kein weiteres Mal vom Herrn zu fordern, solange er zwei von dessen Mannen als Zeugen hat. Und sterben diese, so fordere er sein Lehen abermals und nehme dazu ebenso viele Mannen des Herrn, damit er zwei habe, sein Recht zu erzeugen, wenn der Herr es abstreiten wollte. Dieses Gut vererbt er, wenn er stirbt, seinem Sohn. Der Sohn fordere das Lehen vom Herrn wie der Vater. Verleiht er es ihm, so ist es gut; verleiht er es ihm nicht, so handle er, wie hiervor gesprochen ist. Wer sein Lehen so fordert, der belehnt seine eigenen Mannen wohl mit demselben Gut, an dem ihm das Recht verweigert ist.[31]

Wenn aber dem Mann seine Gewere mit Gewalt genommen wird, soll er seine Klage vor dem Oberherrn oder dem König oder dem Landrichter jährlich erneuern, weil er keine Gewere hat.

(c) Und bietet der Herr dem Mann das Gut an, soll dieser es sofort empfangen. Und tut er das nicht, kann es ihm schaden; mit dem Angebot beendet der Herr nämlich die Jahresfrist, die der Mann gegenüber dem Herrn mit seiner Forderung verlängert.

---

[31] Andere Textformen: Wer sein Lehen so fordert, der behauptet seine Mannschaft mit demselben Gut, an dem ihm das Recht verweigert ist (Lahr Lnr. XVIII, II, 9; S. 21. Langform Z, Lnr. 42 b (45), S. 216).

(**d**) Wenn der Herr seine Mannen um ein Urteil fragt, ob jener seine Mannschaft so angeboten habe, daß er ihn mit Recht aufnehmen soll, und seine Mannen weigern sich ohne eine Schuld[32] des Herrn, ein Urteil zu sprechen, so soll der Mann auch ohne Schuld sein; und er hat sein Gut mit Recht, wenn er es gefordert hat, wie es Recht ist. Damit hat er eine Frist von einem Jahr, innerhalb derer er sein Gut nicht fordern soll. Lädt aber der Herr ihn und seine anderen Mannen auf einen Tag, sollen sie kommen, und [der Herr] soll dem Mann wegen der Forderung nach seinem Lehen Recht gewähren gemäß dem Urteil seiner Mannen.

Art. 43. Wenn der Herr Zeugen bestimmt

(**a**) Wenn ein Herr im Lehengericht einen Zeugen gegen seinen Mann bestimmt, soll er ihm diesen nennen; und wen er nennt, den soll er beibringen, und keinen anderen. Ebenso soll auch der Mann gegenüber dem Herrn verfahren. Welche Zeugen der Mann dem Herrn nennt, die soll der Herr zwingen, auf dem Gerichtstag, den er ihm gegeben hat, zu erscheinen. Kommt ein Zeuge nicht, hat der Mann sein Recht gleichwohl behauptet. Kommen die Zeugen, die der Herr gegen den Mann nennt, nicht zum Gerichtstag, verliert der Herr dadurch nicht, bis zum dritten Tag; dann hat der Herr verloren.

(**b**) Der Mann kann gegen den Herrn nie verlieren, wenn ihm ein Zeuge erteilt wird, und dieser nicht kommt; denn dann soll man ihn mit Recht dazu zwingen. Der Herr hat gegenüber dem Mann eine Frist bis zum dritten Tag, den Zeugen aufzubieten; ebenso soll auch der Herr den Zeugen des Mannes bis zum dritten Tag [zum Erscheinen] zwingen. Es soll nach jeweils vierzehn Nächten ein Tag stattfinden. Hat der Herr jemanden zum dritten Mal geladen, und dieser kommt nicht, spricht man ihm das Lehen ab, das er von dem Herrn hat. Es sei denn, ehafte Not hindere ihn: Die beweise er, wie hiervor in dem Landrechtsbuch steht; und was ehafte Not ist, steht auch hiervor geschrieben.

(**c**) Macht ein Zeuge ehafte Not geltend, wie es Recht ist, braucht der Herr ihn nicht aufzubieten, und auch der Mann nicht. Und beide sollen einen anderen nehmen, und diese soll der Herr auf den nächsten Gerichtstag[33] zwingen; das ist Recht. Beschuldigt der Herr einen seiner Mannen, er könne nicht Zeuge sein, so muß der Mann mit Zeugen oder mit dem Gut selbst das Gut beweisen, das er von ihm hat. Wenn das geschieht, so kann er wohl Zeuge sein. Und wie er es beweisen will, steht seinem Willen

---

[32] Langform Z, Lnr. 42 d (46), S. 217: Huld.
[33] Langform Z, Lnr. 43 c (46), S. 217: auf die nächsten drei Gerichtstage.

anheim, und nicht dem des Herrn. Und hat er keine Zeugen, so soll man ihm mit Recht drei Tage geben für dieses Zeugnis.

Art. 44. Ehafte Not

Wenn die Gefangenschaft den Mann daran hindert, zum Gerichtstag zu erscheinen oder einen Boten dorthin zu senden, soll er vor den Herrn kommen, sobald er aus der Gefangenschaft frei wird, und soll ihn heißen, einen weiteren Tag einzuberufen und dort seine ehafte Not zu beschwören;[34] und er soll dann für ihn richten, wie hiervor geredet ist.

Art. 45. Stirbt der Herr

Stirbt der Herr eines Mannes und hinterläßt einen Sohn, der noch nicht zu seinen Tagen gekommen ist, soll der Mann doch vor seinen Jungherrn kommen und soll also sprechen: Herr, ich soll ein Lehen von euch haben, das empfange ich gerne, wenn ihr es mir mit Recht verleihen könnt. Und er soll Leute als Zeugen heranziehen; wer auch immer diese sind, sie sind gut. Und hat das Kind das Gut von einem Herrn zu Lehen, und dieser verleiht ihm das Gut, wie jung auch immer es ist, so kann es das Gut wohl verleihen. Und seine Mannen können ihm gegenüber keine Jahresfristen versäumen, solange es das Gut nicht empfangen hat.

Art. 46. Angefälle

Wenn dem Herrn das Kind anfällt[35] oder das Kind gegenüber dem Herrn seine Jahresfrist versäumt, schadet das den Mannen an ihren Lehen nicht. Sie folgen stets ihrem Gut. Und versäumt auch ein Herr, der zu seinen Tagen gekommen ist, seine Jahresfrist gegenüber seinem Herrn, und sein Gut wird ihm mit Recht abgesprochen, sollen die Mannen deswegen ihre Lehen nicht verlieren. Sie sollen vor denselben Herrn kommen und sollen von ihm ihre Lehen fordern; er soll sie ihnen mit Recht verleihen. Tut er das nicht und hat das Gut selbst von einem anderen Herrn, sollen sie vor

---

34 Diese Formulierung erweckt den Eindruck, als müsse der Herr beschwören, daß den Mann die ehafte Not hinderte. Andere Textformen haben plausibler: er soll ihn heißen, einen weiteren Tag einzuberufen, und er [also der Mann] soll dort seine ehafte Not beschwören (Langform H, Lnr. 44, S. 319; vgl. Langform E, Lnr. 44, S. 246. Kurzform I, Lnr. 44, S. 286). Zuweilen fehlt auch der fragliche Halbsatz (Kurzform I c, Lnr. 44, S. 286).

35 Lahr Lnr. XXI, 1 Anm. (x), S. 26 deutet diesen Ausdruck folgendermaßen: Wenn der Herr das minderjährige Kind seines Vasallen unter seine Vormundschaft und das Lehen in seinen Schutz nimmt. Vgl. V. Rödel in HRG II, Sp. 1750f., s.v. Lehnsvormundschaft; DRWB I, Sp. 620–622, s.v. Anfälle, anfallen (III, 5); s.u. Lnr. 51 a.

den kommen und ihm das klagen. Und dieser soll ihnen darum Recht gewähren; und will er [der Unterherr] nicht vor ihn treten, so soll er ihnen das Gut verleihen.

Art. 47. Die siebente Hand

Es kann also geschehen, daß ein Lehen jeweils von einem Mann zum anderen zu Lehen geht. So viele Heerschilde es gibt, so oft verleiht ein Herr dem anderen ein Gut. Es kann ein Herr dem anderen [Lehen] verleihen bis in die sechste Hand.[36] Verleiht es dieser Herr abermals bis in die siebente Hand,[37] ist das so rechtskräftig, wie es hiervor geschrieben steht.

Art. 48. Jahresfrist

(a) Jegliches Mannes Jahresfrist beginnt gegenüber seinem Herrn, wenn dieser[38] sein Gut von seinem Herrn empfängt. Als Jahresfrist zählen wir ein Jahr und sechs Wochen. Ist ein Herr außer Landes oder gefangen, beginnt die Jahresfrist nicht. Und sobald er ins Land kommt, beginnt des Mannes Jahresfrist. Solange er nicht im Lande oder gefangen ist, bemächtige sich der Mann seines Gutes; das tut er mit Recht.

(b) Wie viele Jahre sollen Kinder alt sein, wenn sie belehnbar sind? Das sind dreizehn Jahre und sechs Wochen von ihrer Geburt an. Und will der Herr, der ihm ein Lehen verleiht, nicht darauf verzichten, müssen die Verwandten dem Kind einen Vormund geben, der für das Kind im Lehengericht antwortet und als Fürsprech auftritt, wenn es dessen bedürfe. Der soll sich gegenüber dem Herrn für das Kind verantworten, bis es einundzwanzig Jahre alt wird. Der Vormund des Kindes soll ein Mann des Herrn sein. Man soll das Alter keines Kindes von dem Zeitpunkt an berechnen, als es die Mutter empfing, sondern von dem Zeitpunkt an, als sie es zur Welt brachte.

Spricht einer ein Kind um Lehenrecht an, soll sich der Vormund dafür verantworten. Und geht es dahin, daß das Kind einen Eid schwören soll, und es ist unter vierzehn Jahre alt, so soll es nicht schwören. Wenn es über die vierzehn Jahre kommt, kann es wohl Eide schwören. Will es aber sein

---

36 Langform Z, Lnr. 47, S. 218: bis zum siebenten Heerschild.

37 Langform Z, Lnr. 47, S. 218: Verleiht es aber der Herr, dem es in die siebente Hand verliehen ist, weiter.

38 Nämlich der Herr. Deutlicher ist die Vorlage Ssp. Lnr. Art. 25, § 4; S. 46: Die Jahresfrist jeglichen Mannes beginnt zu dem Zeitpunkt, an dem sein Herr mit dem Gut, das er von ihm haben soll, belehnt wird. Vgl. unten Lnr. 50 b.

Vormund so, schwört er gleichwohl für ihn, bis er achtzehn Jahre alt wird, wenn er bis dahin keinen Verstand hat; das ist auch Recht in allen Landrechten und Lehenrechten.

(c) Wenn ein Herr nicht glauben will, daß das Kind zu seinen Jahren gekommen ist, so daß es belehnbar sei, soll das sein nächster Verwandter beschwören, sei er von Vaters oder Mutters Seite, wenn es die hat. Und wenn sie es nicht wissen, soll es sein Vormund beschwören, wenn er das weiß. Und schwören diese nicht für ihn, soll er deswegen nicht verlieren. Man soll ihn oberhalb des Mundes anfassen. Hat er da ein kleines Haar, ist das ein Beweis. Findet man unter den Achseln ein kleines Haar, ist das der zweite Beweis. Findet man zwischen den Beinen am Gemächt ein kleines Haar, ist das der dritte Beweis. Damit hat der Knabe seine Volljährigkeit erwiesen.

Art. 49. Wann ein Kind belehnbar ist

(a) Niemand kann Zeuge sein, der nicht zu seinen Tagen gekommen ist. Das sollen wir genauer bescheiden: Ein Kind, das dreizehn Jahre und sechs Wochen alt ist, ist belehnbar; und ist es vierzehn Jahre alt, so darf es in seinen eigenen Angelegenheiten schwören. Und es kann niemandes Zeuge sein, bis es achtzehn Jahre alt wird. Hat das Kind, wie jung es auch immer ist, einen Vogt, der zu Recht sein Vogt und ein Mann des Herrn ist, von dem das Kind Lehen haben soll, und er bringt das Kind zu seinem Herrn und fordert das Lehen, wie es Recht ist, so soll der Herr dem Kind das Lehen mit Recht verleihen. Wenn es aber mehr Kinder als eines sind, so soll man dem Herrn Bürgen stellen, daß sie vom Herrn nicht verlangen, daß er einem weiteren Kind außer dem ältesten ein Lehengut verleihe. Solange dieses lebt, ist er dessen überhoben; und stirbt es, so leihe er es jeweils dem nächstältesten.

(b) Wer das Kind innert seiner Jahre [der Minderjährigkeit] anspricht, es solle [ein Lehen] verleihen, der tut dem Kind Unrecht; denn es kann kein Lehen verleihen, das es nicht empfangen hat. Und verleiht ein Herr einem Kind, das noch nicht zu seinen Tagen gekommen ist, Lehen, und man spricht das Kind um dasselbe Gut an, soll der Herr das Kind verteidigen und sein Vormund sein. Will der Herr das nicht tun, so soll der Vormund es von dem Herrn fordern, und der soll ihm mit Recht einen Gerichtstag vor seinen Mannen geben; und er soll mit Recht erreichen, daß er für das Kind die Lehen verteidige.[39]

[39] Der Vormund vom Herrn, oder der Oberherr vom Herrn?

Art. 50. Von Lehenkindern

(a) Niemand, der nicht zu seinen Jahren[40] gekommen ist, kann im Lehengericht Zeuge für einen anderen sein; er habe das Lehen empfangen oder nicht.

(b) Wenn das Kind von seinem Herrn belehnt wird, so beginnt für seine Mannen die Jahresfrist, innerhalb derer sie ihr Gut empfangen sollen. Solange sie ihr Gut von dem Kind nicht empfangen haben, sollen sie dem Oberherren dafür den Dienst leisten, den dieses Lehenbuch nennt.

Art. 51. Vom Angefälle[41]

(a) Das Angefälle gehört nicht zum Lehenrecht. Stirbt ein Mann und hinterläßt Kinder, die nicht zu ihren Jahren gekommen sind, darf der Herr das Angefälle einem anderen verleihen, wenn das Kind keinen Vormund hat, der ein Mann dieses Herrn ist. Hat es einen solchen, soll dieser für das Kind das Lehen fordern; und er soll es ihm mit Recht verleihen. Und der Vormund soll sich für das Lehen vor dem Herrn verantworten. Wenn das Kind zu seinen Jahren kommt, ist das Angefälle ledig; stirbt der, der das Angefälle verliehen hat, so hat er ebenfalls kein Recht mehr an dem Angefälle und es ist ledig.

(b) Solange dem Kind und auch denjenigen, die älter sind, ihre Güter nicht verliehen sind, sind sie nicht schuldig, dem Herrn das Gut zu nennen und zu zeigen.

Art. 52. Versetzte Lehen

Niemand kann mit Recht die Gewere an einem Lehen haben, wenn es ihm ohne die Hand des Herrn versetzt wird. Versetzt es der Vormund des Kindes auch mit der Hand des Herrn und des Kindes, und das Kind kommt zu seinen Jahren und fordert sein Gut wieder, so soll man es ihm überlassen. Tut man das nicht, so soll das Kind zu seinem Herrn kommen und ihn bitten, daß er ihm zu seinem Recht verhelfe gegen den, der ihm sein Gut nimmt. Tut der Herr das nicht, so komme es vor den Landrichter und klage vor ihm gegen seinen Herrn und gegen seinen Vormund. Hat der Herr das Lehen von einem anderen Herrn, soll er dorthin kommen und diesem klagen, und der soll für ihn über seinen Herrn richten, wie das Buch sagt.

---

40 Langform Z, Lnr. 50 a (50), S. 220: Tagen und Jahren.

41 D.h. hier die Lehensnutzung während der Zeit der Minderjährigkeit des Kindes. Vgl. oben Lnr. 46.

Art. 58. Wer jemanden um sein Lehen bringen will

Will jemand seinen Herrn oder sein Kind oder jemanden, der die Anwartschaft darauf hat, um sein Lehen bringen, indem er es seinem Herrn aufgibt oder es verleiht, so kann es ihm nicht schaden, wenn er es wieder in seinen Nutzen nimmt und in seiner Gewere hat, bis daß er auf dem Sterbebett liegt.[42] Wenn er stirbt, so sollen es seine Lehenserben mit Recht haben. Hat er keine, so soll es dem Herrn ledig sein.

Art. 59. Wenn der Mann blind wird

Ein Herr kann seinem Mann sein Lehen nicht entziehen oder nehmen, wenn er blind ist oder seine Glieder verliert oder aussätzig wird oder welche Krankheit er bekommt.

Art. 60. Der eine Anwartschaft auf sein Lehen erteilt

Setzt ein Mann mit der Hand seines Herrn und mit Erlaubnis seiner Lehenserben für sein Lehen fest, daß es seinem Weib werde, und die Lehenserben sind zu ihren Tagen gekommen, so können ihr weder der Herr noch die Kinder darin einen Abbruch tun. Sind die Kinder aber nicht zu ihren Tagen gekommen, können sie daran festhalten[43] oder auch nicht. Der Herr soll sich stets daran halten; das ist sein Recht.

Art. 61. Der vielen Brüdern ein Gut leiht

(a) Ein Herr kann vielen Brüdern ein Lehen verleihen, das sie zu gesamter Hand empfangen und an dem sie gleiche Gewere haben. Und wollen sie ihren Besitz scheiden und sie teilen es untereinander auf, so tun sie das wohl ohne die Erlaubnis des Herrn. Wenn sie das Gut aber so teilen, so hat keiner von ihnen das Recht, das Gut des anderen zu erben. Wenn einer von ihnen ohne Lehenserben stirbt, so ist dessen Teil dem Herrn ledig. Stirbt einer von ihnen, solange sie das Gut ungeteilt innehaben, so tritt das Kind an des Vaters Stelle und behält das Gut, das sein Vater hatte, gemeinsam mit allen Vaterbrüdern. Während die, die miteinander belehnt sind, das Gut gemeinsam innehaben, kann keiner ohne den anderen über das Lehen oder das Gut verfügen. Was aber einer davon jemandem ver-

[42] Etwas deutlicher ist die Vorlage Ssp. Lnr. 30, § 1; S. 53: Wer seinem Herrn oder seinem Kind oder dem, der darauf wartet, das Lehen entfremden will, indem er es verleiht oder aufläßt, dann schadet es jenem nicht, wenn er das Lehen wieder nimmt und die Gewere daran behält.

[43] Langform Z, Lnr. 60 (58), S. 223 ergänzt: wenn sie wollen.

leiht oder hinterläßt, das kann derselbe nicht aus dem Gut herausbrechen. Wenn die [, die das Gut mit ihm haben,][44] es so belassen wollen, wie es ist, so muß er sich stets daran halten.

(b) Wenn mehr Leute als ein Mann mit einem Gut belehnt sind und das Gut nicht geteilt haben, kann keiner von ihnen dem Gut an einen anderen Herrn folgen, wenn ihr Herr stirbt, [das kann] nur ein einziger Mann.[45]

Art. 62. Der aus Mutwillen ein Gut verleiht

(a) Verleiht ein Herr einem Mann mutwillig ein Gut, für das er sich ihm gegenüber nicht verbürgen kann, soll er ihm das erstatten, wenn der Mann seine Jahresfrist nicht versäumt hat. Er soll sich des Gutes bemächtigen; und nimmt es ihm jemand, so soll er das dem Herrn kund tun innert Jahresfrist. Und tut er das nicht, so erstatte ihm der Herr auch nichts.

(b) Wenn aber der Herr mit Recht dazu gezwungen wird, daß er das Lehen verleihen muß, das er mutwillig verliehen hat: Wird ihm das gerichtlich abgesprochen, erstattet er dem Mann das Gut, das er ihm verliehen hat, nicht.[46]

Hat ihm aber ein Mann sein Gut gegeben, damit er ihm ein anderes Gut verleihe: Sobald das Gut mit Recht[47] aus der Hand des Mannes geht, so soll er ihm das mit einem anderen Lehen erstatten oder er gebe ihm sein Gut wieder; die Wahl steht bei dem Mann und nicht beim Herrn. Hat er dem Mann versprochen, es zu erstatten, so soll er es mit Recht tun.

Art. 63. Belehnte Weiber und Mädchen

Belehnte Weiber und Mädchen sollen nicht im Reichsdienst auf die Heerfahrt gehen, auch wenn sie Lehen vom Reich haben. Sie sind aller Heerfahrt ledig, außer nach einem gesetzten Recht, das heißt: Was sie vom

44 Ergänzt nach anderen Textformen (Lahr Lnr. XXXVII, 6; S. 43. Langform Z, Lnr. 61 a, S. 224).

45 Systematische Form: Wenn mehr Leute als ein Mann mit einem Gut belehnt sind und das Gut nicht geteilt haben, kann keiner von ihnen ohne den anderen dem Gut an einen anderen Herrn folgen, wenn ihr Herr stirbt (Lahr, Lnr. XXXVII, 7; S. 43).

46 Deutlicher formuliert ist die Ausnahme von der Erstattungspflicht des Lehnsherrn in Ssp. Lnr. Art. 33, § 2; S. 56: Wenn aber der Herr nach Lehenrecht dazu gezwungen wird, daß er das Gut verleihen muß: Wird ihm gerichtlich abgesprochen, daß er das Besitzrecht des Mannes an diesem Gut sicherstellen kann, braucht er es seinem Mann nicht zu erstatten.

47 Langform H, Lnr. 62 b, S. 325: mit Recht oder mit Unrecht.

Reich zu Lehen haben, davon sollen sie den zehnten Teil[48] dem Reich als Heersteuer geben; das soll auch der Geistliche tun, der kein Fürst ist.

Art. 64. Wenn Kinder zu Lebzeiten ihres Vaters Lehen empfangen

Wenn der Herr den Kindern das Gut ihres Vaters zu Lebzeiten ihres Vaters verleiht und der Vater das Gut bis zu seinem Tode alleine in seiner Gewere hat, so kommen die Kinder nach dem Tode des Vaters zu dem Herrn und bitten ihn, daß er daran denke, daß er ihnen das Gut gemeinsam mit ihrem Vater verlieh und daß er ihnen erlaube, ihr Lehen anzutreten. Das sollen sie innerhalb ihrer Jahresfrist begehren, weil sie keine Gewere hatten. Und hätten sie die Gewere gehabt, wären sie von der Forderung wohl befreit. Das sollen sie innert Jahresfrist tun; und gibt ihnen der Herr das Lehen nicht, so sollen sie seine Mannen als Zeugen dafür nehmen,[49] damit sie ihnen helfen, wenn der Herr die Forderung abstreiten wolle. Den Kindern hilft es nicht, daß sie das Gut gemeinsam mit ihrem Vater empfingen, wenn sie keine Gewere daran hatten. Sie sollen ihres Vaters Lehen fordern, als ob es das erste Mal wäre. Es ist viel besser für das Kind, wenn es das Lehen nicht mit dem Vater empfängt. Wenn aber der Vater und die Kinder eine gemeinsame und gleiche Gewere an dem Gut haben und es miteinander empfangen haben, und der Vater stirbt, so treten sie an die Stelle des Vaters und sollen ihr Gut kein zweites Mal empfangen. Bestreitet ihnen der Herr das Lehen, bezeugen sie es mit zwei seiner Mannen. Sie sollen das innert Jahresfrist tun. Will er ihnen das nicht zugestehen, so haben sie doch ihr Gut zu Recht behauptet, und tut ihnen der Herr Gewalt an, so sollen sie das dem Oberherrn, von dem er das Gut hat, klagen. Und ist es sein Eigen, so klage man es dem König,[50] wenn der Herr ein Fürst ist. Und ist er ein anderer Herr, so klage man es dem Landrichter. Und ist der König nicht im Lande, so kann man es dem Landrichter klagen, in dessen Gericht das Gut liegt. Und kommen weder der Fürst noch ein anderer Herr vor den Landrichter, so soll dieser doch das Gut der Leute beschirmen. Es kommt oft vor, daß ein Gut in einem anderen Gericht liegt, und daß der Mann, dem es gehört, in demselben Gericht wohnt oder in einem anderen. Wer immer wegen dieses Gutes klagt, und wo immer der Mann ansässig ist, gegen den sich die Klage richtet, oder der, der da klagt: Gemäß der Lage des Gutes soll der Landrichter richten.

---

48 Gemeint ist: den zehnten Teil der Einkünfte, vgl. unten Lnr. 83.

49 Langform Z, Lnr. 64, S. 225 ergänzt: daß sie es gefordert haben.

50 Langform Z, Lnr. 64, S. 225 ergänzt: wenn dieser in deutschen Landen ist.

Art. 65. Wie der Herr seine Treue am Mann bricht

Gibt ein Mann seinem Herrn ein Gut unter der Bedingung auf, daß er das Gut einem anderen leihe, und der Herr will es dann selber haben, bricht der Herr seine Treue an dem Mann; und es nützt ihm doch nichts. Er [der Mann] hat sein Gut nicht mit Recht verloren; er soll es zurückfordern, daß er ihm sein Gut wieder verleihe. Tut er das nicht, so habe er dennoch sein Gut wieder mit Recht inne [wie zuvor][51]. Tut ihm der Herr deswegen Gewalt an, klage er deswegen, wie dieses Buch sagt.

Art. 66. Wie sich ein Erblehen wandelt

(a) Gibt ein Mann sein Gut seinem Herrn auf und bittet, es seinem Sohn zu verleihen, so heißt das nicht Erblehen, sondern nur das, das dem Mann durch Tod zukommt. Gibt einer sein Erblehen auf und empfängt es danach wieder, heißt es nicht mehr Erblehen.

(b) Beansprucht ein Mann ein anderes Recht an einem Gut, als er tatsächlich daran hat, und er kann das Recht, das er sich selbst an dem Gut zugesprochen hat, nicht vor Gericht behaupten, so hat er alles Recht, das er an dem Gut hatte, verloren; das kommt vom ungerechtfertigten Anspruch.

Art. 67. Von rechter Gewere

(a) Hat jemand die rechte Gewere an einem Gut, und jemand bestreitet sie ihm, so soll man ihm einen Zeugenbeweis gestatten und nicht jenem, der sie nicht hat.

(b) Gibt jemand dem Oberherrn ein Gut auf, das er von dem Unterherrn hat, und er empfängt es wieder als Lehen und besitzt es über Jahr und Tag ohne rechten Widerspruch, so hat er das Recht an dem Gut. Das soll der Mann aber nicht tun, es sei denn, der Herr habe ihm sein Recht versagt; denn anderenfalls verlöre er sein Gut. Und kommt der Unterherr innert Jahresfrist vor den Oberherrn und bekennt seine Unschuld, daß er nicht wüßte, daß der Mann so gegen ihn gehandelt hätte, dann soll der Herr deshalb seinen Eid nehmen und ihnen beiden gerecht werden, wie das Buch sagt. Kann der Mann aber mit zwei Mannen des Oberherren gegen den Unterherrn bezeugen, daß ihm [dem Unterherrn] das Gut vor seinem Herrn nach Lehenrecht aberkannt worden sei, so hat dieser verloren und der Mann hat das Gut behauptet. Verliert der Mann, indem er den Herrn nicht zu überzeugen vermag, daß dieser ihm sein Recht genommen habe, so hat er in beiden Sachen verloren.

[51] Fehlt bei Laßberg, ergänzt nach anderen Textformen.

Art. 68. Wer Zeuge sein kann

(a) Wegen der Gewere an einem Lehen kann niemand Zeuge sein außer der, der von dem Herrn belehnt ist. Wegen gewöhnlicher Gewere sei ein jeglicher Mann Zeuge, der an seinem Recht nicht bescholten ist, wie das Landrechtsbuch hiervor sagt. Man soll niemanden aus seiner Gewere weisen, es sei denn, sie sei ihm mit Recht und mit Urteil abgesprochen.

(b) Wird einem sein Gut nach Lehenrecht aberkannt oder er gibt es freiwillig auf, so hat er mit Recht keine Gewere daran.

(c) Wenn ein Herr ein Gut verleiht, das er einem anderen verliehen hat, und dieser steht dabei, aber er schweigt aus Furcht um seinen Leib, so handle man, wie hiervor geredet ist.[52]

Art. 69. Wie der Mann sein Lehen verteidigen soll

Verleiht aber ein Herr das Gut eines Mannes, wenn dieser nicht zugegen ist, so schadet das dem Mann nicht. Wenn er davon erfährt, soll er zu seinem Herrn kommen und soll ihn fragen, ob es so sei. Spricht der Herr: ja, so spreche der Mann: Ich verteidige mein Gut einmal, zweimal, dreimal und ziehe die als Zeugen heran, die das hören. Da hilft ein jeglicher Mann, der sein Recht behalten hat; und er behauptet sein Gut mit Recht.

Art. 70. Von unrechtem Zwang

Zwingt der Herr seinen Mann treuwidrig und mit Gewalt, daß er ihm sein Gut aufgeben muß, bleibt der Mann deswegen ohne Schaden, wenn er die Untat, die er an ihm begangen hat, vor dem Herrn klagt, wie dieses Buch sagt.[53] Und überzeugt er den Herrn der Untat, die er an ihm begangen hat, soll der Herr dem Richter büßen, wie das Landrechtsbuch sagt, und soll dem Mann seinen Schaden zweifach vergelten und dieser soll sein Gut ungestört behalten.

---

[52] Langform Z, Lnr. 68 c, S. 228: Wenn ein Herr ein Gut verleiht, das er einem anderen verliehen hat, und dieser steht dabei, aber er widerspricht nicht, obwohl das Gut genannt wird, so hat er das Gut verloren. Hindert den Mann aber ehafte Not, so daß er um seinen Leib fürchtete, so hat er eine Frist von einem Jahr, in der er vor seinen Herrn komme und seine ehafte Not beschwöre. Das soll er mit seinen zwei Fingern tun: Der Herr soll das glauben und ihm sein Gut zugestehen; und tut der Herr das nicht, soll er sich mit Recht seines Gutes bemächtigen.

[53] Andere Textformen: … wenn er die Untat, die er an ihm begangen hat, vor dem Oberherrn oder vor dem König oder vor dem Landrichter klagt (Lahr Lnr. XLVI, 1; S. 52. Langform Z, Lnr. 70 (69), S. 227).

Art. 71. Wenn der Mann die Gewere hat

Wenn ein Mann vor seinem Herrn einem anderen Mann ein Gut aufgibt, so hat dieser die Gewere daran, die der erste Mann hatte, sobald er es empfängt.

Art. 72. Wie der Mann besseres Recht hat als der Herr

(**a**) Ein Mann kann in mehrerlei Angelegenheiten einen Zeugenbeweis gegen seinen Herrn führen als der Herr gegen den Mann.[54]

(**b**) Wenn zwei Mannen gleichen Anspruch auf ein Gut erheben und in gleicher Weise behaupten, die Gewere daran zu haben, und gleich viele Zeugen aufbieten, so soll der Herr sie beide dorthin auf einen Gerichtstag laden, wo das Gut liegt, und soll mit ihnen dorthin kommen, wenn er kann. Kann er nicht dorthin kommen, so sende er einen seiner Mannen mit ihnen dorthin. Der soll die Nachbarn und die rechten Umwohner über die Gewere befragen. Und wer mehr und ehrbarere Zeugen hat, der behauptet das Gut und die Gewere daran. Der Herr oder die Mannen, die seine Boten sind, sollen diesen Zeugenbeweis hören. Er soll sie bei seiner Huld fragen, wer die Gewere behauptet habe. Von welchem sie das sagen, dem soll der Herr das Gut mit Recht lassen.

Art. 73. Gewere

Kann man eine Gewere nicht mit Leuten erzeugen, so sollen beide Mannen vor ihren Herrn kommen und beide vor ihrem Herrn schwören, daß sie glauben, daß sie recht haben. Danach soll der Herr beiden gebieten, daß sie das Gut miteinander zu gleichen Teilen aufteilen. Will es einer von ihnen so, dann darf er wohl ein Wasserurteil verlangen; das müssen ihm der Herr und sein Widersacher gestatten. Das soll man aber nur tun, wenn man keine Leute als Zeugen hat.

Art. 74. Wie der Mann vor dem Herrn einen Zeugenbeweis leisten soll

Wenn der Herr und der Mann in gleicher Weise von einem Gut behaupten, die Gewere daran zu haben, und beide tun das mit gleich vielen Zeugen, da soll der Zeugenbeweis des Mannes mehr als der des Herrn gelten, weil der Herr das Gut nicht verliert, wenn der Mann es ihm gegenüber behauptet, denn er hat es doch von ihm als Lehen. Könnten

[54] Andere Textformen ergänzen: Dieses Buch sagt wohl, wie das ist (Lahr Lnr. XLVIII, I, 1; S. 53. Langform Z, Lnr. 72 a (70), S. 228).

die Herren die Mannen überzeugen, so gingen viele Lehen verloren, die ihre Mannen sonst behaupten.

Art. 75. Wenn der Mann den Gerichtstag des Herrn nicht aufsucht

Sagt der Herr seinem Mann, daß ihm sein Gut vor ihm aberkannt sei, und sagt, daß er unter seinen Mannen gute Zeugen dafür habe, kann der Mann seinen Zeugenbeweis also widerlegen: Er soll ihn bitten, ihm einen Tag vor seinen Mannen zu geben; und der Herr soll das tun.[55] Und der Mann soll auf dem Gerichtstag mit den Mannen des Herrn erzeugen,[56] daß er alle Gerichtstage aufgesucht habe, die er seinetwegen einberufen hatte. Oder er soll beschwören, daß ihm kein Gerichtstag geboten wurde. Oder der Herr soll ihn mit dem Boten und zwei weiteren Männern überzeugen, daß er dreimal geladen worden sei an einen Ort, wohin er sicher an Leib, Ehre und Gut hätte fahren können. Der Bote soll ein Mann des Herrn sein und die beiden anderen gewöhnliche Leute. Will aber der Mann selbdritt beschwören, daß er aus ehafter Not nicht auf die Gerichtstage kommen konnte, so widerlegt er die Zeugen des Herrn. Spricht der Herr den Mann an, er sollte Boten gesandt haben, wenn er selbst nicht kommen konnte, und der Mann beschwört, daß er einen Boten dorthin sandte, seine ehafte Not zu beschwören, und beschwört das selbdritt, so hat der Herr kein Recht gegen ihn, egal ob der Bote kam oder nicht. Und kann der Bote selbdritt bezeugen, daß er auf dem Tag war, der dem Mann geboten war, so hat der Mann wiederum Recht.[57]

Art. 76. Wer sein Gut verjährt

Wenn der Herr den Mann beschuldigt, daß er sein Gut verjährt habe, indem er es nicht gefordert habe, wie es Recht sei, soll der Mann ihm deswegen seine Unschuld bekennen mit seinem Eid. Kann aber der Herr mit sechs Mannen[58] bezeugen, daß ihm das Gut nach seiner Jahresfrist vor seinen Mannen aberkannt worden sei, so hat der Mann das Gut mit Recht verloren. Die Zeugen des Herrn sollen mit mehr Recht gegen seinen

[55] Langform Z, Lnr. 75, S. 228 ergänzt: und der Herr soll seine Mannen dazu laden.

[56] Andere Textformen: Und der Mann soll vor den Herrn kommen und soll da mit den Mannen des Herrn bezeugen (Langform Z, Lnr. 75 (72), S. 228. Lahr Lnr. LI, 1; S. 56).

[57] Andere Textformen fügen noch an: Und kam der Mann nicht, weil ihn ehafte Not hinderte, muß er das selbdritt bezeugen mit Leuten, die fürwahr wissen, daß ihn ehafte Not hinderte; damit hat er sich behauptet (Langform Z, Lnr. 75 (72), S. 229. Lahr Lnr. LI, 7; S. 57).

[58] Langform Z, Lnr. 76, S. 229 ergänzt: die Mannen des Herrn sind.

Mann schwören als die Zeugen des Mannes gegen seinen Herrn;[59] denn während der Herr das Gut nicht verliert, verliert es der Mann ganz.

Art. 77. Unrechte Gewalt

Wenn der Herr dem Mann mit Unrecht sein Gut aberkennt, wenn der Mann nicht zugegen ist, und den Kläger auf das Gut weist und ihm die Gewere daran überantwortet, schadet das jenem nicht; er behält seine Gewere sicher[60]. Und sobald er davon erfährt, soll er vor seinen Herrn kommen, und um einen Gerichtstag vor seinen Mannen bitten.[61] Es soll nur einen Tag geben. Und kommt jener, aber der Kläger nicht, so hat er [das Lehen] behauptet.[62] Kommt aber der Kläger hernach und beschwört seine ehafte Not, wie hiervor geredet ist, soll der Herr das auch zulassen. Stirbt der Mann, bevor die Klage zu Ende geführt ist, und hinterläßt Lehenserben, so haben diese dasselbe Recht, das auch ihr Vater hatte, wenn sie ihre Jahresfrist nicht versäumen.

Art. 78. Wie sich die Jahresfrist erneuert

(a) Innert der Jahresfrist soll der Mann eines Herrn mit seinem Herrn rechten. Und stirbt er und hinterläßt Lehenserben, und jemand hat gegen den toten Mann um das Gut geklagt, so hat der Erbe ein ebenso gutes Recht gegenüber dem Kläger wie gegenüber dem Herrn, wie der Vater, als er noch lebte.

(b) So oft die Klage des Mannes vor einen anderen Herrn kommt, so oft erneuert sich die Jahresfrist; das ist Recht.

Art. 79. Des Sohnes Antwort

Der Sohn verantwortet sich nicht an Stelle des Vaters im Lehengericht; es sei denn, er habe das Gut, um das der Vater bei Lebzeiten beklagt wurde, in seiner Gewalt, oder ihm wurde zu Lebzeiten aus diesem Gut eine Buße bestimmt:[63] Die soll er zahlen, es sei denn, er könne sich dessen zu Recht erwehren.

---

59 Diese Bestimmung dürfte irrtümlich formuliert sein und genau das Gegenteil von dem meinen, was sie besagt; vgl. oben Lnr. 74.

60 So Langform H, Lnr. 77, S. 330; Laßberg und andere Textformen: für sich.

61 Andere Textformen ergänzen: Diesen Tag soll er dem Kläger vierzehn Nächte im voraus ankündigen (Langform Z, Lnr. 77 (74), S. 229. Lahr Lnr. LIII, 2; S. 58).

62 Langform Z, Lnr. 77 (74), S. 229: so hat er verloren.

63 Langform Z, Lnr. 79 (75), S. 230: oder es wäre ihm die Gewere an dem Gut erteilt worden, als er noch lebte.

Art. 80. Lehen ohne Gewere

Spricht der Mann den Herrn um ein Lehen an, das er nicht in seiner Gewere hat, soll der Herr ihm einen Tag geben.[64] Solange der Mann das Gut gegenüber dem Herrn noch nicht behauptet und auch keine Gewere an dem Gut hat, kann er es nicht verleihen, noch etwas anderes damit tun, was ihm zugute kommt. Das sollt ihr so verstehen: Solange der Herr dem Mann rechte Rede gebietet,[65] kann er nichts mit dem Gut machen. Tut der Herr aber dem Mann[66] Gewalt an seinem Gut an, und er kann die Gewalt mit unbescholtenen Leuten bezeugen, auch wenn diese keine Mannen des Herrn sind, so kann er das Lehen verleihen, wenn er will.

Art. 81. Wem man sein Gut aberkennt, so daß er es hört

Wem sein Gut aberkannt wird, wenn er zugegen ist und nicht mit Recht widersprechen kann, der hat das Gut für immer verloren, wenn ihm zu Recht ein Gerichtstag an diesem Ort gegeben ist.

Art. 82. Was der Herr gegen den Mann bezeugen kann

Nur drei Sachen kann der Herr gegen den Mann bezeugen. Das ist zum einen: Will der Mann leugnen, was er im Lehengericht falsch gesprochen oder getan oder gelobt hat, kann ihn der Herr dessen überzeugen. Und wenn der Mann vor das Lehengericht geladen wird, wie davor geredet ist, und wenn er mit einem Urteil zum Reichsdienst aufgeboten wird, kann ihn der Herr überzeugen; die zwei Aufgebote gelten als ein Recht. Das Dritte ist, wenn der Herr selbst seinen Mann zum Lehengericht lädt, von Mund zu Mund und mit dem Urteil seiner Mannen. In diesen drei Sachen kann der Herr selbst und dazu mit zwei seiner Mannen, die das sahen und hörten, seinen Mann überzeugen; damit ist der Mann schuldig geworden.

Art. 83. Vom Reichsdienst

Wenn der Mann zwei Herren oder mehr hat, die ihn alle mit einem Urteil zum Reichsdienst aufbieten, soll er mit dem fahren, der ihm zuerst gebot, und den anderen allen die Heersteuer geben. Als Heersteuer soll er den zehnten Teil dessen geben, was das Lehen in einem Jahr abwirft;[67] das

---

64 Andere Textformen ergänzen: vor seinen Mannen nach Lehenrecht (Langform Z, Lnr. 80 (76), S. 230. Lahr Lnr. LVI, 1; S. 60).

65 Lahr Lnr. LVI, 3; S. 61: Solange der Mann dem Herrn die rechte Rede anbietet (mit Rekurs auf die Handschrift Schilters, siehe oben S. 26 A. 3).

66 Gemeint ist vermutlich wiederum: der Mann dem Herrn (vgl. vorstehende Anm.)

muß der Herr wohl nehmen. Hat der Mann aber nur von einem Herrn Reichsgut, muß er mit diesem fahren, oder lasse ihm das Gut auf. Kein Herr kann seinen Mann zum Reichsdienst aufbieten, wenn er das Gut, das dieser von ihm zu Lehen hat, nicht vom Reich hat. Er kann auch seinen Mann nicht zum Reichsdienst aufbieten, wenn er nicht mit einem Urteil aufgeboten ist.

Art. 84. Der Herr soll mindestens sieben Mannen haben

Wenn der Herr so hoch ist, daß er ein Lehengericht abhalten kann, und er so viele Mannen hat, die ein Urteil finden können, so kann er seinen Mannen einen Tag um Lehenrecht geben; es sollen zumindest sieben sein.

Art. 85. Wer seine Mannen niedern will

(a) Wenn ein Herr das Gut seines Mannes ohne die Erlaubnis des Mannes einem Herrn[68] aufgibt, und dieser Herr ist niedrigeren Ranges als er, so weigert sich der Mann wohl, sein Gut von diesem zu empfangen. Wenn der Herr einem anderen sein Gut aufgibt, soll er das seinen Mannen innert Jahresfrist verkünden. Für den Mann beginnt die Jahresfrist, wenn ihm sein Herr vor seinen Mannen verkündet, daß er das Gut, das er von ihm habe, fordern soll, oder wenn ihm jener verkündet, daß er das Gut erworben habe, das sie von ihm haben sollen; oder es verkündet ihm sonst jemand, der es ihm verkünden soll: Da soll der Herr, von dem er damals das Gut hatte, einen seiner Mannen senden und soll ihm verkünden, daß er das Gut [veräußert habe, und daß der Mann es][69] innert Jahresfrist von dem fordere, den er ihm nennt, und sein Gut empfange, wenn ihm der Herr ehrbar erscheine.[70] Ist er das nicht, weigert er sich wohl.

---

67 Langform Z, Lnr. 83 (79), S. 231: Als rechte Steuer soll er den zehnten Schilling geben, oder das zehnte Pfund oder die zehnte Mark oder den zehnten Teil von dem, was das Lehen, das er von ihnen hat, auch immer abwirft.

68 Laßberg und Langform Z haben: seinem Herrn. Diese Formulierung ist Ssp. Lnr. Art. 48, § 1; S. 67 entnommen ungeachtet dessen, daß sie in Verbindung mit dem nächsten Gliedsatz keinen Sinn ergibt: Der Oberherr kann keinen niedrigeren Heerschild haben als der Unterherr. Gemeint dürfte also, ähnlich wie im Folgesatz, sein: Wenn ein Herr das Gut seines Mannes ohne die Erlaubnis des Mannes *einem anderen* Herrn aufgibt, und dieser Herr ist niedrigeren Ranges als er; vgl. Lahr Lnr. LXI, 1 u. Anm. (Q), S. 64.

69 Ergänzt nach anderen Textformen (Langform Z, Lnr. 85 a (81), S. 231f. Lahr Lnr. LXI, I, 5; S. 65).

70 Langform Z, Lnr. 85 a (81), S. 232: wenn ihm der Herr als so ehrbar erscheine, wie es der vorherige Herr war.

Art. 89. Von der Jahresfrist

(a) Stirbt ein Mann jenseits des Meeres oder diesseits des Meeres oder in einem anderen Land, so beginnt für die Kinder die Jahresfrist, ihr Lehen zu empfangen, sobald sie erfahren, daß ihr Vater tot ist.

(b) Stirbt auch ein Herr außer Landes ohne Wissen seiner Mannen, so beginnt die Jahresfrist, ihr Gut von seinem Lehenserben zu empfangen, wenn sie von seinem Tode hören.

(c) Innerhalb der rechten Jahresfrist kann ein Mann mit Recht allen Gewettes ledig sein, zu dem er vor dem Herrn, gegenüber dem ihm die Jahresfrist zukommt, verurteilt wird, ohne daß er selbst zugegen ist.[79]

Art. 90. Wer im Lehengericht Bürgen stellen muß

Beansprucht ein Mann ein Gut,[80] das ihm der Herr nicht zugesteht und woran er auch keine Gewere hat, so muß er dem Herrn Bürgen stellen um die Buße und um das Gewette, wenn er ihm solche schuldig wird oder ist; das ist nicht Recht, außer im Lehenrecht. Hat aber der Mann die Gewere an dem Gut, so stellt er dem Herrn keine Bürgen. Streitet der Mann ab, daß er das Gut hat, so soll ihn der Herr überzeugen, wie hiervor geredet ist. Und hat der Mann ein anderes Gut von einem Herrn als das, das er anspricht, und woran er die Gewere hat, so soll der Herr aus diesem Gut das Gewette haben.

Art. 91. Wer verliehenes Gut verleiht

Verleiht ein Herr das Gut seines Mannes einem anderen Mann, soll der erste Mann darum nicht seine Gewere verlieren, auch wenn der Herr sich dafür für jenen [zweiten Mann] mit dem Mund und mit den Händen verbürgte; es sei denn, der Herr kann bezeugen, daß diesem [ersten Mann] sein Lehen und seine Gewere daran mit Recht vor seinen Mannen mit einem Urteil aberkannt worden seien; das ist Recht. Denn der Herr kann niemandem Gut verleihen und ein Gewährsmann für ihn sein, wenn er dasselbe Gut nicht in seiner Gewere hat.

---

[79] Eindeutiger ist Ssp. Lnr. Art. 51, S. 70: Innerhalb der rechten Jahresfrist kann der Mann gegen alle Gewette, die gegen ihn erteilt wurden, ohne daß er gegenwärtig war, seinem Herrn unter Eid auf die Heiligen widersprechen; es sei denn, der Herr bewähre sie mit Zeugen, wie hiervor gesprochen ist.

[80] Langform Z, Lnr. 90 (86), S. 234: Fällt ein Gut durch einen Todesfall an einen Mann.

Art. 92. Wer seinen Schild niedert

Niedert der Herr seinen Schild durch Mannschaft, so hat er damit das Gut[81] aller seiner Mannen verloren, das nicht sein Eigen ist. Die Mannen sollen ihr Gut von dem Oberherrn empfangen, oder ihr Herr soll sie an einen seiner Standesgenossen weisen. Und weist er sie an einen niedrigeren Herrn, so empfangen sie das Gut mit Recht von dem Oberherrn. Dasselbe Recht hat der Herr gegenüber seinem Mann: Wenn dieser das Lehen an einen niedrigeren veräußert, verleiht es der Herr nur, wenn er will. Der Heerschild eines Herrn ist dadurch geniedert, wenn er ein Mann seines Standesgenossen wird; denn er fällt von seiner Höhe nieder und wird dadurch unwürdig.

Art. 93. Der Lehen gegen Gut verleiht

(a) Wird einem Mann ein Gut auf seine Treue verliehen dergestalt, daß der Herr es gegen ein Gut lösen kann, wie sie bis zu einem bestimmten Tag vereinbart haben, so kann der Herr das Gut einlösen, wenn er will; er kann es, wenn er will, auch mit Recht sein lassen, denn daran gibt es kein Recht.

(b) Stirbt der Mann ohne Lehenserben, wird das Gut dem Herrn ohne Einschränkung ledig, und er ist nicht verpflichtet, den Erben des Mannes etwas davon zu geben. Will der Herr es so, behält er seine Treue daran und löst das Gut von den Erben aus. Will er es so, läßt er auch das bleiben, ohne seine Treue deswegen zu brechen;[82] denn Lehen sollen nur Lehen sein und nichts anderes. Und stirbt der Herr, der das Gut verliehen hat, so verleihen seine Erben das Gut weiter, wenn sie wollen; sie lassen es auch sein, wenn sie wollen. Und ist er ein geistlicher Fürst, der Gut verleiht, wie hiervor gesprochen ist, haben er und alle seine Nachfolger das Recht, wie hiervor gesprochen ist.

Art. 94. Was der Herr mit zwei Mannen erzeugen soll

(a) Alle Vergehen gegen das Lehenrecht, die ein Gewette nach sich ziehen, bezeugt der Herr gegen den Mann mit zwei seiner Mannen. Wenn der Mann dadurch aber sein Lehen verlieren kann, muß der Herr selb-

81 Langform Z, Lnr. 92 (88), S. 234: Lehen.

82 Lahr Lnr. LXIX, 3; S. 72: Will der Herr es so, löse er es von den Erben aus; wenn er will, kann er es ihnen auch überlassen. Das kann er aus Treue tun, er ist aber nicht dazu verpflichtet. Ähnlicher Wortlaut, aber gegenteiliger Sinn im Urswsp. Lnr. 93 b, S. 589. Langform E, Lnr. 93 b (115), S. 259 läßt den problematischen Satz ganz weg.

siebent mit seinen Mannen Zeuge sein; und sollte der Herr so leicht den Mann überzeugen wie der Mann den Herrn, so würden viele Lehen verloren gehen.

(b) Weder ist der Mann verpflichtet, für die Gelübde seines Herrn einzustehen, noch das Kind für den Vater, so daß sie ihr Gut aufgeben und es verlieren. Der Herr kann einem Mann ein Gut ohne Mannschaftseid versetzen. Ob er das hält oder nicht, steht der Treue des Herrn anheim. Kann aber ein Mann bezeugen, daß es vor Gericht geschehen ist, behauptet er damit die Pfandschaft; die bricht man, wie das Landrechtsbuch hiervor sagt.

Art. 95. Mannlehen

(a) Verleiht der Herr ein Mannlehen, steht es an der Treue des Mannes, ob er es ihm wieder aufläßt oder nicht; es sei denn, der Herr kann ihn überzeugen, daß er es im Lehengericht gelobt hat. Die Zeugen sollen Mannen des Herrn sein.

(b) Wer von einem Gut sagt, es sei Lehen und Pfandgut zugleich, der spricht Unrecht, denn ein Lehen kann kein Pfandgut sein, und ein Pfandgut kann kein Lehen sein. Soll ein Gut versetzt werden, so daß es rechtsgültig sei, so muß das durch die Hand des Herrn geschehen. Das Versetzen eines Gutes bezeugt man wohl mit Leuten, die keine Mannen des Herrn sind. Soll aber eine Belehnung geschehen durch die Hand des Herrn und vor seinen Mannen, muß man das mit den Mannen des Herrn bezeugen.

(c) Wenn der Herr seinem Mann ein Lehen verleiht und seine Mannen sind dabei nicht zugegen, kann das dem Mann schaden, wenn der Herr die Belehnung abstreiten will und der Mann sein Lehen jemals gegen seinen Herrn mit dessen Mannen bezeugen muß. Der Mann empfängt sein Lehen, und es sind andere Leute als die Mannen des Herrn dabei, [und der Herr spricht zu seinen Mannen:][83] Ich gebe euch das Recht, daß diese Leute an die Stelle [meiner Mannen][84] treten und das Recht haben, daß sie eure Zeugen im Lehengericht sind, wenn ihr es nötig habt. Das ist aber nur Recht, wie wir es euch bescheiden: Hat der Herr keine sieben Mannen, die von ihm Lehen haben, so kann er jenes wohl tun.

[83] Fehlt in Laßberg/Langform Z; ergänzt nach anderen Textformen (Urswsp. Lnr. 95 c, S 590. Lahr Lnr. LXXII, 4; S. 76).

[84] Ergänzt nach Langform H, Lnr. 95 c, S. 336 statt unplausibler: an meiner (also des Herrn) Statt.

Art. 96. Vom Versetzen von Lehen

Ein versetztes Lehen ist weder ein Lehen noch ein Pfandgut. Lehen ohne Gewere ist kein Lehen; Gewere ohne Lehen ist kein Lehen. Nimmt man einem Mann seine Gewere mit Gewalt, verliert er weder die Gewere noch das Lehen. Nimmt man ihm auch sein Lehen mit Gewalt, verliert er auch weder Lehen noch Gewere.

Art. 97. Rechte Lehen

Was der Herr als Lehen verleiht, soll ein rechtes Lehen sein. Erblehen und Burglehen und die Anwartschaft auf das Gut eines lebenden Mannes und auf das erste Gut, das der Herr verleiht, wenn es ihm ledig wird, das alles heißt rechtes Lehen.[85]

Art. 98. Schildlehen[86]

Ein Schildlehen endet, sobald der Herr den Schild wieder nimmt. Gibt der Mann ihn seinem Herrn wieder, kann der Herr ihm das nicht verwehren, sondern muß ihn empfangen; so endet das Lehen ebenfalls.

Art. 99. Kammerlehen

Ein Kammerlehen ist kein rechtes Lehen. Das endet, wenn der Herr und der Mann es wollen. Ein Kammerlehen entsteht, wenn der Herr zu seinem Mann spricht: Ich leihe dir aus meiner Kammer eine Mark oder mehr. Daran hat der Mann keine Gewere. Es gibt kein rechtes Lehen, außer der Mann hat die Gewere daran.

Art. 100. Wie ein Mann ein Gut mit einer Frau empfängt

(a) Ein Mann kann ein Gut gemeinsam mit einer Frau dergestalt empfangen, daß er sie wegen dieses Gutes vor Gericht vertritt, wenn sie dessen bedarf; und sie folgt damit an einen anderen Herrn,[87] wenn ihr Herr

---

85 Urswsp. Lnr. 97/2, S. 590, fügt folgende Version dieses Artikels an: Vom rechten Lehen und vom Erblehen: Was man verleiht, das ist ein rechtes Lehen oder ein Erblehen oder ein Burglehen oder die Anwartschaft auf das Gut eines benannten Mannes oder die Anwartschaft auf ein Gut eines unbenannten Mannes, sobald es dem Herrn ledig wird etc.

86 Ein Lehen, für das der Belehnte ritterlichen Kriegsdienst zu leisten hat; vgl. Hellbach, Wörterbuch des Lehnrechts (oben S. 242 A. 22), S. 208f. s.v. Schildlehn; Grimm, Jacob und Wilhelm. Deutsches Wörterbuch IX, Sp. 136f. s.v.

87 Nach anderen Textformen ist es der Mann, der an Stelle der Frau dem Lehen an einen anderen Herrn folgt; vgl. Urswsp. Lnr. 100 a, S. 591. Dies Entspricht der Intention

stirbt. Der Mann soll vor der Frau die Gewere haben, und er soll sie wohl mit Recht den Nutzen aus dem Gut ziehen lassen. Wenn die Frau nicht mehr ist, so endet das Lehen des Mannes. Es sei denn, er habe das Gut zusammen mit der Frau mit einer Lehenshand empfangen und habe auch den Nutzen aus dem Gut gemeinsam mit der Frau bezogen; dann ist das Gut auch sein rechtes Lehen, wenn die Frau stirbt. Hat er gemeinsam mit der Frau eine Anwartschaft auf das Gut, so hat er ebenfalls das Recht daran, wenn die Frau gestorben ist. Von der Frau kann niemand Lehen erben, wenn sie keinen Heerschild hat.

(b) Und gibt die Frau ihr Gut auf oder es wird ihr vor ihrem Herrn mit Recht aberkannt, dann hat der, der es mit ihr empfangen hat, nichts mehr daran, wenn allein sie die Gewere hat. Gibt aber er die Gewere auf oder welche Veränderung er damit vornimmt, schadet das der Frau nicht, wenn sie die Gewere hat. Er kann nichts davon verleihen ohne den Willen der Frau, es sei denn, er werde nach Lehenrecht dazu gezwungen. Die Lehen soll sie mit ihm verleihen. Die Anwartschaft auf ein verliehenes Gut kann er wohl mit dem Willen der Frau verleihen; und welches Gut der Frau ledig wird, das gehört ihr, und nicht dem, der das Gut mit ihr empfangen hat.

Art. 101. Wer einem Mann und einem Weib eine Anwartschaft verleiht

(a) Verleiht ein Herr einem Weib und einem Mann miteinander die Anwartschaft auf ein Gut, und jener, der das Gut in seiner Gewere hat, stirbt, so haben beide die Gewere und es ist ihr rechtes Lehen, wenn er ohne Lehenserben gestorben ist.

(b) Und bestreitet der Herr die Anwartschaft, soll man sie mit zwei Mannen des Herrn bezeugen, die sahen und hörten, daß er die Anwartschaft verlieh; so sollen es auch der Pfaffe und die Frau beweisen.

Art. 102. Stirbt der Mann ohne Lehenserben

Wenn derjenige [ohne Lehenserben][88] stirbt, der das Gut in seiner Gewere hat,[89] soll sich der Herr des Gutes bemächtigen. Wenn er nicht daran denkt, daß er das Gut verliehen hat, begeht er deswegen keine Missetat.

der Vorlage, Ssp. Lnr. Art. 56, § 1; S. 74, wo es noch erklärend heißt: damit er an einen anderen Herrn folge, wenn sie keinen Heerschild hat. Also braucht die Lesart in Laßberg/Langform Z nicht unbedingt irrtümlich zu sein: Denn die Doppelbelehnung sichert einer Frau (der das Recht, ihrem Lehen an einen anderen Herrn zu folgen, nicht zusteht) doch ihr Lehen über die Lehensfolge des Mannes.

Und kommt einer, der verkündet, es sei sein Lehen oder er habe die Anwartschaft darauf, dem soll er es überlassen oder er soll für ihn darüber richten. Der Mann soll das innert seiner Jahresfrist fordern. Wenn der Mann das Gut innert seiner Jahresfrist von seinem Herrn gefordert hat, braucht er sein Gut von diesem Tag an über ein Jahr nicht mehr zu fordern. Und gebietet ihm der Herr einen Gerichtstag deswegen, und der Mann will das innerhalb der Jahresfrist nicht annehmen, so hat er das Gut verloren, wenn der Herr das zu Recht bezeugen kann mit seinen Mannen; derer sollen es sieben sein.

Art. 103. Stirbt der Herr

Stirbt der Herr oder gibt das Gut seines Mannes innert der Jahresfrist auf, in der ein Mann sein Gut von ihm empfangen soll: Wenn er [der Herr] gestorben ist und er [der Mann] den Herrn an seine Belehnung erinnern soll, wenn er mit Recht an ihn gewiesen wird, so folge er seinem Gut und bemächtige sich dessen, aber nicht, wenn er bloß die Anwartschaft darauf hat, sondern nur, wenn es ein rechtes Lehen ist. Gegenüber dem ersten Herrn soll er sich erbieten, das Gut durch einen Zeugenbeweis zu behaupten. Und widerspricht der Unterherr dem mit Unrecht, so hat der Mann sein Gut mit Recht behauptet, weil er ihm das Recht verweigerte.[90]

Art. 104. Wie jemandem ein Kind anfällt[91]

(a) Ein Kind kann einem Kind kein Lehen verleihen, wenn sie noch in ihren Jahren [der Minderjährigkeit] sind, auch wenn es dem Kind verliehen ist. Solange ein Mann sein Gut nicht empfangen hat, kann er davon

88 Ergänzt nach anderen Textformen (Urswsp. Lnr. 102, S. 592. Lahr Lnr. CIII, IV, 13; S. 105).

89 Laßberg/Langform Z, Lnr. 102 (98), S. 238 hat irrtümlich: der das Lehen nicht in seiner Gewere hat; Urswsp. Lnr. 102, S. 592: der das Lehen mit in seiner Gewere hat. Für die Lesart der Übersetzung spricht die Vorlage Ssp. Lnr. Art. 57, § 2; S. 76.

90 Etwas deutlicher Ssp. Lnr. Art. 57, § 4; S. 76: Stirbt ein Herr oder gibt das Gut seines Mannes innert der Jahresfrist auf, in der der Mann den Herrn an seine Belehnung erinnern soll, wenn das Gut durch einen Todesfall an ihn gekommen ist: Er folge seinem Gut, aber nicht, wenn er die Anwartschaft darauf hat, sondern nur, wenn es sein rechtes Lehen ist, wenn er mit Recht an ihn gewiesen wird (weil die Gewere durch den Todesfall an ihn gekommen ist und er sie mit Recht an ihn gebracht hat). Gegenüber dem ersten Herrn soll er sich erbieten, einen Zeugenbeweis für das Gut zu leisten. Widerspricht dieser zu Unrecht, so soll er das Gut, an dem ihm das Recht verweigert ist, mit Recht behalten; und er hat das Recht, ihm zu folgen.

91 Vgl. oben Lnr. 46.

nichts verleihen, es sei denn, man enthalte es ihm mit Unrecht vor. Dann soll er es erklagen, wie hiervor gesprochen ist.

(b) Einem jeglichen Herrn fällt ein Kind an, das noch nicht zu seinen Jahren gekommen ist; es sei denn, daß es einen Vormund habe, der ein Mann des Herrn sei. Der handle, wie hiervor gesprochen ist.

Art. 105. Von der Fluchtsal

Wer Gut zur Fluchtsal verleiht, muß dem Herrn deswegen ein Gewette zahlen; es sei denn, er könne sich deswegen nach Recht entlasten. Und der Herr soll ihm gebieten, daß er die Verleihung breche und sie innert sechs Wochen rückgängig mache. Und tut er das nicht, so aberkennt man ihm das Gut mit Recht.

Fluchtsal heißt, was der Mann bei zweifelhafter Gesundheit und in Krankheit verleiht und wenn er das Land verlassen will, und das in der Absicht tut, daß er sein Gut wieder haben will, wenn er gesund wird oder zurückkehrt. Auch das heißt Fluchtsal und ist Betrug: Ein Mann geht zu seinem Herrn und bittet ihn, daß er einem seiner Verwandten eine Anwartschaft auf das Gut erteile oder er es mit seiner Hand seinem Verwandten versetze um weniger oder mehr, wenn er keine Lehenserben hat. Der Herr versagt ihm beides. Der Mann fährt fort und verleiht das Gut einem seiner Verwandten und bittet denselben, daß er das Gut mit seiner Hand seiner Gattin oder einem seiner Verwandten versetze. Das ist nicht Recht, denn wenn der Herr ihm das versagt, kann er damit nichts ohne den Willen des Herrn zu seinem Vorteil tun. Deswegen kann er sein Gut nicht demjenigen verleihen, dem er den Nutzen und die Gewere daran einräumt. Er kann ferner nichts damit tun ohne die Einwilligung des Herrn; denn das alles hieße Betrug.[92] Wer auf diese Weise Gut verleiht, der verleiht es wider Gott und wider das Recht und wider seine Treue. Denn als ihm sein Herr sein Gut verlieh, schwörte er ihm Treue und Aufrichtigkeit. Das hat er ihm hiermit gebrochen. Der Mann verleiht nicht sein Gut: Er verleiht das Gut seines Herrn oder eines anderen Mannes, der nach ihm an das Gut kommen soll.

---

[92] Andere Textformen haben an Stelle der letzten beiden Sätze plausibler: Davor kann er sein Gut jemandem verleihen, dem er den Ertrag und die Gewere daran gibt. Danach kann er es nicht mehr tun, denn das hieße Fluchtsal und Betrug; vgl. Urswsp. Lnr. 105, S. 594.

Art. 106. Fluchtsal

(a) Und verleiht ein Mann auf solche Weise seinen Leuten oder den Leuten eines anderen Herrn sein Gut, wenn er außer Landes gehen will oder wenn er krank darnieder liegt, und er kommt nicht wieder oder stirbt an der Krankheit, so ist dem Herrn das Gut ledig, weil er es getan hat, um den Herrn zu betrügen. Und kommt der Mann zurück oder wird gesund, bemächtigt sich der Herr mit Recht des Gutes. Streitet der Mann ab, daß er es getan habe, soll er sich mit seinem Eid entschuldigen. Der Herr bezeuge es mit sieben seiner Mannen, die es fürwahr wissen, daß er es getan hat. Bezeugt der Herr das nicht, kann aber gleichwohl bezeugen, daß sie dorthin gefahren sind und sich des Gutes ohne seine Erlaubnis bemächtigt haben, so hat der Herr sein Gut mit Recht behauptet. Will der Herr aber sein Gut mit Recht behaupten, so soll er vor seine Mannen fahren und soll dies alles mit einem Urteil tun. Und haben diejenigen, denen das Gut auf solche Weise verliehen ist, ein anderes Gut von dem Herrn zu Lehen, haben sie dieses mit Recht verloren, wenn sie wissen, daß das Gut ein Lehen von dem Herrn war. Allem Lehen ohne Gewere fehlt die Folge,[93] und alle Gewere ohne Lehen ist Unrecht. Ein Mann soll beides haben, und wer beides nicht hat, hat kein Lehen.[94]

(b) Erhebt der Mann, dem das Gut verliehen ist, Anspruch auf die Gewere, so kann er diese gegenüber seinem Herrn wohl mit den Umwohnern bezeugen, die keine Mannen des Herrn sind: nämlich mit solchen

93 D. h.: der Mann kann ein Lehen, an dem er keine Gewere hat, nicht weitervererben (vgl. Schmidt-Wiegand, Ruth (Hg.). Deutsche Rechtsregeln und Rechtssprichwörter. München 1996, S. 140). Es wäre allerdings zu überlegen, ob hier nicht auch die Lehensfolge im engeren Sinne gemeint sein könnte; das würde bedeuten, daß der Lehnsmann bei einem Herrenwechsel dem Gut nicht an den neuen Herrn folgen kann (vgl. DRWB III, Sp. 608f. s. v. folgen (I, 1 e; I, 2 c)).

94 Andere Textformen kennen über die Fluchtsal noch folgenden Artikel: Ein Mann hat von einem Herrn ein Gut zu Lehen, und er hat keine Lehenserben. Der Mann geht zu seinem Herrn und bittet ihn, daß er seiner Hausfrau oder einem anderen seiner Angehörigen das Gut für zehn Mark oder mehr oder weniger versetze. Der Herr verweigert ihm das mit Recht, wenn er will. Dann bittet er ihn, daß er ihn einem Angehörigen die Anwartschaft zu übertragen gestatte; auch dies versagt er ihm. Danach fährt der Mann zu seinem Angehörigen und verleiht ihm das Gut und bittet denselben, daß er dieses Gut seiner Gattin um so viel versetze, wie er wolle; und derselbe Angehörige tut das. Wenn dies geschieht, so ist es widerrechtlich. Wenn der Mann diese zwei Dinge von seinem Herrn gefordert hat, kann er danach nichts derartiges mehr ohne seinen Herrn tun, ohne daß es Betrug wäre; sonst bricht er seine Treue an seinem Herrn. Dann hat er das Gut gegenüber seinem Herrn verwirkt, und der Herr ahnde es, wie dieses Buch es sagt (Urswsp. Lnr. 105, S. 603. Lahr Lnr. CXXIV, II, 5–8; S. 142f.).

Leuten, die so glaubwürdig sind wie der, gegen den sie Zeugenschaft leisten; anders ist es nicht Recht.

Art. 107. Von unrechter Gewere

Will einer, der ohne Belehnung unrechte Gewere hat, die Gewere behalten, indem er spricht, das Gut sei sein Zinsgut, kann er das mit jedem Mann, der an seinem Recht unbescholten ist, bezeugen. Die müssen ihm helfen [indem sie sagen], daß ihm der Herr das Gut um einen Zins lieh, und [er] muß dann gesondert bezeugen, daß für das Gut früher ein Zins gegeben worden sei. Und kann er das nicht bezeugen, so bezeuge er, daß er selber schon einmal einen Zins gegeben habe. Und kann er das nicht, so reicht der erste Zeugenbeweis aus.

Art. 108. Zinslehen

(a) Es kann kein Mann seinem Standesgenossen mit Recht ein Zinslehen verleihen. Er verleiht es wohl seinem Untergenossen; das ist aber kein rechtes Lehen. Mühle und Münze und alle Arten von Zoll und alles das Gut, das man um Zins verleiht, brauchen die Nachkommen nicht zu empfangen, [wenn derjenige stirbt,][95] der das Gut zuvor empfangen hat. Keiner soll ein Zinsgut empfangen außer der, der es zuerst empfängt. Die Nachkommen sollen ihren Zins an dem Tag geben, wie ihnen beschieden wird, und haben ihr Gut behauptet.

(b) Wer mit Recht ein Zinsgut haben will, soll es selbst bebauen und darauf arbeiten, oder seine Knechte, die er mit Speise verköstige und entlohne.

Art. 109. Gerichte als Lehen

(a) Weder Geistliche noch Weiber können mit Recht Gerichte zu Lehen haben, mit Ausnahme der geistlichen Fürsten, wie das Landrechtsbuch hiervor sagt. Kein Konventuale kann mit Recht Richter sein; wer mit Recht Richter sein kann, das sagt auch das Landrechtsbuch hiervor.

(b) Und stirbt der Herr, von dem das Gericht empfangen wurde, oder gibt er das Gericht seinem Herrn auf, von dem er das Gericht empfangen hat,[96] so richte er danach für ein Jahr und handelt nicht wider das Recht.

---

[95] Ergänzt nach anderen Textformen; vgl. Urswsp. Lnr. 108 a, S. 595. – Langform H, Lnr. 108 a, S. 340: wenn der Vater es zuvor empfangen hat.

[96] Ergänzt nach Langform H, Lnr. 109 b, S. 340. Weniger plausibel Langform Z, Lnr. 109 b (105), S. 241: dem er das Gericht anvertraut hat.

Und verleiht der Herr, der das Gericht dann hat, das Gericht einem anderen, soll er davon abstehen und es jenem lassen, dem es verliehen wird; das ist Recht.

Art. 110. Von Amtmannslehen

(a) Niemand, der ein Amtmann des Herrn ist, kann seinem Herrn die Gewere entziehen, indem er sich selbst ein Gut als Lehen zuspricht. Weil er alle seine Güter verwaltet, kann er ihm selbst sagen, welches Gut er will. Und verleiht ihm der Herr ein Gut und benennt ihm das, und er hat die Gewere daran, so hat er es inne wie ein anderer Mann. Streitet ihm der Herr das Gut aber ab, so hilft ihm die Gewere an dem Gut nicht. Er muß mit denen, die sahen und hörten, daß ihm der Herr das Gut verlieh, sein Lehen bezeugen, als ob er keine Gewere habe. Und stirbt sein Herr, während er Amtmann ist, und hinterläßt Lehenserben, so verleihen diese ihm das Gut, wenn sie wollen. Kann der Amtmann sein Lehen bezeugen, wie hiervor gesprochen ist, so hat er sein Gut behauptet.

(b) Und stirbt der Herr ohne Lehenserben, und er ist noch sein Amtmann, so kann er dem Gut nicht an einen anderen Herrn folgen. Der verleiht ihm das Gut oder läßt es sein; er hat die Wahl. Stirbt der Amtmann und hinterläßt Lehenserben, so müssen die das Gut bezeugen, als ob ihr Vater keine Gewere daran gehabt hätte.

Art. 111. Von Lehen nach Hofrecht

(a) Ein Gut, das dem Mann ohne Mannschaft verliehen wird, heißt nicht rechtes Lehen. Alles Gut, das der Herr seinem Dienstmann nach Hofrecht verleiht, soll er gemäß dem Hofrecht innehaben und [nicht][97] nach Lehenrecht. Nach Hofrecht soll ein jeglicher Dienstmann ein geborener Truchseß sein oder Marschall oder Kämmerer oder Schenk. Wenn der Herr einen Hoftag oder eine Feier abhält, so sollen die vier Amtmänner ihrer Ämter walten gemäß dem Recht, das des Hofes Gewohnheit ist. Da die Bischöfe und Äbte und Äbtissinnen, die Fürsten sind, sowie die anderen Fürsten vielerlei Gewohnheiten für ihre Höfe festsetzen, können wir darüber nicht mehr sprechen. Denn gute Gewohnheiten soll man einhalten; aber rechte Lehen muß man mit Mannschaft empfangen.

(b) Der Mann muß die Mannschaft bei den Heiligen beschwören, wenn der Herr sie ihm abstreitet. Er muß die Heiligen selbst herbeischaffen.

---

97 Vgl. Urswsp. Lnr. 111 a, S. 596.

Art. 112. Wo der Herr seine Lehendingstatt haben soll

(a) Wegen jeglicher Schuld soll der Herr seinen Mannen gemäß dem Lehenrecht einen Gerichtstag geben, wenn die Schuld ein Gewette erfordert. Vor Mittag und an den gebannten Tagen und allen Orten kann der Herr sein Gericht abhalten, aber nicht in Kirchen und auf Kirchhöfen.

Wenn der Herr ein Gericht abhalten will, so soll er einen seiner Mannen fragen, so daß es zwei oder mehrere seiner Mannen hören, ob er wegen eines oder mehrerer seiner Mannen einen Gerichtstag nach Lehenrecht abhalten soll um solcherlei Schuld, wie er zu ihm zu sagen habe. Wird ihm dies erteilt, so soll ihm der Herr mit dem Urteil seiner Mannen in den nächsten Tagen, nämlich von diesem Tag an über vierzehn Nächte, in ein benanntes Dorf oder eine benannte Stadt, die ein Eigen oder Lehen des Herrn sein sollen, zum Gerichtstag laden. Und fragt der Mann den Herrn, wo die Stadt oder das Dorf liege, wohin er seinetwegen das Gericht einberufe, soll der Herr es ihm erklären. Und erklärt es der Herr ihm unrichtig, soll das dem Mann nicht schaden; denn es heißt oft eine Stadt wie die andere und ein Dorf wie ein anderes. Der Herr soll den Mannen einen Tag an einem Ort geben, wohin sie ohne Angst um Leib, Ehre und Gut sicher gelangen können; oder er soll sie dorthin geleiten. Und kann der Mann nicht sicher dorthin gelangen, so soll er einen Boten senden, der seine ehafte Not beschwöre. Bote kann jeder sein, der an seinem Recht unbescholten ist. Dann soll der Herr ihm einen anderen Tag geben.

(b) Hat der Mann von seinem Herrn Reichsgut zu Lehen, soll er [der Herr] für ihn auf dem Reichsgut oder auf einer Reichsstraße das Gericht abhalten. Und hat er Eigen des Herrn zu Lehen, so soll er für ihn auf einem Eigengut des Herrn das Gericht abhalten. Hat der Mann aber solches Gut vom Herrn, das dieser selbst von seinem Herrn zu Lehen hat, und es ist ein rechtes Eigen seines Herrn, dann hält er den Gerichtstag auf dem Gut, das er von ihm hat, wenn es ein solches Gut ist, daß man einen Tag darauf abhalten kann. Und der Herr soll dem Mann den Tag ohne eine List geben. Der Herr hält auch auf jeglichem Gut, das ein rechtes Lehen des Herrn ist, einen Gerichtstag ab. Die Wahl, wo er den Gerichtstag abhalte, hat der Herr, wie es hiervor gesprochen ist.

(c) Wenn der Herr erstmals wegen seines Mannes einen Gerichtstag abhält, soll er seinen Mannen, die da zugegen sind, mit einem Urteil gebieten, daß sie zu seinem Lehengericht kommen. Und diejenigen, die da nicht zugegen sind, soll er mit einem seiner Mannen laden. Der Bote soll mindestens eine halbe Hufe oder ein Gut, das ein halbes Pfund Landpfennige abwirft, vom Herrn zu Lehen haben. Und hat der Herr Mannen im siebenten Heerschild, soll er einen von diesen senden, der von ihm wenigstens eine halbe Hufe hat, Und hat er keinen Mann im siebenten

Heerschild, so greife man in den sechsten und sende daraus einen Boten, der zumindest eine halbe Hufe von ihm zu Lehen hat. Widersetzt er sich zu Unrecht, Bote zu sein, lade der Herr ihn vor seine Mannen. Sein Lehen wird ihm deshalb mit Recht aberkannt, wenn ihn der Herr selbst überzeugen kann mit sieben seiner Mannen, die es hörten, daß ihm der Herr gebot, sein Bote zu sein. Hat ihn aber ehafte Not gehindert, erweise er sie, wie hiervor gesprochen ist, und sei für diese Zeit ledig.

Art. 113. Zu welcher Zeit der Herr zum Lehengericht kommen soll

Der Herr auferlegt seinem Mann kein Gewette, wenn dieser vor Mittag zum Lehengericht des Herrn kommt.[98] Wenn das Lehengericht beendet wird, das heißt, wenn das Urteil gesprochen wird, erhält der Herr ein rechtes Gewette von dem Mann, der dreimal geladen wurde und nicht kommt; es sei denn, ihn hindere ehafte Not. Der Herr soll sein Gewette vom Gut des Mannes haben, das dieser von ihm hat.

Art. 114. Vom Zinsgeld

(a) Hat jemand von einem Herrn ein Zinsgeld[99], so soll man den Herrn nicht davon pfänden, außer um so viel, wie der Zins gilt. Er [der Herr] soll sein Gewette aus dem Gut haben. Wenn er darauf nichts findet, was so viel wie das Gewette[100] wert ist, soll er über Jahr und Tag warten. Und löst der Mann es nicht innert Jahr und Tag aus, so gehöre es dem Herrn, es sei denn, ihn hindere ehafte Not.[101]

---

98 Systematische Form: Der Mann wird nicht schuldig und pflichtig, ein Gewette zu zahlen, wenn er vor Mittag zum Lehengericht des Herrn kommt, wie es das Lehenrecht sagt (Lahr Lnr. CXVII, I, 7; S. 124).

99 Systematische Form: Zinslehen (Lahr Lnr. CXVII, II, 10; S. 124).

100 Ergänzt nach der systematischen Form (Lahr Lnr. CXVII, II, 11; S. 124f.); Laßberg/Langform Z hat wie andere Langformenklassen statt dessen weniger plausibel *guot*.

101 Vgl. Ssp. Lnr. Art. 65, § 7f.; S. 84: Der Herr soll sein Gewette aus dem Gut des Mannes fordern, das er von ihm hat. Der Zinsmann soll von seinem Herrn nur um so viel Geld gepfändet werden, wie er dem Herrn jährlich zu zahlen verpflichtet ist, und er den Zins noch bei sich hat.
Wenn der Herr sein Gewette nicht aus dem Gut, das der Mann von ihm hat, pfänden kann, bemächtige er sich dieses Gutes für das Gewette. Reinigt sich der Mann nicht binnen Jahr und Tag vor Gericht von diesem Gewette, spricht man ihm sein Gut deswegen ab.
Der sächsische *tinsgelde* wird vom Schwabenspiegler nicht als Zinspflichtiger aufgefaßt, sondern als das zu erlegende Zinsgeld. Diese Umdeutung braucht kein Mißverständnis zu sein: Der Schwabenspiegeltext, obschon nicht so klar wie die entsprechenden beiden Paragraphen im Sachsenspiegel, enthält einen neuen, guten Sinn. Deutlicher ist die systematische Form des Schwabenspiegels, in welcher der vorletzte Satz folgendermaßen

(b) Ist der Mann zugegen, wenn der Herr seinetwegen einen Gerichtstag festsetzt, und so nahe, daß er ihn hören kann, und er hält sich die Ohren zu: In welcher Weise das geschieht, kann er sich damit nicht weigern, das Gericht seines Herrn aufzusuchen, das er seinetwegen verkündet hat, als er zugegen war.

Art. 115. Wie ein Mann ein Urteil verwerfen und weiterziehen soll

(a) Wenn der Bote des Herrn seinen Mannen den Gerichtstag ankündigt, soll er ihn folgendermaßen ankündigen: Er soll ihn dem Mann von Mund zu Mund verkünden, wenn er ihn findet; und findet er ihn nicht, so soll er ihn im Haus und auf dem Hofe verkünden, wo er ein- und ausfährt; und ist er da nicht, so soll er ihm den Gerichtstag auf dem Gut verkünden, das er von dem Herrn zu Lehen hat. Und hat er weder Haus noch Hof, so lade er ihn auf dem Gut, das er von dem Herrn hat. Der Bote soll zwei Mannen des Herrn bei sich haben, die ihm helfen, wenn der Mann die Ladung abstreiten will.

(b) Wenn der Herr auf den Gerichtstag kommt, so soll er zuerst einen seiner Mannen bei seiner Huld fragen, ob es Zeit für das Gericht sei. Wenn das befunden wird, so soll er fragen, ob er einen seiner Mannen nehmen soll, der im Lehengericht sein Wort spreche. Wird ihm das erteilt, soll er alle seine Mannen das, wonach er dann fragt, bei seiner Huld fragen. Und kann ein Mann das Urteil, um das er gefragt wird, nicht finden, und man will ihm das nicht glauben, so soll er einen Eid schwören. Wenn das geschieht, soll ihm der Herr wegen dieses Urteils einen weiteren Tag geben über vierzehn Nächte. Geschieht das, so ist das Lehengericht für vierzehn Nächte aufgeschoben; danach soll man das Urteil finden. Der Herr kann keinen Aufschub aussprechen ohne das Urteil seiner Mannen und ohne den Willen des Klägers und ohne den Willen dessen, gegen den man da klagt. Will der Herr auch einen Mann wegen einer anderen Sache beschuldigen, solange die Angelegenheit wegen der ersten Schuld mit einem Urteil aufgeschoben ist, soll der Mann ihm mit Recht nicht antworten, solange die erste Schuld nicht zu Ende verhandelt ist. Wenn die Sonne untergeht, ist der Mann nicht verpflichtet, sich vor seinem Herrn im Lehengericht zu verantworten oder ein Urteil zu finden. Ist aber über die Schuld des Herrn zu Ende verhandelt, so soll er dem Mann, der da beschuldigt ist, mit einem Urteil einen Tag geben über vierzehn Nächte; das tut er mit Recht.[102]

lautet: Wenn er darauf nichts findet, was so viel wie *das Gewette* wert ist, soll er über Jahr und Tag warten; vgl. Lahr Lnr. CXVII, II, 11; S. 124f.

[102] Hier verändert der Schwabenspiegler den Genetivus subiectivus *des herren* in Ssp.

Der Herr soll sein Gericht am Vormittag eröffnen. Wird ihm auf dem Gerichtstag die Zeit für die Gerichtssitzung beschieden, und er hat einen Fürsprech genommen, so soll er fragen, ob er mit Recht einem seiner Mannen gebieten soll, daß er diejenigen auffordere vorzutreten, die geladen sind; das wird ihm erteilt. Der Bote soll dreimal laut rufen, daß es seine Mannen hören, und soll also sprechen: Ich fordere vor meinen Herrn den Friedrich, oder wie er heißt, ich fordere vor meinen Herrn den N. einmal, zweimal, dreimal wegen einer solchen Schuld, wegen der er hier vor Gericht geladen ist. Ist er dann nicht da, so komme der Bote wieder zum Herrn und spreche: Herr, er ist nicht hier, und kein Bote, der seine ehafte Not beschwöre. Sobald der Bote das gesagt hat, frage der Herr seine Mannen, was nun Recht sei. Sie sollen ihm mit Recht erteilen, daß man ihn wiederum auffordere und dreimal rufe wie zuvor. Das soll man dann abermals tun zum zweiten und zum dritten Male. Die drei Aufforderungen sollen drei verschiedene Mannen des Herrn tun. Und wenn man ihn dreimal aufgefordert hat und er kommt nicht, so frage der Herr, was nun Recht sei. So soll man ihm erteilen, daß er auf ihn warte, bis die Sonne untergeht. Danach frage der Herr, ob er auf ihn gewartet habe, wie es das Lehenrecht verlange. Das wird ihm erteilt. So soll der Herr seinetwegen einen anderen Tag einberufen, und so soll er ihm drei Tage geben und soll auf ihn warten, wie es hiervor gesprochen ist. Versäumt der Herr einen Tag und belangt den Mann nicht, wie es Lehenrecht ist, so hat der Herr alle die Tage verloren. Und der Herr muß seinetwegen wieder von neuem Gerichtstage einberufen. Ein Herr soll niemanden nach dem Lehenrecht fragen außer seine Mannen.

(c) In einem verschlossenen Hof oder Haus oder unter einem Dach oder auf Burgen soll der Herr kein Lehengericht[103] abhalten. Wenn der Herr zum dritten Mal auf seinen Mann wartet, bis die Sonne untergeht, so soll er seine Mannen fragen, was nun Recht sei. Man soll ihm erteilen, daß er seine drei Gerichtstage bezeuge, jeden einzelnen mit zwei seiner Mannen. Die Zeugen sollen also sprechen: Ich verkünde, Herr, bei eurer Huld, daß der Mann Friedrich, oder wie er heißt, nach Recht zum Gericht geladen ist. Es sollen zwei Zeugen sein, die Mannen des Herrn sind, und man soll jeden Tag eigens mit zwei Mannen bezeugen. Die Zeugen sollen also

Lnr. Art. 65, § 14; S. 86 in einen Genetivus obiectivus um. Der fragliche Satz lautet im Sachsenspiegel klarer: Ist aber die Beschuldigung *durch den Herrn* noch nicht beendet, muß er jenem, der da beschuldigt ist, mit einem Urteil einen Tag geben über vierzehn Nächte.

[103] Laßberg/Langform Z: Landgericht; ergänzt nach Lahr Lnr. CXVIII, VI, 19; S. 129. Urswsp. Lnr. 115 c, S. 599.

sprechen: Dies sahen und hörten wir. Und die Mannen sollen nichts sagen außer bei der Huld des Herrn. Nach der Aussage eines jeden Zeugen soll der Herr fragen, ob er so ausgesagt habe, daß es ihm zu seinem Recht verhelfe. Das soll man ihm bescheiden. Und fragt er einen seiner Mannen, was ihm dazu bekannt sei, und er sagt bei seiner Huld, daß ihm nichts dazu bekannt sei, so soll man ihn nicht weiter fragen. Der Herr soll so viele seiner Mannen fragen, wie er will, bis er seinen Zeugenbeweis leisten kann. Am dritten Tage soll der Herr sieben Zeugen anführen. Denn wenn der Mann vor seinem Herrn sein Lehen verlieren soll, muß der Herr das mit sieben Mannen tun, die Mannen des Herrn sind; dann hat er das Gut mit Recht verloren. Wenn der Herr das also mit Zeugen bewiesen hat, so soll er fragen, was nun Recht sei. So soll man demselben Mann das Gut, das er von dem Herrn hatte, aberkennen. So soll der Herr der Reihe nach jeden seiner Mannen fragen, die da zugegen sind. Es sollen mindestens sieben sein, die fünfundzwanzig Jahre alt sind. Wenn das geschieht, soll der Herr fragen, wer das Urteil sprechen soll, durch das dem Mann das Gut aberkannt wird. So erteilt man ihm einen seiner Mannen: Denn geht es um den Vorteil des Herrn, soll einer seiner Mannen das Urteil sprechen; geht es um den Vorteil seines Mannes, so soll der Herr das Urteil selbst sprechen. Der Herr soll einem seiner Mannen gebieten, daß er das Urteil spreche. Das soll er mit Recht tun; er soll also sprechen: Wie vor meinem Herrn zu Recht befunden worden ist, aberkenne ich dem N. das Gut, das er von meinem Herrn bisher innegehabt hat. Dann frage der Herr, was er mit dem Gut tun soll, das seinem Mann aberkannt worden ist. So befindet man zu Recht, er solle sich des Gutes, das dem Mann aberkannt worden ist, bemächtigen.

(d) Ein Mann kommt zu seinem Herrn und tut das innert seiner Jahresfrist, und er will sein Gut, wie es Recht ist, einfordern. Der Herr verbirgt sich oder schließt sich auf einer Burg ein oder anderswo; und der Mann hat zwei seiner Hausgenossen[104] als Zeugen dessen, daß er seinen Herrn an all den Orten aufgesucht hat, an denen er ihn zu Recht suchen sollte, und daß er gerne zu ihm gekommen wäre, wenn dieser es ihm gestattet hätte. Also soll der Mann seinen Herrn dreimal aufsuchen, so daß jeweils mindestens zwei seiner Hausgenossen bei ihm sind; und sind es mehrere, fährt er desto besser, indem er, wenn einer stirbt, einen anderen an dessen Stelle hat. Wenn der Mann das tut, so ziehe er seine Hausgenossen als Zeugen heran und bemächtige sich seines Gutes mit Recht. Kommt aber der Mann vor seinen Herrn, so soll er ihn bitten, daß er ihm einen Für-

104 Hier im Sinne von: Standesgenosse, (Mit-) Lehnsmann. DRWB V, Sp. 405, III s. v.

sprech gebe. Und verweigert der Herr ihm dies und anderes Recht, so soll der Mann einen Heiligen herbeischaffen und darauf einen Eid schwören, daß ihm sein Gut nicht vor seinem Herrn aberkannt worden sei oder wäre, so daß es ihm schaden solle.[105] Wenn er das tut, so bemächtige er sich seines Gutes mit Recht. Will der Herr aber für den Mann Recht sprechen, so soll er ihm einen Tag vor seinen Mannen geben. Da soll der Mann vor seinen Herrn kommen. Da wird dem Herrn erteilt, daß er bezeuge, daß ihm das Gut mit Recht aberkannt worden sei. Kann aber der Mann selbdritt bezeugen, daß er außer Landes war, bevor ihm ein Tag gegeben wurde, soll er das Gut haben. Oder er kann bezeugen, daß er in Gefangenschaft war oder anderswo, so daß er keine Boten empfangen oder zu den Tagen senden konnte; so hat er sein Gut mit Recht behauptet. Die Zeugen können Mannen des Herrn sein oder auch nicht.

Art. 116. An welchem Tag der Mann dem Herrn das Lehengericht versagt

An welchem Tage der Mann seinem Herrn den Stegreif hält oder ihm mit einer Gabe dient, und er empfängt diese, oder er dient ihm mit anderen Dingen: an diesem Tag ist er nicht verpflichtet, am Lehengericht teilzunehmen. Der Herr weigert sich auch mit Recht, seine Gabe oder seinen Dienst anzunehmen. Streiten sich jedoch zwei Mannen des Herrn miteinander um ein Lehen, über das er richten soll, und ihm kommt von beiden Dienst und Gut zu, so soll er doch für sie richten, weil er keinen Vorteil davon hat.

Art. 117. Wie der Mann vor das Lehengericht kommen soll

(a) Wenn der Herr seinen Mannen einen Tag gibt, soll der Herr zu diesem Tag niemanden heranziehen als seine Mannen; der Mann ebenso. Und bringt einer von denen jemand anderen als seine Hausgenossen ohne Erlaubnis des Herrn auf den Gerichtstag, muß er dem Herrn ein Gewette zahlen. Und führt der Herr jemand anderen in den Ring, kann der Mann davon befreit werden, am Lehengericht teilzunehmen, solange sie in dem Ring stehen. Dasselbe Recht hat der Herr gegenüber dem Mann.

(b) Bevor der Mann vor den Herrn tritt, sollen er und alle, die mit ihm sind, alle Waffen ablegen; das soll auch der Herr tun. Der Mann soll Sporn und Messer, Hut und Haube, Handschuhe und Kappen, Kapuzen und alle Arten von Waffen ablegen.

[105] D.h.: so daß er es entbehren solle; vgl. Ssp. Lnr. Art. 66, § 2; S. 90.

Art. 118. Wenn der Mann dem Herrn schaden soll

Weder ist der Mann verpflichtet, dem Herrn im Lehengericht zu antworten, noch der Herr dem Mann wegen eines Schadens, den einer dem andern getan hat, bevor er sein Mann wurde. Verlangt aber der Herr von dem Mann, daß er ihm seinen Schaden begleiche, bevor er ihm das Lehen verleiht, so soll es der Mann mit Recht tun. Verlangt auch der Mann die Begleichung seines Schadens, bevor er sein Mann werde, so soll er ihm seinen Schaden begleichen. Wer seinen Schaden vergißt, soll ihn [später][106] mit Recht nicht fordern. Soll aber einer dem anderen eine Zahlung leisten, sie bekennen[107] sie oder nicht, sollen sie diese einander geben.

Art. 119. Wie der Mann antworten soll

(a) Wenn der Herr das Lehengericht eröffnet und einen Fürsprech genommen hat, so frage der Herr den Mann, der da geladen ist, ob er also gekommen sei, daß er sich dem Lehengericht seines Herrn stellen wolle. Darüber soll sich der Mann wohl beraten lassen, wenn er will. Und will er den Schaden bedenken, der ihm daraus entsteht, geht er von dem Gericht weg und antwortet ihm nicht. Nimmt er aber einen Fürsprech, muß er antworten. Und geht er dann und verantwortet sich nicht, so richtet der Herr über ihn, als ob er zugegen sei und dastünde. Kommt aber der Mann vor den Herrn, so soll er also sprechen: Herr, ich bin hergekommen, Recht zu erteilen und Recht zu erhalten, wie ich es gemäß dem Recht soll. Dann beschuldige ihn der Herr jeder Sache einzeln und tue das mit einem Fürsprechen. Der Mann soll auch um einen Fürsprech und um eine Unterredung bitten. Fürsprechen verweigert man im Lehengericht dem, der sich ohne Fürsprech für die Schuld verantwortet, derentwegen man gegen ihn klagt.[108] Der Mann soll dem Herrn auch antworten, solange er keinen Fürsprech hat. Bei allen Verhandlungen soll der Herr den Mann fragen, ob er ohne das Wort seines Fürsprechen aussagen wolle. Spricht er: Nein, so gibt er ihm mit Recht keinen Fürsprech. Spricht er: Ja, so gibt er ihm

---

[106] Fehlt in Laßberg/Langform Z, ergänzt nach anderen Textformen; vgl. Langform E, Lnr. 118, S. 276. Lahr Lnr. CXX, 4; S. 135.

[107] Andere Textformen: beschwören (Lahr Lnr. CXX, 5; S. 135. Langform H, Lnr. 118, S. 347). Laßberg verzeichnet aus dem ehemaligen Ebnerschen Codex (Oppitz, Rechtsbücher II (oben S. 26 A. 3), Nr. 424, S. 467): verschweigen.

[108] Deutlicher Ssp. Lnr. Art. 67, § 5; S. 94: Fürsprechen verweigert man dem, der auf die Beschuldigung durch den Herrn antwortet, bevor er einen Fürsprech nimmt. – Urswsp. Lnr. 119 a, S. 601: Verweigert man dem Mann sein Lehenrecht, wenn er sich ohne Fürsprech um die Schuld verantwortet, derentwegen man ihn beklagt, soll der Mann seinem Herrn antworten, solange er keinen Fürsprech hat.

einen Fürsprech. Dieses Recht hat der Mann auch gegenüber seinem Herrn. Und spricht der Fürsprech Falsches, haben der Herr und der Mann den Schaden davon. Und was der Fürsprech spricht, das muß gelten, und keiner von ihnen kann daran etwas ändern; das ist aber nur im Lehenrecht so.

(b) Wenn der Herr mit einem seiner Mannen einen Lehensprozeß führen will, soll er einen seiner Mannen, gegen den der Mann keinen Argwohn hat, an seine Stelle setzen. Und hat er einen Argwohn gegen ihn, verweigert er es ihm wohl, Richter zu sein.[109] Was an dem Mann Argwohn erregen kann, das sagt das Landrechtsbuch hiervor, nämlich was verdächtige Pfleger sind. Und hat der Herr nicht einen unter seinen Mannen, der beiden gefallen kann, so nehmen sie nach allgemeiner Beratung einen verständigen Mann, der ihr beider Richter sei nach Recht. Wer Richter sei, soll also die Umfrage halten. Er soll zuerst den Kläger hören und danach jenen, der sich da verantwortet. Nachdem sie beide gesprochen haben, soll er die Umfrage halten. Fragt er nach Gutdünken und nicht gemäß Recht, so schade das dem Mann nicht. Der Fürsprech soll das melden. Dann soll der Richter ein zweites Mal nach einem Mann fragen, der beiden Seiten geneigt ist, damit kein Betrug im Gericht vorfalle.

(c) Wenn der Mann einen Fürsprech nimmt, so soll er nicht öffentlich mit ihm reden; er soll seinem Fürsprech zuraunen, was er will. Wenn der Mann von der Unterredung zurückkommt, soll er die Antwort auf die Frage mitbringen, derentwegen er angesprochen ist. Bittet der Mann seine Hausgenossen, mit ihm zu seiner Unterredung zu gehen, soll der Herr ihnen das wohl erlauben. Der Herr soll mindestens drei seiner Mannen bei sich haben; und zwar deshalb, daß er sie mit einem Urteil wieder lade, wenn sie zu lange sprechen wollen. Denn einer der drei soll das Urteil finden. Es steht nicht dem Herrn anheim, welche drei er nimmt, sondern dem Mann.

(d) Der Mann zahlt seinem Herrn das Gewette wegen einer Schuld nur einmal. Und spricht der Mann etwas, wodurch der Herr eine Schmach oder einen Schaden hat,[110] muß er ihm darum ein Gewette zahlen. Er kann aber etwas zu seinem Schaden sprechen, ohne deswegen ein Gewette zahlen zu müssen; dieser Schaden ist der folgende: Wenn der Mann mit seinem Herrn um ein Gut streitet und wenn einer seiner Verwandten mit ihm streitet, da begeht dieser keine Missetat gegen seinen Herrn.[111]

---

109 Urswsp. Lnr. 119 b, S. 601: lehnt er ihn mit Recht ab.

110 Urswsp. Lnr. 119 d, S. 602: Und klagt der Mann den Herrn wegen etwas an, weshalb dieser eine Schmach oder einen Schaden hat.

111 Manche der systematischen Fassungen, die der Ausgabe Lahrs zugrunde liegen,

Art. 120. Wie der Mann dem Herrn ein Gewette schuldig wird

Nimmt man einem Mann ein Gut, das er von seinem Herrn hat, und er verkündet das seinem Herrn nicht innert Jahresfrist, und bemüht sich auch nicht, das Gut wiederzuerlangen, wie es Recht ist, muß er seinem Herrn dafür ein Gewette zahlen. Und verliert er das Gut durch seine Schuld, indem er sich nicht um seine Wiedererlangung bemüht, wie es Recht ist und wie er zu Recht sollte, muß er es dem Herrn bezahlen. Der Herr soll dem Mann helfen, das Gut zu behaupten und zu beschirmen, so gut er kann, wie das Buch es sagt.

Art. 121. Wer sein Lehen versetzt

Versetzt ein Mann sein Lehen ohne die Hand und die Erlaubnis seines Herrn, von dem er es hat, ist das wider das Recht. Der Herr oder einer seiner Mannen kann ihm mit Recht wohl gebieten, so daß es zwei oder mehr seiner Mannen hören, daß er sein Gut innert sechs Wochen auslöse. Und tut er das nicht, so ist er dem Herrn ein Gewette schuldig. Das soll er dreimal tun, jeweils über sechs Wochen. Und löst der Mann das Gut innert dieser Fristen nicht aus, so bemächtigt sich der Herr mit Recht des Gutes und zahlt jenem die Auslösung nicht. Tut man dem Mann[112] Gewalt oder Unrecht an dem Gut an, so klage er das dem Richter, in dessen Gericht das Gut liegt. Tut der Mann mit dem Lehen etwas, was Betrug heißt, hat er damit das Gut gegenüber seinem Herrn verwirkt.

Art. 122. Wer keine Lehenserben hat und dem Herrn das Lehen unterschlagen will

Und hat ein Mann, der keine Lehenserben hat, ein Lehen von einem Herrn, und er will damit mit Recht so verfahren, daß es dem Herrn nicht mehr ledig werden kann, soll er es seinem Standesgenossen oder einem Übergenossen verleihen und soll ihm danach den Nutzen und die Gewere daran geben. Und wenn er die Gewere daran über Jahr und Tag hat, kann er es mit seiner Hand der Frau von jenem versetzen oder wem er will; er kann auch mit seiner Hand wem immer er will eine Anwartschaft erteilen. Das ist daher Recht, daß er das Lehen in seiner Gewere hat. Das kann er

---

ergänzen: Auch kann der Mann seinem Herrn solche Worte ins Gesicht sagen oder vorlesen. Ist er [der Herr] ein geistlicher Fürst, so ist er [der Mann] in dem Augenblick verurteilt, in dem er das Wort aus dem Mund läßt (Lahr Lnr. CXXII, IV, [12]; Anm. (R), S. 140).

[112] Andere Textformen haben statt dessen plausibler: dem Herrn (Urswsp. Lnr. 121, S. 602. Lahr Lnr. CXXIV, I, 3; S. 142).

nicht tun, wenn er die zwei Dinge von seinem Herrn gefordert hat. Zuvor tut er es wohl. Es versetzt ein Mann ein Lehen wohl mit der Hand des Herrn, von dem er es hat, und erteilt auch mit dem Willen seines Herrn die Anwartschaft, wem er will.

Art. 123. Von Buße und von Gewette

Und bemächtigt sich ein Mann des Gutes seines Hausgenossen mit Unrecht und der Mann ist im Dienst ihres Herrn, oder er schilt ihn oder tut ihm in unrechter Weise etwas an, was für ihn Schmach und Schaden bedeutet, muß er dem Herrn ein Gewette zahlen, wenn er kommt, und dem Mann muß er büßen, wie es Recht ist.

Art. 124. Wie sich der Herr gegenüber dem Mann vor dem Oberherrn nicht verantworten soll

Der Herr soll sich gegenüber dem Mann nicht vor dem Oberherrn verantworten; es sei denn, er habe ihm sein Recht verweigert, und dieser kann das mit zwei Mannen des Herrn bezeugen. Kann er das nicht tun, muß er dem Herrn ein Gewette zahlen.

Art. 125. Wie der Herr wegen Zinslehen richten soll

(a) Verleiht der Herr vielen [Mannen][113] ein Zinslehen, ich meine zwölf Mannen oder mehr, und er streitet mit ihnen um das Zinslehen oder sie untereinander, so soll er die Mannen vor sich laden und soll darüber richten wie über ein echtes Lehen; nur das nehmen wir aus: Um Zinslehen hilft ein jeglicher Mann, der an seinem Recht unbescholten ist, dem anderen. Manchmal setzt man einen festen Termin für den Zins fest, und wenn der Mann an diesem Tag den Zins versäumt, ist das Gut verloren; manchmal setzt man es anders fest. Wie der Herr den Zins festsetzt und der Mann das freiwillig akzeptiert, so soll der Mann ihn geben. Vom Zinslehen soll niemand dem Herrn dienen, außer er hat es mit dem Mann vereinbart. Pfaffen und Frauen und alle Arten von Leuten, die weltliches Gut mit Recht haben können, haben mit Recht Zinslehen inne.

(b) Ein jeglicher Mann, der ein Eigen hat, das er genießt und an dem er den Nutzen und die Gewere hat, kann es als Zinslehen verleihen. Hat er aber Erben, die das Gut erwarten, muß er auch deren Erlaubnis dazu haben; ohne ihren Willen kann er es nicht tun. Und hat er einen Herrn

113 Fehlt in Laßberg/Langform Z, ergänzt nach Urswsp. Lnr. 125 a, S. 604; Lahr Lnr. CXXVIII, I, 1; S. 145.

oder gehört an ein Gotteshaus und will sein Eigen als Zinslehen austeilen, können ihm das weder der Herr seines Gotteshauses noch ein anderer Herr verwehren, wenn das Eigentum bei diesem Herrn bleibt.

Art. 126. Von allerlei Gewette im Lehengericht

(a) Wenn der Mann sich vor dem Gericht die Stirn wischt, sich schneuzt, ausspuckt, hustet, schluckt oder niest, oder wenn er vor Gericht nicht aufrecht steht, oder wenn er Fliegen oder Mücken abwehrt oder im Lehengericht Bremsen wegscheucht, zahlt er dem Herrn darum kein Gewette; jedoch wähnen dumme Leute, er solle darum ein Gewette zahlen; aber dem ist nicht so.

(b) Das sind die Gewetten, die der Mann dem Herrn schuldig wird: Zwei Pfund zahlt der Mann seinem Herrn nach Lehenrecht. Hat ein Fürst aber ein Fahnenlehen von dem König, zahlt er dem König hundert Pfund Pfennige von der Münze, die in der Gegend gang und gäbe ist, in der das Gewette bestimmt wird. Wer ferner darum streitet, was für Pfennige er geben soll, der sehe in das Landrechtsbuch; da findet er Bescheid.[114]

(c) Und empfängt ein anderer Herr als ein Fürst ein Lehen mit Fahne, zahlt er seinem Herrn fünfzig Pfund. Und empfängt ein Herr andere Lehen als Fahnenlehen vom König oder von einem anderen Fürsten, zahlt er seinem Herrn zehn Pfund. Um welche Art von Lehen der Mann mit seinem Herrn rechtet: Wird er ihm eine Buße schuldig, soll er sie ihm mit Recht geben.

(d) Die Buße armer Leute beträgt im Lehenrecht nur zwei Pfund. Sowohl die Buße als auch das Gewette sind nach Lehenrecht innert vierzehn Tagen zu leisten. Man soll sie zu dem Haus des Herrn bringen, das dem Ort am nächsten liegt, von dem die Buße oder das Gewette genommen wird.

(e) Die Buße soll der Bote des Herrn fordern; wer immer das ist, ist dazu geeignet. Versagt ihm der Mann die Pfennige oder ein Pfand, so soll der Herr seine Buße zweifach haben aus dem Gut, das dieser von ihm hat.

Art. 127. Wer ohne Erlaubnis im Lehengericht sitzt

(a) Der Mann soll im Lehengericht nicht ohne die Erlaubnis des Herrn sitzen. Kann er aber wegen eines Drangsals nicht mehr stehen, so setze er sich ohne seine Erlaubnis. Spricht er ihn deswegen an, so schwöre er zu

[114] Der irreführende Verweis auf das Landrechtsbuch fehlt in Langform H, Lnr. 126 b, S. 349.

den Heiligen, daß er nicht länger stehen kann oder zeige das Drangsal an; dann muß er nicht zahlen. Der Mann soll auf einem Gerichtstag nur dreimal ein Gewette zahlen.

(**b**) Im Lehengericht kann der Mann drei Beratungen führen. Und die Beratung kann so lange dauern, bis er mit einem Urteil drei Male wieder geladen wird. Die Ladung soll der Mann hören, indem er so nahe bei den Leuten bleibt, daß er das Rufen wohl hört.

Art. 128. Wer im Lehengericht ein Urteil finden kann

(**a**) Wer ein Pfund jährlicher Gülte oder eine halbe Hufe von einem Herrn zu Lehen hat, kann wohl im Lehengericht Urteile finden und verwerfen und Zeuge sein. Wer das nicht hat und von einem Herrn weniger hat und im Lehengericht diese Dinge tun will, der muß dem Herrn einen seiner Mannen als Bürgen stellen, damit er ihm das Gewette gäbe, wenn er eines schuldig würde.

(**b**) Findet ein Mann für seinen Herrn ein Urteil, dem kein anderer folgt, soll der Herr diesem gebieten, daß er ein anderes Urteil finde. Wem die Mehrzahl folgt, der hat sein Urteil behauptet, und jener verliert dadurch nichts. Beschilt aber jemand ein Urteil, und man beschuldigt ihn[115], daß er das Urteil mutwillig erteilt habe, muß er sich dafür mit einem Eid vor den Heiligen reinigen oder ein Gewette zahlen.

(**c**) Wenn der Mann einem Urteil widersprechen will, soll er also sprechen: Heißt du Friedrich, oder wie immer er heißt, oder bist du Friedrich, so hast du für meinen Herrn und deinen Herrn im Lehengericht ein unrechtes Urteil gefunden. Das verwerfe ich und ziehe es dorthin, wohin ich es mit Recht ziehen soll. Dann soll der Herr fragen, ob er das Urteil mit Recht von ihm ziehen könne. Es wird ihm erteilt, daß er es vor den Oberherrn ziehe. Dann sollen beide Mannen den Herrn bitten, daß er ihnen zwei seiner Mannen als Boten vor den Oberherrn gebe, die sehen und hören sollen, wer sein Urteil behauptet. Die Boten soll der Herr verköstigen; man soll ihnen genug Wein und Brot geben und drei Gerichte von guter Speise und jedem Mann zu jedem Gericht ein Maß guten Weines. Dem Knecht soll man zwei Gerichte geben und zu jedem Gericht zwei Becher Wein. Und die Pferde der Boten soll man vorne beschlagen und hinten nicht. Und fünf Garben soll man jedem Pferd tagsüber und in

---

[115] Es ist nicht ganz klar, auf wen das „ihn" zu beziehen ist. In dieser Formulierung des Schwabenspiegels scheint eher derjenige gemeint zu sein, der das Urteil gefunden hat. Die Vorlage Ssp. Lnr. 69, § 8; S. 101 spricht aber eindeutig von demjenigen, der das Urteil beschilt, um den Prozeß zu verschleppen.

der Nacht geben, oder so viel gedroschenen Hafer, wie es sich dazu gehört.[116] Es sollen sechs Pferde sein; die sollen die zwei Boten und die vier Knechte reiten, und zwei Knechte sollen laufen. Innert drei Tagen sollen sich die Boten aufgemacht haben. Und der, der das Urteil fand, und der, der es verwarf, sollen mit den Boten fahren und sollen innert sechs Wochen das Urteil zurückbringen. Ist aber der, an den das Urteil gezogen wird, außer Landes, so sollen sie zu ihm kommen, wenn er wieder in deutsche Lande kommt oder in sein Haus oder wo er sich nach seiner Rückkehr zuerst aufhält; und sie sollen das Urteil innert sechs Wochen von dem Tage an, als der Herr wieder ins Land kam, zurückbringen. Wenn die Boten zurückgekehrt sind, sollen sie das dem Herrn künden, und er soll für jene beiden einen Gerichtstag vor sich einberufen, und er soll seine Mannen zu diesem Gerichtstag laden. Dahin sollen der Mann, der da beschuldigt war, und sein Gegner kommen. Und die Boten sollen bei der Huld ihres Herrn sagen, wer sein Urteil behauptet hat; oder sie bringen einen Brief des Herrn, der mit seinem Siegel besiegelt ist, mit. Das sollen der Herr und seine Mannen glauben. Wer sein Urteil behauptet hat, hat für jenen das Gut, um das verhandelt worden ist, behauptet. Und wer verloren hat, der hat sein oder eines anderen Mannes Gut verloren. Er muß den Schaden haben, wenn das Urteil vor den König gezogen wird und vor ihm abschließend verhandelt wird; denn der König ist Richter über Eigen und Lehen und über jedes Menschen Leib und über alles, was man ihm klagt – außer in Fällen der geistlichen Gerichtsbarkeit –, weil er den Heerschild über allen Herren und vor allen Herren trägt.

Art. 129. Wenn ein Gut ein Eigen des Herrn ist

Hat ein Mann ein Gut von einem Herrn zu Lehen, das dessen Eigen ist, und er [der Herr] wird zum Reichsdienst aufgeboten, so soll der Mann dem Herrn davon dienen, als ob er das Gut vom Reich hätte. Und sollte man vor dem König nicht um Eigen und um Lehen rechten, so könnte kein Mann, der mit Eigen belehnt ist, ein Urteil über den finden, der mit Reichsgut belehnt ist, noch dieser über jenen. Hat ein Mann von jemandem ein Lehen, es sei ein Eigen des Herrn oder ein Lehen, und ihm wird der Reichsdienst geboten, so ist er schuldig, ihm davon den Dienst zu leisten, den dieses Buch nennt. Wie die Herren dienen sollen und wann sie dem König dienen sollen, das sagt uns dieses Buch wohl.

---

116 Langform H, Lnr. 128 c, S. 350: wie daraus entsteht (aus den fünf Garben durch das Dreschen).

Art. 130. Wenn ein Urteil verworfen wird

Wird ein Urteil in einer Angelegenheit eines Mannes, der zum Lehengericht geladen ist, verworfen, und er [der Herr] hat das Gut aus zwei oder drei Händen, so soll man das Urteil an den Oberherrn weisen, von dem er den größten Teil seines Gutes hat. Verhindern gebundene Tage, daß man das Urteil erteilen kann, so soll man das Urteil innert sechs Wochen, nachdem die gebundenen Tage vorüber sind, wieder überbringen.

Art. 131. Hier wird eine Buße verdient

Verwirft ein Mann ein Urteil und kann das nicht mit Recht erweisen, so muß er dafür dem büßen, der das entgegengesetzte Urteil fand und allen denen, die diesem Urteil gegen ihn folgten. Der Herr bezieht aber nicht mehr als ein Gewette daraus, denn es ist nicht Recht, daß man einem Mann wegen einer Sache zwei oder drei Gewette abverlange.

Art. 132. Wer ein Gericht zu Lehen hat

(a) Alles, was hiervor gesagt ist, ist von richtigen und gewöhnlichen Lehen und vom rechten Lehenrecht gesagt. Ich soll noch drei Arten von Belehnungen erklären und soll sagen, was die von rechten Lehen unterscheidet.

(b) Hat jemand vom König ein Gericht zu Lehen, kann dieses Lehen nicht in die vierte Hand kommen. Ein rechtes Lehen kommt mit Recht in die siebente Hand, denn es gibt sieben Heerschilde, die das Lehenrecht haben.

Art. 133. Von Fahnenlehen

Gehört eine Grafschaft zu einem Fahnenlehen, so soll der, der das Fahnenlehen hat, die Grafschaft innerhalb eines Jahres verleihen; und gehört ein Gericht dazu, soll er damit dasselbe tun. Und tut er das nicht, so sollen die, die die Grafschaft oder das Gericht von ihm zu Lehen haben sollten, vor den König kommen; und der König soll ihnen das mit Recht verleihen.

Art. 134. Von Gerichtslehen

(a) Zwei Mannen können an einem Gericht kein gemeinsames Recht als Lehen haben, denn nur ein einziger Mann kann Richter sein. Es kann aber ein Mann einem anderen Mann eine Anwartschaft auf das Gericht, das er zu Lehen hat, erteilen.[117]

---

[117] In der Straßburger Hs. (oben S. 26 A. 3) ist dieser letzte Satz zu einem ganzen

(b) Wen der König oder ein anderer Richter in die Acht tut, der kann nicht mit Recht Richter sein. Das Landrechtsbuch sagt wohl, wer mit Recht Richter sein kann.

(c) Wem sein Gericht aberkannt ist, weil er unrecht gerichtet hat, oder wegen anderer Schuld, vor dem soll niemand zu Gericht stehen; er kann auch niemanden vor Gericht laden. Kein Kind kann mit Recht richten, bevor es achtzehn Jahre alt wird; und hat es ein Gericht zu Lehen, so soll es einen Vormund haben, der an seiner Stelle richte. Derselbe soll auch ein Mann des Herrn, von dem es das Gericht hat, sein; das gilt auch, wenn es vierzehn Jahre alt ist.

Art. 135. Wer mit Eigen belehnt ist

Wenn ein Eigen an das Reich kommt, indem es durch einen Todesfall an das Reich fällt oder indem man es einem Gotteshaus gibt, so verliert der Mann, der das zu Lehen hat, dadurch nichts. Er soll zu dem Herrn kommen und soll sein Lehen fordern, wie das Buch hiervor sagt.

Art. 136. Von Burglehen

Für Burglehen gelten Vereinbarungen und Gewette wie für andere Lehen. Niemand kann ein Burglehen, das er zu Lehen hat, weiterverleihen. Verleiht der Burgmann aber sein Burglehen einem anderen weiter, kann ihm der Herr, wenn er es erfährt, wohl mit Urteil gebieten, daß er sein Gut und sein Burglehen innert sechs Wochen wieder an sich nehme. Tut er das nicht, kann er ihm mit Recht und mit einem Urteil das Burglehen abnehmen, wie das Lehenrecht hiervor sagt. Stirbt der Burgmann, bevor das geschieht, und der belehnte Mann hat das Gut nach Lehenrecht ohne rechten Widerspruch über Jahr und Tag in seiner Gewere, so folge er dem Gut innert seiner Jahresfrist an den Oberherrn, wenn er es erzeugen kann, wie es Lehenrecht ist. Das gilt, wenn der untere Herr ihm das Recht

---

Abschnitt erweitert: Aber ein Mann kann einem anderen die Anwartschaft an einem Gericht zu einem baldigen, vereinbarten Termin erteilen, und ihm das Gericht, das er zu Lehen hat, ohne Einschränkung anvertrauen, bis zu dem Gericht, das über Blut und über Mannlehen und wegen des Zweikampfes richtet; und wenn jemandes Ehre bestritten wurde, und man kann das nicht beweisen oder bezeugen, soll man nach dem Recht richten, wie es das Landrechtsbuch hiervor sagt. Wurde jemand angelogen, und man will den, der die Lüge aussprach, widerlegen und überführen, wie es deswegen Recht ist und wie dieses Buch hiervor anweist und sagt, soll über alle diese Sachen der Richter selbst richten. Und der Landrichter soll selbst Ächtungen aussprechen und sein Landgericht halten (Lahr Lnr. CXXXVII, 3–4, Anm. (C); S. 156f.).

verweigert. Der Mann muß auch schwören, daß er nicht wußte, daß es ein Burglehen war, als er es empfing.

Art. 137. Ein Mannlehen kann kein Burglehen sein

Der Herr kann auch seine Mannlehen nicht aufgeben und als Burglehen wieder empfangen. Tut er das, so sollen seine Mannen ihre Lehen vom Oberherrn fordern; denn kein Herr kann das Lehen seines Mannes mit Recht niedern oder erhöhen. Ist ein Gut ein Eigen des Herrn, und ein Mann hat es zu Lehen, und der Herr will es zu einem Burglehen machen, so kann er das nicht mit Recht tun, denn der Mann hat sein Gut als rechtes Lehen. Und tut der Herr dem Mann deswegen Unrecht, fordere er es, wie das Lehenbuch hiervor sagt.

Art. 138. Wie eine Anwartschaft auf ein Lehen nichtig werden kann

(a) Ein Mann stirbt, während seine Frau ein Kind erwartet; und er hat einem Mann mit dem Willen seines Herrn eine Anwartschaft auf sein Gut erteilt, und die Frau hat das Kind noch nicht geboren. Der Mann soll sich mit Recht des Gutes bemächtigen, solange bis die Frau das Kind gebiert; und es ist ein Sohn, so ist die Anwartschaft nichtig, wenn es lebend geboren ist.

(b) Erteilt ein Mann einem anderen Mann eine Anwartschaft auf sein Gut und bekommt danach einen Sohn zu Lebzeiten, so ist die Anwartschaft wiederum nichtig. Wenn man nicht glauben will, daß das Kind ein Knabe oder lebend geboren sei, soll man das bezeugen, wie das Landrechtsbuch hiervor sagt.

Art. 139. Wenn der Herr die Burg verleiht

(a) Verleiht ein Herr seine ganze Burg einem Ungenossen, sind die Burgmannen nicht verpflichtet, ihr Burglehen von ihm zu empfangen, denn er ist weder Standesgenosse ihres Herrn noch ihr Übergenosse. Und ist er sein Genosse, sollen sie ihre Burglehen von ihm empfangen; und ist er sein Untergenosse, verlassen sie die Burg mit Recht und haben die Burglehen für immer als rechte Lehen. Und haben sie in der Burg Häuser oder andere Gebäude gebaut, sollen sie diese abbrechen und dorthin führen, wohin es ihnen gut dünkt. Will ihnen aber der Herr für ein Gebäude zahlen, wieviel es wert ist, sollen sie ihm das für so viel zu kaufen geben, wie es die Leute einschätzen.

(b) Von Burglehen stehen dem Herrn das Angefälle und die Gewette und die Anwartschaft auf das Lehen zu wie von anderen Lehen.

Art. 140. Wenn der Burgmann sein Burglehen verleiht

Verleiht ein Burgmann sein Burglehen einem anderen, ist das nicht rechtens. Wer ein Burglehen hat, kann das nicht weiterverleihen. Der Mann folgt dem Burglehen wohl an einen anderen Herrn und vererbt es seinem Sohn mit Recht. Stirbt aber der Herr, der die Burg und das Burglehen hat, solange seine Kinder und seine anderen Erben keinen Anteil an der Burg nach Lehenrecht haben, sind die Burgmannen verpflichtet zu schwören, ihnen allen treu und hold zu sein, wie es Burgmannen gegenüber ihrem Herrn sein sollen.[118] Gegenüber einer Frau sollen sie dasselbe tun. Die Burgmannen sollen die Burg gegen jeden verteidigen, wie es Burgmannenrecht ist. Das soll ein jeder Burgmann tun, solange er Burgmann sein will.

Art. 141. Vom Burglehendienst

Jeglicher Mann empfängt, wenn er will, sein Burglehen nur von einem Mann oder einer Frau. Für ein Burglehen soll der Mann nicht auf Heerfahrt gehen und keinen anderen Dienst tun. Er soll auf der Burg wohnen und soll diese bewachen und soll sie verteidigen, wenn sie dessen bedarf. Und er soll für seinen Herrn Urteile über Burglehen finden und über keine anderen Lehen; hat er aber auch echte Lehen von ihm, so kann er auch Urteile über echte Lehen finden.

Art. 142. Wo man über Burglehen richten soll

Der Herr kann nur innerhalb der Befestigung auf der Burg und mit den Mannen, die auf der Burg Burglehen haben, ein Burglehengericht abhalten. Niemand soll Fürsprech sein oder ein Urteil finden oder verwerfen oder Zeuge sein im Burggericht außer dem, der von dem Herrn ein Burglehen hat. Es soll auch niemand mit Recht zum Burggericht laden außer der Torwart.

Art. 143. Von Fahnenlehen

(a) Über Fürsten und über andere Herren, die Fahnenlehen haben, kann niemand im Lehengericht Urteile finden oder Fürsprech sein, der nicht selbst Fürst ist oder kein Fürst ist, aber Fahnenlehen hat. Hat ein Herr Fahnenlehen, ist er wohl Zeuge im Lehengericht [über einen Fürsten][119].

118 Andere Textformen ergänzen: solange sie ihre Burglehen haben (Urswsp. Lnr. 140, S. 609. Lahr Lnr. CXLII, IV, 8; S. 162).

119 Fehlt in Laßberg/Langform Z, ergänzt nach anderen Textformen.

(b) Der Fürst heißt deshalb Fürst, weil ihm der König das Fürstenamt mit seiner Hand verleiht. Verleiht der König ein Fürstenamt einem Fürsten, und der Fürst verleiht dasselbe Fürstenamt, das der König ihm verliehen hat und durch das er wohl mit Recht ein Fürst ist und Fürst heißen kann, einem anderen, so kann dieser dadurch nicht Fürst heißen, denn er ist nicht der Vorderste an dem Lehen.

Art. 144. Vom Lehenrecht der Fürsten

(a) Wer Fürst ist und ein Fahnenlehen hat, soll keinen Laien außer den König als Herrn haben. Und ist er der Mann eines anderen Laien, so kann er kein Fürst sein.

(b) Über die Lehen der Fürsten, die nicht zum Fürstenamt gehören, und über die Lehen der Herren, die nicht zu ihrem Fahnenlehen gehören, kann jeglicher Mann, der Lehen von ihnen hat, mit Recht im Lehengericht sprechen. Niemand kann sich weigern, im Lehengericht Urteile zu finden und Zeuge zu sein und Fürsprech zu sein: der Herr gegen den Mann, der Mann gegen den Herrn und der Verwandte gegen den Verwandten.

Art. 145. Vom Lehenrecht des Königs

Der König soll einen Fürsten wohl mit Recht über sechs Wochen zum Lehengericht laden. Das soll er mit seinem Brief, der besiegelt sei, auf einen festgesetzten Tag tun. Der König braucht ihm keine Stadt zu nennen und keinen Hof und keinen Versammlungsort, wohin er kommen solle; denn wo der König ist, da hält man zu Recht ein Lehengericht ab. An gebundenen Tagen und an allen Orten außer in Kirchen und auf Kirchhöfen kann der König sein Lehengericht wohl abhalten, wie er es will.

Art. 146. Burgrecht

Die Burgtore sollen offen stehen, auf welcher Burg auch immer es geschieht, wenn ein Herr darin um Burglehenrecht einen Gerichtstag abhält. Innerhalb geschlossener Wände und unter dem Dach soll niemand ein Lehengericht abhalten oder Urteile finden.

Art. 147. Was der Pfalzgraf vom Rhein verleihen soll

(a) Stirbt ein römischer König, und innert Jahresfrist wird kein anderer König genommen – sei es, daß die saumselig sind, die ihn wählen sollen, sei es, daß es Verzögerung und Verwirrung gibt, weil zwei Könige gewählt werden oder gar keiner gewählt wird –, sollen die Fürsten und andere Mannen des Reiches deswegen keinen Schaden an ihren Lehen haben. Und kommt es wegen des Königs nicht innert Jahresfrist zu einer Lösung, so sollen alle, die Lehen vom Reich haben, ihre Lehen vom Pfalzgrafen vom Rhein empfangen, außer die Fürsten; die sollen ihr Fürstenamt nicht von ihm empfangen. Alle, die Fahnenlehen vom Reich haben, die kein Fürstenamt sind, sollen diese vom Pfalzgrafen vom Rhein empfangen; dadurch werden sie aber keine Mannen des Pfalzgrafen. Sie werden Mannen des Reiches, denn er verleiht nicht sein Gut. Er verleiht Reichsgut, daher sind sie Mannen des Reiches.

(**b**) Versäumt jemand seine Jahresfrist gegenüber dem Pfalzgrafen vom Rhein, so ist das Lehengut dem Reich ledig: Versäumt jemand seine Jahresfrist gegenüber dem Pfalzgrafen, so soll dieser sich zum Nutzen des Reiches des Gutes bemächtigen und es dem König überantworten, sobald es einen gibt. Die Fürsten sollen ihr Amt mit Recht haben. Und was für andere Lehen sie vom Reich haben: Sie sollen diese vom Pfalzgrafen vom Rhein empfangen, bis es einen unstrittigen König gibt. Und wer sich ihm widersetzt, verliert die Huld des Herrn. Diese Ehre hat der hohe Pfalzgraf vom Rhein, weil er Richter über die Schuld des Königs ist etc.

Art. 148. Wie der Burgmann die Burg bewachen soll

(**a**) Der Herr kann seinen Burgmann nur wegen drei Sachen beschuldigen: wenn er ihm untreu wird oder wenn er die Burg nicht bewacht, wie er es zu Recht soll, [oder wenn ein Burgmann gegen den anderen klagt,][120] daß er ihm an seinem Burglehen Unrecht tue. Wenn der Herr seinen Burgmann wegen dieser Sachen vor das Burggericht lädt, soll er ihm das selbst von Mund zu Mund sagen; und findet er ihn nicht, soll es ihm der Bote in seinem Haus sagen,[121] so daß es zwei seiner Burgmannen hören. Danach soll er zum festgesetzten Tag auf seinem Burggericht erscheinen, wie das Lehenbuch hiervor sagt.

(**b**) Wird einem Mann sein Burglehen aberkannt, ohne daß er zugegen ist, soll er es innert sechs Wochen verteidigen, oder man erkennt ihm jeden Anspruch darauf ab.

120 Fehlt in Laßberg/Langform Z; ergänzt nach Urswsp. Lnr. 148 a, S. 611.

121 Laßberg/Langform Z gibt aufgrund eines Homoioteleuton-Fehlers verkürzt: soll er ihm das selbst in seinem Haus sagen; ergänzt nach Urswsp. Lnr. 148 a, S. 611.

Art. 149. Wenn der Burgmann die Burg verläßt

(a) Ein Burgmann hat mit seinem Gesinde die Burg verlassen, und der Herr gebietet ihm, sie wieder zu besetzen; und das wird ihm selbst in seinem Haus oder Hof verkündet, oder wenn er auf der Straße reitet oder geht, oder in seinem Haus und Hof, wenn er selbst nicht anwesend ist; und zwei Burgmannen hören es dort, und er besetzt sie nicht innert sechs Wochen: Dann erkennt man ihm sein Burglehen ab; es sei denn, ehafte Not hindere ihn. Kommt der Burgmann aber innert sechs Wochen auf die Burg und bleibt für eine Nacht mit seinem Gesinde darauf, kann man ihm sein Burglehen nicht mehr aberkennen. Zwingt ihn der Herr aber mit einem Urteil dazu, so muß er dem Herrn ein Gewette zahlen.

(b) Rechte Lehen und Burglehen kann ein Mann wohl durch eine Belehnung empfangen, so daß er aber besondere Zeugen für eine jede der beiden Belehnungen habe.

Art. 150. Wenn eine Burg gebrochen wird

(a) Wird eine Burg mit rechter Gewalt wegen eines Ungerichtes gebrochen, an dem der Burgmann unschuldig ist, soll er deshalb sein Burglehen nicht verlieren. Solange die Burg nicht wieder erbaut ist, ist das Burglehen sein rechtes Lehen. Wenn die Burg wieder erbaut wird mit Palisaden oder mit Zäunen, und das Tor eingehängt wird, soll sie ein jeglicher Burgmann innert acht Tagen wieder besetzen.

(b) Niemand kann mit Recht eine Burg, die mit gerichtlichem Urteil niedergebrochen wurde, ohne Erlaubnis des Königs wieder erbauen. Und solange es keinen König gibt oder der König nicht in deutschen Landen weilt, muß er die Erlaubnis des Landrichters, in dessen Gericht sie liegt, haben.

Art. 151. Wenn eine Burg und ein Burglehen gesondert sind

(a) Wenn eine Burg und das Burglehen nicht zu einer Gewalt gehören und nach dem Tode des Herrn verschiedenen Herren ledig werden, und das Burglehen von der Burg getrennt wird, folge der Burgmann seinem Burglehen nach. Von dem, der es hat, soll er es zu Recht haben; das Burglehen soll er als rechtes Lehen haben. Und ist aber die Burg ledig, steht es dem Burgmann anheim, ob er für diesen Herrn auf der Burg sitzen will wie für jenen früheren. Gehört aber das Burglehen zur Burg, so muß er mit Recht auf ihr sitzen, oder er verliert das Burglehen.

(b) Und will ein Mann seinem Herrn das Burglehen aufgeben, kann ihm der Herr das nicht verweigern. Der Herr muß es von ihm aufnehmen.

[Und der Herr kann es ihm nicht nehmen][122]; es sei denn, er verwirke es, wie hiervor gesprochen ist.

Art. 152. Von Lehen, zu denen Zinsen gehören

Verleiht der Herr einem Mann ein Gut, zu dem Zinspflichtige gehören, und es werden von ihnen andere Dienste als der Zins geleistet, so kann sich der Herr diesen Dienst, der über den Zins hinausgeht, vorbehalten, wenn er das Gut verleiht. Verleiht man aber einem Mann ein freies Gut, an dem niemand das Recht an einem Zins hat und wovon man keinen Dienst tut,[123] und man fordert von ihm einen Dienst, so soll er das dem Herrn künden, und der Herr soll sein Gut schützen. Ist das Gut aber das Eigen eines Herrn oder es gehört einem Gotteshaus, von dem es nicht veräußert werden kann, und der Mann somit an keinen anderen Herrn kommen kann, so soll der Mann das Gut ohne Dienst als rechtes Lehen behalten. Und fällt es an ein Gotteshaus, so fahre der Mann dorthin und fordere sein Lehen. Und stirbt der Mann unterdessen und hinterläßt Lehenserben, so folgen die ihm im Gut nach, wie das Buch hiervor sagt.

Art. 153. Wie der Mann und der Herr einander widersagen sollen

(a) Gibt jemand seinem Herrn ein Gut auf oder es wird ihm mit Recht aberkannt, [so soll er es mit Recht verlieren; dennoch][124] soll der Mann es dem Herrn und der Herr dem Mann nur von Mund zu Mund aufkündigen. Und danach sollen sie einander einen Tag und eine Nacht nicht schaden. Versammelt der Herr aber eine bewaffnete Schar gegen den Mann oder der Mann gegen den Herrn, bevor er es ihm aufkündigt, und kündigt es ihm erst dann auf, wenn er seine Leute versammelt hat, so hat er damit seine Treue gebrochen. Denn wenn ein Mann seinem Herrn huldigt, so schwört er ihm Treue und Wahrheit in Worten und Werken. Damit hat er aber die Treue nicht gehalten. Dasselbe Recht hat der Mann gegenüber dem Herrn, wenn er an ihm übel handelt, wie auch hiervor gesprochen ist.

(b) Bittet der Mann den Herrn um Geleit zu ihm hin und von ihm weg, wenn er ihm das Lehen aufkündigen will, soll es ihm der Herr geben.

---

[122] Fehlt in Laßberg/Langform Z, ergänzt nach Urswsp. Lnr. 151 b, S. 612; dort ist der Hauptsatz fälschlicherweise wie in der systematischen Form nachgestellt: Lahr Lnr. CLI, S. 173f., insbes. Anm. (y).

[123] Andere Textformen: soll er niemandem davon einen Dienst leisten (Urswsp. Lnr. 152, S. 613. Lahr Lnr. CLII, II, 2; S. 174).

[124] Fehlt in Laßberg/Langform Z, ergänzt nach Urswsp. Lnr. 153 b, S. 613.

Verweigert es der Herr dem Mann mit Unrecht, so soll er es ihm bei seinem nächstgelegenen Haus so laut aufkündigen, daß die es hören können, die darin sind; oder er soll es ihm dort aufkündigen, wo der Herr ein Landgericht abhalten will. Und er soll dem Herrn auf der Stelle sein Gut ledig lassen. Der Mann soll als Zeugen dieses Aufkündigens gegenüber dem Herrn zwei Mannen des Herrn haben, damit er sie habe, wenn er sie brauchen wird. Will der Mann aber seinem Herrn bestreiten, daß er es ihm aufgekündigt habe, muß ihn der Herr mit zwei seiner Mannen, welche die Wahrheit wissen, dessen überzeugen. Hat er die nicht, sei der Mann entlastet.

Art. 154. Bürgermeisterlehen

Lehen, die mit dem Amt des Bürgermeisters[125] verliehen sind, erbt der Sohn des Bürgermeisters. Er hat jedoch keinen Heerschild und folgt damit an einen anderen Herrn. Er kann das Gut nicht weiter verleihen. Er kann auch keinen Herrn ablehnen, wie nieder auch immer dieser ist; denn er hat keinen Heerschild. Wer keinen Heerschild hat, der hat nur solches Recht im Lehenrecht, wie es hiervor geschrieben steht, es sei Weib oder Mann: Haben sie erwiesenermaßen keinen Heerschild, können sie im Lehengericht nicht Zeuge sein oder Fürsprech und keine Urteile finden oder verwerfen, wie es das Buch hiervor sagt.

Art. 155. Wann der Herr dem Mann einen Tag gebieten kann.

(a) Lädt ein Herr seinen Mann zum Lehengericht und gebietet seinen Mannen mit einem Urteil, dorthin zu kommen, so kann er dem Mann innerhalb dieser Zeit keinen weiteren Gerichtstag gebieten, bevor dieser abgehalten ist. Auch kann kein anderer Herr den Mann an diesem Tag zu einem Gerichtstag laden, wenn er schon zu diesem geladen ist. Wenn ein Herr seinen Mann zum Gerichtstag lädt, soll er dies leisten, wenn er ihm geboten wird, wie das Lehenbuch hiervor sagt. Und welches Herrn Bote zuerst zu ihm spricht und ihm einen Tag verkündet, auf diesen Tag soll er zuerst kommen. Und sind die Mannen im Reichsdienst, wenn ihre Herren sie zum Lehengericht laden, so brauchen sie diesem Befehl mit Recht

[125] Es ist nicht zu ersehen, ob mit *burcmaister* das Stadtoberhaupt (dafür spräche die Scheibweise *burgermaister* in Urswsp. Lnr. 154, S. 613) oder der Burgvogt gemeint ist. Die Vorlage Ssp. Lnr. Art. 77, S 120 nennt hier den Bauermeister; dieser kommt bereits in Ssp. Ldr. II, Art. 13, § 1; S. 141 vor und wird in dem entsprechenden Schwabenspiegelartikel Ldr. 174 a ebenfalls als Burg- oder Bürgermeister aufgefaßt. Liegt hier ein Versuch des Schwabenspieglers vor, ländliche Rechtsgewohnheiten auf städtische Verhältnisse anzuwenden?

keine Folge zu leisten. Wird es ihnen aber selbst geboten, und die Not des Reiches oder andere ehafte Not hindert sie, sollen sie ihre Boten zum Gericht senden und sollen ihnen auftragen, ihre ehafte Not zu beschwören. Wird eine Heerfahrt des Reiches oder eine Fahrt an den Hof zu rechter Zeit und mit Urteil geboten, verschiebt das für die Herren und alle ihre Mannen alle Gerichtstage, die sie wegen Lehenrechtes miteinander abhalten sollen.

(b) Der Mann kann nicht vom Landgericht ausgenommen werden, wenn er dorthin geladen wird, solange er zu Hause ist und sich nicht zum Dienst aufgemacht hat.

Art. 156. Von wem der Mann die Belehnung ablehnt

(a) Trachtet einer beim Oberherrn nach seiner Belehnung oder nach der Einweisung in sein Gut, und der weist ihn dann an einen Ungenossen seines Herrn, so weigert er sich mit Recht. Und gibt ein Herr sein Lehen seinem Ungenossen auf und nennt ihm seine Mannen, die zu dem Gut gehören, und sagt, daß sie Lehen von ihm empfangen sollen, so schadet das ihrem Recht nicht, solange der Herr ihnen das noch nicht verkündet hat. Wenn der Herr oder sein Bote, der sein Mann ist, ihnen das verkündet hat, sollen sie von diesem Tag an über ein Jahr ihre Lehen von ihm empfangen, wenn er ein Standesgenosse ihres Herrn oder ihr Übergenosse ist. Und will der erste Herr es so, kann er seine Mannen zu sich befehlen und ihnen gebieten, daß sie das Lehen von jenem Herrn empfangen. Wenn sie das nicht tun, müssen sie gegen den anderen Herrn bezeugen, daß er durch seine Geburt kein Standesgenosse ihres Herrn sei oder sich durch einen Mannschaftseid niedriger gemacht habe, als ihr Herr es sei, oder daß er sein Gut ehrlos und auf unadelige Weise vertan habe, oder daß er sein Recht verwirkt habe, und daß man ihn dessen überführt habe, wie es das Landrechtsbuch sagt. Beweisen sie nur eines davon, so sind sie mit Recht dessen enthoben, seine Mannen zu werden; damit bleiben sie bei ihrem alten Herrn. Die Mannen sollen jenen selbsiebent überzeugen mit glaubwürdigen Leuten, denen ihr Recht nicht abgesprochen wurde, seien sie Mannen des Herrn oder nicht. Und ist der, den man da überzeugen soll, nicht zugegen, schadet das dem Recht der Mannen nicht. Und ist er zugegen und bezeugt, daß er wohlgeboren sei und sein Recht behalten habe und keine Minderung an seinem Heerschild erfahren habe, so steht es an der Wahl jener, ob sie dieses Zeugnis annehmen. Wenn er den Zeugenbeweis selbsiebent ablegt, haben sie ihre Lehen mit Ehre von ihm, sobald dieses Zeugnis erfolgt; denn dann ist er ein Standesgenosse ihres Herrn.

(b) Will jemand einen Mann mit einem Urteil ablehnen, ist das ohne Zeugen nicht Recht. Er soll ihn mit einem Zeugenbeweis ablehnen oder er soll ihn einen Zeugenbeweis ablegen lassen, wie hiervor gesprochen ist.

Art. 157. Wer sein Lehen in Krankheit aufsendet

Ein Mann, der ein Lehen von einem Herrn hat, wird krank. Er hat keine Lehenserben. Ein Verwandter bittet ihn, daß er das Lehen seinem Herrn aufgebe durch einen Mann des Herrn. Der kranke Mann tut das. Der Bote gibt dem Herrn das Lehen auf. Der Herr verleiht dem Mann das Lehen. Der Mann bemächtigt sich des Lehens mit dem Boten des Herrn; damit hat er sogleich die Gewere. Der Mann wird gesund und bittet seinen Verwandten, dem Herrn das Lehen wieder aufzugeben, und ihn zu bitten, daß er ihm das wieder verleihe. Der Verwandte versagt ihm das mit Recht. Gesteht er es ihm wieder zu und sie kommen beide vor den Herrn und bitten ihn gemeinsam darum, versagt es dieser ihnen beiden oder gesteht es ihnen zu, wie er will.

Stirbt aber der kranke Mann, sobald er dies tat, und der Herr verleiht seinem Verwandten das Gut und weist ihn darin ein, wie hiervor gesprochen ist, und danach kommt ein anderer und bittet, ihm das Gut zu verleihen. Der Herr tut das und gibt demselben Mann einen Boten und eine Einweisung in das Gut. Der erste Mann kommt vor seinen Herrn und klagt über jenen, er habe sich zu Unrecht seines Gutes bemächtigt. Der andere kommt auch vor den Herrn und spricht zu dem Herrn: Herr, ich habe Recht; ihr verliehet mir dieses Gut. Der Herr gesteht beiden einen Gerichtstag vor seinen Mannen zu. Kann der erste Mann beschwören, daß der Mann dem Herrn das Gut aufgab und dies durch seinen Mann tat, und er ihm das Gut verlieh und ihm mit einem Boten eine Einweisung gab, und er kann das mit zwei Mannen des Herrn bezeugen, so hat er das Gut vor jenem. Und hätte ihm der Herr keine Einweisung in das Gut gegeben, so hätte es der andere behauptet.

Art. 158. Wer ein neues Lehen zu Recht empfängt

Wer ein neues Lehen empfängt, das nicht Vaterlehen heißt und auf das er keine Anwartschaft hat, soll den Herrn bitten, daß er ihm eine Einweisung auf das Gut gebe; dann hat er sogleich die Gewere an dem Lehen.

(I) Von Baulehen[126] merke also: Das Baulehen nimmt ein Ende, wenn der Mann den Anbau nicht mehr besorgen kann. Das ist Recht; denn wenn

---

[126] Der Schwabenspiegler faßt das Baulehen als Gut auf, das zu landwirtschaftlicher Bewirtschaftung ausgegeben wird; vgl. die Bestimmungen über den Baumann oben Ldr.

der Herr dem Mann ein Baulehen nach Baurecht verleiht, soll er es für seinen Leib haben, solange er es bebauen kann. Wer dem Baumann das Recht bricht, handelt wider Gott. Stirbt der Baumann und hinterläßt Weib und Kinder, seien es Söhne oder Töchter, so soll der Herr sie es so besitzen lassen, wie es ihr Vater hatte. Man soll keinen Bau weitergeben, außer um das halbe Korn.[127]

(II) Wie der Mann nicht an einen anderen Herrn folgen kann: Wenn ein Mann uneingeschränkt einen Heerschild hat, und er wird von einem Geistlichen oder einem Weib oder von einem, der keinen Heerschild hat, belehnt, so kann er diesem Lehen an keinem anderen Herrn folgen; es sei denn, der Geistliche oder das Weib empfing Reichsgut und habe daher den Heerschild. Dieses Gut können sie verleihen, und der Mann kann damit an einen anderen Herrn folgen. Burglehen und Kirchenlehen und alle die Lehen, von denen ein Mann keinen Dienst für das Reich leisten muß, können Geistliche und Weiber verleihen, auch wenn sie keinen Heerschild haben. Damit kann man an einen anderen Herrn folgen.

Art. 159.

Hier hat dieses Lehenrechtsbuch ein Ende. Und ich habe all das Recht zu Ende gebracht, das Lehenrecht sein kann. Und fürwahr sollt ihr wissen, daß es leicht wäre, das Lehenrecht zu bescheiden, gäbe es nicht so viele Leute, die Unrechtes im Sinn haben und Unrechtes erdichten[128] zum Schaden anderer Leute, und die Unrechtes begehren zu ihrem Vorteil. Sie nennen jetzt etwas Recht zu ihrem Vorteil und Nutzen; richtet sich der Anspruch aber an sie, verdrehen sie es und sagen etwas anderes. Es gibt keinen noch so Ungerechten: Wenn man ihm Unrecht tut, erscheint es ihm ungerecht. Darum bedarf man wohl weiser Rede und guter Kunst, wie man diese Leute zur Gerechtigkeit bringen und das Unrecht widerlegen kann, auch wenn es glücklicherweise viele von denen gäbe, die wohl reden können und auch gerne Recht sprechen. Wer zu aller Zeit gerecht

150 b, 218 b und die nachstehende Anm. Die Vorlage Ssp. Lnr. Art. 78, § 1; S. 122 versteht darunter indes ein Gebäude, das dem Belehnten nur so lange als Lehen zusteht, wie er auch tatsächlich darin wohnt; dies geht aus Auctor vetus II, lib. III, § 21; S. 98 zweifelsfrei hervor: dort ist die Rede vom *beneficium, quod deficiat, cum homo non manserit in illo.* Daher zeigen die Bilderhandschriften des Sachsenspiegels an dieser Stelle einen Baumeister, der Bauholz zurechtbeilt: Amira, Karl von. Die Dresdener Bilderhandschrift des Sachsenspiegels 2, Erläuterungen II. Leipzig 1926, S. 330.

[127] D. h., das Baulehen darf nur gegen den halben Ernteertrag weiterverpachtet werden; vgl. DRWB IV, Sp. 1435f. s. v. Halbkorn.

[128] Langform Z, Lnr. 159 (155), S. 267 liest: unrecht richten.

urteilt, bekommt viele Feinde. Der aufrichtige Mann mag sich mit Gott und mit seiner Ehre dafür trösten, daß er die Feindschaft durch das Recht bekommen hat. Und wißt, daß Gott dem hilft, der das Recht strikt einhält. Das ist schon oft offenbar geworden an vielen Männern, die manchen Feind hatten, weil sie nicht vom Recht wichen. Dieses Buch sollen verständige und weise Leute lesen, denn die können es verstehen und verdrehen es nicht. Für unverständige und unkluge Leute ist es nicht so geeignet, denn sie verstehen nicht, was in dem Buch steht; und wenn sie darüber sprechen sollen, verstehen sie das Recht unrichtig. Und wißt: Wer das tut, ist vor Gott mit Leib und Seele verdammt. Gott in seiner ganzen Güte gebe uns die Gnade, daß wir mit dem Recht in dieser Welt so verantwortlich umgehen, daß wir seinen Lohn erhalten, wenn sich Leib und Seele scheiden. Amen.

2. Teil
Illustrationen in Schwabenspiegel-Handschriften

Die Brüsseler Bilderhandschrift des Schwabenspiegels

Die Königliche Bibliothek zu Brüssel verwahrt unter der Signatur Ms. 14689–91 **die einzige durchgängig illustrierte Handschrift des Schwabenspiegels.**[1] Es handelt sich um einen mächtigen, in Schweinsleder gebundenen und mit Buckeln und Schließen versehenen Papierkodex des 15. Jahrhunderts, der auf 299 beidseitig beschriebenen Blättern (von durchschnittlich 27 x 39 cm Seitenlänge) das Buch der Könige, das Landrecht und das Lehenrecht enthält.

Sowohl die Schrift, nämlich eine saubere oberrheinische Bastarda, als auch die Illustrationen weisen dieses Buch einer **Werkstatt in Hagenau** zu, nämlich derjenigen Diebolt Laubers.[2] Dieser **Diebolt Lauber** stellte wenigstens zwischen 1427 und 1467 in Hagenau Bücher wie die fragliche Schwabenspiegel-Handschrift in Serie her, indem er mehrere Schreiber und Zeichner beschäftigte; seine Werkstatt stellt das größte bekannte der-

---

1 Detaillierte Beschreibung der Handschrift bei Gaspar, Camille; Lyna, Frédéric. Les principaux manuscrits à peintures de la Bibliothèque Royale de Belgique II. Paris 1945, Nachdruck Brüssel 1987, S. 81–85. – Künftig umfassend Saurma-Jeltsch, Lieselotte E. Spätformen mittelalterlicher Buchherstellung. Bilderhandschriften aus der Werkstatt Diebold Laubers in Hagenau. 2 Bde. Wiesbaden 2001, Nr. 9. – Oppitz, Ulrich-Dieter. Deutsche Rechtsbücher II: Beschreibung der Handschriften. Köln, Wien 1990, S. 432 (Nr. 324). Zuordnung zur Normalformen-Klasse III d bei Oppitz, Ulrich-Dieter. Deutsche Rechtsbücher des Mittelalters I: Beschreibung der Rechtsbücher. Köln, Wien 1990, S. 4, 39f. (Nr. 324).

2 Zuweisung durch die grundlegende Untersuchung von Kautzsch, Rudolf. Diebolt Lauber und seine Werkstatt in Hagenau. In: Centralblatt für Bibliothekswesen XII (1895), S. 1–32, 57–113; hier S. 71. – Die Schrift ist nicht identisch, aber eng verwandt mit der Schriftprobe in: Crous, Ernst; Kirchner, Joachim. Die gotischen Schriftarten. Leipzig 1928; Taf. 20, Abb. 32 u. ebd. S. 19f.

artige Unternehmen seiner Zeit dar.[3] Um etwa 1455 bis 1460 versah Lauber auch das Amt eines Schreibers bei der Landvogtei im Elsaß; nähere Details aus seinem Leben sind nicht bekannt.[4]

Laubers Kundenkreis, soweit er sich rekonstruieren läßt, umfaßte hohe, ja fürstliche Adelige wie den Pfalzgrafen Ruprecht von Pfalz-Simmern, die Markgräfin Katharina von Baden oder die Grafen von Nassau, ferner Adelige und Patrizier des Oberrheinraumes. Deren Geschmack war denn auch die Produktpalette angepaßt. Es dominieren Bücher religiösen Inhaltes: Übersetzungen und Bearbeitungen der Bibel, Gebetbücher, Erbauungsschriften, Legenden sowie Novellen und didaktische Schriften an der Grenze zwischen geistlicher und weltlicher Literatur; dies alles sind keine Werke zum theologischen Gebrauch, sondern zur Lektüre durch gebildete Laien. Weiter findet sich die Unterhaltungsliteratur in Laubers Programm, einschließlich der höfischen Epik. Einen kleinen Posten stellt die naturwissenschaftliche und medizinische Literatur dar; Wahrsagebücher runden das Bild ab.[5]

Was die juristischen Werke betrifft, so wissen wir durch eine Bücheranzeige Laubers, daß er die Goldene Bulle im Programm führte.[6] Ferner kennt die einschlägige ältere Literatur zu Lauber den Brüsseler Schwabenspiegel. Weiter können die Schwabenspiegelhandschriften von Trier und Wolfegg (siehe unten) der Werkstatt Laubers zugewiesen werden. Diese drei Handschriften gehen auf verschiedene Vorlagen aus der Normalformenklasse III zurück.

Den Auftraggeber oder ersten Käufer der Brüsseler Schwabenspiegel-Handschrift kennen wir nicht. Ein Exlibris vermerkt: „ex bibliotheca Renessiana No 1"; die Königliche Bibliothek erwarb das Buch nach dem Tode des Grafen Clemens Wenzeslaus de Renesse (1774–1833). Wie die Handschrift in den Besitz dieses niederländischen Adeligen kam, wissen wir nicht; es läßt sich aber ein plausibler Weg aufzeigen: Wenigstens drei Bücher aus der Produktion Laubers fanden den Weg in die Bibliothek der

3 Fechter, Werner. Der Kundenkreis des Diebold Lauber. In: Zentralblatt für Bibliothekswesen 55 (1938), S. 121–146; hier S. 137.

4 Kautzsch, Lauber (oben S. 309 A. 2), S. 18f., 7. – Kurzbiographie mit Bibliographie durch Baer, Leo in: Allgemeines Lexikon der bildenden Künstler von der Antike bis zur Gegenwart 22, begr. v. Thieme, Ulrich; Becker, Felix. Leipzig 1928, S. 429f. – Traband, Gérard. Diebolt louber schriber zu hagenowe. In: Études Haguenoviennes N.S. VIII (1982), S. 51–92.

5 Fechter, Kundenkreis (oben S. 310 A. 3), S. 121ff., 137ff. Vom früher ab und an postulierten „populären" Charakter der Bücher Laubers muß man nach Fechters Untersuchung Abschied nehmen.

6 Kautzsch, Lauber (oben S. 309 A. 2), S. 111; Fechter, Kundenkreis (oben S. 310 A. 3), S. 140.

Grafen von Manderscheid auf Schloß Blankenheim in der Eifel. Graf de Renesse mag durch Erbschaft oder gelegentlich der Auflösung der Blankenheimer Schloßbibliothek an Handschriften aus ihren Beständen gelangt sein.[7]

Als **Datierung** der fraglichen Schwabenspiegel-Handschrift schlagen Camille Gaspar und Frédéric Lyna die Jahre um 1430 vor.[8] Dabei stützen sie sich auf den Illustrator des Buches, der durch datierte Handschriften wenigstens auf die Jahre 1427 bis 1436 eingegrenzt werden kann. Indes bemerkt Kautzsch, daß eben dieser Illustrator auch an der Anfertigung einer Bibel beteiligt war, die nicht vor der Mitte des 15. Jahrhunderts entstand.[9] Mithin erscheint die genaue Festlegung der Entstehungszeit des Brüsseler Schwabenspiegels um 1430 unbegründet.

Gegen eine zu frühe Datierung spricht das Papier der Handschrift: Das bei weitem häufigste Wasserzeichen ist die einfache Waage.[10] Sie scheint nur vereinzelt schon in den 1420er Jahren auf; schwerpunktmäßig findet sich derartiges Papier in Manuskripten der 1440er Jahre.[11] Ebenfalls für eine spätere Datierung sprechen die von Gaspar und Lyna übersehenen Ochsenköpfe als Wasserzeichen.[12] Es handelt sich hierbei um Ochsenköpfe mit Augen und Nasenlöchern sowie einkonturiger Stange mit Stern; Vergleichsbeispiele tendieren in die zweite Hälfte des 15. Jahrhunderts.[13] Als drittes Wasserzeichen kommt der Anker vor.[14] Er streut in vergleichbaren Varianten über das gesamte zweite Drittel des 15. Jahrhun-

---

7 Fechter, Kundenkreis (oben S. 310 A. 3), S. 126f. – Allerdings kennt die Familiengeschichte der de Renesse mit Constantin Jacob im 18. Jh. auch einen Juristen, auf den der Erwerb dieser Handschrift bezogen werden könnte. Zedler, Johann Heinrich. Großes vollständiges Universal-Lexicon aller Wissenschaften und Künste 31. Leipzig, Halle 1742, Sp. 591.

8 Gaspar/Lyna, Bibliothèque Royale II (oben S. 309 A. 1), S. 81, 85.

9 Kautzsch, Lauber (oben S. 309 A. 2), S. 59, 71.

10 Nämlich fol. 38–86, 95–238, 243f., 246–299.

11 Piccard, Gerhard. Wasserzeichen Waage (Veröffentlichungen der Staatlichen Archivverwaltung Baden-Württemberg; Sonderreihe: Die Wasserzeichenkartei Piccard im Hauptstaatsarchiv Stuttgart, Findbuch V). Stuttgart 1978; Typ IV, Nrn. 91–222, S. 120–143; dazu ebd. S. 23–25. Vgl. Briquet, Charles-Moise. Les filigranes. Dictionnaire historique des marques du papier dès leur apparition vers 1282 jusqu'en 1600. Neudruck Amsterdam 1963, Nrn. 2426–2428.

12 Fol. 1–37.

13 Piccard, Gerhard. Die Ochsenkopf-Wasserzeichen (Veröffentlichungen der Staatlichen Archivverwaltung Baden-Württemberg; Sonderreihe: Die Wasserzeichenkartei Piccard im Hauptstaatsarchiv Stuttgart, Findbuch II, 1–3). 3 Bde. Stuttgart 1966; Typ VII, Bd. II, 2, Nrn. 146ff., S. 414f.; dazu Bd. II, 1, S. 108f. Vgl. Briquet, Filigranes (oben A. 11), Nrn. 15093–15100.

14 Fol. 87–94, 240f., 245.

derts mit Ausreißern in beide Richtungen, wobei aber insbesondere die Beispiele aus dem Oberrheinraum in die zweite Jahrhunderthälfte fallen.[15] Demnach tun wir gut daran, von einer präzisen Datierung der Handschrift abzusehen und sie tendenziell um die Jahrhundertmitte herum anzusetzen.[16] Lieselotte Saurma-Jeltsch, derzeit zweifellos die gründlichste Kennerin der Lauberschen Produktion, spricht sich für die Jahre **zwischen 1441 und 1445** aus.[17]

Die Brüsseler Handschrift enthält das Buch der Könige, das Landrecht und das Lehenrecht. Jeder dieser drei Teile beginnt mit einem ganzseitigen verzierten Initialbuchstaben.[18] Es folgen insgesamt 106 weitere **Illustrationen**; davon beziehen sich 40 auf das Königebuch, 51 auf das Landrecht und 15 auf das Lehenrecht. Diese Illustrationen sind auffallend großformatig; sie nehmen üblicherweise den größten Teil der Seite ein. Wie Gaspar und Lyna bemerken, sieht man ihnen ihre **Entstehung im Kontext einer kommerziellen Massenproduktion** an:[19] Der Zeichner machte sich kaum die Mühe, seine Figuren individuell zu gestalten. Gemeinsam sind ihnen übergroße runde Köpfe im Halbprofil; die Gesichter unterscheiden sich allenfalls darin, ob sie bärtig sind oder nicht. Den großen, runden Augen attestieren Gaspar und Lyna den Ausdruck eines naiven Erstaunens. Die fleischfarbene Kolorierung des beschatteten Rahmens der Gesichter deutet deren Relief an: Der Lichteinfall auf die Gesichtsfläche ist dadurch wiedergegeben, daß diese nicht ausgefüllt wurde und die helle Farbe des Papiers aufweist. Nur in Ausnahmefällen werden Köpfe im Profil gezeichnet; diese Darstellungsweise wirkt dann geradezu unbeholfen. Eines der wenigen Beispiele für die individuell-persönliche Gestaltung

[15] Piccard, Gerhard. Wasserzeichen Anker (Veröffentlichungen der Staatlichen Archivverwaltung Baden-Württemberg; Sonderreihe: Die Wasserzeichenkartei Piccard im Hauptstaatsarchiv Stuttgart, Findbuch VI). Stuttgart 1978; Typ II, S. 74ff.; dazu ebd. Nrn. 872ff., S. 29.

[16] Das Zettelrepertorium der Königlichen Bibliothek datiert die Handschrift ohne Begründung oder Verweis auf ca. 1460. Zu früh die ebenfalls unbegründete Datierung um 1425 bei Schild, Wolfgang. Alte Gerichtsbarkeit. Vom Gottesurteil bis zum Beginn der modernen Rechtsprechung. München 1980, S. 88. Die dort wiedergegebene Abb. 172 ist eine der Bleistiftdurchzeichnungen, die sich Karl von Amira durch Prof. Des Marez aus Brüssel schicken ließ; vgl. Kocher, Gernot. Zeichen und Symbole des Rechts. Eine historische Ikonographie. München 1992, S. 16. Die dort wiedergegebene Abb. 3 bezieht sich auf Lnr. 37 (hier Abb. 60).

[17] Saurma-Jeltsch, Spätformen (oben S. 309 A. 1).

[18] Fol. 4, 96 (Abb. 3), 250 (Abb. 55).

[19] Gaspar/Lyna, Bibliothèque Royale II (oben S. 309 A. 1), S. 84f.; dort eine (vom „caractère visiblement populaire“ abgesehen) treffende Charakterisierung der Illustrationen.

einer Physiognomie ist der finstere Würfelspieler auf Abb. 11 (fol. 122^{v} zu Ldr. 61), an den ein Kind das Gut des Vaters verspielt.

Die **Kleidung der Figuren** ist ebenfalls sehr schematisch ausgearbeitet: Einfache vertikale Striche markieren den Faltenwurf; der Lichteinfall ist, wenn überhaupt, durch das Weglassen von Farbe angedeutet. Auch die Komposition der Illustrationen wirkt routiniert und wenig phantasievoll: Üblicherweise steht eine Person oder Gruppe von Personen einer anderen Personengruppe gegenüber.

Es bleibt die Frage nach der **Funktion der Illustrationen im Gesamtkontext des Rechtsbuches**. Schließlich erfordern die Rechtstexte des Schwabenspiegels bildliche Ergänzungen nicht zwingend; die Masse der Handschriften blieb ohne Illustrationen, ohne daß man dies als Mangel hätte auffassen müssen. Dasselbe gilt übrigens auch für die weitaus detaillierteren und aussagekräftigeren Illustrationen des Sachsenspiegels: Unter den rund 460 erhaltenen Sachsenspiegel-Handschriften und Fragmenten finden sich eben einmal vier bebilderte, nämlich diejenigen von Heidelberg, Dresden, Wolfenbüttel und Oldenburg.[20]

Freilich gibt es eine Reihe von Paragraphen, zu denen das Bild in klärender Funktion hinzutreten kann. Hier wäre etwa der Kommendationsritus des Lehenrechtes zu nennen, dessen bildliche Darstellung die verbale Beschreibung an Anschaulichkeit übertrifft.[21] Auch das Lehenrecht des Schwabenspiegels beschreibt die Gestik dieses Vorganges detailliert (Lnr. 42 a); jedoch hielt man bei der Herstellung der Brüsseler

[20] Schmidt-Wiegand, Ruth. Die Bilderhandschriften des Sachsenspiegels als Quelle der Kulturgeschichte. In: Dies.; Hüpper, Dagmar (Hgg.). Der Sachsenspiegel als Buch: Vorträge und Aufsätze (Germanistische Arbeiten zu Sprache und Kulturgeschichte 1). Frankfurt a.M. 1991, S. 219–260; hier S. 223. – Koschorreck, Walter; Werner, Wilfried. Der Sachsenspiegel. Die Heidelberger Bilderhandschrift Cod. Pal. Germ. 164, Kommentar und Übersetzung. Frankfurt a.M. 1989. – Amira, Karl v. Die Dresdener Bilderhandschrift des Sachsenspiegels 1: Facsimile-Band, Teil I u. II. Leipzig 1902. Dazu ders. Die Dresdener Bilderhandschrift des Sachsenspiegels 2: Erläuterungen, Teil I u. II. Leipzig 1925/26. Nachdruck Osnabrück 1969. – Schmidt-Wiegand, Ruth. Der Oldenburger Sachsenspiegel. Vollständige Faksimile-Ausgabe im Originalformat des Codex picturatus Oldenburgensis, CIM I 410 der Landesbibliothek Oldenburg (Codices Selecti phototypice impressi, vol. CI: Facsimile, vol. CI*: Commentarium). Graz 1995. – Schmidt-Wiegand, Ruth (Hg.). Eike von Repgow. Sachsenspiegel. Die Wolfenbütteler Bilderhandschrift Cod. Guelf. 3.1 Aug. 2°. 3 Bde. (Faksimileband, Textband, Kommentarband). Berlin 1993. – Oppitz, Ulrich-Dieter. Spuren von Fragmenten von Sachsenspiegel-Bilderhandschriften. In: Schmidt-Wiegand, Ruth (Hg.). Text-Bild-Interpretation. Untersuchungen zu den Bilderhandschriften des Sachsenspiegels I/Textband (Münstersche Mittelalter-Schriften 55/I). München 1986, S. 277f.

[21] Kocher, Zeichen (oben S. 312 A. 16), S. 8.

Schwabenspiegel-Handschrift eine Illustration gerade dieses Abschnittes nicht für erforderlich. Dafür folgen einige Bilder, deren es für das Verständnis der zugehörigen Paragraphen wahrlich nicht bedurft hätte: Ein Mann auf dem Sterbebett (Abb. 60; fol. 264^{r} zu Lnr. 45: *stirbet der herre*), ein Herr gegenüber einer Gruppe von Mannen (Abb. 61; fol. 269^{r} zu Lnr. 62 a: *der von muotwillen lihet*) sowie ein Herr, der mit anderen Männern auf einen Mann zeigt (Abb. 62; fol. 273^{r} zu Lnr. 76: *der sin guot verieret*). Besteht beim ersten dieser Bilder immerhin noch ein innerer Zusammenhang zwischen dem Inhalt des Paragraphen und der dargestellten Szene, so sind die folgenden Bilder inhaltlich nichtssagend. Der Illustrator stellt sich gar nicht erst dem Problem, wie man eine Verjährung bildlich darstellen könnte, sondern zeichnet eine unspezifische, austauschbare Gerichtsszene. Man betrachte nur einmal die unvergleichlich reichhaltigere Illustration dieses Verjährungsartikels im Wolfenbütteler Sachsenspiegel: Dort stehen sich deutlich erkennbar Mann und Herr gegenüber; der angedeutete Kommendationsgestus verbildlicht ihre Lehnsbindung. Der Mann schwört über einem Reliquiar; gleichwohl nimmt der Herr das durch Getreidehalme symbolisierte Land wieder an sich, weil er sechs Zeugen aufbieten kann. Die Aussage des Bildes geht sogar noch über die Aussage des Textes hinaus, insofern die im betreffenden Artikel nicht ausgeführte Belehnungsfrist des Mannes durch zwei konkrete Zahlzeichen (VI/LII, d.h. 6 und 52 Wochen) spezifiziert ist.[22]

Demgegenüber findet sich im entsprechenden Bild der Brüsseler Handschrift wenig, was sich diesem inhaltlichen Reichtum vergleichen ließe; während das vielstufige Erzählen von Tat und Rechtsfolgen einen großen Teil des Reizes der Bilder im Sachsenspiegel ausmacht, enthält der Brüsseler Schwabenspiegel fast ausschließlich einstufige Darstellungen punktueller Ereignisse oder Vorgänge. Von einem „Informationsüberschuß" des Bildes gegenüber dem Text, wie er sich für einzelne Illustrationen des Sachsenspiegels feststellen läßt, kann hier nicht entfernt die Rede sein.[23]

Ein weiteres Gestaltungsmerkmal, das die Sachsenspiegel-Illustrationen auszeichnet, ist die **detaillierte Gestik** der Dargestellten.[24] Auch im Brüsseler Schwabenspiegel fällt die Sprache der Hände ins Auge; jedoch

22 Wolfenbütteler Bilderhandschrift (oben S. 313 A. 20), Faksimilebd. fol. 78^{r}, Textbd. S. 345 (4.) zu Ssp. Lnr. Art. 42, § 1; S. 62f.

23 Vgl. hierzu auch die Einleitung R. Schmidt-Wiegands zu: Text-Bild-Interpretation (oben S. 313 A. 20), S. IX–XX.

24 Amira, Karl v. Die Handgebärden in den Bilderhandschriften des Sachsenspiegels. In: Abhandlungen der philosophisch-philologischen Klasse der Königlich Bayerischen Akademie der Wissenschaften 23. München 1909, S. 161–265.

läßt sie sich nur in vergleichsweise wenigen Fällen als Bedeutungsträger lesen: Das Zeigen der linken Handfläche erweist sich als Ablehnungsgestus (Abb. 7); Trauer wird angezeigt, indem die Linke den Kopf stützt (Abb. 9); die Schuldzuweisung erfolgt mit gestrecktem Zeigefinger (Abb. 16, 18, 20, 63) – allerdings kommt diese Geste auch in zahlreichen anderen Zusammenhängen eher unspezifisch vor. Eindeutig sind dagegen der Schwur mit der rechten Hand, deren Zeige- und Mittelfinger gestreckt sind (Abb. 21, 46, 65) und die Kommendation der Frau bei der Hochzeit, indem sie ihre gefalteten Hände in die offenen Hände des Mannes legt (Abb. 25).

Der vergleichsweise oberflächliche Charakter der Illustrationen im Brüsseler Schwabenspiegel erklärt sich aus dem Entstehungskontext der gesamten Handschrift im Zuge kommerzieller Massenproduktion: Da das Buch mit Gewinn verkauft werden sollte, mußte der Herstellungsaufwand in gewissen Grenzen gehalten werden. Andererseits betrachtete man die Illustrationen als gewichtiges Verkaufsargument; anderenfalls hätte man ja ohne jeden Nachteil auf sie verzichten können. Augenscheinlich folgte die Auswahl der illustrierten Paragraphen ästhetischen und ökonomischen Erwägungen: Angestrebt war eine fürs Auge angenehme, etwa gleichmäßige Verteilung der Bilder über das Buch. Im Durchschnitt ist jedes dritte Blatt des Land- und des Lehenrechtteiles illustriert; Lücken von mehr als sechs unillustrierten Blättern sind ebenso selten wie zwei aufeinanderfolgende illustrierte Blätter. Damit ist klar, daß die Bilder der Brüsseler Schwabenspiegel-Handschrift in erster Linie buchhändlerischen und nicht juristischen Belangen dienten; ihr **Wert als Rechtsquelle** ist demnach deutlich geringer als derjenige etwa der illustrierten Sachsenspiegel-Handschriften.[25]

---

[25] Auch diese stellen ihre Kommentatoren, welche die Funktion der Bilder zu erklären suchen, vor erhebliche Schwierigkeiten: Koschorreck, Heidelberger Bilderhandschrift (oben S. 313 A. 20), S. 98ff. Amira, Einleitung zu Facsimile-Bd. I (ebd.), S. 20f. Kocher, Gernot. Die Rechtsikonographie. In: Wolfenbütteler Sachsenspiegel, Kommentarband (ebd.), S. 107–117. Hüpper, Dagmar. Die Bildersprache. Zur Funktion der Illustration. In: ebd. S. 143–162. Dies. Funktionstypen der Bilder in den Codices picturati des Sachsenspiegels. In: Keller, Hagen (Hg.). Pragmatische Schriftlichkeit im Mittelalter: Erscheinungsformen und Entwicklungsstufen (Münstersche Mittelalter-Schriften 65). München 1992, S. 231–249. Schmidt-Wiegand, Ruth. Die Bilderhandschriften und ihre Bedeutung für die Wirkungsgeschichte des Sachsenspiegels. In: Lück, Heiner. Recht und Rechtswissenschaft im mitteldeutschen Raum. Köln u. a. 1998, S. 9–27. Andermann, Ulrich. Das Recht im Bild. Vom Nutzen und Erkenntniswert einer historischen Quellengattung (Ein Forschungsüberblick). In: Löther, Andrea (Hg.). Mundus in imagine: Bildersprache und Lebenswelten im Mittelalter. Zugl. Festschrift Klaus Schreiner. München 1996, S. 421–451, mit wichtigen weiteren Literaturhinweisen; hier S. 430–432. –

Gleichwohl sind sie nicht ohne jeden historischen Belang, da der Illustrator einige **Detailfreude** besaß und die Bilder mit Elementen der zeitgenössischen Sachkultur ausstattete. So sind manche der dargestellten Personen durch Besonderheiten ihrer Bekleidung hervorgehoben: Der nicht als Zeuge zugelassene Narr trägt eine Narrenkappe mit Eselsohren und einer langen Spitze, an deren Ende eine Schelle hängt (Abb. 7);[26] die Juden haben Hüte, die in eine Spitze auslaufen (Abb. 40f.).[27] Der (Geld-) Beutel ist mit seinem Zugband am Gürtel befestigt (Abb. 17); er kommt auch als Reliquientasche vor, in welcher die Überreste des Heiligen aufbewahrt sind, auf welchen der Lehnsmann seinen Lehnseid leisten soll (Abb. 65).[28] Der Falkner trägt den Jagdvogel auf einem dafür bestimmten Handschuh (Abb. 37).[29] Der König ist durch seine Krone hervorgehoben; zuweilen wird er auch mit einer Bügelkrone dargestellt, vorzugsweise dann, wenn seine kaiserliche Würde betont werden soll (Abb. 2, 20, 52, 56).[30] Auch eine gekreuzte und mit Edelsteinen besetzte Stola ziert den König (Abb. 2, 26).[31]

Die ungebrochene Faszination, die ungeachtet aller Schwierigkeiten von den Bilderhandschriften des Sachsenspiegels ausgeht, belegt der Versuch eines Rechtsvergleiches zwischen dem geltenden deutschen Recht einerseits und den Bilderhandschriften von Heidelberg, Oldenburg und Wolfenbüttel andererseits: Riedl, Eckhard. Die Bilderhandschriften des Sachsenspiegels und das Bürgerliche Gesetzbuch (Archäologische Mitteilungen aus Nordwestdeutschland, Beiheft 22). Oldenburg 1998.

26 Um die Mitte des 15. Jh.s finden sich zumal im französisch-burgundischen Raum zahlreiche Narrendarstellungen mit übereinstimmender Kappe: Langenfeld, Dagmar; Götz, Irene. „Nos stulti nudi sumus – wir Narren sind nackt." Die Entwicklung des Standard-Narrentypen und seiner Attribute nach Psalterillustrationen des 12. bis 15. Jahrhunderts. In: Mezger, Werner u.a. Narren, Schellen und Marotten. Elf Beiträge zur Narrenidee (Kulturgeschichtliche Forschungen III). Remscheid 1984, S. 37–96; hier S. 52ff. mit Abb. 52f. u. 54f. auf S. 509f.

27 Vergleichsbeispiele des 13. bis 15. Jh.s bei Rubens, Alfred. A History of Jewish Costume. London 1967, Nrn. 120, 126f., 128, 131, 133; S. 94–100.

28 Vgl. den Katalogband Spätmittelalter am Oberrhein. Alltag, Handwerk und Handel 1350–1525. Stuttgart 2001; Nrn. 576f., S. 286f.

29 Weitere mittelalterliche Bildzeugnisse für den Beizhandschuh: Wolter-von dem Knesebeck, Harald. Aspekte der höfischen Jagd und ihrer Kritik in Bildzeugnissen. In: Rösener, Werner (Hg.). Jagd und höfische Kultur im Mittelalter (Veröffentlichungen des Max-Planck-Instituts für Geschichte 135). Göttingen 1997, S. 493–572; hier Abb. 2, 4–9.

30 Abb. 20 als Gegenüber des Papstes, Abb. 52 explizit als Karl d.Gr. Die dargestellten Kronen besitzen keine Ähnlichkeit mit der Reichskrone, gleichen aber denjenigen auf zeitgenössischen Darstellungen Sigismunds bzw. Madonnen- und Reliquiarkronen: Baum, Wilhelm. Kaiser Sigismund. Graz u.a. 1993. – Schramm, Percy Ernst. Herrschaftszeichen und Staatssymbolik. 3 Bde. (MGH Schriften 13/I–III). Stuttgart 1954–1956; vgl. Bd. 2, Abb. 51; Bd. 3, Abb. 121f., 151.

31 Die Kombination von Bügelkrone und gekreuzter Stola findet sich z.B. auf Dü-

Ferner findet sich eine ganze Reihe handwerklicher Gegenstände des täglichen Gebrauchs abgebildet. Werkzeuge der bäuerlichen Arbeitswelt sind der Pflug mit Rädern, Schar und Streichbrett (Abb. 35) sowie die gezähnte Bogensichel als Werkzeug für die Getreidemahd (Abb. 45).[32] Als weitere Metallobjekte finden sich die Gelenkschere (Abb. 36), Münzstempel und Hammer (Abb. 59)[33], ein Kessel (Abb. 14) sowie eine ganze Reihe von Waffen: ein Plattenharnisch (Abb. 5), ein Dolch (Abb. 18), mehrere Schwerter (Abb. 29, 39, 51), ein Messer in der Scheide (Abb. 45). Das Holzhandwerk ist mit einem Brettersarg (Abb. 6), Krücken (Abb. 13), Betten (Abb. 10, 27, 61), Tischen (Abb. 8, 12, 36, 59), Lesepulten (Abb. 1, 30, 41) und einem Mühlrad (Abb. 59) vertreten. Nebenbei liegen auf den Betten durchweg Kissen mit kariertem Bezug; ein Bett ist mit einem Vorhang umgeben (Abb. 10).[34] Von den zahlreichen Thronen des Königs oder der Richter kann man zumeist nicht angeben, ob sie steinerne oder hölzerne Vorbilder wiedergeben; Einzelheiten der Holzkonstruktion läßt dagegen der Stuhl des Lehrers (Abb. 30) erkennen. An nahezu kunsthandwerklichen Details wären eine Laute (Abb. 3) und ein repräsentativer Doppelkopfpokal (Abb. 8) zu nennen.[35]

---

rers Herrscherbildnissen der Nürnberger Heiltumskammer, insbesondere dem Bild Sigismunds: Strieder, Peter. Dürer. Königstein/Ts. O.J. Nrn. 70f., S. 68.

32 Epperlein, Siegfried. Der Bauer im Bild des Mittelalters. Leipzig u.a. 1975, S. 64, 73–78 u. Abb. 37.

33 Zum Münzer vgl. Caspar, Helmut. „In meiner Müntz schlag ich gericht…“: Münztechnik auf historischen Bilddokumenten (Numismatische Beiträge, Sonderheft 1). Berlin 1974, Tafeln S. 46ff.

34 Vgl. hierzu die nur in der Konstruktion des Bettes abweichende Darstellung der Geburt Mariae vom Meister des Heggbacher Altars (um 1500) in: Spätmittelalter (oben S. 316 A. 28), Nr. 597, S. 295.

35 Vgl. Montagu, Jeremy. Geschichte der Musikinstrumente in Mittelalter und Renaissance. Freiburg u.a. 1981, S. 31–34. – Müller, Ulrich. Tischgerät aus Holz. In: Stadtluft, Hirsebrei und Bettelmönch. Die Stadt um 1300. Stuttgart, Zürich 1992, S. 311–319; hier S. 316f.

1. Fünf Könige vor einem aufgeschlagenen Buch (fol. 1r).

2. Der thronende Kaiser überreicht Privilegien (fol. 95v).

3. Initiale h mit Ranken und lautenschlagendem Engel (fol. 96r).

4. Ein Herr spricht zu drei Freien (fol. 99^{r}, zu Vorwort h; *diß seyt uns von dryer leye lútten die frigen sint*).

5. Der König spricht zu einem Ritter, der einen Wappenschild trägt (fol. 101r, zu Ldr. 2; *diß seit uns von den her schilten und wie der künig den ersten hőhet*).

6. Männer vor einem offenen Sarg (fol. 103r, zu Ldr. 5; *so der man stirbet was die Erben gelten soͤllent*).

7. Der Richter lehnt nicht testierfähige Zeugen ab, unter ihnen ein Kind und ein Narr (fol. 105ᵛ, zu Ldr. 13; *wellen gezügen man verwerffen mag*).

8. Ein Mann übergibt seiner Frau an der gedeckten Tafel einen Doppelkopfpokal als Morgengabe (fol. 108ʳ, zu Ldr. 18; *was der man syme wibe mag geben zů morgen gobe one urlop der erben*).

9. Die Erben kommen zur trauernden Witwe (fol. III^r, zu Ldr. 25; *diß seyt uns ob ein man styrbet*).

10. Frau mit Säugling im Wochenbett, Zeugen der Geburt (fol. 116^{r}, zu Ldr. 38; *umb ein frǒwe die berhaftig ist und mit eyme kynde got*).

11. Der König spricht zu seinen Dienstmannen (fol. 119^{r}, zu Ldr. 46; *diß ist von dienstmans eygen wie das niemer mag kommen in küniglich gewalt oder uß der heren gewalt*).

12. Ein Kind verspielt am Würfeltisch das Geld seines Vaters (fol. 122ᵛ, zu Ldr. 61; *diß seit uns verspielt ein man sins vatter kint* (sic)).

13. Herausforderung eines Lahmen zum Kampf (fol. 128v, zu Ldr. 78; *diß seyt uns obe man einen lammen man kampflich an sprichet*).

14. Ein Richter sitzt zu Gericht, Männer tragen einen Kessel (als gepfändetes Gut) herbei (fol. 131^{r}, zu Ldr. 85; *ein iegelich man mag wol pfenden*).

15. Der Fürsprech einer Prozeßpartei tritt vor den Richter (fol. 133^{r}, zu Ldr. 86f.; *diß seit von den riechtern und von den fürsprechen*).

16. Der Richter weist auf einen Beklagten (fol. 137r, zu Ldr. 96; *diß seit uns wie der clager vor geriechte schuldig wurt*).

19. Der König erteilt ein Privileg, Bischöfe als Umstand (fol. 145^{r}, zu Ldr. 115; *diß seit uns welle pfaffen und fürsten geriechte hant*).

20. Der Papst bannt den Kaiser (fol. 148[v], zu Ldr. 128; *den keiser sol und mag nieman den der babest gebannen*).

23. Ein Mann überreicht dem König eine Geldkiste (als Buße für sein Nichterscheinen auf dem Hoftag?) (fol. 153[v], Ldr. 138; *diß seit uns so der künig einen hoff gebietten wil*).

24. Ein Hausbesitzer weist traurig auf sein Haus, hinter dem jemand anderer steht (fol. 156ᵛ, zu Ldr. 144 a; *wer dem andern sin huß abe gewinnet mit unrecht*).

25. Vermählungsszene: eine Frau mit Witwenschleier kommendiert sich (fol. 159[r], zu Ldr. 149; *nimet ein man eine witwe die gůt hat*).

26. Papst, König und weitere Herren mit Siegelurkunden (fol. 162^{r}, zu Ldr. 159 a; *diß ist des bobestes ingesygel*).

27. Ein Mann auf dem Sterbebett im Angesicht seiner Witwe und seiner Erben (fol. 165^{r}, zu Ldr. 166; *diß seit uns: lit ein man an synem totbette und hat sine kinde uß gestüret*).

28. Gottvater auf einer Wolke über Schwörenden (fol. 167^r, zu Ldr. 170; *got erloubet recht eyde und verbüttet unrecht eyde*).

29. Verstümmelungsstrafen (Ausstechen der Augen und Abschneiden der Zunge) unter richterlicher Aufsicht (fol. 171^{v}, zu Ldr. 176 a; *wem der munt wurt abe gesnytten oder ougen us gestochen*).

30. Der Lehrer züchtigt einen Schüler (fol. 173^{v}, zu Ldr. 185; *diß seyt uns leret ein man sin lerkint mit rů̊tten*).

31. Sechs Schöffen treten als Zeugen vor einen Richter, der eine Urkunde hält (fol. 176r, zu Ldr. 190; *diß seit uns von schephenden mûß man zů gezüge han*).

32. Gott übergibt Moses die Gesetzestafeln (fol. 178^{r}, zu Ldr. 201; *dise worte sprach got selber*).

33. Ein Mann zeigt vor Gott und Moses auf eine Frau (fol. 180^{r}, zu Ldr. 201 g; *diß seit uns füret eyner ein maget enweg die ime nüt gelobet ist*).

34. Ein Mann mit Hirtenstab treibt ein Pferd, ein Rind und ein Schwein in ein Kornfeld (fol. 185^v, zu Ldr. 212; *diß seit uns wer viehe in korn tribet*).

35. Bauer mit Pflug auf besätem Feld (fol. 187ᵛ, zu Ldr. 218 a; *diß seit uns wer zehende verdienen sol*).

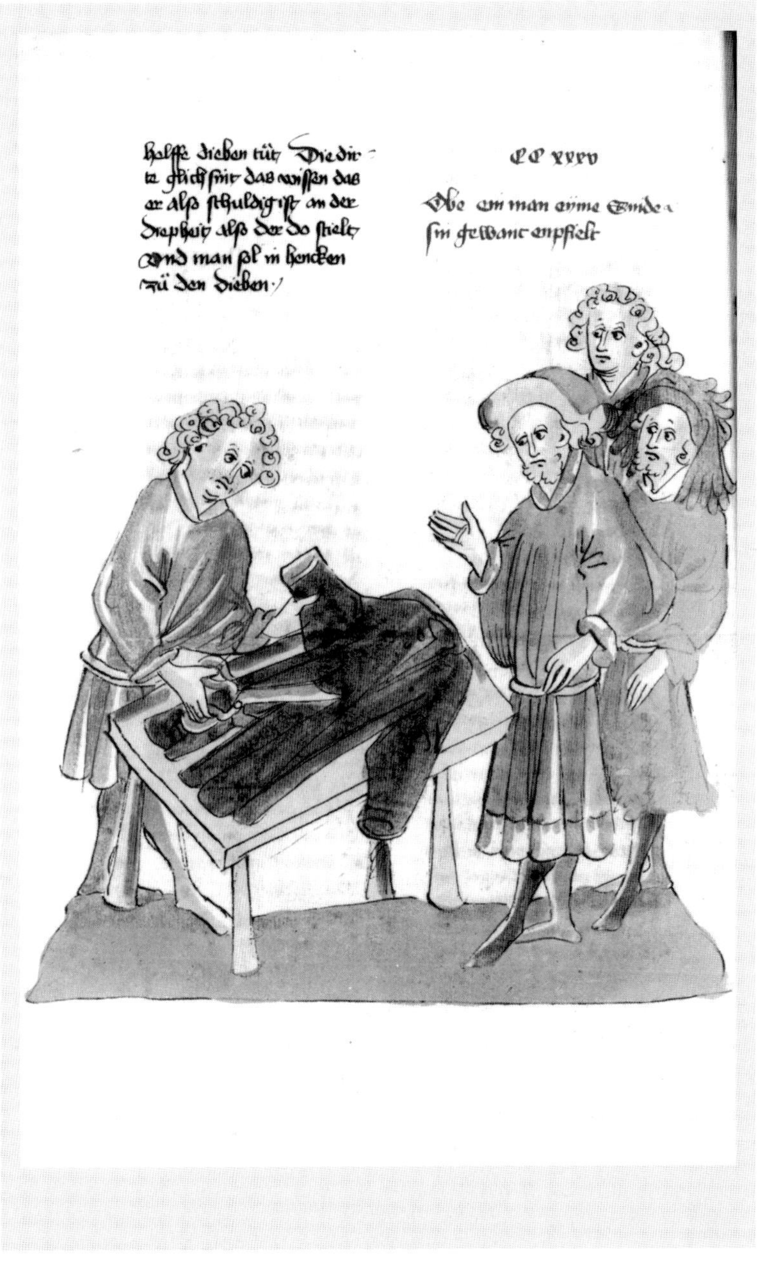

36. Schneider beim Zerschneiden eines Gewandes (fol. 190[v], zu Ldr. 228; *obe ein man eyme snider sin gewant enpfielt*).

37. Männer mit Jagdfalken (fol. 193ᵛ, zu Ldr. 237; *diß seit uns von wilden tieren und vogelen*).

38. Männer mit Hirsch und Reh (fol. 195^{v}, zu Ldr. 243; *diß seit uns wer wilt zühet in stetten*).

39. Ein Friedbrecher flieht vor seinen Verfolgern in eine Burg (fol. 199^{r}, zu Ldr. 253 b; *iaget man einen fridebrecher oder einen echter*).

40. Juden stehen vor dem König und anderen Herren (fol. 202^{r}, zu Ldr. 260; *gyt ein iude út einem cristen manne zů kouffende*).

41. Ein Jude leistet vor dem König einen Eid, steht dabei auf einer Sauhaut und berührt mit der Rechten das Alte Testament (fol. 204^{r}, zu Ldr. 263; *diß seit uns von dem iuden eyde wie sü sweren süllent*).

42. Ein Fürst steht mit seiner Fahne im Gericht (fol. 208^{r}, zu Ldr. 278; *des riches dienstman und ander fürsten richten uͤber fri lüte*).

43. Der König sitzt mit seinem Szepter auf dem Richterstuhl (fol. 210r, zu Ldr. 286; *der rômsche künig ist ein gemeiner richter*).

44. Ein Mann kniet vor dem König (fol. 212^{r}, zu Ldr. 292; *und will sich ein vrye zů eygen geben*).

45. Ein Mann schneidet mit einer Sichel Getreide (fol. 214v, zu Ldr. 302 a; *wer ieman sin korn abe snidet*).

46. Ein Gefangener schwört aus dem Turm heraus (fol. 216^{v}, zu Ldr. 307 a; *eins ieclichen gevangen gelübede*).

47. Ein Gefesselter wird zwei Frauen vorgeführt (fol. 220ʳ, zu Ldr. 311; *diß seit uns wer wip oder maget notzoget*).

48. Ein Mann führt ein Rind als Pfand am Seil weg (fol. 226^{r}, zu Ldr. 327; *diß seit uns pfendet ein man wider recht*).

49. Ein Mann steht im Kirchenportal (fol. 227^{r}, zu Ldr. 329; *also ein man ützent getůt und flůhet in ein kyrche*).

50. Ein Mann wehrt sich vor einem Haus gegen den Wachhund (fol. 229[v], zu Ldr. 341; *ain hoffe wart hunt der eines hoffes warttet*).

51. Ein Mann erschlägt einen anderen mit einem Schwert (fol. 232^{v}, zu Ldr. 350; *wer sinen gebornnen mog one schulde toͤttet*).

52. Der Kaiser mit dem Richterstab befragt Zeugen (fol. 235^{v}, zu Ldr. 360; *diß sint die gebot keyser karle*).

53. Der Sündenfall: Adam, Eva und Gott im Paradies (fol. 239ᵛ, zu Ldr. 377 II; *do got adam und eva geschůff*).

54. Der König erteilt Privilegien (fol. 249v).

55. Initiale W mit Vogel und Fabeltieren (fol. 250^r).

56. Der König erteilt einer knienden Frau, einem Geistlichen und einem Laien Urkunden (fol. 251^{v}, zu Lnr. 4 a; *obe ein man oder ein pfaffe oder ein froͤwe des riches gůt enpfohen*).

57. Ein Lehnsherr sitzt vor drei Mannen zu Lehengericht (fol. 253^v, zu Lnr. 10 a; *byttet ein man sinen heren das er ime tage gebet*).

58. Der Lehnsherr lehnt einen Mitbelehnten als Zeugen im Lehengericht ab (fol. 255^{v}, zu Lnr. 16; *in einer sachen mügent zwene manne nyt gezüge gesin*).

59. Ein Mann mit Hammer, Prägeeisen und Münzen vor einer Wassermühle (fol. 257^{v}, zu Lnr. 23 a; *wer münssen oder ander ding zölle und mülen zů lehen hat*).

60. Gerichtsszene (fol. 260^{v}, zu Lnr. 37: *obe ein man für gericht kommet*).

61. Ein Herr auf dem Totenbett (fol. 264[r], zu Lnr. 45; *und ist das einem man sin her styrbet*).

62. Herr vor Mannen (fol. 269[r], zu Lnr. 62 a; *was ein here von můtwil lihet*).

63. Ein Herr zeigt mit seinen Mannen auf einen weiteren Mann (fol. 273r, zu Lnr. 76; *obe der here den man schuldiget*).

64. Ein Herr übergibt einem Mann eine Urkunde (fol. 278^{v}, zu Lnr. 95 b; *die wurheit uber lehen satzunge*).

67. Ein Herr sitzt zu Gericht (fol. 292ᵛ, zu Lnr. 132 b; *der do hat gericht zů lehen*).

68. Ein Herr zeigt seinen Mannen eine Burg (fol. 294^{v}, zu Lnr. 139; *diß seit uns von burg lehen*).

69. Ein Herr und weitere Männer weisen auf eine zertrümmerte Burg (fol. 297r, zu Lnr. 150 a; *und wurt ein burg mit gewalt zerbrochen*).

Rechtserhebliche Illustrationen in weiteren Handschriften des Schwabenspiegels

Neben der durchgängig illustrierten Schwabenspiegel-Handschrift in Brüssel gibt es noch eine Reihe von Handschriften, die vereinzelt Abbildungen enthalten. Nicht jedes Bild, das dem Rechtstext beigefügt ist, steht auch in einem erkennbaren Zusammenhang zum Inhalt dieses Textes; als Beispiele genannt seien etwa die überwiegend tiergestaltigen Figuren an den unteren Blatträndern des Codex 2849 der Österreichischen Nationalbibliothek Wien[1], die Jagdszene in Laßbergs Donaueschinger Handschrift[2], die Turnierszene des Heidelberger Cod. pal. Germ. 53[3] oder die aufwendig ornamentierten Initialen des manuscrit allemand 1 der Bibliothèque nationale de France[4]. Abb. 70 zeigt den Beginn des Lehenrechtes in einer Handschrift der Universitätsbibliothek München (Cim. 34 d – 2 Cod. ms. 204) aus der zweiten Hälfte des 14. Jahrhunderts.[5] Hier wird am Rande des Blattes offenbar ein Mönch karikiert, indem an den tonsurierten Kopf ein Fischleib gesetzt ist; der danebenstehende Schriftzug dürfte auf einen bestimmten Mönch namens Sahsel deuten.[6] An die Oberlängen

[1] Oppitz, Rechtsbücher II (oben S. 309 A. 1); Nr. 1508, S. 839; dazu ders., Rechtsbücher I wie ebd., S. 40 (Zuordnung zur Normalformen-Klasse III f) und S. 104 (Datierung auf die Mitte des 15. Jh. s); enthält folgende, „sehr dilettantische" Federzeichnungen: fol. 5[v]: Vogel; fol. 9[r]: Figur mit erhobenen Händen; fol. 10[r]: Drache?; fol. 18[r]: Vierbeiner; fol 32[r]: Drache? und Figur; fol. 46[r]: Vogel (frdl. Mitteilung Herr A. Fingernagel, Handschriftensammlung der ÖNB).

[2] Jetzt: Karlsruhe, Badische Landesbibliothek, Hs. Donaueschingen 738, fol. 105[v]. Oppitz, Rechtsbücher II (oben S. 309 A. 1); Nr. 421, S. 466f.; dazu ders., Rechtsbücher I wie ebd., S. 39 (Zuordnung zur Normalformen-Klasse III c). Dazu Schott, Codex Lüzelnheimeri (oben S. 14 A. 3).

[3] Dazu unten S. 390 A. 12; nach ebd. Wegener, Verzeichnis S. 4 eine „plumpe Dilettantenarbeit vom Ende des XIV. Jahrhunderts".

[4] Oppitz, Rechtsbücher II (oben S. 309 A. 1); Nr. 1207, S. 737f.; dazu ders., Rechtsbücher I wie ebd., S. 40 (Zuordnung zur Normalformen-Klasse III d).

[5] Fol. 53[v]. Oppitz, Rechtsbücher II (oben S. 309 A. 1); Nr. 1130, S. 711; dazu ders., Rechtsbücher I wie ebd., S. 38 (Zuordnung zur Langformen-Klasse II b) und S. 97 (Datierung).

[6] Zum Personennamen Sahsel vgl. die Einträge Sahs in: Förstemann, Ernst. Altdeutsches namenbuch I. Bonn [2]1900, Sp. 1288ff. Andresen, Karl Gustav. Die altdeutschen Personennamen in ihrer Entwicklung und Erscheinung als heutige Geschlechts-

70. Karikatur eines Mönches, gesatteltes Dromedar zu Beginn des Landrechtsbuches; 2. Hälfte 14. Jh. (Universitätsbibliothek München, Cim. 34 d, fol. 53^{v}).

der Buchstaben in der ersten Zeile sind zwei menschliche Köpfe bzw. ein Blattornament gesetzt; das h zu Beginn zieren männliche Genitalien. Da der eigentliche Text des Lehenrechtes erst mit der nächsten Spalte beginnt, bleibt bis zum unteren Blattrand freier Raum; ihn füllt ein gesatteltes Dromedar. Man gewinnt den Eindruck, die Schreiberhand habe hier Entspannung von ihrer konzentrierten Arbeit gesucht.

Es bleiben insgesamt noch **15 Handschriften** des Schwabenspiegels, die auf den Rechtstext bezogene Illustrationen besitzen, nämlich Aufhausen (Nerianerinstitut Ms. Nr. 3)[7], Bukarest (Muzeul National de Istorie)[8], Colmar (Bibliothèque de la ville, Ms. 80)[9], Freiburg i.Üe. (Archives de l'Etat, Législation et Variétés Nr. 42)[10], Gießen (Universitätsbibliothek Hs.

namen. 1873, Nachdruck Vaduz 1983, S. 79. – Weder das Lexikon des Mittelalters (9 Bde. München 1980–1998) noch die Enciclopedia dell'arte medievale (bish. 10 Bde. Rom 1991ff.) verfügen über einen Eintrag, der die Karikatur im Mittelalter thematisierte. Im breit angelegten Dictionary of Art (34 Bde. London 1996; hier Bd. 5, S. 755f.) gibt Judith Wechsler nur einige sehr summarische Bemerkungen über die Karikatur vor 1720, die zudem das Mittelalter ganz außer Acht lassen. – Zu grotesken Körperdarstellungen grundsätzlich: Kröll, Katrin; Steger, Hugo (Hgg.). Mein ganzer Körper ist Gesicht. Groteske Darstellungen in der Europäischen Kunst und Literatur des Mittelalters (Litterae 26). Freiburg i. Br. 1994.

7 Oppitz, Rechtsbücher II (oben S. 309 A. 1); Nr. 25, S. 344: „Buchschmuck: 4 kolorierte Bilder (Bl. 1r, 2r, 59v. Konstantin, Kaiser/König)"; dazu ders., Rechtsbücher I wie ebd., S. 38 (Zuordnung zur Langformen-Klasse II b). – Die Hs. ist auf 1449 datiert; leider ist sie derzeit weder in Aufhausen noch im Bischöflichen Zentralarchiv Regensburg (wohin das Archiv des Nerianerinstitutes abgegeben wurde) auffindbar.

8 Oppitz, Rechtsbücher II (oben S. 309 A. 1); Nr. 333, S. 435; dazu ders., Rechtsbücher I wie ebd., S. 38 (Zuordnung zur Langformen-Klasse II e). – Lindner, Gustav. Der Schwabenspiegel bei den siebenbürger Sachsen. In: ZRG GA 5 (1884), S. 86–141. – Constantinescu, Radu. Manuscrise occidentale in bibliotecile româneşti, II. libraries. VIIIth–XXVIth State Central Library, Various Museums and Collections. In: Revista arhivelor 39 (1977), S. 447–457; hier S. 453f. – Lindner, S. 109, datiert die Hs. noch ins 14. Jh. Schriftliche Anfragen beim Bukarester Nationalmuseum waren leider erfolglos.

9 Oppitz, Rechtsbücher II (oben S. 309 A. 1); Nr. 346, S. 440; dazu ders., Rechtsbücher I wie ebd., S. 40 (Zuordnung zur Normalformen-Klasse III d). – Catalogue général des manuscrits des bibliothèques publiques de France LVI: Colmar. Hg. Direction des Bibliothèques de France. Paris 1969, Nr. 516, S. 189f. – Die Hs. ist auf 1422 datiert.

10 Oppitz, Rechtsbücher II (oben S. 309 A. 1); Nr. 521, S. 498; dazu ders., Rechtsbücher I wie ebd., S. 39 (Zuordnung zur Normalformen-Klasse III c). – Scarpatetti, Beat Matthias v. Katalog der datierten Handschriften der Schweiz in lateinischer Schrift vom Anfang des Mittelalters bis 1550 II: Die Handschriften der Bibliotheken Bern – Porrentruy in alphabetischer Reihenfolge. Dietikon, Zürich 1983, Nr. 344, S. 125. – Bruckner, Albert. Scriptoria medii aevi Helvetica. Denkmäler Schweizerischer Schreibkunst des Mittelalters XI: Schreibschulen der Diözese Lausanne. Genf 1967, S. 90–92, insbes. Anm. 29. – Die Hs. ist auf 1410 datiert.

996)[11], Heidelberg (Universitätsbibliothek Cod. pal. Germ. 53)[12], Heidelberg (Universitätsbibliothek Cod. pal. Germ. 167)[13], Karlsruhe (Badische Landesbibliothek Hs. Don. 742)[14], Lüneburg (Stadtarchiv Dep. RatsB. Ms. Jurid. 3)[15], München (Bayerische Staatsbibliothek Cgm 216)[16], München (Bayerische Staatsbibliothek Cgm 552)[17], München (Bayerische Staatsbibliothek Cgm 1139)[18], Stuttgart (Württembergische Landesbiblio-

[11] Oppitz, Rechtsbücher II (oben S. 309 A. 1); Nr. 565, S. 516; dazu ders., Rechtsbücher I wie ebd., S. 40 (Zuordnung zur Normalformen-Klasse III h). – Adrian, J. Valentin. Catalogus codicum manuscriptorum Bibliothecae academicae Gissensis. Frankfurt a. M. 1840, Nr. 996, S. 302–304. – Die Hs. war im Besitz Johann Schilters und wird ins 15. Jh. datiert.

[12] Oppitz, Rechtsbücher II (oben S. 309 A. 1); Nr. 692, S. 558; dazu ders., Rechtsbücher I wie ebd., S. 39 (Zuordnung zur Normalformen-Klasse III b). – Bartsch, Karl. Die Altdeutschen Handschriften der Universitäts-Bibliothek in Heidelberg (Katalog der Handschriften der Universitäts-Bibliothek in Heidelberg I). Heidelberg 1887, Nr. 32, S. 14. – Wegener, Hans. Beschreibendes Verzeichnis der deutschen Bilderhandschriften des späten Mittelalters in der Heidelberger Universitäts-Bibliothek. Leipzig 1927, S. 3f. – Die Hs. wird ans Ende des 14. Jh. s datiert.

[13] Oppitz, Rechtsbücher II (oben S. 309 A. 1); Nr. 700, S. 562; dazu ders., Rechtsbücher I wie ebd., S. 39 (Zuordnung zur Normalformen-Klasse III b). – Bartsch, Handschriften Heidelberg (wie A. 12), Nr. 105, S. 43. – Wegener, Verzeichnis (wie ebd.), S. 2f. – Die Hs. wird in die erste Hälfte des 15. Jh. s datiert.

[14] Ehemals Donaueschingen (Fürstlich Fürstenbergische Hofbibliothek Nr. 742). Oppitz, Rechtsbücher II (oben S. 309 A. 1); Nr. 427, S. 468f.; dazu ders., Rechtsbücher I wie ebd., S. 38 (Zuordnung zur Langformen-Klasse II e). – Barack, Karl. Die Handschriften der Fürstlich-Fürstenbergischen Hofbibliothek zu Donaueschingen. Tübingen 1865, Nr. 742, S. 514f. – Die Hs. ist auf 1458 datiert.

[15] Oppitz, Rechtsbücher II (oben S. 309 A. 1); Nr. 977, S. 662; dazu ders., Rechtsbücher I wie ebd., S. 39 (Zuordnung zur Normalformen-Klasse III b). – Stähli, Marlis. Handschriften der Ratsbücherei Lüneburg III: Die theologischen Handschriften, Quartreihe, Die juristischen Handschriften (Mittelalterliche Handschriften in Niedersachsen, Heft 4). Wiesbaden 1981, S. 123f. – Die Hs. wird an den Anfang des 15. Jh. s datiert.

[16] Oppitz, Rechtsbücher II (oben S. 309 A. 1); Nr. 1048, S. 683; dazu ders., Rechtsbücher I wie ebd., S. 40 (Zuordnung zur Normalformen-Klasse III f). – Schneider, Karin. Die deutschen Handschriften der Bayerischen Staatsbibliothek München Cgm 201–350 (Catalogus codicum manu scriptorum Bibliothecae Monacensis V, II). Wiesbaden 1970, S. 60–68, hier S. 66. – Der Swsp. dieser Hs. ist auf 1475 datiert.

[17] Oppitz, Rechtsbücher II (oben S. 309 A. 1); Nr. 1072, S. 691f.; dazu ders., Rechtsbücher I wie ebd., S. 40 (Zuordnung zur Normalformen-Klasse III h). – Schneider, Karin. Die deutschen Handschriften der Bayerischen Staatsbibliothek München Cgm 501–690 (Catalogus codicum manu scriptorum Bibliothecae Monacensis V, IV). Wiesbaden 1978, S. 123–126, hier S. 124f. – Die Hs. wird in die zweite Hälfte des 15. Jh. s datiert.

[18] Oppitz, Rechtsbücher II (oben S. 309 A. 1); Nr. 1083, S. 695f.; dazu ders., Rechtsbücher I wie ebd., S. 40 (Zuordnung zur Normalformen-Klasse III h). – Schneider, Karin. Die deutschen Handschriften der Bayerischen Staatsbibliothek München. Die

thek, Cod. iur. 2° 70)[19], Trier (Stadtbibliothek Hs. 852/1311)[20], Tübingen (Universitätsbibliothek MD 227)[21], Wien (Österreichische Nationalbibliothek Cvp 2780)[22] und Wolfegg (Fürstlich Waldburg-Wolfeggsche Bibliothek Man. 2)[23]; diese Handschriften gehören ganz überwiegend dem 15. Jahrhundert an.

Das geläufigste Motiv ist das **Bild eines Königs oder Kaisers**, das häufig als Frontispiz oder als Titelminiatur der gesamten Handschrift oder dem Landrechtsteil vorangestellt wird. Dies unterstreicht den in vielen Handschriften – zumal des 15. Jahrhunderts – auch explizit überlieferten Anspruch des Schwabenspiegels, das Kaiserrecht zu enthalten;[24] Norbert

---

mittelalterlichen Handschriften aus Cgm 888–4000 (Catalogus codicum manu scriptorum Bibliothecae Monacensis V, II). Wiesbaden 1970, S. 60–68, hier S. 66. – Die Hs. wird ins 3. Viertel des 15. Jh. s datiert.

19 Oppitz, Rechtsbücher II (oben S. 309 A. 1); Nr. 1399, S. 805f.; dazu ders., Rechtsbücher I wie ebd., S. 39f. (Zuordnung zur Normalformen-Klasse III d).

20 Saurma-Jeltsch, Spätformen (oben S. 309 A. 1); Nr. 75 (Datierung auf 1439–1444). – Oppitz, Rechtsbücher II (wie ebd.); Nr. 1429, S. 815f.; dazu ders., Rechtsbücher I wie ebd., S. 39 (Zuordnung zur Normalformen-Klasse III b). – Bushey, Betty C. Die deutschen und niederländischen Handschriften der Stadtbibliothek Trier bis 1600 (Beschreibendes Verzeichnis der Handschriften der Stadtbibliothek zu Trier, N. S. 1). Wiesbaden 1996, S. 134–138; dort auch die Datierung in die Mitte des 15. Jh. s – Kentenich, Gottfried. Die juristischen Handschriften der Stadtbibliothek zu Trier (Beschreibendes Verzeichnis der Handschriften der Stadtbibliothek zu Trier, Heft 9). Trier 1919, Nr. 825, S. 6–8. – Franz, Gunther in: Kostbare Bücher und Dokumente aus Mittelalter und Neuzeit. Katalog der Ausstellung der Stadtbibliothek und des Stadtarchivs Trier. Trier 1984, Nr. 37, S. 36.

21 Oppitz, Rechtsbücher II (oben S. 309 A. 1); Nr. 1434, S. 817; dazu ders., Rechtsbücher I wie ebd., S. 40 (Zuordnung zur Normalformen-Klasse III f). – Ebel, Friedrich. Tübinger Dokumente zur Rechtsgeschichte. Eine Ausstellung der Universitätsbibliothek und des Universitätsarchivs Tübingen zum 20. Deutschen Rechtshistorikertag 1974 (Ausstellungskataloge der Universität Tübingen 1). Tübingen ²1976, Nr. 19, S. 3. – Die Hs. ist auf 1424 datiert.

22 Oppitz, Rechtsbücher II (oben S. 309 A. 1); Nr. 1504, S. 837f.; dazu ders., Rechtsbücher I wie ebd., S. 40 (Zuordnung zur Normalformen-Klasse III g). – Unterkircher, Franz. Die datierten Handschriften der österreichischen Nationalbibliothek von 1401 bis 1450, 1. Teil: Text (Katalog der datierten Handschriften in lateinischer Schrift in Österreich II. Hg. Kommission für Schrift- und Buchwesen der Österreichischen Akademie der Wissenschaften). Wien 1971, S. 38. – Wissenschaft im Mittelalter. Ausstellung von Handschriften und Inkunabeln der Österreichischen Nationalbibliothek (Biblos-Schriften 83). Wien 1975; Nr. 97, S. 141f. – Die Hs. ist auf 1423 datiert.

23 Oppitz, Rechtsbücher II (oben S. 309 A. 1); Nr. 1563, S. 863 (dort noch ohne Signatur); dazu ders., Rechtsbücher I wie ebd., S. 40 (Zuordnung zur Normalformen-Klasse III g). – Die Hs. wird ins 1. Viertel des 15. Jh. s datiert.

24 Belege bei Oppitz, Rechtsbücher I (oben S. 309 A. 1); S. 35; Krause, Hermann. Kaiserrecht und Rezeption. Abhandlungen der Heidelberger Akademie der Wissenschaften, philosophisch-historische Klasse 1952/1. Heidelberg 1952, S. 91.

71. Thronender Kaiser am Ende des Landrechtsbuches, Ende 14. Jh. (Universitätsbibliothek Heidelberg, Cod. pal. Germ. 53, fol. 139^{r}).

Ott wertet diese Darstellungen in einem etwas allgemeineren Sinne als Indiz „für die Verbindlichkeit des Stoffs selbst, für die ‚Würde' und den normativen Appellcharakter des Rechts".[25] In einzelnen Fällen wird der abgebildete Kaiser als Karl der Große angesprochen. Grundlage hierfür ist

[25] Ott, Norbert H. Vorläufige Bemerkungen zur ‚Sachsenspiegel'-Ikonographie. In: Text-Bild-Interpretation I (oben S. 313 A. 20), S. 33–43; hier S. 42.

weniger die faktische historische Bedeutung Karls für das Land- und Lehenrecht des 13. Jahrhunderts, sondern vielmehr der Umstand, daß Karl längst zur Projektionsfläche für die Vorstellung vom gerechten Idealkaiser geworden war.[26]

In klassischer Herrscherpose, nämlich frontal zum Betrachter hin thronend, präsentiert sich der Kaiser auf der Deckfarbenmalerei einer Heidelberger Handschrift vom Ende des 14. Jahrhunderts (Abb. 71); seine erhobene Rechte faßt das Szepter, in der Linken ruht der Reichsapfel.[27] Eher unüblich ist die Plazierung am Schluß des Buches – es endet mit dem Ldr. 201 v – nach dem Explicit-Vermerk; leider ist die Miniatur beschädigt, so daß die Krone und das Antlitz des Herrschers nicht mehr zu erkennen sind.

Eine besonders aufwendige Kaiserdarstellung geht dem Landrecht des Schwabenspiegels in der **Lüneburger Handschrift** vom Beginn des 15. Jahrhunderts als Titelminiatur voraus (Abb. 72).[28] Sie zeigt, wie ein durch Bügelkrone, Szepter und Hermelin kenntlicher und auf seinem Throne sitzender Kaiser einem vor ihm knienden, in prächtigen Goldbrokat gekleideten Mann ein rotes Rechtsbuch übergibt. Unter den Umstehenden sind ein rotgewandeter Schwertträger und ein mit blauen Handschuhen und Pelzmantel angetaner Mann am linken bzw. rechten Rand des Thronsaales besonders hervorgehoben. Diese Szene wird von einer kargen, dreitürmigen Steinfassade umrahmt. Jenseits des roten Bildrandes sind oberhalb der Miniatur die Wappenschilde des Herzogtumes und der

[26] Zur geistesgeschichtlichen Grundlage der Identifikation Karls mit dem Idealkaiser: Saurma-Jeltsch, Lieselotte E. Karl der Große als vielberufener Vorfahr. In: Dies. (Hg.). Karl der Große als vielberufener Vorfahr. Sein Bild in der Kunst der Fürsten, Kirchen und Städte (Schriften des Historischen Museums Frankfurt a. M. 19). Sigmaringen 1994, S. 9–21. – Pfeil, Sigurd Graf v. Karl der Große in der deutschen Sage. In: Braunfels, Wolfgang; Schramm, Percy Ernst (Hgg.). Das Nachleben (Karl der Große, Lebenswerk und Nachleben IV). Düsseldorf 1967, S. 326–336.

[27] Heidelberg, Universitätsbibliothek Cod. pal. Germ. 53, fol. 139r. Beschreibung bei Wegener, Verzeichnis (oben S. 390 A. 12), S. 3.

[28] Lüneburg, Stadtarchiv Dep. RatsB. Ms. Jurid. 3, fol. 13v; vgl. oben S. 390 A. 15. Die Abbildung ist farbig publiziert in: Lade-Messerschmid, Ulrike. „Meene sassesch landtrecht“ – Illuminierte Sachsenspiegelhandschriften in Lüneburger Ratsbesitz. In: Lamschus, Christian; Lamschus, Hilke; Reinhardt, Uta (Hgg.). „Alles was Recht ist!“ – 750 Jahre Stadtrecht in Lüneburg. Lüneburg 1997, S. 125–147; hier S. 132. Ebd. S. 137 die Datierung „um 1405“. – Eine Datierung „um 1400“ in: Ott, Norbert H. Titelminiaturen als Besitzerhinweise. Zu zwei Lüneburger Rechtsspiegel-Handschriften des frühen 15. Jahrhunderts. In: Exlibris – Kunst und Graphik. Jahrbuch 1980. Hg. Deutsche Exlibris-Gesellschaft, Frankfurt a. M. S. 3–10; hier S. 4. – Detaillierte Beschreibung in: Reinecke, Helmut. Lüneburger Buchmalereien um 1400 und der Maler der Goldenen Tafel. Zugl. Diss. Göttingen. Bonn 1937, S. 29–31.

72. Der Kaiser verleiht ein Rechtsbuch; Titelminiatur, Anfang 15. Jh. (Stadtarchiv Lüneburg, Dep. RatsB. Ms. Jurid. 3, fol. 13^{v}).

Stadt Lüneburg, darunter diejenigen der drei geistlichen Kurfürsten, des Reiches und der vier weltlichen Kurfürsten angebracht. Üppige Blatt- und Blütenranken füllen den Blattrand.

Diese Titelminiatur steht in engem Zusammenhang mit einer ähnlich angelegten Translatio-Legis-Darstellung im Lüneburger Sachsenspiegel: Dort sind die beiden Hauptfiguren durch Schriftbänder als Karl und Widukind ausgewiesen, woraus die Bindung der sächsischen Herzöge an das Recht zu ersehen sein soll. Daß die aktuellen Welfenherzöge nach städtischer Auffassung dieser Verpflichtung nicht nachgekommen waren, soll wohl ein kleiner Löwe hinter Gittern am linken Bildrand der Miniatur im Sachsenspiegel dokumentieren.[29]

Die Interpretation der hier vorliegenden Titelminiatur des Lüneburger Schwabenspiegels liegt dagegen nicht ganz so eindeutig auf der Hand. Ihr Sinn erschließt sich offenbar über die Wappen des oberen Bildrandes: Demnach wäre der Schwertträger auf der linken Seite nicht als kaiserlicher Schwertträger aufzufassen – wozu sich seine Stellung im Bildaufbau auch nicht gut fügen würde –, sondern er sei durch den über ihm stehenden Wappenschild als Welfe ausgewiesen. Analog ließe der Lüneburger Stadtschild den auf der rechten Seite im Vordergrund stehenden Mann als Bürger der Stadt Lüneburg erkennen. Nun sind der Schwertträger wie auch der Empfänger des Buches ähnlich aufwendig gekleidet und mit übereinstimmender Physiognomie gezeichnet; es liegt also nahe, sie als welfisches Brüderpaar anzusehen, konkret an die von 1400 bis 1409 gemeinsam regierenden Herzöge Heinrich und Bernhard. Der Lüneburger Ratsherr steht abseits des zentralen Dreiecks, das der Herrscher und die Herzöge bilden. Er verschränkt die Hände und wendet den Blick ab; so zeigt er seine Ablehnung des gesamten Vorganges und drückt die Distanz der Stadt Lüneburg zu ihrem Stadtherrn einerseits und zum Recht des Schwabenspiegels andererseits aus. Letzteres sollte nur subsidiär gelten in Fällen, für die weder das Stadtrecht und die städtischen Privilegien noch der Sachsenspiegel eine Bestimmung enthielten.[30]

---

[29] Ziegeler, Hans-Joachim. Der Löwe hinter Gittern. Literatur in Lüneburg um 1400. In: Heinzle, Joachim (Hg.). Literarische Interessenbildung im Mittelalter (Germanistische Symposien, Berichtsbd. 14). Stuttgart, Weimar 1993, S. 280–300; hier S. 299. – Zusammenfassend Lade-Messerschmid, Sachsenspiegelhandschriften (oben S. 393 A. 28), S. 135. – Detaillierte Beschreibung in: Reinecke, Buchmalereien (oben S. 393 A. 28), S. 26–28.

[30] Lade-Messerschmid, Sachsenspiegelhandschriften (oben S. 393 A. 28), S. 127 – Ziegeler, Löwe (oben S. 395 A. 29), S. 297f. – Grosse, Rudolf. Schwabenspiegelhandschriften im Sachsenspiegelland. In: Lück, Heiner; Schildt, Bernd (Hgg.). Recht – Idee – Geschichte. Beiträge zur Rechts- und Ideengeschichte. Zugl. Festschrift Rolf Lieberwirth. Köln u.a. 2000, S. 185–199; insbes. 189ff.

73. Thronender Kaiser in der Initiale des Landrechtsbuches, 1410 (Staatsarchiv Freiburg i. Üe., Législation et Variétés Nr. 42, fol. 37[r]).

Unwesentlich jünger als die Lüneburger Handschrift ist der auf 1410 datierte Schwabenspiegel des Staatsarchives **Freiburg im Üechtland**; er enthält drei Herrscherdarstellungen. Zu Beginn des Landrechtsteiles ist das „h“ von „herre“ als aufwendiger Initialbuchstabe gestaltet (Abb. 73)[31]: Im Feld, das der Buchstabe freiläßt, thront ein mit Bügelkrone und Mantel angetaner Kaiser oder König; in seiner Rechten hält er ein Schwert, die Linke ist erhoben und die Handfläche dem Betrachter zugewandt. Das

31 Freiburg i. Üe., Archives de l'Etat, Législation et Variétés Nr. 42, fol. 37[r]; vgl. oben S. 389 A. 10).

74. Der Kaiser verleiht eine Urkunde, 1410 (Staatsarchiv Freiburg i. Üe., Législation et Variétés Nr. 42, fol. 77r).

Schwert weist den König als Richter aus; die Handgebärde ist als Redegestus aufzufassen, wenngleich man eher die erhobene Rechte als die erhobene Linke erwarten würde.[32]

Eine weitere Miniatur der Freiburger Handschrift zeigt den König und eine weitere Figur gegenübergestellt (Abb. 74).[33] Der König übergibt sei-

32 Vgl. Amira, Handgebärden (oben S. 314 A. 24), S. 170.

33 Fol. 77r. Die Miniatur wurde an dieser Stelle plaziert, weil Schreiber und Illustrator aufgrund der voraufgegangenen Angaben Konrads von Leiselheim vermeinten, hier beginne der Lehenrechtsteil (*hie vahet an daz edel bůch daz da heißet von lehen rechte*). Tatsächlich folgt Ldr. 220.

75. Karl der Große als Richter; Beginn des Landrechtsbuches, 1422 (Colmar, Bibliothèque de la ville, Ms. 80, fol. 65[r]).

nem Gegenüber eine Urkunde und beide erheben ihre rechten Hände; der König, indem er sie bis zur Brust hebt und den Handrücken nach außen wendet,[34] der zweite Mann, indem er sie bis auf Augenhöhe hebt und die beiden Schwurfinger streckt. Eine dritte Miniatur der Freiburger Handschrift zeigt den König mit einem Vasallen (unten Abb. 84).

In der auf 1422 datierten **Colmarer Schwabenspiegel-Handschrift** steht dem Landrechtsteil des Schwabenspiegels ebenfalls eine Kaiserdarstellung voran (Abb 75).[35] Die rote Bildüberschrift erschließt uns den Bildinhalt unzweideutig: *Keyser Karle richtet noch rechtem.* Karl sitzt, mit einer Bügelkrone und einem langen, braunen Mantel bekleidet, auf einem Thronsessel. Dieser Thron ist auf grünem Untergrund zwischen stilisierten Blumen plaziert; offenbar schwebte dem Illustrator eine Gerichtssitzung unter freiem Himmel vor. In Karls rechter Armbeuge ruht ein Richterstab;[36] seine Linke ist zu einer unklaren Geste, wohl einer dem Zeigegestus verwandten Redegebärde,[37] erhoben. Zwischen die Kaiserdarstellung und den eigentlichen Textbeginn ist ein weiterer, durch seine rote Farbe hervorgehobener Satz eingeschoben, der den Charakter des Schwabenspiegels als Kaiserrecht unterstreichen soll: *Hie vahet an der keyser recht und des landes recht noch götlicher gerechtickeit.*

Die fürstlich **Waldburg-Wolfeggsche Schwabenspiegel-Handschrift** enthält im vorderen Innendeckel als Frontispiz eine Herrscherdarstellung (Abb. 76).[38] Hier erteilt der auf einem überdachten Thron sitzende, mit Bügelkrone und Mantel angetane Herrscher Urkunden. Diese Urkunden werden von neun zumeist aufwendig gekleideten und frisierten Männern entgegengenommen, die im Halbkreis um den König herum knien. Es handelt sich um eine Illustration der Malergruppe A aus der Werkstatt Diebold Laubers, wohl aus der Zeit zwischen 1440 und 1450.[39]

Eine sehr ähnliche, der gleichen Malergruppe zuzuweisende Herrscherdarstellung ziert im Schwabenspiegel der **Stadtbibliothek Trier** als Titelminiatur den Beginn des Lehenrechtes (Abb. 77).[40] Sie wirkt gewis-

---

34 Amira, Handgebärden (oben S. 314 A. 24), S. 223, Nr. 10 beschreibt diese Handhaltung als Aneignungsgestus. Möglicherweise liegt hier aber lediglich eine Unachtsamkeit des Illustrators beim Ansetzen des Daumens vor, und es soll wiederum die zur Rede erhobene Hand gemeint sein.

35 Colmar, Bibliothèque de la ville, Ms. 80, fol. 65^{r}; vgl. oben S. 389 A. 9.

36 Vgl. Carlen, Louis s. v. Stab in: HRG IV. Berlin 1990, Sp. 1838–1844.

37 Vgl. Amira, Handgebärden (oben S. 314 A. 24), S. 191.

38 Wolfegg, Fürstlich Waldburg-Wolfeggsche Bibliothek Man. 2; vgl. oben S. 391 A. 23.

39 Frdl. Mitt. Frau Prof. L. Saurma-Jeltsch, Heidelberg.

40 Trier, Stadtbibliothek Hs. 852/1311, fol. 283^{v}; vgl. oben S. 391 A. 20.

76. Der Kaiser verleiht Urkunden; Frontispiz, ca. 1440–1450 (Fürstlich Waldburg-Wolfeggsche Bibliothek Wolfegg, Man. 2, vorderer Innendeckel).

77. Der Kaiser verleiht Urkunden; Titelminiatur des Lehenrechtsbuches, ca. 1439–1444 (Stadtbibliothek Trier, Hs. 852/1311, fol. 283ᵛ).

78. Thronender Kaiser in Richterpose; Beginn des Landrechtsbuches, 1458 (Badische Landesbibliothek Karlsruhe, Hs. Don. 742, fol. 5r).

sermaßen wie eine reduzierte Ausgabe des Wolfeggschen Bildes, insofern auf die Architektur im Hintergrund, die Bügel an der Krone und zwei Urkundenempfänger verzichtet wurde, ansonsten aber die nämliche Komposition vorliegt. Die Vermutung, es könnte sich bei den vier Männern zur Rechten und drei Männern zur Linken des Kaisers um die Kurfürsten handeln, hat wenig für sich; denn sie unterscheiden sich nicht in ihrer weltlichen Kleidung, und auf eine fürstliche Stellung liegt kein Hinweis vor. Die frühen Drucke des Schwabenspiegels wurden hingegen gerne mit einer Darstellung des Kaisers und der Kurfürsten versehen (Umschlagbild).[41]

Dem Landrechtsteil der ehemaligen **Donaueschinger, jetzt Karlsruher Schwabenspiegel-Handschrift** geht eine Federzeichnung voraus, die den Kaiser oder König mit Bügelkrone und Richterschwert unter Architekturelementen thronend zeigt (Abb. 78).[42] Den Thron flankieren zwei kleine Türmchen, auf deren Spitze Löwen sitzen; sie symbolisieren die Tugenden des Königs wie des Richters.[43] Die Beinhaltung des Herrschers entspricht der Vorstellung, die etwa das Soester Stadtrecht von der korrekten Sitzposition eines Richters artikuliert: Demnach solle er „sitzen wie ein grisgrimmender Löwe, den rechten Fuß über den linken schlagen";[44] allerdings enthält der Schwabenspiegel keine entsprechende Bestimmung, sondern nur die allgemeine Aufforderung an den Richter, er solle sitzen (Ldr. 117 b). Zudem verleiht diese Sitzhaltung dem Herrscher auf der fraglichen Zeichnung keine richterliche Würde, eher im Gegenteil: Sie zeigt ihn mit spitzem Schuhwerk und einer zierlichen, über die Schulter gehängten Tartsche eher elegant gekleidet; ganz im Gegensatz zu den meisten anderen Herrscherdarstellungen ist er auch nicht als bärtiger Patriarch dargestellt, sondern als aufwendig frisierter und glattrasierter Jüngling. Mithin erscheint seine Haltung eher lässig denn richterlich streng.

---

41 Dem Umschlagbild des vorliegenden Bandes liegt die seltene Ulmer Ausgabe Johann Zainers (spätestens 1482) zugrunde; vgl. den Katalog zur Stuttgarter Antiquariatsmesse 2002, S. 51 u. Taf. 8. – Weitere Abbildungen in: Schwabenspiegel Großfoliodruck, Ed. Günther Zainer. Hg. Eckhardt, Karl August (Bibliotheca rerum historicarum: Corpus iuris Europensis 17/1). Göttingen u.a. 1974, S. 8 u. 13. Schwabenspiegel Kleinfoliodruck, Ed. Anton Sorg. Hg. Eckhardt, Karl August (Bibliotheca rerum historicarum: Corpus iuris Europensis 17/2). Göttingen u.a. 1974, S. 23. – Vgl. Hoffmann, Paul. Die bildlichen Darstellungen des Kurfürstenkollegiums von den Anfängen bis zum Ende des Hl. Römischen Reiches (13.–18. Jahrhundert) (Bonner Historische Forschungen 47). Bonn 1982, Nr. 30, S. 116f. u. Nr. 36, S. 118; dazu S. 66f.

42 Karlsruhe, Badische Landesbibliothek Hs. Don. 742, fol. 5^r; vgl. oben S. 390 A. 14.

43 Siehe unten S. 406 A. 48 zu Abb. 80.

44 Vgl. Grimm, Jacob. Deutsche Rechtsalterthümer. Göttingen [3]1881, S. 763f.

79. Thronender Kaiser mit Wappenschild; Beginn des Landrechtsbuches, 1475 (Bayerische Staatsbibliothek München, Cgm 216, fol. 78r).

Eine auf 1475 datierte **Münchner Schwabenspiegel-Handschrift** zeigt demgegenüber zu Beginn des Landrechtsteils einen würdigen Kaiser mit den Insignien seines Ranges (Abb. 79).[45] Der thronende Kaiser sitzt dem Betrachter frontal gegenüber; er hält in seiner Linken einen Wappenschild mit dem gekrönten Doppeladler des Reiches, in der Rechten das Schwert. Die Spitze seiner Krone ragt über den oberen Bildrand hinaus. Vermutlich ist mit diesem Kaiser wieder einmal Karl der Große gemeint; der Bezug auf diesen mythologisch überhöhten Kaiser soll wiederum den Charakter und die besondere Würde des Schwabenspiegels als kaiserliches Rechtsbuch mit umfassender Geltung unterstreichen. Demgegenüber geht dem im selben Band enthaltenen oberbayerischen Landrecht von 1346 eine Darstellung Kaiser Ludwigs des Bayern voraus.[46]

45 München, Bayerische Staatsbibliothek Cgm 216, fol. 78r; vgl. oben S. 390 A. 16.
46 Fol. 24r.

80. Thronender Karl der Große mit einem Löwen; Titelminiatur, 2. Hälfte 15. Jh. München (Bayerische Staatsbibliothek Cgm 552, fol. 48ᵛ).

Die **Titelminiatur einer weiteren Münchner Handschrift** aus der zweiten Hälfte des 15. Jahrhunderts weist den dargestellten Herrscher durch einen flankierenden Texturschriftzug explizit als den *salig kaiser Karl* aus (Abb. 80).[47] Umgeben von einem Rahmen thront Karl erhöht unter einem Baldachin; die Bügelkrone, das Szepter in seiner Rechten, der Reichsapfel in seiner Linken und das lange Gewand demonstrieren seine kaiserliche Würde. Karls Kleidung ist mit bemerkenswerter Sorgfalt und Detailfreude behandelt, vom Pelzkragen bis zu den Schnabelschuhen. Zu Karls Füßen ruht am linken unteren Bildrand ein Löwe. Dieses Tier verkörpert die Tugenden des Richters wie des Königs; auch mag die Rolle des Löwen in der religiösen Symbolik, als Sinnbild des Erlösers, hier mitgedacht sein.[48] Eine hinter dem Thron zweimal stumpf abgewinkelte Mauer trennt den Bildvordergrund vom Hintergrund.

81. Schmuckinitiale O, darin Kaiser in Richterpose (Württembergische Landesbibliothek Stuttgart, Cod. iur. 2° 70, fol. 1r).

Die Schmuckinitiale O einer **Stuttgarter Handschrift** bietet dagegen eine nur sehr skizzenhafte Herrscherdarstellung (Abb. 81).[49] Der Kaiser

47 München, Bayerische Staatsbibliothek Cgm 552, fol. 48v; vgl. oben S. 390 A. 17. Die Abbildung ist publiziert in Ott, Norbert H. Rechtsikonographie zwischen Mündlichkeit und Schriftlichkeit. Der ‚Sachsenspiegel' im Kontext deutschsprachiger illustrierter Handschriften. In: Wolfenbütteler Sachsenspiegel, Kommentarband (oben S. 313 A. 20), S. 119–151; Abb. 5 auf S. 132.

48 Lexikon der christlichen Ikonographie III. Rom u.a. 1971, Sp. 118 [E] s.v. Löwe. Lexikon des Mittelalters V. München 1991, Sp. 2141f. [2], s.v. Löwe.

49 Stuttgart, Württembergische Landesbibliothek, Cod. iur. 2° 70, fol. 1r; vgl. oben S. 391 A. 19. Dem Landrechtstext geht Röm. 11,33 voraus, wo die Unerforschlichkeit von Gottes Ratschluß festgestellt wird: *O altitudo divitiarum sapientiae et scientiae dei, quam incomprehensibilia sunt iudicia eius.*

82. Der Kaiser als Marschall des Papstes, 15. Jh. (Universitätsbibliothek Gießen, Hs. 996, fol. 23r).

thront wie gewöhnlich mit dem Szepter in der Rechten und dem Reichsapfel in der Linken, der Krone auf – oder eher: über – seinem Haupt und Schnabelschuhen an den Füßen. Es scheint, als habe der Zeichner übereinandergeschlagene Beine, mithin die Richterpose andeuten wollen.

Die Herrscherdarstellung aus dem Lehenrechtsteil der **Gießener Handschrift** zeigt einen Kaiser oder König sitzend im Kreise von sieben Männern. Deren naheliegende Deutung als Kurfürsten trifft nicht zu: Es handelt sich eindeutig um eine Belehnungsszene; sie soll weiter unten besprochen werden (Abb. 85). Dem Landrechtsteil dieser Gießener Handschrift geht eine Herrscherdarstellung voraus, die den Kaiser einmal nicht ins Zentrum rückt (Abb. 82):[50] Die Bildmitte beherrscht ein Papst

[50] Fol. 23r; vgl. oben S. 390 A. 11. Eine Umsetzung der Illustration als Stich findet sich in der Edition von der Lahrs (Schwäbisches Landrecht und Lehenrecht, edidit Hieronymus von der Lahr. Hg. Eckhardt, Karl August (Bibliotheca rerum historicarum, Neudrucke 7). Aalen 1974), Ldr. S. 1.

auf einem weißen Pferd. Rechts vor ihm kniet der bärtige und bekrönte Kaiser: Mit seiner Linken hält er dem Papst den Steigbügel; in seiner Rechten trägt er ein Schwert, dessen Spitze in der rechten Hand des Papstes ruht. In seiner linken Hand faßt der bartlose, mit Tiara und langem Gewand angetane Papst den Zügel des Pferdes. Am linken Bildrand stehen drei offenbar zum Gefolge des Papstes gehörende Geistliche, deren einer den Hirtenstab des Papstes hält; am rechten Bildrand stehen zwei weltliche Herren, von denen einer Szepter und Reichsapfel trägt.

Dieses Bild illustriert das Vorwort (c) des Landrechtes: „Dem Papst ist bestimmt, zu festgesetzter Zeit auf einem weißen Pferde zu richten; und **der Kaiser soll dem Papst den Steigbügel halten**, damit der Sattel sich nicht löst. Dies bedeutet, daß der Kaiser und andere weltliche Richter mit der Acht erzwingen sollen, was dem Papst so widersteht, daß er es mit dem geistlichen Gericht nicht bezwingen kann."

Am Hofe eines hochmittelalterlichen Lehnsherrn oblag dieser Steigbügeldienst dem **Marschall**. Der Marschall versah für seinen Herrn ein herausgehobenes Ehrenamt; aber er war eben ein Diener seines Herrn, was gerade auch aus diesem Hilfsdienst des Steigbügelhaltens erhellt. Im Jahre 1155 wäre es bei Sutri eben deswegen beinahe zum Eklat gekommen, als sich Friedrich I. Barbarossa rundheraus weigerte, Papst Hadrian IV. den Steigbügel zu halten, bis er davon überzeugt werden konnte, daß es sich um einen alten Brauch und keinen Unterwerfungsgestus handelte. Seitdem wurde der Steigbügeldienst als unproblematischer Bestandteil der Kaiserkrönung angesehen.[51]

Weder aus diesem Artikel des Schwabenspiegels, der auf einen entsprechenden Artikel zu Beginn des Sachsenspiegels zurückgeht,[52] noch aus dieser Illustration in der Gießener Handschrift wird man daher ableiten dürfen, daß hier an eine einseitige Unterordnung des Kaisers unter den Papst gedacht war, zumal der Schwabenspiegel vielfach die Gleichwertigkeit und Gegenseitigkeit von geistlichem und weltlichem Gericht betont. Auf den entsprechenden Bildern des Dresdener und Wolfenbütteler Sachsenspiegels versieht der Kaiser übrigens nicht nur den Marschallsdienst des Steigbügelhaltens, sondern überdies den des Reitknechtes (*strator*), indem er (und nicht der Papst) das Pferd am Zügel führt.[53]

---

51 Holtzmann, Robert. Der Kaiser als Marschall des Papstes. Eine Untersuchung zur Geschichte der Beziehungen zwischen Kaiser und Papst im Mittelalter (Schriften der Straßburger Wissenschaftlichen Gesellschaft in Heidelberg, N. F. 8). Berlin, Leipzig 1928, S. 1ff.

52 Ssp. Lnr. Art. I, § 1; S. 69.

53 Dresdener Bilderhandschrift, Facsimile-Band (oben S. 313 A. 20), fol. 4r, Taf. 7. Wolfenbütteler Handschrift, Faksimileband wie ebd., fol. 10r. Dagegen nur der Steigbügeldienst im Oldenburger Sachsenspiegel, Facsimile wie ebd., fol. 6v.

83. Christus verleiht Petrus das geistliche und dem Kaiser das weltliche Richtschwert; 1. Hälfte 15. Jh. (Universitätsbibliothek Heidelberg, Cod. pal. Germ. 167, fol. 18^{r}).

Das gleiche Problemfeld des Verhältnisses von päpstlichem und kaiserlichem Machtanspruch wird in einer **Heidelberger Handschrift** aus der ersten Hälfte des 15. Jahrhunderts bildlich thematisiert, allerdings in einer Art und Weise, die der Intention des Schwabenspiegeltextes nachgerade zuwiderläuft. Die Besonderheit dieser Handschrift besteht darin, daß die Landrechtsteile des Sachsenspiegels und des Schwabenspiegels gegenübergestellt sind. Einer der meistdiskutierten verfassungsrechtlichen

Unterschiede zwischen **Sachsenspiegel und Schwabenspiegel** besteht in der abweichenden Auffassung vom Verhältnis des Kaisertums zum Papsttum. Aus der Perspektive des Sachsenspiegels leiten sich beide Gewalten, sowohl die weltliche als auch die geistliche, direkt von Gott ab: „Zwei Schwerter ließ Gott auf dem Erdreich zurück, um die Christenheit zu beschirmen. Dem Papst ist das geistliche Schwert gegeben, dem Kaiser das weltliche" (Ssp. Ldr. I, Art. 1). Demgegenüber ist das Verhältnis des Kaisers zu Gott im Schwabenspiegel bloß ein mittelbares: „Da Gott ‚Friedensfürst' heißt, ließ er zum Schirm der Christenheit zwei Schwerter auf Erden, als er gen Himmel fuhr. Die verlieh unser Herr beide an St. Peter, eines für das geistliche Gericht, das andere für das weltliche Gericht. Das weltliche Gerichtsschwert leiht der Papst dem Kaiser; das geistliche ist für den Papst bestimmt, auf daß er damit richte" (Swsp. Vorwort d).

Die Illustration der fraglichen Heidelberger Handschrift zeigt Christus, wie er in auffallender Symmetrie einerseits Petrus – also nicht dem Papst schlechthin – und andererseits dem Kaiser zwei Schwerter verleiht (Abb. 83).[54] Der Illustrator dieser bezeichnenderweise niederdeutschen, ursprünglich für das Fürstentum Lüneburg geschriebenen Handschrift nimmt also eindeutig für die Auffassung des Sachsenspiegels Partei: Christus steht mittig auf einem Podest und reicht dem Papst, der durch ein Schriftband als *sanctus Petrus papa* ausgewiesen ist, mit seiner Rechten ein Schwert. Daß Petrus die Ehrenstelle zur Rechten des Heilands einnehmen darf, wird dadurch beinahe wettgemacht, daß dieser seinen Blick dem Kaiser, dessen Schriftband leer bleibt, zuwendet. Zum Zeichen ihrer Würde tragen Petrus den Hirtenstab und eine Mitra (keine Tiara), der Kaiser Szepter und Krone.

Drei der obengenannten Handschriften, nämlich die Freiburger, die Gießener und die Karlsruher, leiten den Lehenrechtsteil mit Abbildungen von Belehnungsszenen ein; in einer Münchner Handschrift findet sich gar eine Belehnungsszene als Titelminiatur. Nun gestattet der Lehenrechtsartikel 42 b des Schwabenspiegels **zwei Formen der Belehnung**, nämlich einerseits durch einen stehenden, andererseits durch einen sitzenden Herrn: „Nach dem Tode des Vaters kommt der Sohn innert Jahr und Tag zu dem Herrn, der sein Herr ist, und bietet ihm mit gefalteten Händen seine Mannschaft an. Und wenn der Herr steht, gehe er so nahe zu ihm hin, daß er ihn anfassen kann; sitzt er, so soll er vor ihm knien. Manche Leute sagen, daß er dem Herrn die Hände schütteln soll; dem ist aber nicht so." Die fraglichen Handschriften illustrieren diese beiden Möglichkeiten.

54 Heidelberg, Universitätsbibliothek Cod. pal. Germ. 167, fol. 18r; Wiedergabe bei Wegener, Verzeichnis (oben S. 390 A. 13), Abb. 6, S. 3.

84. Der Kaiser belehnt einen Vasallen; Beginn des Lehenrechtsbuches, 1410 (Staatsarchiv Freiburg i. Üe., Législation et Variétés Nr. 42, fol. 103^{r}).

Im Falle der **Freiburger Handschrift** ist es die Belehnung durch einen stehenden Herrn (Abb. 84);[55] hier steht der König selbst, den man an seiner Bügelkrone und seinem Mantel erkennt. Vor ihn tritt vom rechten Bildrand her in leicht gebeugter Haltung und mit gefalteten Händen der barhäuptige Vasall, aufwendig angetan mit einer violetten Tunika und einem weißen und einem roten Hosenbein. Der Vasall steht, wie das

[55] Freiburg i. Üe., Archives de l'Etat, Législation et Variétés Nr. 42, fol. 103^{r}; vgl. oben S. 389 A. 10.

85. Der Kaiser belehnt den Pfalzgrafen; 15. Jh. (Universitätsbibliothek Gießen, Hs. 996, fol. 89^{r}).

Lehenrecht es will, so nahe vor dem Herrn, daß dieser ihn anfassen kann: Der König hat seine Linke um den Hals des Mannes auf dessen linke Schulter gelegt; zugleich streckt er seine Rechte zum Mann hin aus, so daß er dessen weiten Ärmel berührt.

Die **Gießener Handschrift** zeigt die alternative Form der Belehnung, bei welcher der Lehnsherr sitzt (Abb. 85);[56] in diesem Falle ist das der König, der erhöht unter einem Baldachin thront und dessen Würde durch die Bügelkrone und einen langen Umhang verbildlicht ist. Er hat die Hände leicht erhoben und den Zeigefinger seiner Rechten gestreckt; seine Beinhaltung entspricht der des Richters, indem das rechte Bein gestreckt und das linke darübergeschlagen ist. Drei Männer flankieren den König; einer trägt das Szepter, ein anderer das Schwert und den Reichsapfel, der dritte das Banner mit dem Reichsadler. Im Zentrum der Darstellung kniet der mit umgehängtem Schwert und Sporen bewehrte Lehnsmann im

[56] Gießen, Universitätsbibliothek Hs. 996, fol. 89^{r}; vgl. oben S. 390 A. 11; eine Umzeichnung in der Edition von der Lahrs (oben S. 407 A. 50), Lnr. S. 1.

86. Der Lehnsherr belehnt einen Vasallen; Beginn des Lehenrechtsbuches, 1458 (Badische Landesbibliothek Karlsruhe, Hs. Don. 742, fol. 77^{r}).

großen Ausfallschritt. Seine linke Hand ruht auf seinem rechten Knie. Die rechte Hand ist zum König hin erhoben; Daumen, Zeigefinger und Mittelfinger sind gestreckt. Der Lehnsmann ist durch die drei Männer, die hinter ihm stehen, als Pfalzgraf vom Rhein ausgewiesen: Jeder dieser Männer hält ein Banner. Beim ersten, geharnischten Mann ist das die wittelsbachische Rautenfahne; der zweite Mann trägt zusätzlich noch den pfalz-bayerischen Wappenschild.

Den gleichen Belehnungsritus stellt eine Federzeichnung in der **Karlsruher Handschrift** auf sehr viel anspruchslosere Weise dar (Abb. 86).[57] Auch hier sitzt der Herr in der Pose des Richters, diesmal mit gestrecktem linken und übergeschlagenem rechten Bein. Seine Rechte ruht auf dem übergeschlagenen Knie; seine Linke weist zum Vasallen. Dieser kniet im großen Ausfallschritt, die Linke auf den linken Oberschenkel gestützt, die

[57] Karlsruhe, Badische Landesbibliothek Hs. Don. 742, fol. 77^{r}; vgl. oben S. 390 A. 14.

87. Der Kaiser belehnt den Pfalzgrafen, ein gerüsteter Mann hält das Rechtsbuch; Titelminiatur zum Landrechtsbuch, 3. Viertel 15. Jh. (Bayerische Staatsbibliothek München, Cgm 1139, fol. 62v).

Rechte zum Herrn erhoben. Darin weicht diese Darstellung ebenfalls von der Vorgabe des Textes ab, wonach der Mann die Hände falten soll.

Eine detailliert gestaltete Belehnungsszene dient einer **Münchner Handschrift** aus dem dritten Viertel des 15. Jahrhunderts als Titelminiatur (Abb. 87).[58] Hier thront der mit Bügelkrone und aufwendiger Gewandung angetane Kaiser oder König in Herrscherpose: In seiner Linken hält er den Reichsapfel, mit seiner Rechten übergibt er einem vor ihm knienden Mann eine Lanze, an der die pfalz-bayerische Fahne hängt. Norbert Ott wertet dies, analog zur Lüneburger Handschrift, als Hinweis auf den Auftraggeber oder Benutzer des Codex.[59] Auch das Rechtsbuch selbst ist auf dieser Titelminiatur thematisiert; es wird von der dritten abgebildeten Person, dem zur Linken des Herrschers knienden, geharnischten Mann, gehalten.

Bei allen bisher besprochenen Darstellungen aus illustrierten Schwabenspiegel-Handschriften jenseits der Brüsseler Handschrift handelt es sich also um **verfassungsrechtliche Bilder**; sei es, daß sie die Autorität des Schwabenspiegels als kaiserliches Rechtsbuch betonen sollen, sei es, daß sie das Verhältnis der beiden höchsten irdischen Autoritäten thematisieren, sei es, daß sie die Belehnung als zentrales Element der mittelalterlichen Verfassungswirklichkeit illustrieren.

Davon ein wenig abweichend variiert die Titelminiatur im **Tübinger Schwabenspiegel** aus der ersten Hälfte des 15. Jahrhunderts das Motiv des Herrscherbildnisses in origineller Weise. Wenn der dort dargestellte anonyme Idealherrscher überhaupt mit einer konkreten Person identifiziert werden kann, dann wohl eher mit dem weisen König Salomon denn mit Karl dem Großen; jedenfalls wird im umlaufenden Schriftband ein Spruch Salomos bemüht, die Herrschenden zur Verantwortung zu rufen (Abb. 88)[60] – übrigens beziehen sich im Schwabenspiegel die beiden Landrechtsartikel 90 und 170 a auf Salomo.

Das fragliche Frontispiz des Landrechtes zeigt fünf Bildnismedaillons; der König steht im großen, zentralen Medaillon vor einem floralen Hintergrund. Zum Zeichen seines Königtumes trägt er eine einfache Krone und einen Hermelinmantel, zum Zeichen seiner richterlichen Würde ein Schwert. Im umlaufenden Schriftband findet sich nach *Salemon* folgende

58 München, Bayerische Staatsbibliothek Cgm 1139, fol. 62v; vgl. oben S. 390 A. 18. Die Titelminiatur ist publiziert in Ott, Rechtsikonographie (oben S. 406 A. 47), Abb. 4 auf S. 131.

59 Ott, Titelminiaturen (oben S. 393 A. 28), S. 8f. m. Abb. Allerdings nennt Oppitz, Rechtsbücher II (oben S. 309 A. 1); S. 695, lediglich das Prämonstratenserstift Schäftlarn als Vorbesitzer.

60 Tübingen, Universitätsbibliothek MD 227, Frontispiz; vgl. oben S. 391 A. 21.

88. Bildnismedaillons mit umlaufenden Sinnsprüchen, im Zentrum ein Herrscher; Frontispiz, 1. Hälfte 15. Jh. (Universitätsbibliothek Tübingen, MD 227).

Passage aus den Sprüchen Salomos: *Ubi non est gubernator, populus corruet. Salus autem, ubi multa consilia* (wo es keinen Herrscher gibt, verdirbt das Volk; das Heil ist dort, wo es viele gute Ratschläge gibt. – Spr. 11,14). Nicht biblischen Ursprunges dagegen der weitere Text des Spruchbandes: *De regimine principum: iusticia regnantis est utilior subditis quam utilitas temporis* (von der Fürstenherrschaft: die Gerechtigkeit des Regierenden ist nützlicher als der zeitliche Vorteil).[61]

Die vier kleineren, um das Zentralmedaillon herum angeordneten Bildmedaillons sind von Spruchbändern umkränzt, die auf Aristoteles' Schrift über die Politik Bezug nehmen; allerdings handelt es sich um überwiegend sehr freie, z.T. der Verfasserintention geradezu zuwiderlaufende Bearbeitungen von Aristoteleszitaten. Das linke obere Bild zeigt einen bärtigen, nach rechts gewandten Mann mit Hut; der abgekürzte Schriftzug über dem Kopf des Mannes ist als *philosophus tertio polliciarum* (der Philosoph (sagt) im dritten Buch über die Politik) aufzulösen. Das umlaufende Schriftband enthält folgenden Text: *Quicumque pollicie intendunt utilitati* [!] *commune recti et iusti sunt, quicumque autem utilitate propria viciosi sunt et rectarum policiarum transgressores* (wer immer zum gemeinen Wohl die Herrschaft erstrebt, ist rechtschaffen und gut; wer aber zum eigenen Vorteil, ist schädlich und versündigt sich an der rechten Herrschaft).[62]

Im rechten oberen Bildmedaillon ist ein nach links gewandter Mann mit einer turbanartigen Kopfbedeckung dargestellt. Unter dem linken Arm hält er ein Buch; folgendes Schriftband umkränzt ihn: *Pollicie maxime devolvuntur propter iusticie transgressorem. Rex enim iusticiam observare debet. Quinto polliciarum* (die Herrschaft verfällt oft, weil jemand die Gerechtigkeit verletzt. Der König muß nämlich die Gerechtigkeit beachten; im fünften Buch über die Politik).[63]

---

61 Dabei hätten die Sprüche Salomos durchaus noch Zitate bereitgestellt, die sich zur Intention des Schreibers gefügt hätten, etwa: *Regnantibus impiis ruinae hominum* (Spr. 28,12).

62 In der lateinischen Aristotelesübersetzung des Wilhelm von Moerbeke sind, wie im griechischen Originaltext, nicht *quicumque*, sondern *quaecunque politiae*, also die Verfassungen selbst, Subjekt des Satzes: *Manifestum igitur, quod quaecunque quidem politiae intendunt quod communiter conferens, ipsae quidem rectae existunt entes secundum id quod simpliciter iustum, quaecunque autem conferens principum solum, vitiatae et omnes sunt transgressiones rectarum politiarum* (zu Politikon III, 1279 a. Susemihl, Franz. Aristotelis politicorum libri octo cum vetusta translatione Guilelmi de Moerbeka. Leipzig 1872, S. 177).

63 Aristoteles bestimmt im fünften Buch zuerst die Verantwortung des Königs, über das Recht zu wachen: *Vult enim rex esse custos, ut qui quidem possident substantias nihil iniustum patiantur, populus autem nullam sustineat iniuriam* (zu Politikon V, 1310 b; Über-

Im linken unteren Bildmedaillon steht das Brustbild einer ebenfalls nach rechts gewandten Frau mit Schleier; über ihr steht: *secundo pollicia-rum* (im zweiten Buch über die Politik). Im Schriftband heißt es: *Melius est iudicare secundum leges et litteras quam ex propria sententia. Leges autem inhoneste, licet maxime sunt in usu, possunt tamen aboleri* (es ist besser, gemäß den Gesetzen und der Schrift zu urteilen als nach eigenem Dafürhalten; schändliche Gesetze aber, die zugegebenermaßen vielfach in Gebrauch sind, können gleichwohl abgeschafft werden).[64]

Das rechte untere Medaillon zeigt einen nach links gewandten Mann mit Kapuze im Halbprofil; das umlaufende Schriftband ist nicht vollständig lesbar, da das Blatt an dieser Stelle beschädigt ist und zudem die Beschneidung des unteren Randes einen Teil des Bandes zerstört hat.[65] Erkennbar ist in etwa folgender Text: *Turba multa melius iudicat quam unus tantum. R[atio sit?] apta excellere suum totum. Tertio pollicie* (die Menge urteilt um vieles besser als ein einzelner; [ihre Vernunft ?] ist geeignet, ihn zu übertreffen; im dritten Buch über die Politik).[66]

Zu beiden Seiten des Zentralmedaillons sind weitere Sinnsprüche angebracht; zwei Verweiszeichen in Gestalt von Händen mit ausgestreckten Zeigefingern zweigen vom zentralen Schriftband ab und weisen auf sie. Die Sprüche auf der rechten Seite sind biblischen Ursprungs. Zunächst heißt es: *Multitudo sapientie / sanitas est / orbis terrarum* (viel Weisheit ist

---

setzung Wilhelms von Moerbeke (oben S. 417 A. 62), S. 557). Als zweite mögliche Ursache für den Verfall des Königtums nennt Aristoteles den Versuch eines Königs, seine Macht widerrechtlich auszudehnen: *corrumpitur … alio autem modo magis tyrannice tentantibus gubernare, quando exegerint esse domini plurimum et praeter legem* (zu Politikon V, 1313 a; Übersetzung Wilhelms von Moerbeke (oben S. 417 A. 62), S. 570f.).

64 Aristoteles thematisiert an einer Stelle des zweiten Buches die Abschaffung von Gesetzen. Er zählt einige Gesetze auf, die bei den primitiven Menschen der Vergangenheit in Gebrauch waren und die vielleicht damals schon, erst recht aber in der Gegenwart keinen Sinn machten. Also schließt er, daß möglich sein muß, dann und wann Gesetze zu ändern: *Ex hiis quidem igitur videtur, quia amovendae et quaedam et quandoque legum sunt* (zu Politikon II, 1269 a; Übersetzung Wilhelms von Moerbeke (oben S. 417 A. 62), S. 113). Im Anschluß daran artikuliert Aristoteles allerdings Vorbehalte gegen das willkürliche Verändern von Gesetzen, insofern einmal eingeschliffene Gewohnheiten doch nicht abgeändert werden sollten; sonst verlören nämlich die Leute allzuleicht den Respekt vor den Gesetzen. Dies paßte denn doch deutlich besser zum Geist des Schwabenspiegels.

65 Für wertvolle Hinweise zur Transkription und Ergänzung der Schriftbänder danke ich Herrn Prof. A. Patschovsky, Konstanz.

66 Im dritten Buch begründet Aristoteles, weshalb es riskant ist, die Entscheidung im Gericht oder über ein Gesetz einem noch so hervorragenden einzelnen anzuvertrauen, und schließt: *Propter hoc et iudicat melius turba quam unus quicunque* (zu Politikon III, 1286 a; Übersetzung Wilhelms von Moerbeke (oben S. 417 A. 62), S. 222) – ganz im Sinne von Swsp. Ldr. 86 b.

Heil für den Erdkreis. – Weish. 6,26). Rechts unten steht: *Ne sis sapiens apud temet ipsum / [ti]me deum et recede a malo* (halte dich nicht selbst für weise, fürchte Gott und halte dich vom Bösen fern. – Spr. 3,7).

Demgegenüber stehen links des Zentralmedaillons Sprüche von allgemeinerer Natur, die auf den Charakter der Handschrift als Rechtsbuch bezogen sind. Leider trat auch hier ein Textverlust durch das Beschneiden des Seitenrandes ein, so daß der erste von drei Absätzen verstümmelt ist und seinen Sinn nicht mehr vollständig enthüllt. Die letzten beiden der insgesamt sechs Zeilen lassen sich mit gutem Willen vielleicht folgendermaßen ergänzen: *[mu]nus, amor, terror / [odi]um sunt iudicis error* (der Richter irrt wegen Bestechung, aus Liebe, Furcht und Haß). Damit könnte auf den Landrechtsartikel 86 a Bezug genommen sein: Ein Richter soll so gerecht sein, daß er nichts aus Liebe oder für Geld oder aus Haß tut, außer das, was gerecht ist.

Im zweiten und dritten Absatz heißt es: *Melior est sapientia / quam vires et vir / prudens magis / quam fortis etc.* (die Weisheit ist besser als die Körperkraft, und ein kluger Mann wahrlich mehr als ein starker). – *Libri / de moribus: / Bona conswetudo excutere / debet, quod mala instruxit* (Bücher von den Vorschriften: die gute Gewohnheit muß abschaffen, was die schlechte eingerichtet hat).

Schließlich ist eine Handschrift zu nennen, in welcher theologisch-philosophische und darüber hinaus noch privatrechtliche Aspekte des Schwabenspiegeltextes verbildlicht werden, nämlich ein in Wiener Neustadt entstandener, heute in **Wien** verwahrter Codex von 1423.[67] Die Illustrationen dieser Handschrift sind von auffallender Qualität. Sie stammen aus der Hand eines Illuminators namens **Michael**, der zwischen 1423 und 1447 sicher belegt ist und zumeist im Umfeld des Wiener Hofes arbeitete; sein Stil ist von der südwestdeutschen Malerei um 1420 beeinflußt.[68] Die Bildauswahl der Wiener Handschrift akzentuiert die **Einbindung des Rechtes in den göttlichen Kosmos**; dies entspricht durchaus der Intention des Schwabenspieglers, der sein Rechtsbuch mit einem Lob auf den Schöpfer beginnen läßt. Daher geht dem Text des Schwabenspiegels hier eine kreisfömige, von Blattranken gerahmte Schöpfungsdarstellung voraus (Abb. 89).[69] Im Zentrum stehen der dreifaltige Gott und

---

67 Wien, Österreichische Nationalbibliothek Cvp 2780; vgl. oben S. 391 A. 22.

68 Holter, Kurt. Die Wiener Buchmalerei. In: Donin, Richard Kurt (Hg.). Geschichte der bildenden Kunst in Wien II: Gotik. Wien 1955, S. 217–231; hier S. 223f. – Schmidt, Gerhard. Die Buchmalerei. In: Die Gotik in Niederösterreich. Kunst, Kultur und Geschichte eines Landes im Spätmittelalter. Wien 1963, S. 93–114; hier S. 105f.

69 Fol. 8^{r}; farbig reproduziert in: Mazal, Otto. Himmels- und Weltenbilder. Kleinodien österreichischer Buchmalerei aus der österreichischen Nationalbibliothek. Wien 1973, Taf. 33, S. 137; dazu S. 122.

89. Gott und seine Schöpfung; Beginn des Landrechtsbuches, 1423 (Österreichische Nationalbibliothek Wien, Cvp 2780, fol. 8r).

Adam auf der Erde, die durch eine Vielzahl teilweise exotischer Tiere und Pflanzen auf erdig-braunem Untergrund versinnbildlicht wird. Den Vordergrund macht das von Fischen, Wasservögeln und einem Seestern bewohnte feuchte Lebenselement aus; im Hintergrund tut sich das Firmament mit Mond, Sonne und Sternen auf. Gott erscheint als dreiköpfiger, in bunte Tücher gehüllter Mann; seine Gestik dokumentiert seine Herrschaft über die Schöpfung: Mit der rechten Schöpferhand weist er auf die von ihm erschaffene Welt, auf die er zudem in einem besitzergreifenden Schritt seinen linken Fuß setzt;[70] mit seiner Linken hält er den Unterarm des nackten Adams fest umschlossen.

Ein weiteres Bild dieser Handschrift illustriert die **Lehre von den sieben Weltaltern**, wie sie sich im zweiten Landrechtsartikel angesprochen findet (Abb. 90):[71] „Origenes weissagte ehedem in alter Zeit, daß sechs Welten sein sollten, und jede Welt nach tausend Jahren vergehen sollte, und in der siebenten Welt sollte die Welt ganz untergehen und der Tag der Sühne kommen. Nun kündet die Heilige Schrift, daß mit Adam die erste Welt begann, mit Noah die zweite, mit Abraham die dritte, mit Moses die vierte, mit David die fünfte, mit Gottes Geburt die sechste. Und diese sechs Welten sind nach je tausend Jahren vergangen. Nun sind wir in der siebenten Welt ohne gewisse Zahl, denn die sechstausend Jahre sind um, und die siebente Welt besteht so lange, wie Gott es will.“ Diese Fassung stellt eine erläuternde Übernahme aus dem Sachsenspiegel (Ldr. I, Art. 3, § 1) dar. Der Lehenrechtsartikel 1 a des Schwabenspiegels wiederholt die sechs Weltalter und ihre Prototypen; allerdings geht dort das sechste Weltalter nicht mit dem Jahr 1000 nach Christus zu Ende, sondern die Welt bestehe bis zum – ungewissen – Ende des sechsten Zeitalters. Die Quelle für die Weltalterlehre der beiden Spiegel ist umstritten; wahrscheinlich beziehen sie sich auf den Matthäus-Kommentar des Origenes, wo allerdings die Ära nach David fehlt.[72]

Die entsprechende Miniatur des Wiener Codex zeigt in einem Rahmen acht Personen in zwei Reihen. Die obere Reihe beginnt mit Origenes, der

---

70 Nach Grimm, Rechtsalterthümer (oben S. 403 A. 44), S. 142 „scheint es allgemeine Sitte der Vorzeit gewesen zu sein, daß der Sieger den Fuß auf den zu Boden gestreckten Feind setzte, zum Zeichen vollendeter Bezwingung“.

71 Fol. 10r.

72 Schmidt, Roderich. Aetates mundi. Die Weltalter als Gliederungsprinzip der Geschichte. In: Zeitschrift für Kirchengeschichte 67 (1955/56) 4. F. V, S. 288–317; hier auf S. 303 eine plausible Zurückweisung der Annahme, der Sachsenspiegler habe *origenes*, den alternativen Namen der isidorischen Etymologien, als Autorennamen mißverstanden. – Schadt, Hermann. Zum Verwandtschaftsbild und der Weltalterlehre des Sachsenspiegels. In: Frühmittelalterliche Studien 10 (1976), S. 406–436; hier S. 421ff.

90. Die sechs Weltalter nach Origenes; 1423 (Österreichische Nationalbibliothek Wien, Cvp 2780, fol. 10[r]).

auf einem hölzernen Stuhl mit hochgezogenen Wangen sitzt und auf den nebenstehenden Adam als Ausgangspunkt des ersten Weltalters zeigt. (1.) Der nackte Adam bedeckt mit einem Blatt in seiner Rechten die Scham und zeigt mit seiner Linken auf die Arche, aus welcher (2.) Noah die Taube mit dem Ölzweig erspäht. Es folgt (3.) Abraham, dargestellt als thronender, bärtiger Patriarch. Auch er weist auf das kommende Zeitalter; allerdings zeigt sein Finger zum Bildrand, da die folgenden Figuren auf die zweite, darunterstehende Bildzeile gemalt sind. Dort sitzt (4.) der gehörnte Moses auf einer Bank und weist mit seiner Linken auf (5.) den harfespielenden David neben ihm. Durch einen Baum von ihnen getrennt sind (6.) Maria und der Jesusknabe im Stall zu Bethlehem.

Die weiteren Illustrationen der Wiener Handschrift sind **privatrechtliche Bilder**. Der dritte Landrechtsartikel des Schwabenspiegels bespricht die Verwandtschaftsgrade, die für das Erben und das Heiraten Konsequenzen besitzen. Sie werden durch die „Zahl der Sippe" ermittelt: Will man prüfen, ob zwei Menschen so nahe miteinander verwandt sind, daß sie keine Ehe miteinander eingehen dürfen, suche man die Vorfahrengenerationen dieser Probanden (die „Sippen") nach einem gemeinsamen Vorelternpaar ab. Die Kinder dieser Voreltern zählen als „erste Sippe", die Enkel als „zweite Sippe" usw. Gehören die Probanden der fünften Sippe an, dürfen sie einander heiraten; gehört einer der fünften, der andere der vierten Sippe an oder sind sie gar noch näher miteinander verwandt, dürfen sie einander nicht heiraten. Dieses Verbot erstreckt sich nicht nur auf die Blutsverwandten bis zur vierten Sippe, sondern schließt auch die Verschwägerung mit ein dergestalt, daß Witwen bzw. Witwer dieser Blutsverwandten nicht geheiratet werden dürfen. Mit dieser Bestimmung vereinfachte Papst Innozenz III. das Eherecht auf dem vierten Laterankonzil;[73] daß sie den Charakter einer kirchenrechtlichen Innovation besitzt, wird im Schwabenspiegel ausdrücklich vermerkt. Für das Erbrecht gilt weiterhin die landrechtliche Bestimmung, daß Verwandte bis zur siebenten Sippe einander beerben können.

Um die Berechnung der Verwandtschaftsgrade zu erleichtern, wurden Mnemotechniken und **bildliche Stemmata** entwickelt. Eine dieser Mnemotechniken fand Eingang in den fraglichen Landrechtsartikel, indem

---

[73] García y García, Antonius. Constitutiones Concilii quarti Lateranensis una cum Commentariis Glossatorum (Monumenta iuris canonici, series A: Corpus glossatorum 2. Hg. Bibliotheca Apostolica Vaticana). Vatikanstadt 1981, c. 50, S. 90f.: *Prohibitio quoque copule coniugalis quartum consanguinitatis et affinitatis gradum de cetero non excedat, quoniam in ulterioribus gradibus iam non potest absque gravi dispendio huiusmodi prohibitio generaliter observari.* Zur Würdigung Feine, Hans Erich. Kirchliche Rechtsgeschichte. Die katholische Kirche. Köln, Graz [4]1964, S. 431f.

nämlich die einzelnen Generationen als Körperteile angesprochen werden, konkret als die Gelenke vom Kopf abwärts bis zu den Fingerspitzen. Der Schwabenspiegler modifizierte damit einen entsprechenden Passus des Sachsenspiegels; in drei der vier illustrierten Sachsenspiegel-Handschriften finden sich die dazu passenden Gliederbilder.[74]

Demgegenüber enthält der Wiener Schwabenspiegel ein Stemma, das nicht auf das Erbrecht, sondern nur auf das kanonische Eherecht angewandt werden kann (Abb. 91); es thematisiert weniger die Verwandtschaft, sondern vielmehr die Schwägerschaft, die im kanonischen Recht als eine Form der Verwandtschaft, mithin als Ehehindernis aufgefaßt wird.[75] Es handelt sich um eine horizontale Reihe von sieben Kreisen, darunter noch drei Reihen von je fünf Kreisen in achsensymmetrischer Ausrichtung. Das Stemma ist unfertig, denn es fehlt die Beschriftung dieser Kreise, die es überhaupt erst verständlich und benutzbar machen; sie ließe sich indes aus vergleichbaren Stemmata unschwer ergänzen.[76] Demnach wären die vier mittleren untereinander liegenden Kreise als Felder für die Nummern der vier Grade (*gradus*) der Verschwägerung aufzufassen, die unter das kanonische Eheverbot fallen. Die unmittelbar links und rechts dieser numerierten Felder anschließenden Kreise benennen diejenigen, deren Blutsverwandtschaft die Schwägerschaft bewirkt, also in der ersten Reihe Bruder und Schwester, in der zweiten Reihe deren Kinder bis zu den Urenkeln der Geschwister aus dem ersten Grad. Die daran anschließenden äußeren Kolonnen benennen die Ehepartner dieser Blutsverwandten, denen die Ehe mit irgendeiner auf diesem Schema erscheinenden Person ebenfalls untersagt ist, nämlich die Witwe des Bruders bzw. der Witwer der Schwester, und in gleicher Weise die Ehepartner der

---

74 Ssp. Ldr. I, Art. 3, § 3; S. 74ff. Der Sachsenspiegel lokalisiert die Kinder des Urelternpaares im Hals, die Sippenzählung beginnt erst am Achselgelenk mit den Kindern der Kinder dieser Voreltern. Dazu Schadt, Verwandtschaftsbild (oben S. 421 A. 72), hier insbes. S. 413ff. Hüpper, Dagmar. Ehe, Familie, Verwandtschaft – Zur Widerspiegelung von Begrifflichkeit in der Bildtradition des Sachsenspiegels. In: Text-Bild-Interpretation I (oben S. 313 A. 20), S. 129–153. – Grundlegend: Stutz, Ulrich. Das Verwandtschaftsbild des Sachsenspiegels und seine Bedeutung für die sächsische Erbfolgeordnung (Untersuchungen zur Deutschen Staats- und Rechtsgeschichte 34). Breslau 1890, S. 5ff.

75 Fol. 11ᵛ. Abgebildet in: Schadt, Hermann. Die Darstellungen der Arbores Consanguinitatis und der Arbores Affinitatis. Bildschemata in juristischen Handschriften. Tübingen 1982, Abb. 149. – Vgl. einen analogen Arbor affinitatis mit deutscher Erläuterung im Cod. 84 der Bibliothek des Preßburger Domkapitels, fol. 10 v, 11ᵛ f.; abgebildet und transkribiert durch R. L. Rudolf in: Eis, Gerhard. Mittelhochdeutsches Schrifttum in der Slowakei (Schriftenreihe des Instituts für Heimatforschung in Käsmark). Preßburg 1945, S. 58–60.

76 Vergleichsbeispiele bei Schadt, Arbores Consanguinitatis (oben A. 75), insbes. Abb. 130–136, 138f.

Kinder-, Enkel- und Urenkelgeneration. Die beiden äußeren Kreise der obersten Reihe fügen den Witwer der Witwe des Bruders bzw. die Witwe des Witwers der Schwester nur zur Veranschaulichung in das Stemma ein; sie unterliegen keiner Ehebeschränkung. Die drei Bögen über dem Stemma, die diese äußersten Felder bzw. die erste mit der vierten und die zweite mit der fünften Kolonne verbinden, benennen die Arten (*genera*) der Verschwägerung: Demnach stehen in der ersten Art der Schwägerschaft der Bruder und der Witwer seiner Schwester bzw. die Schwester und die Witwe des Bruders, in der zweiten, rechtlich bedeutungslosen Art der Schwägerschaft die hinterbliebenen Ehepartner der hinterbliebenen Ehepartner der Geschwister.

Liegt die Hauptbedeutung dieses Stemmas in der Verbildlichung der Schwägerschaftsverhältnisse (daher der Name *arbor affinitatis*), so findet sich auf dem folgenden Blatt des Wiener Schwabenspiegels ein alternatives, weitaus ausführlicheres Stemma zur eigentlichen Verwandtschaftsberechnung (daher *arbor consanguinitatis*), das auch nicht vollständig ausgeführt wurde (Abb. 92).[77] Es besteht aus 49 ebenfalls achsensymmetrisch angelegten Kreisen, von denen je 16 in Gestalt eines Parallelogrammes von der vertikalen Hauptachse abzweigen; sie werden von Blattranken gerahmt und von einem menschlichen Haupt bekrönt. Der oberste Kreis bezeichnet das gemeinsame Vorelternpaar, der Kreis in der Mitte den Probanden; diesem ist es verwehrt, aus einem der übrigen Felder einen Ehepartner zu wählen (vergleiche das nebenstehende Schema).

Die Darstellung von Verwandtschafts- und Schwägerschaftsbeziehungen mittels solcher Arbores consanguinitatis und affinitatis fand durch die *Lectura super arboribus consanguinitatis et affinitatis* weite Verbreitung. Diese wurde anfangs des 14. Jahrhunderts von Johannes Andreae in Bologna verfaßt und nördlich der Alpen besonders im 15. Jahrhundert durch eine Vielzahl von Abschriften und Inkunabeldrucken rezipiert. Seit 1582 findet sich die Lectura regelmäßig im Corpus iuris canonici.[78]

77 Fol. 12r. Abgebildet in Schadt, Verwandtschaftsbild (oben S. 421 A. 72), Taf. XXVI, Abb. 48. – Vgl. Eis, Schrifttum (oben S. 424 A. 75).

78 Vgl. Schadt, Arbores Consanguinitatis (oben S. 424 A. 75), S. 216ff. und insbes. Eis, Helko. Zur Rezeption der kanonistischen Verwandtschaftsbäume Johannes Andreaes. Untersuchungen und Texte. Zugl. Diss., Heidelberg 1965, S. 1ff. – Friedberg, Emil. Copus iuris canonici 1. Decretum magistri Gratiani. Leipzig 1879, Nachdruck Graz 1959, Sp. 1425ff. mit dem arbor consanguinitatis auf Sp. 1425f. und dem arbor affinitatis auf Sp. 1431f. – Vgl. auch Berns, Jörg Jochen. Baumsprache und Sprachbaum. Baumikonographie als topologischer Komplex zwischen 13. und 17. Jahrhundert. In: Heck, Kilian; Jahn, Bernhard (Hgg.). Genealogie als Denkform in Mittelalter und Früher Neuzeit (Studien und Texte zur Sozialgeschichte der Literatur 80). Tübingen 2000, S. 155–176.

91. Schwägerschaftsschema (Arbor affinitatis); 1423 (Österreichische Nationalbibliothek Wien, Cvp 2780, fol. 11v).

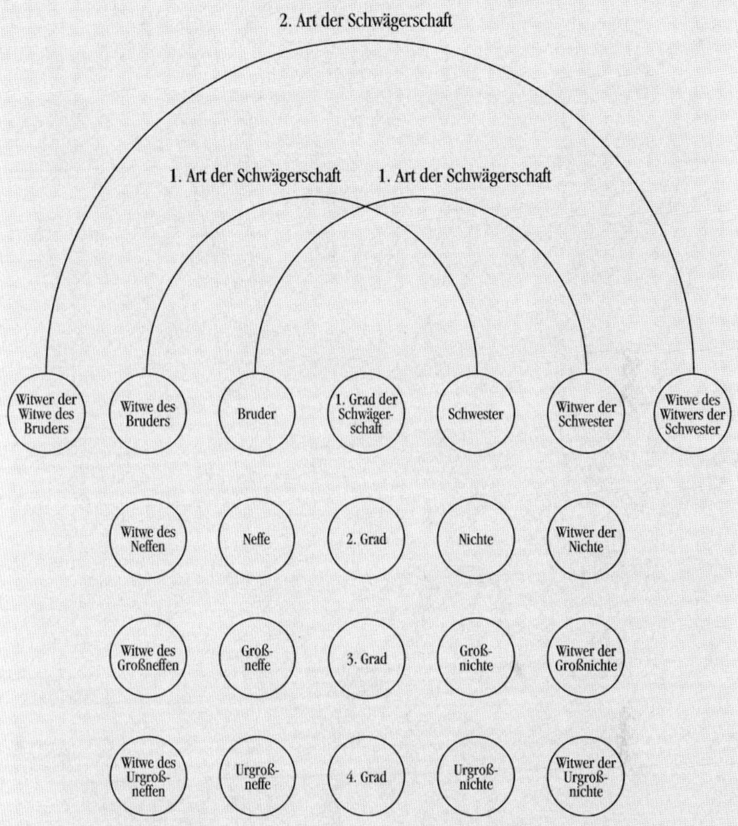
2. Art der Schwägerschaft
1. Art der Schwägerschaft
1. Art der Schwägerschaft
Witwer der Witwe des Bruders
Witwe des Bruders
Bruder
1. Grad der Schwäger-schaft
Schwester
Witwer der Schwester
Witwe des Witwers der Schwester
Witwe des Neffen
Neffe
2. Grad
Nichte
Witwer der Nichte
Witwe des Großneffen
Groß-neffe
3. Grad
Groß-nichte
Witwer der Großnichte
Witwe des Urgroß-neffen
Urgroß-neffe
4. Grad
Urgroß-nichte
Witwer der Urgroß-nichte

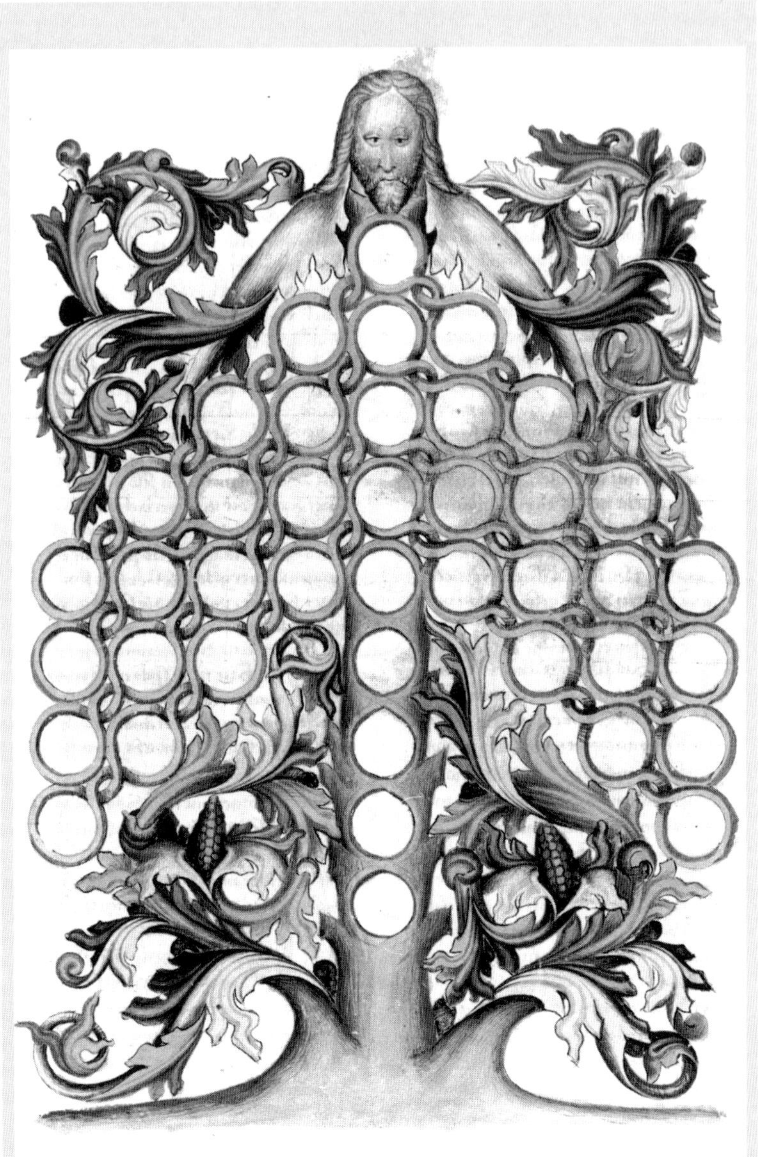

92. Verwandtschaftsschema (Arbor consanguinitatis); 1423 (Österreichische Nationalbibliothek Wien, Cvp 2780, fol. 12r).

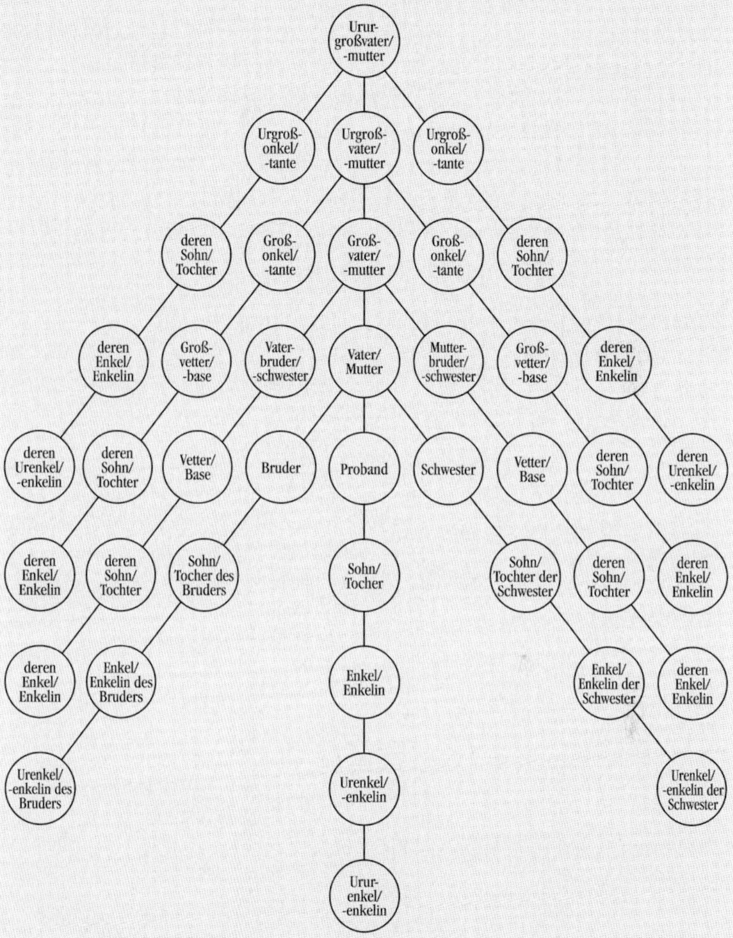
Urur-großvater/-mutter
Urgroß-onkel/-tante
Urgroß-vater/-mutter
Urgroß-onkel/-tante
deren Sohn/Tochter
Groß-onkel/-tante
Groß-vater/-mutter
Groß-onkel/-tante
deren Sohn/Tochter
deren Enkel/Enkelin
Groß-vetter/-base
Vater-bruder/-schwester
Vater/Mutter
Mutter-bruder/-schwester
Groß-vetter/-base
deren Enkel/Enkelin
deren Urenkel/-enkelin
deren Sohn/Tochter
Vetter/Base
Bruder
Proband
Schwester
Vetter/Base
deren Sohn/Tochter
deren Urenkel/-enkelin
deren Enkel/Enkelin
deren Sohn/Tochter
Sohn/Tocher des Bruders
Sohn/Tocher
Sohn/Tochter der Schwester
deren Sohn/Tochter
deren Enkel/Enkelin
deren Enkel/Enkelin
Enkel/Enkelin des Bruders
Enkel/Enkelin
Enkel/Enkelin der Schwester
deren Enkel/Enkelin
Urenkel/-enkelin des Bruders
Urenkel/-enkelin
Urenkel/-enkelin der Schwester
Urur-enkel/-enkelin

Älter als das Verwandtschaftsstemma der Wiener Handschrift ist möglicherweise dasjenige in einer Bukarester Schwabenspiegel-Handschrift (des späten 14. Jahrhunderts?), über deren derzeitigen Verbleib nichts bekannt ist.[79] Jünger dagegen sind die beiden in deutscher Sprache ausgefüllten Stemmata einer um die Mitte des 15. Jahrhunderts entstandenen Münchner Handschrift.[80] Es handelt sich wiederum um einen Arbor consanguinitatis (bzw. *Pawm der sipsal vnd frewntschafft*) und um einen Arbor affinitatis (bzw. *Pawm der nifftelschafft*).[81] Sie sind hier allerdings kein eigentlicher Bestandteil des Schwabenspiegels; vielmehr wurden sie zwischen das Königebuch und das Landrecht mit dem eingedeutschten Kurzkommentar des Johannes Andreae eingefügt, ohne daß der Urheber genannt ist.

---

79 Bukarest, Muzeul National de Istorie, ohne Signatur, fol. 31 oder 33; vgl. oben S. 389 A. 8. Das Stemma erwähnt Lindner (siehe ebd.) S. 118, ohne es allerdings näher zu beschreiben.

80 München, Bayerische Staatsbibliothek Cgm 207, fol. 32r und 33r. – Oppitz, Rechtsbücher II (oben S. 309 A. 1); Nr. 1047, S. 682f.; dazu ders., Rechtsbücher I wie ebd., S. 40 (Zuordnung zur Normalformen-Klasse III h). – Schneider (oben S. 390 A. 16), S. 38f.

81 Eis, Rezeption (oben S. 425 A. 78), S. 43f. Abbildung des Arbor consanguinitatis auf Taf. X.

3. Teil
Register

Das folgende Register versteht sich als Erschließungshilfe für die Arbeit mit dem Schwabenspiegel. Zugrunde liegen der Landrechtstext nach Laßberg (Donaueschinger und Zürcher Handschrift sowie weiteres Material) und der Lehenrechtstext der Zürcher Handschrift. Damit sich auf dieser heterogenen Basis ein taugliches Werkzeug schaffen ließ, konnte nicht immer nach lexikographischen Gepflogenheiten verfahren werden. Zwar wurden die auffälligsten Dialektizismen bereinigt, gleichwohl keine strengen Normalisierungen angestrebt. Kurzum, der Sprachhistoriker wird mit diesem Kompromiß nicht arbeiten können, wohl aber jeder andere, der einen bequemen Zugriff auf die Begriffe des Schwabenspiegels sucht.

Die Referenzstellen verweisen auf die Artikeleinteilung nach Laßberg. Da diese Einteilung sich als zitatorischer Standard durchgesetzt hat, ist man für die Benutzung des Registers nicht zwingend auf die Laßberg-Edition selbst angewiesen. Sie erleichtert allerdings das Auffinden von Stichworten im Landrechtsartikel 377 II, der sich in Laßbergs Ausgabe über zehn Spalten erstreckt: in dem hier folgenden Register sind diese Spalten durch die ersten zehn Buchstaben des griechischen Alphabetes bezeichnet.

Das Landrecht und das Lehenrecht sind in je eigenen Verzeichnissen erschlossen, deren Einträge jeweils aus einem mittelhochdeutschen Terminus, einer Übersetzung in heutiges Deutsch und den Referenzstellen bestehen; für die Sortierung ist der mittelhochdeutsche Terminus maßgeblich. Diesen Registern gehen Listen voraus, welche die darin vorkommenden Eigennamen enthalten, allerdings in modifizierter Form: Die moderne Schreibweise steht an erster Stelle und ist auch für die Sortierung maßgeblich.

Namenverzeichnisse

Historische Personen

Biblische Personen

Namen in fiktiven Beispielsfällen

Heiligennamen in Datumsangaben

Geographische Namen

Landrecht

Lehenrecht

Abbildungsnachweis und Originalformate

Brüssel, Bibliothèque Royale de Belgique: Abb. 1–69, S. 317–386 (Orig. max. ca. 27,0 × 39,0 cm).

Colmar, Bibliothèque de la ville / Studio K Christian Kempf: Abb. 75, S. 398 (Orig. ca. 12,5 × 9,5 cm).

Freiburg i. Üe., Archives de l'Etat / Primula Bosshard: Abb. 73, S. 396 (Orig. ca. 8,0 × 9,5 cm); Abb. 74, S. 397 (Orig. ca. 4,5 × 4,5 cm); Abb. 84, S. 411 (Orig. ca. 5,5 × 6,5 cm).

Gießen, Universitätsbibliothek: Abb. 82, S. 407 (Orig. ca. 18,5 × 15,7 cm); Abb. 85, S. 412 (Orig. ca. 22,5 × 17,0 cm).

Heidelberg, Universitätsbibliothek: Abb. 71, S. 392 (Orig. ca. 6,5 × 10,5 cm); Abb. 83, S. 409 (Orig. ca. 8,0 × 8,0 cm).

Karlsruhe, Badische Landesbibliothek: Abb. 78, S. 402 (Orig. ca. 7,0 × 11,0 cm); Abb. 86, S. 413 (Orig. ca. 4,0 × 4,5 cm).

Konstanz, Atelier Gravis: Schemata zu Abb. 91, S. 427; Abb. 92, S. 429.

Lüneburg, Stadtarchiv / Lüneart Photoedition Manfred Balzer: Abb. 72, S. 394 (Orig. ca. 19,5 × 28,0 cm).

München, Bayerische Staatsbibliothek: Abb. 79, S. 404 (Orig. ca. 7,0 × 9,2 cm); Abb. 80, S. 405 (Orig. ca. 21,5 × 29,0 cm); Abb. 87, S. 414 (Orig. ca. 15,1 × 21,3 cm).

München, Universitätsbibliothek: Abb. 70, S. 388 (Orig. ca. 10,0 × 15,0 cm).

Stuttgart, Württembergische Landesbibliothek: Abb. 81, S. 406 (Orig. ca. 8,0 × 7,0 cm).

Trier, Stadtbibliothek / Stadtarchiv: Abb. 77, S. 401 (Orig. ca. 20,0 × 20,0 cm).

Tübingen, Universitätsbibliothek: Abb. 88, S. 416 (Orig. ca. 16,5 × 24,5 cm).

Wien, Österreichische Nationalbibliothek: Abb. 89, S. 420 (Orig. ca. 25,0 × 25,0 cm); Abb. 90, S. 422 (Orig. ca. 17,0 × 17,0 cm); Abb. 91, S. 426 (Orig. ca. 25,0 × 35,0 cm); Abb. 92, S. 428 (Orig. ca. 25,0 × 35,0 cm).

Wolfegg, Kunstsammlungen der Fürsten zu Waldburg-Wolfegg / Kunst und Kultur Schloß Wolfegg GmbH: Abb. 76, S. 400 (Orig. ca. 25,8 × 38,5 cm).